（典藏版）

百部国学传世经典

中华国学经典盛宴／获取先贤核心智慧

荀子

【战国】荀　子／著
方元平／主编

漓江出版社

图书在版编目（CIP）数据

荀子／（战国）荀子著；方元平主编. -- 桂林：漓江出版社，2022.3

（百部国学传世经典）

ISBN 978-7-5407-9099-8

Ⅰ. ①荀… Ⅱ. ①荀… ②方… Ⅲ. ①儒家 Ⅳ. ①B222.61

中国版本图书馆 CIP 数据核字(2021)第 147305 号

荀子　XUNZI

作　　者　【战国】荀子　著
主　　编　方元平

出 版 人　刘迪才
策划编辑　陈植武　林晓鸿
责任编辑　李浩清
装帧设计　林晓鸿　宋双成
责任监印　杨　东

出版发行　漓江出版社有限公司
社　　址　广西桂林市南环路 22 号
邮　　编　541002
发行电话　010-65699511　0773-2583322
传　　真　010-85891290　0773-2582200
邮购热线　0773-2582200
电子信箱　ljcbs@163.com
微信公众号　lijiangpress

印　　制　北京飞达印刷有限责任公司
开　　本　710mm×1000mm　1/16
印　　张　28
字　　数　522 千字
版　　次　2022 年 3 月第 1 版
印　　次　2022 年 3 月第 1 次印刷
书　　号　ISBN 978-7-5407-9099-8
定　　价　45.00 元

前言

中华民族有着数千年的文明历史，创造了光辉灿烂的古代文化，其中中国传统国学是我国辉煌灿烂的文化典籍的核心部分，它博大精深、源远流长，显示出中华文化的深厚根基，给人类留下了丰富的精神财富。它塑造了我们中华民族的民族精神，开启心智，滋润生命，陶冶人格，塑造灵魂。

开卷有益，忙碌的人们闲暇之时，应该用传统国学来陶冶自己的情操，开阔自己的心胸，提高自己的人文修养，用先人的哲思来涤荡自己忙碌的心灵。我们应该坚持阅读的爱好，在潮流文化的强大攻势下，让传统文化永驻我们的心田。“复兴国学，从根本上讲，是复兴中华民族的自尊心、自信心。”我们要甄选传世经典著作中最经典的部分来读，要以开放的胸襟和燃烧的激情去承接古人的经典大论与哲思华章，以自豪而不狂妄、执着而不僵化的精神风貌来直面当今社会的竞争与挑战。

为了弘扬中国传统文化，帮助读者深刻了解我们的历史与文化，用经典历史文学知识陶冶情操、提高文化修养，同时使国学得到承传，得以弘扬光大，我们精心编排了本丛书。

本丛书选取了国学经典著作中很多优秀的作品及资料，博采各类经典作品的长处并有所创新，以使得本丛书风格迥异、卓然超群，相信会给读者带来全新的感受。

由于时间仓促，书中难免有不尽之处，恳请读者朋友提出宝贵意见，在此深表谢意。

导读

春秋末期，孔子创立儒家。到了战国时期，儒家思想又得到两位儒学宗师的继承和发扬，进一步丰富和完善。这两位儒学宗师就是与“至圣”孔子并称“儒家三圣”的“亚圣”孟子和“后圣”荀子。其中，荀子就是《荀子》一书的作者。

荀子（约公元前313—前238年），赵国人，姓荀名况，字卿（也有人认为“卿”是当时人对他的尊称）。西汉时，由于避汉宣帝刘询之讳，又称他为孙卿（“荀”与“孙”发音相近）。《史记·孟子荀卿列传》中对荀子的记载极为简略，说他五十岁时才到齐国游学，在齐襄王时曾经三次担任百家争鸣的中心——稷下学宫的祭酒（主管官员），声望无人可及。但是，他也因此遭到忌妒和排挤，不得已到了楚国，被“战国四公子”之一的春申君黄歇任命为兰陵（今山东兰陵）令。在兰陵，荀子创作了《荀子》三十二篇。公元前238年，春申君在政治斗争中被杀，荀子也被迫辞官，同年于兰陵去世。

荀子生活的战国末期，百家争鸣已接近尾声。荀子去世仅仅十余年后的公元前221年，秦始皇统一了六国，并在荀子的弟子、丞相李斯的建议下实行了“焚书”等统一思想的政策，百家争鸣的繁荣景象一去不复返。所以，荀子是百家争鸣中最后一位儒学宗师。

数百年的争鸣，使得百家思想互相影响、互相融合，真正还有较大影响力的仅剩儒、墨、道、法、名、阴阳、纵横等十余家，各家思想又都与老子、孔子、墨子三人的哲学思想有着千丝万缕的联系。其中，儒家自孔子去世之后，出现了几个不同的学派，子思、孟子这一脉逐渐成为正统，被称为“思孟学派”。但是，荀子这个儒家思想的集大成者，却不是思孟学派的继承者。恰恰相反，他对思孟学派进行了猛烈的抨击，甚至认为“乱天下者，子思、孟轲也”(苏轼《荀卿论》)，声称自己是孔子和子弓（子弓是谁目前尚无定论）的继承者。

荀子的思想颇有“离经叛道”的意味。孟子继承了孔子“仁”的思想，提出了著名的“性善论”，认为“人性之善也，犹水之就下也。人无有不善，水无有不下”（《孟子·告子上》），后世启蒙经典《三字经》在一开头就说“人之初，性本善”，可见“性善论”始终是封建时代的主流。荀子却反其道而行之，提出了“性恶论”，直接与孟子的“性善论”唱对台戏：《荀子·荣辱》中说“好荣恶辱，好利恶害，是君子小人之所同也”，不认为“君子”就是超凡脱俗的，他们也有趋利避害的思想；《荀子·劝学》中，荀子说“蓬生麻中，不扶而直。白沙在涅，与之俱黑”，意即人的善恶是后天决定的，人为教育对人性的“恶”进行了淡化；《荀子·正名》中说“性之好、恶、喜、怒、哀、乐谓之情”，认为人的欲望出自天性。类似的论点在《荀子》一书中处处可见，在后儒听来，“性恶论”自然没有“性善论”那么入耳，却站在清醒的现实主义的立场上，立足于社会大众，强调用制度和规范对大众进行引导，而不去进行空洞的道德说教，因此具有更多的合理性。

追求合理性是《荀子》的一大特点。荀子的文章擅长说理，组织严密，分析透彻。根据后人考证，这本书大部分都是荀子亲自创作的，只有少数篇章是他的学生记录的他的言行，可以说《荀子》一书大体上是荀子独立完成的，所以他的哲学思想体系能够得到较为完整的体现。由于荀子吸收了百家特别是法家的思想，故他的文章有了更多的实用主义、自然主义、理性主义的色彩。荀子生活在旧的封建制度向新的集权制度转型的时期，新的统一的中央集权官僚制与地主制国家已呼之欲出，于是他努力以儒家思想来规范、阐明新的规范体系和制度体系。这样一来，荀子的思想就比推崇“复古”的孔孟思想更符合时代的需要，也更加合理。

荀子是一位具有朴素唯物主义思想的进步思想家，他没有继承孔子、孟子等为统治阶级服务的天命观，而是提出了“天人相分”的观点，强调人的主观能动性，是对宋钘、尹文等道家学者思想的吸收和发扬，具有超越时代的进步性，但不符合后世封建统治者的需求。皇帝们需要“天人相应”的思想，来将自己塑造为上天意志的体现，从而束缚臣民的思想，巩固自己的统治。荀子却认为自然万物的运转自有规律，并不受人的意志的影响，这样怎么能得到统治阶级的青睐呢？

但是，荀子的学说真的是对孔孟思想以及封建统治阶级的“反叛”吗？不是的。荀子对孔子的思想极为推崇，他的君子论、好学论、德行论等都继承自孔子；对于孟子的王霸论、义礼论、心性论也进行了批判性继承。荀子重视“法”，遭到后世儒家学者的“冷落”，甚至说“荀卿则全是申韩，……卒归于明法制、执赏罚而已”（朱熹《朱子语类》），将他视为法家人物。实际上，荀子更重视的是“礼”，认为礼法并举、王霸兼施，才是国家治理的有效方法。后世的统治阶级虽然不曾将《荀子》立为官学，但“外儒内法”的指导思想，无疑肇端于荀子。

荀子的教育思想至今熠熠生辉。他在《劝学》一篇中说：“青，取之于蓝而青于蓝；冰，水为之而寒于水。”认为任何人都可以通过刻苦学习取得进步，学生也能超过老师，使学习者受到很大的鼓励。同样在《劝学》中，荀子又说：“吾尝终日而思矣，不如须臾之所学也。”是在告诉我们在实践中掌握知识的重要性。“不积跬步，无以至千里；不积小流，无以成江海。骐骥一跃，不能十步；驽马十驾，功在不舍。锲而舍之，朽木不折；锲而不舍，金石可镂。”这段《劝学》中优美且富有哲理的文字，是在告诉求学者，即使天分较差，也可以通过不懈的努力赶上他人。类似的教育观点遍布全书，核心就是“积”“渐”二字，也就是要充分而广泛地积累知识，在循序渐进中提升自己的道德和知识水平。同时，荀子认为学习是终生的行为，也就是“学不可以已”（《荀子·劝学》）。

荀子是出色的散文家和辞赋家。他的文章极有文采，又非常讲究语言的锤炼。他的哲学散文脉络分明、论证严密、气势磅礴、言辞优美。荀子对譬喻的运用堪称绝妙，这一点被他的弟子韩非在《韩非子》一书中进行了继承和发扬。《荀子》中一些篇章，已经是严格意义上的纯文学作品，在我国文学史上具有举足轻重的地位。例如，《荀子·赋》开后世咏物小赋之先河。本篇中，荀子主要以隐语为表现形式，通过譬喻、假物寓意等手法对所赋之物的外形、功用等进行了穷形尽态的描摹，并寄寓深刻的道理，这种手法对取得辉煌成就的汉赋产生了很大的影响，因此荀子也有了“辞赋之祖”的美誉。

我们今天再读《荀子》，无法不被其博大精深、丰赡华美的思想和内容折服，书中有关自然、社会、政治、经济、教育、军事、文学等诸多方面的论述，都有可供今人学习和借鉴之处。所以，我们精心编著此书，希望读者能从中体会到这位先贤的独特魅力。由于水平有限，书中难免有不当之处，恳请读者批评指正。

目录

劝 学

原 文

君子曰：学不可以已。青，取之于蓝[①]而青于蓝；冰，水为之而寒于水。木直中绳，輮[②]以为轮，其曲中[③]规[④]，虽有槁暴[⑤]，不复挺者，輮使之然也。故木受绳则直，金就砺则利，君子博学而日参省乎己，则知明而行无过矣。

注 解

①蓝：蓼（liǎo）蓝，一年生草本植物，其叶发酵后可提制有机染料靛蓝。

②輮：通“煣”，用火熏使木材弯曲以造车轮等物。

③中：符合，适合。

④规：圆规，测圆的工具。

⑤暴：通“曝”，晒。

译 文

君子说：学习是永无止境的。靛青这种染料是从蓼蓝中提取出来的，然而它的颜色比蓼蓝还要青；冰是由水凝固而成的，然而它的温度比水还要凉。木材笔直符合木工的墨线，然而用火烘烤使它弯曲做成车轮，它的弯度符合圆规的要求，即使再经过火烤、日晒，也不能够重新挺直，这是由于经过火烤使它成为这样的。所以木材经过墨斗画线加工后就变得挺直，金属制的刀剑经过磨刀石打磨过后就锋利了，君子广泛学习并且每天反省自己，那么他就会智慧明达而且行为上也不会出什么差错了。

原文

故不登高山，不知天之高也；不临深溪，不知地之厚也；不闻先王之遗言，不知学问之大也。干、越、夷、貉之子，生而同声，长而异俗，教使之然也。《诗》曰："嗟尔君子，无恒安息。靖①共②尔位，好是正直。神之听之，介尔景③福。"神莫大于化道，福莫长于无祸。

注解

①靖：安。

②共：通"供"。

③景：高，大。

译文

所以不登上高山，就不会知道天有多高；不走近深渊，就不知道地有多厚；不听取先王的遗训，就不知道学问的博大精深。吴国、越国、夷族、貉族的孩子，刚生下来的时候哭声都是一样的，然而长大以后，他们的生活习俗却不同了，这是所受的教育不同导致的。《诗经》上说："你这个君子啊，不要总是贪图安逸。要安心地对待你的本职，爱好正直的德行。天上的神听到这些，就会赐福给你的。"所以说没有比受道德教化更大的精神修养了，也没有比无灾无祸更长久的福分了。

原文

吾尝终日而思矣，不如须臾之所学也；吾尝跂①而望矣，不如登高之博见也。登高而招，臂非加长也，而见者远；顺风而呼，声

非加疾[②]也，而闻者彰[③]。假[④]舆马者，非利足也，而致千里；假舟楫者，非能水也，而绝[⑤]江河。君子生非异也，善假于物也。

注解

①跂：通“企”，踮起脚后跟。

②疾：快速，这里引申为“洪亮”。

③彰：清楚。

④假：凭借，借助。

⑤绝：渡。

译文

我曾每天思考，但是不如学习片刻所得的教益多；我曾踮起脚跟向远处看，但是不如登上高处看得广阔。登上高处招手，手臂并没有加长，然而能被远处的人看见；顺着风向大喊，声音并没有加大，然而能让人听得很清楚。借助马车的人，并不是脚走得快，却能到达千里之外；借助船只的人，并不擅长游泳，却能横渡江河。君子的本性与别人没有什么不同，只是善于借助别的事物罢了。

原文

南方有鸟焉，名曰蒙鸠，以羽为巢，而编之以发，系之苇苕，风至苕折，卵破子死。巢非不完也，所系者然也。西方有木焉，名曰射干[①]，茎长四寸，生于高山之上，而临百仞[②]之渊，木茎非能长也，所立者然也。蓬生麻中，不扶而直。兰槐之根是为芷，其渐[③]之滫[④]，君子不近，庶人不服，其质非不美也，所渐者然也。故君子居必择乡，游[⑤]必就士，所以防邪僻而近中正也。

注解

①射（yè）干：一种草本植物，根可入药。

②仞：古代长度单位。周制八尺，汉制七尺。

③渐：浸染。

④滫：溺，尿。

⑤游：交际，交往。

译文

南方有一种鸟，名字叫作蒙鸠，用羽毛筑巢，并用毛发将它编在一起，系到芦苇上，风吹过芦苇折了，鸟窝摔到地上鸟卵就会破裂，蒙鸠也就失去了自己的幼鸟。不能说窝没有编好，是由于它系的地方不对。西方有一种木材，名字叫作射干，根茎只有四寸长，生长在高山之上，下临百丈的深渊，它的根茎没有加长，是由于它生长的地方很高。蓬草生长在蓖麻之中，不用扶持就是笔直挺立的。兰槐的根叫作芷，把它浸泡在尿中，君子不会靠近它，普通人也不会随身带着它，不是它本身不香，只是它周围的环境不好。所以，君子居住一定要选择周围的环境，交往一定要交有道德的人，以此来防止自己走上邪路而保持内心正直。

原文

物类之起，必有所始。荣辱之来，必象其德。肉腐出虫，鱼枯生蠹[1]。怠慢忘身，祸灾乃作。强自取柱[2]，柔自取束。邪秽在身，怨之所构。施薪若一，火就燥也；平地若一，水就湿也。草木畴[3]生，禽兽群焉，物各从其类也。是故质的[4]张而弓矢至焉，林木茂而斧斤[5]至焉，树成阴而众鸟息焉，醯[6]酸而蜹[7]聚焉。故言有招祸也，行有招辱也，君子慎其所立乎！

注解

①蠹（dù）：蛀蚀器物的虫子。

②柱：通“祝”，折断。

③畴：同“俦”，同类，类别。

④质的：箭靶的中心。

⑤斤：斧子。

⑥醯（xī）：醋。

⑦蚋（ruì）：蚊子一类的昆虫。

译文

事物的发生，一定有它的起因。荣辱的降临，一定与品德相应。肉腐烂会生出蛆，鱼枯死了会生出虫子。人若是懒怠散漫而忘记了做人，灾祸就会发生。太坚硬的物体容易折断，柔弱的东西容易受约束。自己的行为邪恶污秽，就会导致人们对你的埋怨。把干、湿两种木材放在一起，火苗就会朝着干燥的木材烧去；地面一样平坦，水就会朝着潮湿的地方流去。草木共生，禽兽成群，万物跟随着自己的同类。因此，箭靶张开了会引弓箭向这边射来，森林茂盛了会引来斧子砍伐，树木长大成荫了会引来众多鸟类栖息，醋发酸了会引来蚊蝇。所以，说话有时会招来祸患，行为有时会招来耻辱，君子要谨慎地立身处世！

原文

积土成山，风雨兴焉；积水成渊，蛟龙生焉；积善成德，而神明自得，圣心备焉。故不积跬[①]步，无以至千里；不积小流，无以成江海。骐骥一跃，不能十步；驽马十驾[②]，功在不舍。锲而舍之，朽木不折；锲而不舍，金石可镂。螾无爪牙之利，筋骨之强，上食埃土，下饮黄泉，用心一也；蟹六跪[③]而二螯，非蛇蟺之穴无可寄

托者，用心躁也。是故无冥冥之志者，无昭昭之明；无惛惛之事者，无赫赫之功。行衢[④]道者不至，事两君者不容。目不能两视而明，耳不能两听而聪。螣蛇无足而飞，梧鼠五技而穷。《诗》曰："尸鸠在桑，其子七兮。淑人君子，其仪一兮。其仪一兮，心如结兮。"故君子结于一也。

注解

①跬：行走时两脚间的距离，古代的半步，等于现在的一步。古人所说的步，指左右脚都向前迈一次的距离，相当于现在的两步。

②驾：古代马拉车时，早晨套上车，晚上卸去。套车叫驾，所以这里用"驾"指代马车一天的行程。十驾即指十天的行程。此指千里的路程。

③跪：脚。

④衢：歧，岔。

译文

泥土堆积起来成为山丘，风雨就在这里兴起；水流汇集起来成为深渊，蛟龙就在这里生长起来；不断地做好事养成高尚的品德，就自然智慧澄明，也就达到了圣人的心境。所以没有一步半步的行程积累，就不会走千里远程；没有小河流的凝聚，就不会汇集成江河大海。千里马一跃，不能超过十步；劣马跑十天也可以到达千里之远，成功的原因就是不放弃。雕刻东西如果刻几下就放弃了，那么一根腐烂的木头也不能刻断；雕刻东西而不放弃，就是金属、石头也可以雕刻成功。蚯蚓没有锋利的爪牙和强壮的筋骨，它却能在地上吃泥土，地下喝泉水，这是由于它用心专一；螃蟹有六条腿和两只蟹钳，但是如果没有蛇和黄鳝的洞穴，就没有它的容身之处，这是因为它用心浮躁。所以没有刻苦专一的志向，就不会通达事理；没有埋头苦干的实践，就不会有显赫的成就。在歧路上行走的人是到达不了目的地的，同时侍奉两个君主的人，双方都不会容下他。眼睛不能同时看两样东西还能看明白，耳朵不能同时听两种声音还能听清楚。螣蛇没有脚但能够飞翔，鼫鼠有五种技艺但还是没有办法摆脱困境。《诗经》上说："布谷鸟住在桑树上，它有七只幼鸟。善良的君子们，你们的行为要专一啊。行为专一，心志才会坚定专一。”所以君子的心志专一。

原文

昔者瓠巴①鼓瑟而流鱼出听，伯牙鼓琴而六马②仰秣。故声无小而不闻，行无隐而不形；玉在山而草木润，渊生珠而崖不枯。为善不积邪，安有不闻者乎？

学恶③乎始？恶乎终？曰：其数则始乎诵经，终乎读礼；其义则始乎为士，终乎为圣人。真积力久则入，学至乎没而后止也。故学数有终，若其义则不可须臾舍也。为之，人也；舍之，禽兽也。故《书》者，政事之纪也；《诗》者，中声之所止也；《礼》者，法之大分④、类之纲纪也。故学至乎《礼》而止矣。夫是之谓道德之极。《礼》之敬文⑤也，《乐》之中⑥和也，《诗》《书》之博也，《春秋》之微也，在天地之间者毕矣。

注解

①瓠（hù）巴：楚国人，善于弹瑟。

②六马：古代天子的车驾用六匹马拉，此处指拉车的马。

③恶：疑问代词，哪里，怎么。

④大分：要领，总纲。

⑤文：文采，花纹，引申为礼仪制度。

⑥中（zhōng）：不高不低，中等。

译文

从前，春秋时期的瓠巴在弹瑟的时候，沉在水里的游鱼也浮出水面倾听；伯牙在弹琴的时候正在吃草的马也停下来仰头而听。所以，声音无论怎么细小都会被听到，行为不论多么隐蔽，都会有人知道；山中若是藏有宝玉，草木就会显得润泽，深渊中生有珍珠岸边的悬崖就不会显得干枯。如果经常做善事，哪里会有不闻名于世的呢？

学习从哪里开始？在哪里结束？君子说：学习的顺序是从诵读《诗》《书》等经书开始，到《礼》终结；做学问的意义，从做一个读书人开始，到成为圣人结束。只有真心真意、日积月累地力行而能持久，才能够入门而有所成就，而且学习要坚持到死才能够停止。所以，学习的顺序是有终点的，若是从学习的意义上说，就一刻也不能停止。这样做，就是堂堂正正的人；不这样做，就和禽兽一样。所以说《尚书》是记载古代政事的；《诗经》是收集了符合乐章标准的诗歌编辑而成的；《礼记》是礼法的总纲，也是各种条例的纲要。所以学习一定要达到《礼记》的要求才算到了终点。这就叫作具备了道德的最高境界。《礼》有敬重礼仪的规则，《乐》使人能够中正和悦，《诗经》《尚书》的内容广博，《春秋》包含微妙的道理，这些典籍把天地间的一切事物都包括了。

原文

君子之学也，入乎耳，箸[①]乎心，布乎四体，形乎动静，端而言，蝡而动，一可以为法则。小人之学也，入乎耳，出乎口。口耳之间则四寸耳，曷[②]足以美七尺之躯哉！古之学者为己，今之学者为人。君子之学也，以美其身；小人之学也，以为禽犊[③]。故不问而告谓之傲，问一而告二谓之囋[④]。傲，非也；囋，非也。君子如向[⑤]矣。

注解

①箸：同“著”，明显，显著。

②曷：何。

③禽犊：家禽和小牛，古时候用来做馈赠礼物。

④囋（zàn）：啰唆。

⑤向：通“响”，回声。

译文

君子的学习，要把学到的听进耳朵里，记在心里，融会贯通到整个身心，表现在一举一动上面，即使是极细小的言行，都可以成为别人效法的榜样。小人的学习，把学到的听进耳朵里，又从嘴巴里说出来。嘴巴和耳朵之间只有四寸的距离，怎么能使自己七尺之躯的品德得到修养而完美呢！古时候的学者，学习是为了自己进德修业，当今的学者学习是为了向人炫耀。君子的学习，是用来美化自己的身心；小人的学习，是为了将学问当成礼物来取悦别人。所以，别人不问却告诉他这是急躁，别人问一却答二就是啰唆。急躁是不对的，啰唆也不正确。君子问一答一，就像回声一样。

原文

学莫便乎近其人。《礼》《乐》法而不说①，《诗》《书》故②而不切，《春秋》约而不速。方③其人之习君子之说，则尊以遍矣，周于世矣。故曰：学莫便乎近其人。

学之经④莫速乎好其人，隆礼次之。上不能好其人，下不能隆礼，安特⑤将学杂识志，顺《诗》《书》而已耳，则末世穷年，不免为陋儒而已。将原⑥先王，本仁义，则礼正其经纬蹊径也。若挈裘领，诎五指而顿之，顺者不可胜数也。不道礼宪，以《诗》《书》为之，譬之犹以指测河也，以戈舂黍也，以锥餐壶也，不可以得之矣。故隆礼，虽未明，法士也；不隆礼，虽察辩，散儒也。

注解

①说：解说。

②故：故事。

③方：通“仿”，比拟，仿效。

④经：通“径”。

⑤特：只是。

⑥原：追究根源。

译文

学习的途径没有比接近良师益友更便捷的了。《礼》《乐》记载了法度典章，但没有详尽地阐述其义理；《诗》《书》记载了古代的掌故，但不切合现实；《春秋》简约晦涩，难于使人迅速理解。只有效仿良师益友而学习君子的学说才能培养崇高的品德，得到全面的指示，通达世事。所以说：学习没有比接近良师益友更好的了。

学习的途径没有比向良师益友请教更迅速的了，其次是尊崇礼法。既不能请教良师益友，又不能尊崇礼法，只是支离破碎地读一些杂书，或者根据《诗》《书》的训诂来解释《诗》《书》，那么即使到了老年，也只不过是一个知识浅陋的读书人。如果从古代圣王那里追源溯流，寻找仁义的根本，那么，学习礼法就像纵横交错的经纬线一样是一条正确的途径。就像提起衣服的领子，五指弯曲去拉它，被理顺的绒毛就不可胜数了。如果做事不遵守礼法，只空谈《诗》《书》，就像是用手指去测量河水的深度，用戈矛去舂米，用锥子代替筷子吃饭一样，是不能达到目的的。所以，尊崇礼法虽然不能明白事理，但仍然可以称作是遵循礼法的读书人；不尊崇礼法，即使能够明察善辩，也不过是一个散漫而不自我约束的人。

原文

问楛①者勿告也，告楛者勿问也，说楛者勿听也，有争气者勿与辩也。故必由其道至，然后接之，非其道则避之。故礼恭而后可与言道之方，辞顺而后可与言道之理，色从而后可与言道之致。故未可与言而言谓之傲，可与言而不言谓之隐，不观气色而言谓之瞽②。故君子不傲，不隐，不瞽，谨顺其身。《诗》曰："匪③交④匪舒，天子所予⑤。"此之谓也。

注解

①楛（kǔ）：粗劣，指不合礼法。

②瞽：盲目。

③匪：同“非”，不。

④交：通“绞”，急迫。

⑤予：通“与”，赞许。

译文

别人问了不合礼法的事情，不要告诉他；别人告诉了不合礼法的事情，不要去追问；谈论不合礼法的事情，不要去听；态度蛮横、不讲道理的人，不要和他争辩。所以，必须是按照礼义之道前来请教的人，才接待；不按照礼义之道前来请教的人，就避而不答。所以，来者恭敬有礼，然后可以同他谈论道义的方法；看他的言辞比较恭顺，才可以和他谈论道义的原理；见他乐意听从，才和他谈论道义的极致。所以对于那些不可以交谈的人，却偏要与之交谈，这叫作浮躁；对于那些可以与他交谈的人而又不与他交谈，这叫作隐瞒；不看对方的表情而与之交谈叫作盲目。所以，君子不浮躁、不隐瞒、不盲目，而是谨慎地对待前来请教的人。《诗经》上说：“不急躁、不懈怠的人，是上天所赞许的。”说的就是这个意思。

原文

百发失一，不足谓善射；千里跬步不至，不足谓善御；伦类不通，仁义不一，不足谓善学。学也者，固学一之也。一出焉，一入焉，涂[①]巷之人也。其善者少，不善者多，桀、纣、盗跖也。全之尽之，然后学者也。

君子知夫不全不粹之不足以为美也，故诵数以贯之，思索以通之，为其人以处之，除其害者以持养之，使目非是无欲见也，使耳

非是无欲闻也，使口非是无欲言也，使心非是无欲虑也。及至其致好之也，目好之五色，耳好之五声，口好之五味，心利之有天下。是故权利不能倾也，群众不能移也，天下不能荡也。生乎由是，死乎由是，夫是之谓德操。德操然后能定，能定然后能应，能定能应，夫是之谓成人。天见其明，地见其光②，君子贵其全也。

注解

①涂：同“途”。

②光：通“广”。

译文

射箭一百次其中有一次没有中的，就不能说善于射箭；驾车行走千里，只要半步不到，就不能叫作善于驾车；对于礼法不能融会贯通，对于仁义不能始终如一，就不能称作善于学习。学习，就是应该一心一意地坚持到底。一会儿这样学，一会儿那样学，这只是街头巷尾的普通人。好的行为少，坏的行为多，就是桀、纣、盗跖一类的人。达到完全彻底的学习效果，才能是好的学习的人。

君子懂得，做学问不完备、不纯正，是不能够算作完美的，所以，要不断地诵读诗书，用心思索来融会贯通，把良师益友作为自己的榜样，设身处地去做，除掉有害的东西，培养有益的学识，对于不是这样的事物，眼睛不去看，耳朵不去听，嘴里不去说，内心不去考虑。等到极其爱好学习时，就像眼睛爱看五色，耳朵喜欢听五声，嘴巴喜欢吃五味，心里追求占有天下那样。因此，这样的人，权利不会压制他，人多势众不能改变他，天下的任何事物都不能动摇他。活着是这样，死后也是这样，这就叫作有好的品德和操守了。具备了这样品德的人才能坚定不移，能够坚定不移，才能够应付自如，既能坚定不移，又能应付自如，可以称得上是完美的人了。天空显现它的光明，大地显露它的广阔，君子最要紧的是人格的完美与纯正。

读解

《劝学》是《荀子》的第一篇，是荀子教育思想的集中体现，特别强调的是后天学习的重要以及环境对教育的影响，终极目标则是培养出符合儒家标准的“亲师”“隆礼”要求的德才兼备的学生。本篇中，荀子用蓼蓝提取靛青、水寒成冰、木材变车轮等生活中的例子，阐述了人学习的必要性。又从登山、临溪、驾车等浅近的道理中进一步地阐述人学习之后的好处。此外，荀子还从自身的一些体会中揭示学习要集中精神、专心致志的道理。

综观全篇，荀子认为人如果不学习，是无法达到“天见其明，地见其光”的君子境界的。他提出的要认真谨慎对待学习的态度和精神，以及锲而不舍、用心专一等学习方法非常值得我们学习。同时，《荀子》还是一篇有着浓厚文学色彩的优美散文，文中善于譬喻，排比句和对偶句的使用非常娴熟，语言精练，诞生了大量脍炙人口的佳句。

【事例一】

“玉不琢，不成器。人不学，不知义。”当年吕蒙跟随孙权打仗的时候，他还是个不识诗书的山野粗人，孙权劝他读书，他却推脱说没有时间读书，孙权就以自己为例，给他上了意义深刻的一课。吕蒙就此开始发奋努力学习，直到鲁肃再三惊叹，说他再也不是当年的“吴下阿蒙”了。吕蒙也非常文雅地说：“士别三日，当刮目相看。”看来，人还是要多读书，才能知道什么是道义啊！

吕蒙读书

起初，孙权对吕蒙说：“如今你担任很重要的职位，大权在握，一定要学习。”吕蒙推辞说军中事务繁忙，无暇学习。孙权说：“你以为我是要你研究儒家经典，去做博士吗？我只是要你去浏览书籍，了解过去发生过的事情。你说事情多，但谁会像我这样忙？我经常读书，自己认为得到了很多好处。”于是吕蒙开始读书。

等到鲁肃经过寻阳时，与吕蒙谈话，大吃一惊，说：“如今你的才干，再不是当年吴郡的阿蒙了！”吕蒙说：“士别三日，就应当刮目相看，大哥怎么现在才知道这个道理呢！”鲁肃去拜见吕蒙的母亲，和吕蒙成了十分要好的朋友，然后才分手告别。

【事例二】

“言有招祸，行有招辱”，这句话的意思是：说话不谨慎就可能招来灾祸，行为不当就会招来别人的侮辱。所以一个人的言行一定要非常谨慎。历史上有许多人就是由于自己的言行不够谨慎，招来了杀身之祸，其中晋孝武帝就是其中之一。

戏言夺命

晋孝武帝非常喜欢喝酒，他常常在内殿里喝得酩酊大醉，很少有清醒的时候，宫外的人很难见到他。孝武帝十分宠爱张贵人，后宫里的人都十分害怕她。

有一次，孝武帝和后宫的嫔妃们一起宴饮，美女和乐队也都在一旁侍候。这时张贵人年纪将近三十，孝武帝故意调笑她说：“如果按照年龄来说，你也应该废黜了，我更喜欢年轻的。”张贵人心中暗自气愤。

到了晚上，孝武帝大醉，在清暑殿就寝。张贵人则拿酒赏赐所有的宦官，打发他们走开，然后，让贴身的服侍婢女用被子蒙住孝武帝的脸，把孝武帝杀死了，接着用重金贿赂左右的侍从，让他们声称孝武帝是“睡梦中惊悸窒息而猝逝”。当时的太子司马德宗懦弱且愚昧，会稽王司马道子也昏庸荒淫，均未追究查问。

修身

原文

见善，修然必以自存[①]也；见不善，愀然[②]必以自省也。善在身，介然必以自好也；不善在身，菑[③]然必以自恶也。故非我而当者，吾师也；是我而当者，吾友也；谄谀我者，吾贼[④]也。故君子隆[⑤]师而亲友，以致恶其贼。好善无厌，受谏而能诫，虽欲无进，得乎哉？小人反是，致乱而恶人之非己也，致不肖而欲人之贤己也，心如虎狼、行如禽兽而又恶人之贼己也。谄谀者亲，谏争者疏，修正为笑，至忠为贼，虽欲无灭亡，得乎哉？《诗》曰："噏噏[⑥]呰呰[⑦]，亦孔之哀。谋之其臧，则具是违；谋之不臧，则具是依。"此之谓也。

注解

①存：省问。

②愀（qiǎo）然：忧惧的样子。

③菑（zāi）：同"灾"，祸害，灾害。

④贼：害人的人。

⑤隆：尊崇。

⑥噏噏（xī）：形容众口附和。

⑦呰呰（zǐ）：诋毁。呰，通"訾"。

译文

看到善良的品行，一定要拿它来认真地对照自己有没有这样的良好品行；看到不好的行为，一定要怀着忧惧的心情拿它来反省自己。自己身上如果有好的品行，一定要坚定不移地珍惜自己；自己身上有了不良品行，一定要因此而厌恶自己。所以，批评我而又批评得恰当的人就是我的老师；认同我而又认同得恰当的人就是我的朋友；对我谄媚阿谀的人，是陷害我的贼人。所以，君子敬重老师、亲近朋友，极端厌恶那些陷害自己的人。喜欢好的品行而不感到满足，能接受别人的劝告并引以为鉴，即使自己不想进步，但怎么可能呢？小人却是与此相反的，自己已经非常昏乱了还厌恶别人对自己的责备，自己已经非常无能了却想让他人说自己贤能；心思像虎狼一样，行为像禽兽一样，又不许别人指出自己的罪行。亲近那些阿谀奉承自己的人，疏远那些劝谏自己的人，讥笑那些帮助自己改错的人，把对自己忠心的人当作害自己的人，即使他不想走向灭亡，又怎么可能呢？《诗经》上说："乱附和又乱诋毁，这就是一种悲哀。对自己好的谋划，偏偏去违背；对自己不好的谋划，反而都依照着做。"说的就是这种人。

原文

扁[1]善之度，以治气养生则后彭祖[2]，以修身自名则配尧、禹。宜于时通，利以处穷，礼信是也。凡用血气、志意、知虑，由礼则治通，不由礼则勃[3]乱提[4]僈[5]；食饮、衣服、居处、动静，由礼则和节，不由礼则触陷生疾；容貌、态度、进退、趋行，由礼则雅，不由礼则夷[6]固僻违，庸众而野。故人无礼则不生，事无礼则不成，国家无礼则不宁。《诗》曰："礼仪卒度，笑语卒获。"此之谓也。

注解

①扁：通“遍”，到处，全面。

②彭祖：传说他经历了虞、夏、商、周，活了八百岁。

③勃：通“悖”。

④提：通“偍”，舒缓。

⑤僈：通“漫”。

⑥夷：傲慢。

译文

处处以礼善为法度，用调理气质来养生可使寿命仅次于彭祖，用修身的方法自强则可与尧和大禹相媲美。既适宜于通达之时，也适宜于窘困之时的，只有礼法和信义。凡是运用感情、意志、智慧和思虑的时候，遵循礼法就会顺利通达，不遵循礼法就会悖乱散漫；凡是饮食、穿衣、居住、行动方面，都遵循礼法就能和谐有序，不遵循礼法就会触犯禁忌而生病；凡是容貌、态度、进退、走路方面，遵从礼法就会显得文雅，不遵从就会显得傲慢孤僻、庸俗粗野。所以，做人没有礼法就无法生存，做事没有礼法就无法成事，国家没有礼法就无法安宁。《诗经》上说：“礼仪都要合法度，说笑都要符合时机。”说的就是这种道理。

原文

以善先人者谓之教，以善和人者谓之顺；以不善先人者谓之谄，以不善和人者谓之谀。是是、非非谓之知，非是、是非谓之愚。伤良曰谗，害良曰贼。是谓是、非谓非曰直。窃货曰盗，匿行曰诈，易言曰诞。趣[①]舍无定谓之无常，保利弃义谓之至贼。多闻曰博，少闻曰浅；多见曰闲，少见曰陋。难进曰偍[②]，易忘曰漏。少而理曰治，多而乱曰秏[③]。

注解

①趣：通“趋”，趋向，奔向。

②偍（tí）：行动缓慢。

③秏：通“眊”，昏昧，糊涂。

译文

用善良的言行来引导别人就叫作教导，用善良的言行去附和别人就叫作顺从；用恶意的言行去引导别人就叫作谄媚，用恶意的言行去附和别人就叫作阿谀。肯定正确的言行、否定错误的言行叫作智慧，否定正确的言行、肯定错误的言行叫作愚蠢。中伤那些贤良的人叫作谗言，陷害贤良的人叫作贼害。正确的就说正确，错误的就说错误，叫作正直。偷别人的财物叫作盗窃，隐匿自己的行为叫作欺诈，信口开河叫作荒诞。进退没有标准叫作无常，背信弃义叫作大贼。广识多闻叫作渊博，孤陋寡闻叫作浅薄；见识多叫作开阔，见识少叫作浅陋。难以进取叫作迟缓，健忘叫作遗漏。举措少而条理分明叫作善治，举措繁多而又杂乱叫作昏庸。

原文

治气养心之术：血气刚强，则柔之以调和；知[1]虑渐[2]深，则一之以易良；勇胆猛戾，则辅之以道顺；齐给便利，则节之以动止；狭隘褊小，则廓之以广大；卑湿重迟贪利，则抗之以高志；庸众驽散，则劫之以师友；怠慢僄弃，则炤[3]之以祸灾；愚款端悫[4]，则合之以礼乐，通之以思索。凡治气养心之术，莫径由礼，莫要得师，莫神一好。夫是之谓治气养心之术也。

注解

①知：通“智”。

②渐：通“潜”。

③炤：同“昭”，使明白。

④悫：诚实，谨慎。

译文

调理性情、修养身心的方法：血气方刚的人，用平静的方法来调理；思想深沉的人，用平易温良的方法来调整；有勇无谋的人，帮助他循规蹈矩；行为轻率的人，就用动静有法来教育他；心底狭隘的人，就扩大他的胸怀；思想卑下贪婪的人，就激发他昂扬的意志；庸庸碌碌的人，就用良师益友来改造他；懒散放荡的人，就晓之以祸害，使他警醒；单纯朴实的人，使他行为符合礼乐，启发他深思熟虑。凡是实行了调理性情的方法，无不是通过礼法，其要领无不是得到良师，其精诚无不是用心专一。这就是调理性情、修身养性的方法。

原文

志意修则骄富贵，道义重则轻王公，内省而外物轻矣。传曰：“君子役物，小人役于物。”此之谓矣。身劳而心安，为之；利少而义多，为之。事乱君而通，不如事穷君而顺焉。故良农不为水旱不耕，良贾不为折阅[①]不市[②]，士君子不为贫穷怠乎道。

注解

①折（shé）阅：亏损。

②市：做买卖。

译文

志向高远的人就会鄙视富贵的人，以道义为重就会藐视王侯公卿，这是由于从内心能够省察自己，就觉得外物轻微了。古书上说："君子支配外界事物，小人则被外界事物所支配。"说的就是这个道理。即使身体劳苦，但内心却安定，就去做；虽然利益很少，但意义重大，就去做。侍奉一个暴君而通达显赫，还不如侍奉穷困的君主而顺从道义。所以，一个好的农民不因为水旱灾害就放弃耕种，一个好的商人不会因为一时的亏损就放弃经营，士人君子不会因为贫穷就松懈操守。

原文

体恭敬而心忠信，术礼义而情爱人，横行天下，虽困四夷，人莫不贵。劳苦之事则争先，饶乐之事则能让，端悫诚信，拘守而详，横行天下，虽困四夷，人莫不任。体倨固而心执诈，术[1]顺[2]墨[3]而精杂污，横行天下，虽达四方，人莫不贱。劳苦之事则偷儒[4]转脱，饶乐之事则佞[5]兑[6]而不曲[7]，辟[8]违而不悫，程役[9]而不录，横行天下，虽达四方，人莫不弃。

行而供[10]冀[11]，非渍淖也；行而俯项，非击戾也；偶视而先俯，非恐惧也。然夫士欲独修其身，不以得罪于比俗之人也。

注解

①术：通"述"，遵循。

②顺：当作"慎"，指慎到，战国中期赵国人，主张法治、势治，是一个由黄老学派演变而来的早期法家人物。

③墨：指墨翟。

④偷儒：苟且偷安，懒惰。儒，通"懦"，指怕事。

⑤佞：口齿伶俐。此指施展口才不顾一切地争抢。《庄子·渔父》："莫之

顾而进之谓之佞。”

⑥兑：通“锐”，锐利，也指口齿伶俐。

⑦不曲：不转弯。指毫不谦让地直取之。

⑧辟（pì）：偏僻，邪僻。

⑨程役：逞欲。

⑩供：通“恭”。

⑪冀：当作“翼”，敬。

译文

外表恭敬而且内心忠信，以礼义为法度而且性情友善，这样的人走遍天下，即使被困在遥远的地方，别人没有不尊重他的。有了劳苦的事情就争先去做，有了享乐的事情就让给别人，端正诚信，谨守法度而又明察事理，这样的人走遍天下，即使困在遥远的地方，人们没有不信任他的。态度骄傲而心术险恶，以慎到和墨子的学说为法度，而又精于异端邪说，这样的人走遍天下，即使显赫四方，人们没有不轻贱他的。有了劳苦的事情就偷懒畏惧，有了享乐的事情就巧言令色取悦于人，毫不谦让地进行争夺，邪僻而不诚实，放纵而不俭束，这样的人走遍天下即使显赫于四方，人们没有不摈弃他的。

走路的时候恭谨，并不是由于路上的泥淖；走路的时候低着头，并不是害怕碰撞着东西；与人对视的时候先低下头，并不是由于害怕。这是由于士人要独善其身，修养自己的品性，不是害怕这样做会得罪普通人。

原文

夫骥一日而千里，驽马十驾则亦及之矣。将以穷无穷，逐无极与？其折骨绝筋，终身不可以相及也。将有所止之，则千里虽远，亦或迟或速、或先或后，胡为乎其不可以相及也？不识步道者，将以穷无穷、逐无极与？意[1]亦有所止之与？夫坚白[2]、同异、有厚无厚[3]之察，非不察也，然而君子不辩，止之也；倚魁[4]之行，非不难也，然而君子不行，止之也。故学曰："迟，彼止而待我，我行而

就之，则亦或迟或速，或先或后，胡为乎其不可以同至也?”故跬步而不休，跛鳖千里；累土而不辍，丘山崇⑤成；厌⑥其源，开其渎，江河可竭；一进一退，一左一右，六骥不致。彼人之才性之相县⑦也，岂若跛鳖之与六骥足哉？然而跛鳖致之，六骥不致，是无它故焉，或为之，或不为尔。道虽迩，不行不至；事虽小，不为不成。其为人也多暇日者，其出入不远矣。

注解

①意：同“抑”，选择连词，还是。

②坚白：指“离坚白”，是战国时名家公孙龙提出的一个命题。公孙龙曾以石头为例，论证坚硬和白色两种属性是各自独立的，不能同时存在于石头上，以此说明共性和个性的区别。

③同异、有厚无厚：这是战国时名家惠施提出的一个命题。惠施认为“无厚，不可积也，其大千里”，讲的是空间上的无限问题。

④倚魁：通“奇傀”，奇怪。

⑤崇：通“终”。

⑥厌：同“压”，堵塞。

⑦县：通“悬”，距离远，悬殊。

译文

千里马一天能行走千里，劣马十天的行程也可以达到。能够用有限的气力来追求无穷无尽的路程或没有终点的目标吗？那么即使筋骨折断，用尽毕生精力也不能达到目的。如果行程是有目的地的，那么即使有千里之遥，也将会或迟或快、或先或后地到达，怎么会说不能到达呢？不知道走路的人，是应该用有限的力量去追求无穷的、没有止境的目的呢？还是应该有一定的范围和止境呢？对所谓坚白、同异、有厚无厚等学说，并不是不能理解，然而君子不跟他们辩解，因为命题有一定的范围限度；那些不合常规的行为，并不是不难做到，但君子却不去做，因为行为有一定的范围限度。所以学者说：“他慢慢停下来等待我，我加快脚步跟上了他，而或慢或快、或先或后，为什么不能一同到达目的地呢？”所以只要半步半步不停地行走，即使跛脚的甲鱼也能行走千里；只要不停地堆土，即使高大如山也可以堆出来；只要堵塞住源头，挖开渠道，即使广阔的长江、黄河，也可能枯竭；一会儿前进一会儿后退，一会儿向左一会儿向右，即使天子座下的六匹好马，也不能到达目的地。难道人的性格才情的差别能比跛脚的甲鱼和六匹好马的差别更大吗？然而跛脚的甲鱼能够到达的地方，六匹好马却到不了，这没有别的原因，这是因为去做或者不做的缘故。道路虽然很近，但不走是永远都不会到达目的地的；事情虽然很小，不去做是不可能会成功的。那种闲暇时间多的人，他的成就也不会超过常人很多。

原文

好法而行，士也；笃志而体，君子也；齐[①]明而不竭，圣人也。人无法，则伥伥然；有法而无志其义，则渠渠然[②]；依乎法而又深其类，然后温温然。

礼者，所以[③]正身也；师者，所以正礼也。无礼，何以正身？无师，吾安知礼之为是也？礼然而然，则是情[④]安礼也；师云而云，则是知若师也。情安礼，知若师，则是圣人也。故非礼，是无法也；非师，是无师也。不是师法而好自用，譬之是犹以盲辨色，以聋辨声也，舍乱妄无为也。故学也者，礼法也。夫师，以身为正仪而贵自安者也。《诗》云：“不识不知，顺帝之则[⑤]。”此之谓也。

注解

①齐：敏捷。

②渠渠然：局促不安的样子。渠，通“遽”，匆忙。

③所以：用来……的东西。

④情：性情。

⑤则：法则。

译文

坚持按照礼法来办事的，是读书人；有坚定的意志而又身体力行的，是君子；思虑敏捷而又永不枯竭的，是圣人。一个人不遵守礼法，将无所适从；有了礼法但不理解它的含义，就会局促不安；依照礼法而又深知各种事物，就会得心应手。

礼法，是用来端正自己的行为的；老师，是为了正确解释礼法的。没有礼法，拿什么来端正自己的行为呢？没有老师，我怎么知道礼法是什么样子呢？礼法如何规定就如何去做，这就是性情习惯于遵礼而行；老师说什么就认同什么，那么智慧就如同老师。性情符合礼法，智慧如同老师，就是圣人了。所以，没有礼法，就没有法度；违背老师，就是心中没有老师。不遵照老师的教导，喜欢自作主张，就像是一个盲人来辨别颜色，一个耳聋的人来辨别声音一样，除了胡作非为以外，再也不会有什么作为了。所以，学习的宗旨就是学习礼法。那些老师就是要以身作则，而且重要的是自己心安理得地遵礼而行。《诗经》上说："不知不觉，顺应上天的法则。"说的就是这种情况。

原文

君子贫穷而志广，富贵而体恭，安燕[1]而血气不惰，劳倦而容貌不枯，怒不过夺，喜不过予。君子贫穷而志广，隆仁也；富贵而体恭，杀势也；安燕而血气不惰，柬理也；劳倦而容貌不枯，好交也；怒不过夺，喜不过予，是法胜私也。《书》曰："无[2]有作好，遵王之道；无有作恶，遵王之路。"此言君子之能以公义胜私欲也。

注解

①燕：通"宴"，安逸。

②无：通"毋"，不。

译文

君子处境困难而心志宽广，身处富贵而态度恭敬，休息而不懈怠，劳累疲惫而容貌庄重，在盛怒的时候也不惩罚过重，在喜悦的时候也不赏赐过多。君子处境困难而心智宽广，这是由于推崇仁爱的缘故；身处富贵而态度恭敬，这是由于不以权势作威作福；休息的时候精神不懈怠，这是遵礼奉法所致；在劳累疲倦的时候容貌庄重，是由于注重礼节；在盛怒的时候能够惩罚不过重，在喜悦的时候能够赏赐不过多，这是由于礼法战胜了私欲。《尚书》说："没有个人的喜好，只有遵循古代圣王之道；没有个人的憎恶，只有遵循古代先王之路。"这就是君子为什么能够用公理正义战胜私欲的原因。

读解

正如题目所说的那样，本篇《修身》论述了一系列修身养性，也就是让自己的品德修养得到提升的方法。提升修养的根本在于遵循礼法，其中也阐述了一些关于教育的方法。

君子是儒家学派极力推崇的知识分子，那么什么样的人才能称为君子呢？在封建社会，君子要求具备：对上要忠于君主、尊敬父母长辈；对于和自己地位相等的兄弟、朋友、同僚等要敬重；对下要有一颗仁爱之心；在内心深处，要认同封建等级制度的合理性以及永恒性，努力学习文化知识和礼仪知识，用自己所学到的知识为国家服务；自身要拥有高尚的品德，大公无私，爱护百姓等。这样的人才能称得上是君子。至于修身，其实可以看作是一个普通人如何转变为君子的修炼过程。

这种君子剔除了封建残渣之后，也是有很多东西值得我们去学习的。"志意修则骄富贵，道义重则轻王公"意思是：有远大志向的人鄙视富贵的有钱人，重道义的人会看不起王侯公卿。这是一种大无畏的精神，就像孟子说的："我善养吾浩然之气。"这种浩然之气就是对王侯将相的蔑视，对荣华富贵的不屑。子曰："饭疏食饮水，曲肱而枕之，乐亦在其中矣！不义而富且贵，于我如浮云。"君子为什么这么高傲呢？荀子解释道：君子"内省而外物轻矣"。也就是自己有自己内心所坚持的、崇尚的信仰，就不会在意外界的事物了。

【事例一】

“事乱君而通，不如事穷君而顺”，但是并不是谁都能在乱世遇到明君的，像唐朝的颜真卿遇到的既是乱世，又遇到一位有叛逆之心的李希烈，他能够做的恐怕就是以死明志吧！

颜真卿直面生死

李希烈野心勃勃妄图叛逆，唐德宗向卢杞征询计策，卢杞说：“李希烈虽然年轻，但是骁勇善战，仗着自己为国家立的功劳，骄横傲慢，他的部下都不敢劝阻他。如果派一位儒雅的朝廷重臣，前去宣示圣上的恩泽，并告诉李希烈叛逆会为他带来的祸患，归顺朝廷会得到荣华富贵，李希烈必定会洗心革面，幡然悔过，这样可以不动刀兵就使他归顺。颜真卿是玄宗、肃宗、代宗三朝旧臣，为人忠诚直率，刚毅果决，名闻海内，人人信服，他是最合适出使的人选。”唐德宗认为他说得对，就命令颜真卿到许州去宣示圣旨，安抚李希烈。

诏书颁发后，朝廷官员大惊失色。颜真卿带着诏书，乘驿车来到东都洛阳，郑叔则说：“您如果前去许州，一定会遭遇不测，最好在此稍作停留，等待命令。”颜真卿说：“这是皇上的命令啊，我怎么能躲避呢！”便启程了。李勉给唐德宗上表说：“失去一位元老，这是朝廷的耻辱，请把颜真卿留下来。”李勉又派人去阻拦颜真卿，但去的人没有追上。

颜真卿来到许州后，准备宣读圣旨，李希烈让他的一千多养子围着颜真卿谩骂，还拔出刀剑做出要杀死他的样子。颜真卿一动不动地站在那里，面不改色，巍然挺立。李希烈见了，赶紧挡在颜真卿前面，喝退众人。过了几天，李希烈想把颜真卿放回去，那时候恰巧李元平在座，颜真卿责备他。李元平十分羞愧，起身离去，又写密信向李希烈建议留下颜真卿。于是李希烈改变主意，把颜真卿留在许州，不让他回朝。

朱滔、王武俊、田悦、李纳分别派遣使者来到许州，向李希烈上表称臣，劝他称帝。使者们在李希烈面前行拜舞礼，劝李希烈说：“朝廷诛杀功臣，失信天下。都统英明勇武，得自天授，功勋盖世，已经遭到朝廷的猜忌，将招致如白起、韩信那样被杀的灾祸。臣等希望都统早日登基称帝，使天下臣民有所归附。”李希烈派人把颜真卿叫来，让他看看四镇使者，并说：“现在冀、魏、赵、齐四王派使者来叫我称帝，太师观看这情势，难道我只是被朝廷猜忌而无地自容吗？”颜真卿说：“这是四凶，怎么叫四王？你不肯以为朝廷立下的赫赫战功来自保，做唐朝的忠臣，却与乱臣贼子相互追随，难道要与他们一块儿覆灭吗？”李希烈听后很不高兴，便把颜真卿扶了出去。

过了一天，李希烈举办宴会，颜真卿和四镇的使者一起参加。四镇使者对颜真卿说：“久闻太师大名，如雷贯耳，如今都统欲将称帝，而太师恰好在此，您真是上天赐给都统的丞相啊！”颜真卿怒斥道：“什么丞相！难道你们不知道我哥哥颜杲卿是因为痛骂安禄山而死的吗？今年我已经八十岁了，只知道做臣子的应该遵守礼节而死，怎么能被你们威逼胁从！”四镇使者听后，不敢再说什么。于是李希烈派十个甲士在馆舍看守颜真卿，在庭院中挖了一个土坑，说是准备活埋颜真卿。颜真卿知道后，神色坦然，去见李希烈说：“既然我的生死已经决定，何必玩弄花招，赶快一剑刺死我，难道这样不会使你痛快吗？”李希烈连忙向他道歉。

一天，李希烈派人向颜真卿询问有关皇帝登基的礼仪，颜真卿说：“我曾任掌管礼仪的官员，所记着的只有诸侯拜见皇帝的礼仪而已！”李希烈后来自称皇帝，国号大楚，改年号为武成。他设置百官，任命其党羽郑贲为侍中，孙广为中书令，李缓、李元平为同平章事。他将汴州称作大梁府，把境内地盘分为四节度，分别设置节度使。李希烈派他的将领辛景臻对颜真卿说：“你不愿失气节，就该自焚！”他便命人在颜真卿居住的院中堆积柴薪，在柴薪上浇上油。颜真卿立即走向火堆，辛景臻见吓不倒他，便赶忙把他制止住。

李希烈听说弟弟李希倩被杀，非常恼怒，派遣中使去蔡州杀颜真卿。中使见到颜真卿后说：“有敕书。”颜真卿拜了两拜。中使又说：“今天赐你死。”颜真卿说：“老臣办事无结果，应当处死。不知使者何时从长安出发的？”中使说：“我是从大梁来的，不是从长安来。”颜真卿说：“这么说来，你们不过是一帮叛贼，怎么能叫作敕书呢！”于是，颜真卿被勒死。

【事例二】

鲁仲连是春秋战国时期的一位侠士，解救天下于危难，却不受爵禄，飘然而去，受到后来的许多士人的敬仰。

鲁仲连义不帝秦

赵孝成王时，秦王派白起在长平前后击溃赵国四十万军队，于是，秦国的军队向东挺进，围困了邯郸。赵王很害怕，别的国家所派去的救兵也不敢跟秦国对抗。魏王派客籍将军新垣衍，从小路进了邯郸，在平原君的引见下见到了赵王，说："秦国以前和齐湣王争强称帝，很快又取消了帝号；现在齐国已经不再强盛，秦国傲视群雄。秦国这次围城并不是贪图邯郸，他的意图是要重新称帝。赵国果真能派遣使臣尊奉秦昭王为帝，秦王一定很高兴，就会撤兵离去。"平原君犹豫不能决断。

这时，鲁仲连客游赵国，就去进见平原君说："这件事怎么办？"平原君说："我哪里还敢谈论这样的大事！前不久，赵国损失了四十万大军，而今，秦军围困邯郸，又不能使之退兵。魏王派客籍将军新垣衍让赵国尊奉秦昭王称帝，眼下那个人还在这儿。我哪里还敢谈论这样的大事！"鲁仲连说："以前我认为您是天下贤明的公子，今天我才知道您并不是天下贤明的公子。魏国的客人新垣衍在哪儿？我替您去责问他并且让他回去。"平原君说："我愿为您介绍，让他跟先生相见。"于是平原君对新垣衍说："齐国有位鲁仲连先生，如今他就在这儿，我愿替您介绍，跟将军认识认识。"新垣衍说："我听说鲁仲连先生是齐国志行高尚的人。我是魏王的臣子，奉命出使身负职责，我不愿见鲁仲连先生。"平原君说："我已经把您在这儿的消息透露给他了。"新垣衍只好应允了。

鲁仲连见到新垣衍却一句话也不说。新垣衍说："我看在这城中留下的人，都是要求平原君办事的人；如今，我看先生不像是有什么事要求平原君，为什么还不肯走呢？"鲁仲连说："世上的人都认为鲍焦没有博大的胸怀而死去，这就错了。一般人不明白他为什么要苟且于浊世，认为他是为了自己打算。秦国是个抛弃礼仪而只崇尚战功的国家，用权诈之术对待士卒，像对待奴隶一样役使百姓。如果让它无所忌惮地称帝，进而统治天下，那么，我只有跳进东海去死，我不愿意做它的顺民，我之所以来见将军，是打算帮助赵国啊！"

新垣衍说："先生打算怎么帮助赵国呢？"鲁仲连说："我要请魏国和燕国帮助它，齐、楚两国原本就一直在帮助赵国。"新垣衍说："燕国嘛，我相信会听从您的；至于魏国，我就是魏国人，先生怎么能让魏国帮助赵国呢？"鲁仲连说：“魏国是因为没看清秦国称帝的祸患，才没帮助赵国。让魏国看清秦国称帝的祸患后，就一定会帮助赵国。”

鲁仲连说：“如今，秦国是拥有万辆战车的国家，魏国也是拥有万辆战车的国家。都是万乘大国，又各有称王的名分，只看它打了一次胜仗，就要顺从地拥护它称帝，这就使得三晋的大臣比不上邹、鲁的奴仆、婢妾了。如果秦国贪心不足，最终称帝，那么，就会更换诸侯的大臣。他将要罢免他认为无才的，换上他认为贤能的人；罢免他憎恶的，换上他所喜爱的人。还要让他的女儿和搬弄是非的姬妾嫁给诸侯做嫔妃，住在魏国的宫廷里，魏王怎么能够安安定定地生活呢？而将军您又怎么能够得到原先的宠信呢？”

于是，新垣衍站起来，向鲁仲连连拜两次谢罪说：“当初认为先生是个普通的人，今天我才知道先生是天下杰出的高士。我将离开赵国，再不敢谈秦王称帝的事了。”秦军主将听到这个消息，为此把军队后撤了五十里。恰好魏公子无忌夺得了晋鄙的军权，率领军队来援救赵国，攻击秦军，秦军也就撤离邯郸回去了。

平原君要封赏鲁仲连，鲁仲连再三推辞，始终不接受封赏。平原君为他设下酒宴，酒兴正酣的时候，平原君为鲁仲连献上千两黄金。鲁仲连笑着说：“天下人之所以崇敬那些杰出之士，是因为他们能排除人们的祸患，消解他们的灾难，为他们解决纠纷而不求回报。如果收取报酬，那就成了生意人所做的事了，我鲁仲连是不会那样做的。”于是辞别平原君走了，终生不再相见。

不苟

原文

君子行不贵苟难，说不贵苟察，名不贵苟传，唯其当之为贵。故怀负石而赴河，是行之难为者也，而申徒狄[①]能之；然而君子不贵者，非礼义之中也。山渊平，天地比[②]，齐、秦袭[③]，入乎耳，出乎口，钩有须[④]，卵有毛，是说之难持者也，而惠施[⑤]、邓析[⑥]能之；然而君子不贵者，非礼义之中也。盗跖吟口[⑦]，名声若日月，与舜、禹俱传而不息；然而君子不贵者，非礼义之中也。故曰：君子行不贵苟难，说不贵苟察，名不贵苟传，唯其当[⑧]之为贵。《诗》曰："物其有矣，惟其时矣。"此之谓也。

注解

①申徒狄：殷朝末年人，因恨道不行而抱石投河自杀。

②比：相等。

③袭：合。

④钩有须：妇女生出来的儿子长胡须，说明她体内也有胡须的基因，所以说妇女有胡须。钩，通"姁"，妇女。

⑤惠施：战国中期宋国人，曾任梁相，名家的代表人物之一。

⑥邓析：春秋时郑国人，刑名学家。

⑦吟口：传颂于众人之口。

⑧当：对等，符合。

译文

君子的行为不以做了不合乎礼义的难事为可贵，君子的学说不以不合乎礼义的明察为可贵，君子的名声不以不合乎礼义的流传为可贵，君子的一切所作所为只以符合礼义为可贵。所以，怀抱石头投河自杀，这是一般人所难以做到的事情，但是殷末的申徒狄能够做到；可是君子并不这么做，因为这是不符合礼义的。高山和深渊是相平的，天和地一样高，齐国和秦国是相连的，这种话听到耳朵里，从口中说出来，妇女长有胡须，蛋上生有羽毛，这是学说中难以承认的事情，惠施和邓析却能这么说；然而君子不这么说，是因为它不符合礼义。盗跖为民间所传颂，名声好比日月，与舜、禹齐名而流传不息；然而君子不看重这样的名声，因为它不符合礼义。所以说：君子的行为不以做了不合乎礼义的难事为可贵，君子的学说不以不合乎礼义的明察为可贵，君子的名声不以不合乎礼义的流传为可贵，只以符合礼义为可贵。《诗经》上说："多么丰富的物产啊，都是适时而生的啊。"说的就是这个道理。

原文

君子易知而难狎①，易惧而难胁，畏患而不避义死，欲利而不为所非，交亲而不比②，言辩而不辞。荡荡乎，其有以殊于世也。

君子能亦好，不能亦好；小人能亦丑，不能亦丑。君子能则宽容易直以开道③人，不能则恭敬缚④绌⑤以畏事人；小人能则倨傲僻违以骄溢人，不能则妒嫉怨诽以倾覆人。故曰：君子能则人荣学焉，不能则人乐告之；小人能则人贱学焉，不能则人羞告之。是君子、小人之分也。

注解

①狎：亲近而不庄重。

②比：勾结。

③道：同"导"。

④缚：通“搏”，抑制。

⑤绌：减损，贬低，使不足。

译文

君子容易结交而难以亵渎，容易害怕而难以胁迫，害怕患难但会为仁义去死，追求利益而不为非作歹，和人亲密交往但不狼狈为奸，言语富有哲理而不华丽。坦坦荡荡，君子就是这样遗世独立，与世人有所不同。

君子有才能了很好，没有才能也是好的；小人有才能了是丑陋的，没有才能也是丑陋的。君子有才能就会宽容平和地教导别人，没有才能也可以恭敬地尊重侍奉他人；小人有才能就桀骜不驯对人骄横无礼，没有才能就忌妒、埋怨、排挤他人。所以说：君子有才能人们以向他学习为光荣，没有才能别人也乐于告诉他；小人有才能，别人以向他学习为耻辱，没有才能别人也羞于告诉他。这就是君子、小人的区别。

原文

君子崇人之德，扬人之美，非谄谀也；正义[1]直指，举人之过，非毁疵也；言己之光美，拟于舜、禹，参于天地，非夸诞也；与时屈伸，柔从若蒲苇，非慑怯也；刚强猛毅，靡所不信，非骄暴也。以义变应，知当曲直故也。《诗》曰：“左之左之，君子宜之；右之右之，君子有之。”此言君子能以义屈信[2]变应故也。

注解

①义：通“议”，议论。

②信：通“伸”，伸展。

译文

君子崇尚别人的道德，宣扬他人的美德，这不是谄媚；匡扶正义，勇于指出他人的过错，这不是毁谤；说起自己的道德高尚，拿舜、禹来打比方，和天地相衬，这不是过于夸大；在时事不利的时候能屈能伸，柔顺得好像蒲草、芦苇一样，这不是胆小怯懦；刚强猛毅而勇往直前，从不向人屈服，这不是骄傲狂暴。这些都是君子用义来适应事情，知道是非曲直的缘故。《诗经》上说："该在左就在左，君子在左无不可；该在右就在右，君子在右也常有。"这是说君子用义来融会贯通应对变故。

原文

君子，小人之反[1]也。君子大心则天而道，小心则畏义而节；知则明通而类，愚则端悫而法；见由则恭而止，见闭则敬而齐；喜则和而理，忧则静而理；通则文而明，穷则约而详。小人则不然，大心则慢而暴，小心则淫而倾；知则攫盗而渐，愚则毒贼而乱；见由则兑[2]而倨，见闭则怨而险；喜则轻而翾，忧则挫而慑；通则骄而偏，穷则弃而儑。传曰："君子两进，小人两废。"此之谓也。

注解

①反：与"对"相对。

②兑：通"悦"。

译文

君子和小人是相反的。君子大的方面敬天道，小的方面知道义和礼节；有智慧的明白事理，愚笨的端正诚信而遵纪守法；如果被起用，就会恭敬而不放纵；如果不被任用，就会戒慎而整治自己；如果高兴了，就会平和地去治理；如果忧愁了，就会冷静地去处理；如果显贵，就会文雅而明智；如果困窘，就会自我约束而明察事理。小人就不是这样，如果心往大的方面用，就会傲慢而粗暴；如果心往小的方面用，就会邪恶而倾轧别人；如果聪明，就会巧取豪夺而用尽心机；如果愚钝，就会狠毒残忍而作乱；如果被起用，就会高兴而傲慢；如果不被任用，就会怨恨而险恶；如果高兴了，就会轻浮而急躁；如果忧愁了，就会垂头丧气而心惊胆战；如果显贵，就会骄横而不公正；如果困窘，就会自暴自弃而志趣低下。古书上说："君子在相对的两种情况下都在进步，小人在相对的两种情况下都在堕落。"说的就是这种情况。

原文

君子治治①，非治乱也。曷谓邪？曰：礼义之谓治，非礼义之谓乱也。故君子者，治礼义者也，非治非礼义者也。然则国乱将弗治与？曰：国乱而治之者，非案②乱而治之之谓也，去乱而被之以治；人污而修之者，非案污而修之之谓也，去污而易之以修。故去乱而非治乱也，去污而非修污也。治之为名，犹曰君子为治而不为乱，为修而不为污也。

注解

①治治：前"治"为动词，治理、管理；后"治"为名词，即治世，指较稳定的世道。

②案：通"按"，依据。

译文

君子治理有秩序的国家，而不治理混乱的国家。这是什么意思呢？这是说：符合礼义叫作有秩序，违背礼义叫作混乱。所以君子只治理符合礼义的国家，不会去治理不符合礼义的国家。既然这样，那么国家混乱就不治理了吗？回答说：国家混乱而去整治它，并不是说在那混乱的基础上去整治它，而是要除去混乱，再给它加上秩序；就像人的外表或思想肮脏了而去整治一样，并不是说在那肮脏的基础上去整治他，而是要除去肮脏而换上美好的外表或思想。所以除去混乱并不等于整治混乱，除去肮脏并不等于整治肮脏。整治作为一个概念，就等于说君子只治理有秩序的国家而不治理混乱的国家，做美好的事而不做污秽的事。

原文

君子养心莫善于诚，致诚则无它事矣，唯仁之为守，唯义之为行。诚心守仁则形，形则神，神则能化矣；诚心行义则理，理则明，明则能变矣。变化代兴，谓之天德①。天不言而人推高焉，地不言而人推厚焉，四时不言而百姓期焉。夫此有常，以至其诚者也。君子至德，嘿②然而喻，未施而亲，不怒而威。夫此顺命，以慎其独者也。善之为道者，不诚则不独，不独则不形，不形则虽作于心，见于色，出于言，民犹若③未从也，虽从必疑。天地为大矣，不诚则不能化万物；圣人为知矣，不诚则不能化万民；父子为亲矣，不诚则疏；君上为尊矣，不诚则卑。夫诚者，君子之所守也，而政事之本也。唯所居以其类至④，操之则得之，舍之则失之。操而得之则轻，轻则独行，独行而不舍则济矣。济而材尽，长迁而不反其初，则化矣。

注解

①天德：合乎自然规律的德行。改革旧质叫作变，引诱向善叫作化，这种除旧布新的德行交相为用，就像阴阳更替一般，所以称为“天德”。

②嘿：同“默”。

③若：然。

④唯所居以其类至：指天地诚则能化万物，圣人诚则能化万民，父子诚则亲，君上诚则尊。

译文

君子最好的修养身心莫过于诚信了，达到诚信就不用从事其他的事情了，只要保持一颗仁爱之心，行为符合道义就行了。真心实意地坚持仁德，仁德就会在行为上表现出来，仁德在行为上表现出来，就显得神明，显得神明，就能感化别人了；真心实意地奉行道义，就会变得理智，理智了，就能明察事理，明察事理，就能改造别人了。改造和感化轮流起作用，这叫作天德。上天不说话而人们都推崇它的高远，大地不说话而人们都推崇它的厚重，四季不说话而百姓都知道春、夏、秋、冬更替的时期。这些都是有了常规因而达到真诚的。君子有了极高的德行，虽沉默不言，人们也都明白；没有施舍，人们却亲近他；不用发怒，就很威严。这是顺从了天道因而能在独自一人时也谨慎不苟的人。君子之道是这样改造感化人的，如果不真诚，就不能慎独；不能慎独，道义就不能在日常行动中表现出来；道义不能在日常行动中表现出来，那么即使发自内心，表现在脸色上，发表在言论中，人们仍然不会顺从他；即使顺从他，也一定迟疑不决。天地是最大的，不真诚就不能化育万物；圣人是明智的，不真诚就不能感化万民；父子之间是亲密的，不真诚就会疏远；君主是尊贵的，不真诚就会受到鄙视。真诚，是君子的操守，也是政事的根本。只要真诚，同类就会聚拢来了；保持真诚，会获得同类；丢掉真诚，会失去同类。保持真诚而获得了同类，那么感化他们就容易了；感化他们容易了，那么慎独的作风就能流行了；慎独的作风流行了再紧抓不放，那么所做的事情就会成功了。事情成功了，他们的才能就会完全发挥出来而且会永远前进而不后退，因为他们完全被感化了。

原文

君子位尊而志恭，心小而道大，所听视者近而所闻见者远。是何邪？则操术然也。故千人万人之情，一人之情是也；天地始者，今日是也；百王之道，后王是也。君子审后王之道而论于百王之前，若端拜而议。推礼义之统，分是非之分，总天下之要，治海内之众，若使一人，故操弥约而事弥大。五寸之矩，尽天下之方也。故君子不下室堂而海内之情举积此者，则操术然也。

译文

君子的地位尊贵而内心恭敬，心虽小，但理想却很远大，能听到、看到的很近，但见多识广。这是为什么呢？这是由于君子掌握了一定的方法。所以那成千上万人的性情，和一个人的性情是一样的；开天辟地时的情况，和今天是一样的；上百代帝王的统治之道，和后代帝王是一样的。君子审察后代帝王的统治方法，从而再去评论古时百代帝王的政治措施，就像端正身体拱着手来议论一样，从容不迫。推究礼义的纲领，分清是非，总揽天下的要领，用来治理天下的民众，就像役使一个人一样，所以掌握的方法越简约，能办成的事业就越大。就像拿着五寸长的曲尺，然而却能够画出天下所有的方形一样。所以君子不用走出厅堂，而天下的情况就都聚集在他这里了，这是因为他掌握了一定的方法。

原文

有通士者，有公士者，有直士者，有悫士者，有小人者。上则能尊君，下则能爱民，物至而应，事起而辨①，若是，则可谓通士矣。不下比以暗上，不上同以疾下，分争于中，不以私害之，若是，则可谓公士矣。身之所长，上虽不知，不以悖②君；身之所短，上虽不知，不以取赏，长短不饰，以情自竭，若是，则可谓直士矣。庸言必信之，庸行必慎之，畏法流俗而不敢以③其所独甚④，若是，则可谓悫士矣。言无常信，行无常贞，唯利所在，无所不倾，若是，则可谓小人矣。

注解

①辨：治理。

②悖：怨恨。

③以：为。

④甚：当为“是”字。

译文

有通达事理的人，有公正无私的人，有耿直爽快的人，有拘谨老实的人，还有小人。上能尊敬君主，下能爱抚民众，事情来了能应付，事件发生了能够处理，像这样就可以称为通达事理的人了。不在下面互相勾结去愚弄君主，不向上迎合君主去残害臣民，有了分歧争执，不因为个人的利益去陷害他人，像这样就可以称为公正无私的人了。本身的长处，君主即使不知道，并不因此而怨恨；本身的短处，君主即使不知道，也不靠它骗取奖赏，长处和短处都不加掩饰，将真实的情况主动地说出来，像这样就可以称为耿直爽快的人了。说一句平常的话也一定诚实可信，做一件平常的事也一定小心谨慎，不敢独行而效法流行的习俗，也不敢自以为是，像这样就可以称为拘谨老实的人了。说话经常不能让人信服，行为经常不忠贞，唯利是图，没有他不去陷害的人，像这样的人，就可以称为小人了。

原文

公生明，偏生暗，端悫生通[①]，诈伪生塞，诚信生神，夸诞生惑。此六生者，君子慎之，而禹、桀所以分也。

欲恶取舍之权：见其可欲也，则必前后虑其可恶也者；见其可利也，则必前后虑其可害也者；而兼权之，孰[②]计之，然后定其欲恶取舍。如是，则常不失陷矣。凡人之患，偏伤之也。见其可欲也，则不虑其可恶也者；见其可利也，则不顾其可害也者。是以动则必陷，为则必辱，是偏伤之患也。

注解

①通：通达。

②孰：同“熟”，周密，详细。

译文

公正会产生明察，偏私会产生暗昧，端正谨慎会产生通达，欺诈虚伪会产生闭塞，真诚老实会产生神明，大言自夸会产生糊涂。这六种情况，君子要谨慎对待，也是禹和桀不同的地方。

追求还是厌恶、获取还是舍弃的衡量标准是：看见想要追求的东西，就必须前前后后考虑一下它令人厌恶的一面；看到有利益的东西，就必须前前后后考虑一下它的危害性；权衡两方面的利害，仔细考虑一下，然后决定是追求还是厌恶、是获取还是舍弃。像这样就往往不会失误了。大多人的祸患，往往是片面性害了他们。看见那想要追求的东西，就不考虑它令人厌恶的一面；看到那可以得利的东西，就不去考虑一下它可能造成的危害。因此行动起来就必然出错，做事就必然受辱，这是片面性造成的祸患。

原文

人之所恶者，吾亦恶之。夫富贵者则类[1]傲之，夫贫贱者则求[2]柔之，是非仁人之情也，是奸人将以盗名于晻[3]世者也，险莫大焉。故曰：盗名不如盗货。田仲[4]、史䲡[5]不如盗也。

注解

①类：皆，都。

②求：尽，都。

③晻：同“暗”。

④田仲：又叫陈仲子，战国时齐国人，其兄在齐国做官，他认为兄之禄为不义之禄，兄之室为不义之室，便离兄独居，不食兄禄，故以廉洁清高著称。

⑤史䲡（qiū）：字子鱼，故又叫史鱼，春秋时卫国大夫，曾劝说卫灵公罢免弥子瑕，临死时，叫儿子不要入殓，以尸谏灵公来尽忠，孔子称颂他正直。

译文

他人厌恶的，我也厌恶。对那富贵的人一律傲视，对那贫贱的人一味屈就，这并不是仁人应该采取的态度，这只是奸邪的人用来在黑暗的社会里盗取名誉的做法，用心最险恶了。所以说：欺世盗名的不如偷窃财物的。田仲、史䲡还不如个贼。

读解

本篇阐述立身行事不能苟且，必须遵循礼义，所论与上篇类似。《修身》主要讲怎样成为一个君子，而《不苟》进一步阐述了君子的一些做法。

有的人通情达理，有的人公平正直，有的人为人直爽，有的人老实本分，还有的是小人。荀子最欣赏通情达理的人，他们尊敬君主，爱护百姓，有了事能够应付，还能独自处理一些事件，这样的人处于高位就是治国能才，即使遇到乱世不能发挥自己的才能，也会独善其身的。

孔子说："笃信好学，守死善道。危邦不入，乱邦不居。天下有道则见，无道则隐。邦有道，贫且贱焉，耻也；邦无道，富且贵焉，耻也。"意思是：一个人应该要坚定且真心诚意地去求学，宁愿为守善道而死。当一个国家情势危急时不要去，当国家的行政纲纪紊乱时不要停留。天下太平时可以出来做官，混乱的时候就该归隐。当国家安定的时候，如果仍然贫贱，那是一种羞耻；在国家衰乱的时候，如果还能得到富贵，那也是一种羞耻。但是他又说："君子疾没世而名不称。"所以，在那个动荡不安的时代中，他四处奔波、游说，希望有人能够推行自己的学说。荀子生活在比春秋时代更加混乱的战国，到处是征战厮杀，国与国之间完全没有了春秋时候的道义和诚信，天下甚至没有一片地方可供荀子来归隐，于是只能靠著书立说、培养弟子来实现自己的抱负。即使这样，他依旧坚守自己作为一位君子的操守，不屑于为了名声而离经叛道，所以他批评了田仲和史鳝的行为。

【事例一】

荀子既要求效法先王，又要求效法后王。先王指的就是尧、舜、禹以及周公，后王是他想象中贤明的君主。儒家学派从孔子开始，就推崇尧、舜、禹和商汤、文王、武王、周公，孔子曾经大力赞扬虞舜和夏禹说："巍巍乎！舜、禹之有天下也，而不与焉！"儒家树立的反面例子是桀、纣，他们是残暴君主的代表，在后代的儒生中代代流传。辕固生是西汉初期有名的儒家学派的代表人物，他继承了孔孟的学说，坚持仁政，在儒家学说的发展中发挥了重要的作用。

辕固生刺猪

清河王刘乘的太傅辕固生是齐国人，因为研究《诗经》，汉景帝时被拜为博士。有一次，他和黄生在景帝面前争论。

黄生说："汤王、武王登位都不是秉承天命，他们是弑君篡位。"

辕固生反驳说："不对。夏桀和殷纣王昏庸残暴，天下百姓的心都归顺商汤、周武，商汤、周武顺应天下百姓的心愿杀死了桀、纣，桀、纣的百姓不愿意听命于他们而心向商汤、周武，商汤、周武被迫立为天子，这难道不是秉承天命吗？"

黄生说："帽子虽然破旧，但是一定戴在头上；鞋虽然新，但是必定穿在脚下。为什么呢？这正是上下有别的道理。桀、纣虽然无道，但是身为君主而在上位；商汤、周武虽然圣明，却是身为臣子而居下位。君主有了过错，臣子不能直言劝谏纠正他来保持天子的尊严，反而借其有过而诛杀君主，取代他而自己称王，这不是弑君篡位又是什么？"

辕固生答道："如果非要按照你的说法来判断是非，那么汉高祖取代秦朝继天子之位，也不对吗？"

于是景帝说："吃肉不吃马肝，不算不知肉的美味；谈学问的人不谈商汤、周武是否受天命继位，不算愚笨。"于是争论止息。此后学者再无人敢争辩商汤、周武是受天命而立还是放逐桀、纣篡夺君权的问题了。

窦太后喜欢《老子》这本书，问辕固生读了此书有什么体会。辕固生说："这只是普通人的言论。"窦太后恼怒道："它跟管制犯人似的儒家诗书当然没法比了！"于是让辕固生到笼子里去杀野猪。景帝知道辕固生并没有罪，给了他一把锋利的兵器。他被关到笼子内去刺杀野猪，正中其心，一刺，野猪便倒地而亡。太后无语，没理由再治他的罪，只得作罢。过了不久，景帝认为辕固生廉洁正直，拜他为清河王刘乘的太傅。很久之后，他才因病辞官。

【事例二】

谁都想有一个好名声，但是在荀子看来，用欺世盗名的手法得到的名声还不如没有。所以，他对战国初期名士陈仲子的行为进行了严厉批判，认为他"不如盗也"。

陈仲子盗名

陈仲子又叫田仲、於陵中子等，是战国初期齐国贵族。他的哥哥陈戴有着几万石的俸禄，他认为哥哥的钱都是不义之财，所以不肯吃哥哥给他的食物、住哥哥给他的房子。于是，他就到於陵（今山东省淄博市周村区）这个地方去居住。到了那里，由于一开始无法谋生，他三天没吃到东西，耳朵没有了听觉，眼睛没有了视觉。井上有一个金龟子吃了一大半的李子，他吃掉了这个李子才恢复了听觉和视觉。后来，他自己编草鞋，妻子织布，用这些交换生活用品。

有一天他回到家，发现哥哥送给他一只鹅，他皱着眉头说："要这种呃呃叫的东西干什么？"过了几天，母亲把鹅杀了给他吃，他的哥哥刚好过来，于是对他说："你吃的就是呃呃叫的东西的肉。"陈仲子连忙跑到门口，将肉呕吐了出来。

但是，在孟子眼里，陈仲子的行为却像是在沽名钓誉。孟子说，陈仲子觉得哥哥的钱财不正义，却不管自己在於陵所住的房子是否是盗贼所建，所吃的食物是否是盗贼所种。他不吃母亲的食物，却吃妻子的食物。不住哥哥的房屋，却还是生活在哥哥的封地之内。因此，孟子认为陈仲子的行为太过极端、刻意，不值得推崇。而荀子则更进一步说："夫富贵者则类傲之，夫贫贱者则求柔之，是非仁人之情也，是奸人将以盗名于晻世者也，险莫大焉。故曰：盗名不如盗货。田仲、史鳝不如盗也。"

荣辱

原文

憍[①]泄[②]者，人之殃也。恭俭者，偋五兵[③]也。虽有戈矛之刺，不如恭俭之利也。故与人善言，暖于布帛[④]；伤人之言，深于矛戟。故薄薄[⑤]之地，不得履之，非地不安也。危足[⑥]无所履者，凡在言也。巨涂[⑦]则让，小涂则殆，虽欲不谨，若云不使[⑧]。

注解

①憍（jiāo）：同“骄”，骄傲。

②泄：通“媟（xiè）”，轻慢，不庄重。

③偋五兵：指免除杀身之祸。偋，同“屏”，屏除。五兵，五种兵器，刀、剑、矛、戟、矢，这里泛指兵器。

④布帛：麻布和丝织品，此指衣服。

⑤薄薄：义同“溥博”“磅礴”，广阔无边的样子。

⑥危足：踮起脚跟。危，高，使……高。

⑦涂：同“途”。

⑧若云不使：此句承上句，“不使”下省去“不谨”两字。

译文

骄傲轻慢，这是人的祸患。恭敬谦逊，可以免除杀身之祸。与其用戈矛的尖刺来刺人，还不如用恭敬谦逊来感化人。所以和别人说话恭敬，比给他穿件衣服还温暖；用恶语伤人，比矛戟刺得还深。所以宽广的大地，却不能踩在它上面，并不是因为地面不安稳。踮着脚没有地方可以立足的原因，就在于说话伤了人。大路很拥挤，小路又危险，即使想不谨慎也不可能。

原文

快快而亡者，怒也；察察而残者，忮[①]也；博而穷者，訾也；清之而俞浊者，口也；豢之而俞[②]瘠者，交也；辩而不说[③]者，争也；直立而不见知者，胜也；廉而不见贵者，刿也；勇而不见惮[④]者，贪也；信而不见敬者，好刿行也。此小人之所务而君子之所不为也。

注解

①忮（zhì）：嫉恨。

②俞：通“愈”。

③说：通“悦”。

④惮：害怕。

译文

逞一时的痛快却导致灭亡的，是愤怒招致的；明察一切却遭到残害的，是忌妒招致的；知识渊博而处境困厄的，是毁谤招致的；想要好的名声却名声更坏，是口舌招致的；款待别人而交情越来越淡薄，是待人接物不当招致的；能言善辩而不被人喜欢，是争执招致的；立身正直而不被人理解，是好胜招致的；行为正直而不受人尊重，是尖刻伤人招致的；勇猛无比而不受人敬畏，是贪婪招致的；恪守信用而不受人尊敬，是独断专行招致的。这些都是小人所干的而君子不做的事情。

原文

斗者，忘其身者也，忘其亲者也，忘其君者也。行其少顷之怒而丧终身之躯，然且为之，是忘其身也；家室立残，亲戚不免乎刑戮，然且为之，是忘其亲也；君上之所恶也，刑法之所大禁也，然且为之，是忘其君也。忧忘其身，内忘其亲，上忘其君，是刑法之所不舍也，圣王之所不畜也。乳彘触虎，乳狗不远游，不忘其亲也。人也，忧忘其身，内忘其亲，上忘其君，则是人也而曾狗彘之不若也。

译文

斗殴的人，忘记了自己的身体，忘记了自己的亲人，忘记了自己的君主。发泄了自己一时的愤怒，而丧失了自己的生命，然而还是这样去做，所以说他忘记了自己的身体；家庭破裂，亲人不免受到刑法的惩罚，然而还是这样去做，就是忘记了自己的亲人；斗殴是君主厌恶的，也是刑法所不允许的，这么做就是忘了自己的君主。就可忧虑的事来说，是忘记了自身；从家庭内部来说，是忘记了亲人；对上来说，是忘记了君主；这种人是刑法所不能放过的，也是圣明的帝王所不容的。哺乳的母猪不去触犯老虎，哺乳的母狗不到远处游逛，这是因为它们没忘记自己的亲骨肉。作为一个人，忧愁缠身时忘记了自己的身体，对内忘记了自己的亲人，对上忘记了自己的君主，这种人就连猪狗也不如了。

原文

凡斗者，必自以为是而以人为非也。己诚是也，人诚非也，则是己君子而人小人也，以君子与小人相贼害也。忧以忘其身，内以忘其亲，上以忘其君，岂不过甚矣哉！是人也，所谓“以狐父[①]之戈钃[②]牛矢”也。将以为智邪？则愚莫大焉。将以为利邪？则害莫

大焉。将以为荣邪？则辱莫大焉。将以为安邪？则危莫大焉。人之有斗，何哉？我欲属之狂惑疾病邪，则不可，圣王又诛之。我欲属之鸟鼠禽兽邪，则不可，其形体又人，而好恶多同。人之有斗，何哉？我甚丑之！

注解

①狐父：古代地名，在今安徽砀山附近，以出产优质的戈著名。

②镯（zhú）：刺。

译文

凡是私自斗殴的人，一定认为自己是对的而别人是错的。自己的确是对的，别人的确是错的，那么自己就是君子而别人就是小人了，这是以君子的身份去和小人互相残害。忧愁缠身时忘记了自己的身体，对内忘记了自己的亲人，对上忘记了自己的君主，这难道不是错得太厉害了吗！这种人，就是平常所说的“用狐父出产的利戈来刺牛屎”。能说是明智吗？其实没有比这更愚蠢的了。能说是有好处吗？其实没有比这更有害的了。能说很光荣吗？其实没有比这更耻辱的了。能说安全吗？其实没有比这更危险的了。人们私自斗殴的行为，到底为了什么呢？我想把这种行为归于疯狂、惑乱等精神病中，但又不可以，因为圣明的帝王还是要处罚这种行为的。我想把这些人归到鸟鼠禽兽中去，但也不可以，因为他们的形体还是人，而且爱憎也和大多数人相同。那人们斗殴究竟是为了什么呢？我很鄙视这种行为！

原文

有狗彘之勇者，有贾盗之勇者，有小人之勇者，有士君子①之勇者：争饮食，无廉耻，不知是非，不辟②死伤，不畏众强，恈恈然③唯利饮食之见，是狗彘之勇也。为事利，争货财，无辞让，果敢而振，猛贪而戾，恈恈然唯利之见，是贾盗之勇也。轻死而暴，

是小人之勇也。义之所在，不倾于权，不顾其利，举国而与之不为改视，重死持义而不桡，是士君子之勇也。

注解

①士君子：有志操和学问的人。

②辟：通“避”。

③恈恈然：非常想要的样子。

译文

有狗、猪的勇敢，有商人、盗贼的勇敢，有小人的勇敢，有士君子的勇敢：争喝抢吃，没有廉耻，不懂是非，不顾死伤，不怕众人的强大，贪婪得只看到吃喝，这是狗、猪的勇敢。做事为了利益，争夺财物，没有推让，行动果断大胆而狠毒，心肠狠毒、贪婪而暴戾，贪婪得只看见钱财利益，这是商人、盗贼的勇敢。不在乎死亡而行为暴躁，是小人的勇敢。合乎道义的地方，就不屈服于权势，不顾自己的利益，把整个国家给他也不改变观点，看重生命坚持正义而不屈不挠，这是士君子的勇敢。

原文

材性知[①]能，君子小人一也。好荣恶辱，好利恶害，是君子小人之所同也，若其所以求之之道则异矣。小人也者，疾为诞而欲人之信己也，疾为诈而欲人之亲己也，禽兽之行而欲人之善己也。虑之难知也，行之难安也，持之难立也，成则必不得其所好，必遇其所恶焉。故君子者，信矣，而亦欲人之信己也；忠矣，而亦欲人之亲己也；修正治辨[②]矣，而亦欲人之善己也。虑之易知也，行之易安也，持之易立也，成则必得其所好，必不遇其所恶焉。是故穷则不隐，通则大明，身死而名弥白。小人莫不延颈举踵而愿曰："知虑材性，固有以贤[③]人矣！"夫不知其与己无以异也，则君子注

错[4]之当，而小人注错之过也。故孰[5]察小人之知能，足以知其有余，可以为君子之所为也。譬之越人安越，楚人安楚，君子安雅[6]，是非知能材性然也，是注错习俗之节异也。

注解

①知：通“智”。

②辨（bàn）：通“办”，治理。

③贤：胜过。

④注错：安排处理。

⑤孰：同“熟”。

⑥雅：通“夏”，华夏，中国（指中原地区）。

译文

资质、本性、智慧、才能，君子和小人这四个方面是一样的。喜欢光荣而厌恶耻辱，爱好利益而憎恶祸害，这是君子和小人所相同的，至于他们用来求取光荣、利益的途径就不同了。小人做事荒谬却还要别人相信自己，尽力欺诈却还要别人亲近自己，所作所为如禽兽一般却还要别人赞美自己。他们心怀叵测，做起事来诡诈，坚持的观点难以站住脚，结果就一定不能得到光荣和利益，而必然会遭受耻辱和祸害。至于君子，以诚待人，也希望别人相信自己；对别人忠诚，也希望别人亲近自己；善良正直而处理事务合宜，也希望别人赞美自己。他们品行正直，办事稳妥，坚持的主张容易得到别人的认可，结果就一定能得到光荣和利益，一定不会遭受耻辱和祸害。所以他们穷困时名声也不会被埋没，而通达时名声就会十分显赫，死了以后名声会更加辉煌。小人无不伸长了脖子踮起了脚跟而羡慕地说：“这些人的智慧、思想、资质、本性，肯定有超过别人的地方啊！”其实，他们不知道君子的资质才能与自己并没有什么不同，只是君子将它安排得恰当，而小人将它安排错了。所以仔细地考察一下小人的智慧、才能，就能够知道他们是绰绰有余地可以做君子所做的一切的。这好像越国人习惯于越国，楚国人习惯于楚国，君子习惯于中原地带，这并不是智慧、才能、资质、本性造成的，这是由于行为举止和习俗的不同所造成的。

原文

仁义德行，常安之术也，然而未必不危也；污僈[①]、突盗，常危之术也，然而未必不安也。故君子道其常而小人道其怪。

凡人有所一同：饥而欲食，寒而欲暖，劳而欲息，好利而恶害，是人之所生而有也，是无待而然者也，是禹、桀之所同也。目辨白黑美恶，耳辨音声[②]清浊，口辨酸咸甘苦，鼻辨芬芳腥臊，骨体肤理[③]辨寒暑疾养[④]，是又人之所常生而有也，是无待而然者也，是禹、桀之所同也。可以为尧、禹，可以为桀、跖，可以为工匠，可以为农贾[⑤]，在势注错习俗之所积耳，是又人之所生而有也，是无待而然者也，是禹、桀之所同也。为尧、禹则常安荣，为桀、跖则常危辱；为尧、禹则常愉佚，为工匠、农贾则常烦劳。然而人力为此而寡为彼，何也？曰：陋也。尧、禹者，非生而具者也，夫起于变故，成乎修修之为，待尽而后备者也。

注解

①污僈：也作“污漫”，污秽卑鄙的意思。

②音声：《礼记·乐记》郑玄注：“宫、商、角、徵、羽，杂比曰音，单出曰声。”

③理：皮肤上的纹理。

④养：通“痒”。

⑤贾：商人。

译文

仁义和道德，这是能得到永久安全的办法，然而不一定就不发生意外；污浊卑鄙、强取豪夺，这是会遭受危险的根源，但是不一定就得不到安全。所以君子遵循那正常的途径，而小人遵循那怪僻的途径。

人们都有一致的地方：饿了就想吃，冷了就想暖和些，劳累了就想休息，喜欢获利而厌恶受害，这是人生来就有的本性，是不需要学习就会这样的，也是禹、桀所共有的。眼睛能辨别白与黑、美与丑，耳朵能辨别声音的清浊，口舌能辨别酸咸甜苦的滋味，鼻子能辨别芳香腥臭，身体皮肤能辨别冷热痛痒，这也是人生下来就有的本性，是不必依靠学习就会这样的，也是禹、桀所共有的。人们可以做尧、禹那样的贤君，可以做桀、跖那样的坏人，可以做工匠，可以做农夫、商人，这都是由于各人行为、习俗的积累而形成的。这是人生来就有的本性，是不需要依靠学习就会这样的，是禹、桀所共有的。做尧、禹那样的人，永远安乐而光荣，做桀、跖那样的人，常常危险而耻辱；做尧、禹那样的人常常愉悦而安逸，做工匠、农夫和商人常常麻烦而劳累。既然这样，那么人们经常做这种烦恼劳累的事而很少去做那种光荣愉悦的事，这是为什么呢？回答：这是由于浅陋无知的原因。像尧、禹这种人，并不是生下来就具备了当圣贤的条件，而是从经历各种磨难开始，加上修养品德才成功的，而圣贤的品德是等到原有的恶劣本性都除去了而后才能具备的。

原文

人之生固小人，无师无法则唯利之见耳。人之生固小人，又以遇乱世，得乱俗，是以小重小也，以乱得乱也。君子非得势以临之，则无由得开内[①]焉。今是人之口腹，安知礼义？安知辞让？安知廉耻隅积？亦呥呥[②]而嚍[③]，乡乡[④]而饱已矣。人无师无法，则其心正其口腹也。今使人生而未尝睹刍豢[⑤]稻粱也，惟菽藿糟糠之为睹，则以至足为在此也。俄而粲然有秉刍豢稻粱而至者，则瞲然[⑥]视之曰："此何怪也？"彼臭[⑦]之而无嗛[⑧]于鼻，尝之而甘于口，

食之而安于体，则莫不弃此而取彼矣。今以夫先王之道，仁义之统，以相[9]群居，以相持养，以相藩饰，以相安固邪？以夫桀、跖之道，是其为相县[10]也，几直夫刍豢稻粱之县糟糠尔哉！然而人力为此而寡为彼，何也？曰：陋也。陋也者，天下之公患也，人之大殃大害也。故曰：仁者好告示人。告之示之，靡之儇[11]之，铅[12]之重之，则夫塞者俄且通也，陋者俄且僩[13]也，愚者俄且知也。是若不行，则汤、武在上曷益？桀、纣在上曷损？汤、武存则天下从而治，桀、纣存则天下从而乱。如是者，岂非人之情固可与如此，可与如彼也哉！

注解

①内（nà）：同“纳”。

②呥呥：咀嚼的样子。

③噍（jiào）：嚼。

④乡：通“芗”，谷类的香气。

⑤刍豢：吃草料的牛羊之类称为“刍”，吃粮食的猪狗之类叫作“豢”。“刍豢”泛指可食用的家畜，这里指肉食。

⑥瞲（xuè）然：惊奇的样子。

⑦臭（xiù）：同“嗅”。

⑧嗛（qiàn）：不满足。

⑨相：辅助，帮助。

⑩县（xuán）：差距。

⑪儇（xuān）：积。

⑫铅（yán）：通“沿”，遵循。

⑬僩（xiàn）：宽大。

译文

人的本性本来就是小人，假如没有老师的教导和法度的约束，就只会看到财利。人的本性本来就是小人，又因为生在乱世，沾染了恶俗，这样就在卑鄙的本性上又加上卑鄙，使恶劣的资质又染上了恶劣的习俗。君子如果得不到权势来统治他们，那就没有办法打开他们的心智来引导他们向善了。现在的人们只知道喂饱嘴巴和肠胃，哪懂得什么礼节道义？哪里懂得什么推辞谦让？哪里懂得什么廉耻、局部和整体的道理呢？不过是知道嘴巴不停地嚼东西，香喷喷地吃个饱罢了。人若没有老师教导、没有法度约束，那么他的心灵也就完全和他的嘴巴、肠胃一样了。假如人生下来后从来没有看见过牛、羊、猪、狗等肉食和稻米、谷子等细粮，只见过豆和豆叶之类的蔬菜以及糟糠之类的粗食，那就会认为最满意的食物就是这些东西了。忽然有个拿着肉食和细粮的人来到跟前，他就会瞪着眼惊奇地说："这是什么怪东西呀？"他闻闻它，鼻子里闻到好的味道；尝尝它，嘴巴里甜甜的；吃了它，身体感到很舒服。那就没有谁不抛弃这豆叶、糟糠之类而求取那肉食、细粮了。现在是用那古代帝王的办法和仁义的纲领，来协调人们的关系，帮助人们相互照顾，帮助人们得到服饰，帮助人们得到安定团结的吗？还是用那桀、跖的办法，这两种办法是相差悬殊的，它们岂止是那肉食、细粮和糟糠的悬殊呢！然而人们竭力来运用桀、跖的方法而很少去运用古代帝王的办法，这是为什么呢？回答：这是浅陋无知的缘故。浅陋无知，是天下人的通病，是人们的大灾难。所以说：仁德的人喜欢把道理告诉给别人，做榜样给别人看。把道理告诉给人们，做榜样给他们看，使他们养成好习惯，使他们遵循仁义之道，向他们反复重申，那么那些闭塞的人很快就会开窍，见识浅陋的人很快就会眼界开阔，愚蠢的人很快就会聪明了。如果不这样做，那商汤、武王即使处在君位又有什么好处？夏桀、商纣王这样的暴君处在君位又有什么损害？商汤、武王在，那么天下随之而安定；夏桀、商纣王在，那么天下就混乱。出现像这样的情况，难道不是因为人们的性情原来就可以像这样，也可以像那样的吗！

原文

人之情，食欲有刍豢，衣欲有文绣，行欲有舆马，又欲夫余财蓄积之富也，然而穷年累世不知不足，是人之情也。今人之生也，方知蓄鸡狗猪彘，又蓄牛羊，然而食不敢有酒肉；余刀布，有囷[①]窌[②]，然而衣不敢有丝帛；约者有筐箧之藏，然而行不敢有舆马。是何也？非不欲也，几不长虑顾后而恐无以继之故也。于是又

节用御欲，收敛蓄藏以继之也，是于己长虑顾后，几不甚善矣哉！今夫偷生浅知之属，曾此而不知也，粮食大侈，不顾其后，俄则屈[3]安[4]穷矣，是其所以不免于冻饿，操瓢囊为沟壑中瘠[5]者也。况夫先王之道，仁义之统，《诗》《书》《礼》《乐》之分[6]乎？彼固天下之大虑也，将为天下生民之属长虑顾后而保万世也，其汋长矣，其温[7]厚矣，其功盛姚[8]远矣，非孰[9]修[10]为之君子莫之能知也。故曰：短绠不可以汲深井之泉，知不几[11]者不可与及圣人之言。夫《诗》《书》《礼》《乐》之分，固非庸人之所知也。故曰：一之而可再也，有之而可久也，广之而可通也，虑之而可安也，反铅察之而俞可好也。以治情则利，以为名则荣，以群则和，以独则足，乐意者其是邪？

注解

①囷（qūn）：圆形的谷仓。

②窌（jiào）：地窖。

③屈：竭尽。

④安：语气助词。

⑤瘠（zì）：通“胔”，未完全腐烂的尸体。

⑥分（fèn）：要义，道理。

⑦温：通“蕴”，积蓄。

⑧姚：通“遥”，远。

⑨孰：同“熟”，熟悉，精通。

⑩修：学习研究。

⑪几：尽。

译文

人之常情，吃东西希望有肉食，穿衣服希望有绣着彩色花纹的绸缎，出行希望有车马，又希望拥有绰绰有余的财产积蓄，然而即使这样，他们一年到头、世世代代觉得财物还是不足，这就是人之常情。现在，人活在世上，知道畜养鸡、狗、猪，又畜养牛、羊，但是吃饭时却不敢有酒肉；钱币有余，又有粮仓地窖，但是穿衣却不敢穿绸缎；节约的人拥有一箱箱的积蓄，但是出行却不敢用车马。这是为什么呢？这并不是他不想这么做，而是从长远打算且顾及以后怕没有什么东西来继续维持生活的缘故。于是他们又节约费用、抑制欲望、收聚财物、储藏粮食以便继续维持以后的生活，这种为了自己的长远打算，顾及今后的生活，岂不是很好的吗！现在那些苟且偷生、浅陋无知的人，竟连这种道理都不懂，他们过分地浪费粮食，不顾自己以后的生活，不久就消费得精光而陷于困境了，这就是他们不免受冻挨饿，只好拿着讨饭的瓢儿、背着布袋沿街乞食，成为山沟中的饿死鬼的原因。他们连这都不懂，更何况那些古代圣王的思想、仁义的纲领和《诗》《书》《礼》《乐》的道理呢？那些原则、纲领之类本来就是治理天下的重大谋略，是要为天下所有的人民从长考虑且照顾到以后的生计从而永保世代平安的，它们源远流长，它们蕴意丰富，它们的丰功伟绩传之后世，若非那些精通学习和研究它们的君子，是不能够理解它们的。所以说：短绳不可以用来汲取深井中的泉水，智慧达不到的人就不能和他论及圣人的言论。那《诗》《书》《礼》《乐》的道理，本来就不是平庸的人所能理解的。所以说：精通了其一就可以精通其二，掌握了它们就可以长期运用，将它们推而广之就可以触类旁通，按照它们去谋划就可以平安无事，始终遵循它们去考察事物就会把事情做好。用它们来调理性情就能得到好处，用它们来成就名声就会荣耀，用它们来和众人相处就能和睦融洽，用它们来独善其身就能心情愉快，大概就是这样的意思吧。

原文

夫贵为天子，富有天下，是人情之所同欲也。然则从人之欲则势不能容[①]，物不能赡[②]也。故先王案为之制礼义以分之，使有贵贱之等，长幼之差，知愚、能不能之分，皆使人载其事而各得其宜，然后使悫禄多少厚薄之称，是夫群居和一之道也。

故仁人在上，则农以力尽田，贾以察尽财，百工以巧尽械器，士大夫以上至于公侯，莫不以仁厚知能尽官职，夫是之谓至平。故或禄天下而不自以为多，或监门、御旅、抱关、击柝[③]而不自以为

寡。故曰："斩[4]而齐[5]，枉[6]而顺[7]，不同[8]而一。"夫是之谓人伦。《诗》曰："受小共[9]大共，为下国骏蒙。"此之谓也。

注解

①势不能容：因为天子只能有一个，所以说"势不能容"。

②物不能赡：因为只有天子才能拥有天下，所以说"物不能赡"。

③击柝（tuò）：打更。柝，巡夜打更用的梆子。

④斩：通"儳（chán）"，不整齐，指有等级差别。

⑤齐：指有条不紊的社会秩序。

⑥枉：曲，委曲，指人们受到礼义的约束。

⑦顺：《臣道篇》："从命而利君谓之顺。"

⑧不同：指职分不同。

⑨共：通"拱"，法度。

译文

贵为天子，富有天下，这是人心所共同追求的。但如果顺从人们的欲望，那么从客观形势上来说是不能容许的，从物质上来说是不能满足的。所以古代圣明的帝王给人们制定了礼义来区别他们，使他们有高贵与低贱的等级，有年长与年幼的差别，有聪明与愚蠢、贤能与无能的分别，使他们每人都承担自己的工作而各得其所，然后使俸禄的厚薄与他们的地位和工作相称，这就是使整个社会和谐一致的办法。

所以仁德的人处在统治者的地位，农民就把自己的力量全部用在种地上，商人就把自己的精明全都用在理财上，各种工匠就把自己的技巧全都用在制造器械上，士大夫以上直到公爵、侯爵没有不将自己的仁慈宽厚、聪明才能都用在履行公职上，这就叫作大治。所以有的人拥有天下，也不认为自己拥有的多；有的人看管城门、招待旅客、守卫关卡、巡逻打更，也不认为自己所得的少。所以说："有了差别才能达到整齐，有了委曲才能归于顺，有了不同才能统一。"这就叫作人的伦常关系。《诗经》上说："接受小法与大法，庇护各诸侯国。"说的就是这个道理。

读解

本篇论述了关于光荣与耻辱的一系列问题，大意是《劝学篇》所说的“荣辱之来，必象其德”，和本篇所说的“先义而后利者荣，先利而后义者辱”。

对于求取荣辱的表现，荀子一一列举了骄傲轻薄、恶言恶语以及愤怒、忌恨、诽谤、口舌是非、交友不当、争强好胜、尖刻寡情、贪图私利、独断专行而招致耻辱的行为。还特别指出，为了泄私愤而勇于私斗、随便与人斗殴的人，是“忘其身”“忘其亲”“忘其君”的人，这种人猪狗不如，国家法律不能容许这种人存在。

荀子说：“凡斗者，必自以为是而以人为非也。”勇于私斗的人都觉得自己是对的，别人是错的，但是即使自己真对别人真错，也用不着动不动就去打斗，做出“忘身”“忘亲”“忘君”的过激行为。这样做，是“愚莫大焉”“害莫大焉”“辱莫大焉”“危莫大焉”。出了事，把斗殴行为归于疯狂惑乱的精神病是不可以的，归于鸟鼠禽兽也是不可能的，所以打斗行为是非常令人鄙视的。这些话对于当今社会上一些“勇于私斗，怯于公战”的人来说，有很大的教育意义。

从“打斗”出发，荀子进一步分析了四种不同的“勇敢”，即狗彘之勇、贾盗之勇、小人之勇、士君子之勇。“争饮食，无廉耻，不知是非，不辟死伤，不畏众强，恈恈然唯利饮食之见，是狗彘之勇也。为事利，争货财，无辞让，果敢而振，猛贪而戾，恈恈然唯利之见，是贾盗之勇也。轻死而暴，是小人之勇也。义之所在，不倾于权，不顾其利，举国而与之不为改视，重死持义而不桡，是士君子之勇也。”显然，荀子特别赞颂的是“士君子之勇”。这种勇敢，是为公众和国家的大利益，而不是为自己的利益，是宁死也要坚持真理和正义的大勇敢，这是我们今天也应大力倡导并需身体力行的，应以有这种勇敢为荣，无这种勇敢为耻。

【事例一】

勇士有很多种，像为君主报仇的豫让，勇于刺秦王的荆轲，还有力能扛鼎的项羽，这些都是历史上有名的勇士。荀子认为，真正的勇士并不是勇于私斗的人，而是敢于为了大义而不顾生死的人。

项羽勇冠三军

某天，项羽去参见上将军宋义，在军帐中把宋义杀了，斩下了他的头，出来后说："宋义和齐国密谋要反楚，楚王下密令让我把他处死。"这时候，将领们对项羽都很敬畏，没有谁敢抗拒，都说："首先把楚国扶立起来的，是项将军家，如今又是将军诛灭了叛乱之臣。"于是大家一起立项羽为代理上将军。项羽派人去追赶宋义的儿子，追到齐国境内，把他杀了。项羽又派桓楚去向楚怀王报告。楚怀王没有办法，让项羽当了上将军，当阳君、蒲将军都归属项羽。

项羽诛杀了卿子冠军，在楚国名声大震，名扬诸侯。他先派当阳君、蒲将军领军两万渡过漳河，援救钜鹿。只打了一些小胜仗，陈馀又来请求增援。项羽就率领所有军队渡过漳河，把船凿沉，把锅碗也砸破，烧毁了军营，只带上三天的干粮，以此向士卒表示一定要决死战斗，毫无退还之心。部队抵达前线，就包围了王离，与秦军遭遇，交战多次，阻断了秦军所筑甬道，大败秦军，杀了苏角，俘虏了王离。涉间拒不降楚，自焚而死。这时，楚军强大，居诸侯之首，前来援救钜鹿的诸侯各军筑有十几座营垒，没有一个敢发兵出战。到楚军攻击秦军时，他们都只在营垒中观望。楚军战士无不以一当十，士兵们杀声震天，诸侯军人人战栗胆寒。打败秦军以后，项羽召见诸侯将领，他们进入军门的时候，全都跪着向前走，没有人敢抬头看。从此，项羽真正成了诸侯的上将军，各路诸侯都隶属于他。

【事例二】

君子有所为有所不为，要是当年韩信不能忍受胯下之辱，一怒之下将那泼皮杀了，怎会有后来的封侯拜将的荣耀呢？

胯下之辱

淮阴侯韩信，是淮阴人。当初做百姓的时候，十分贫困，品行也不够好，不能够被推选去做官，又不会做买卖维持生活，经常寄居在别人家吃闲饭，人们大多厌恶他。曾经多次前往下乡南昌亭亭长处吃闲饭，接连数月，亭长的妻子嫌恶他，就提前做好早饭，端到内室床上去吃。开饭的时候，韩信去了，却不给他准备饭食。韩信知道是他们嫌弃自己，一怒之下，居然离去不再回来。

韩信在城下钓鱼，有几位老大娘洗涤丝绵，其中一位大娘看见韩信饿了，就拿出饭给韩信吃。就这样过了几十天，直到漂洗完毕。韩信很高兴，对那位大娘说："我一定要重重地报答您老人家。"大娘生气地说："大丈夫不能养活自己，我是可怜你这位公子才给你饭吃，难道是希望你报答吗？"

淮阴屠户中有个年轻人侮辱韩信说："虽然你长得人高马大，还经常佩带着刀剑，其实你这个人胆小如鼠。"又当众侮辱他说："要是你不怕死，就拔剑杀了我；要是你怕死，就从我胯下爬过去。"于是韩信仔细地打量了他一番，低下身去，趴在地上，从他的胯下爬了过去。满街的人都笑话韩信，认为他胆小。

后来韩信当上了楚王，到了下邳，召见曾经分给他饭吃的那位漂母，赐给她黄金一千两。见到下乡南昌亭亭长，赐给百钱，说："你是小人，做好事有始无终。"他又召见那个曾经侮辱过自己的年轻人，让他做了中尉，并对将士们说："这是位壮士。当他侮辱我的时候，我难道不能杀死他吗？杀掉他没有意义，所以我忍受了一时的侮辱而成就了今天的功业。"

非 相

原文

相人，古之人无有也，学者不道也。古者有姑布子卿[1]，今之世，梁[2]有唐举[3]，相人之形状颜色而知其吉凶妖祥，世俗称之。古之人无有也，学者不道也。

注解

①姑布子卿：春秋时郑国人，曾看过孔丘和赵襄子的相。

②梁：指魏国。公元前364年，魏惠王迁都大梁（今河南开封），从此魏也称为梁。

③唐举：战国时看相的人，曾看过李兑、蔡泽的相。

译文

以人的体形、容貌来判断人的命运，古人没有这种事，有学问的人也不谈论这种事情。古代有个叫作姑布子卿的人，现在魏国有个叫作唐举的人，都声称会根据人的体形、容貌来推算此人的祸福凶吉，世人都称道他们的相术。古人没有这种事，有学问的人也不谈论这种事。

原文

故相形不如论[1]心，论心不如择[2]术。形不胜心，心不胜术[3]。术正而心顺之，则形相虽恶而心术善，无害为君子也；形相虽善而

心术恶，无害为小人也。君子之谓吉，小人之谓凶。故长短、小大、善恶形相，非吉凶也。古之人无有也，学者不道也。

注解

①论：考察。

②择：区别，引申为鉴别。

③心不胜术：荀子认为人性本恶，必须经常用礼义之道（术）来改造思想（心），所以说“心不胜术”。

译文

所以，观察一个人的相貌不如考察他的思想，考察他的思想不如鉴别他立身处世的方法。相貌不如思想重要，思想不如立身处世的方法重要。立身处世的方法正确而思想又顺应了它，那么形体相貌即使丑陋而思想和立身处世的方法是好的，也不会妨碍他成为君子；形体相貌即使好看而思想与立身处世的方法不正确，也不能妨害他成为小人。君子可以说是吉，小人可以说是凶。所以高矮、大小、美丑等形体相貌上的特点，并不是吉凶的标志。古代的人没有这种事，有学识的人也不谈论这种事。

原文

盖帝尧长，帝舜短，文王[①]长，周公[②]短，仲尼[③]长，子弓[④]短。昔者卫灵公[⑤]有臣曰公孙吕，身长七尺，面长三尺，焉[⑥]广三寸，鼻目耳具，而名动天下。楚之孙叔敖[⑦]，期思[⑧]之鄙人也，突秃长左，轩较[⑨]之下，而以楚霸。叶公子高[⑩]，微小短瘠，行若将不胜其衣。然白公之乱也，令尹子西、司马子期皆死焉；叶公子高入据楚，诛白公，定楚国，如反手尔，仁义功名善于后世。故事不揣长，不揳大，不权轻重，亦将志乎尔。长短、小大、美恶形相，岂论也哉！

注解

①文王：周文王，姓姬，名昌，商朝时周部落的领袖，周武王之父，以贤明著称。

②周公：周文王之子，武王之弟，姓姬，名旦，因采邑在周（今陕西岐山东北），故称周公。他曾辅助武王灭商，有功而受封于鲁，但他未去封地而留佐成王执政，是著名的贤臣。

③仲尼：儒家学派的创始者孔子，名丘，字仲尼。

④子弓：孔子的弟子，姓冉，名雍，字仲弓。

⑤卫灵公：姓姬，名元，春秋时卫国国君。

⑥焉：通“颜”，额。

⑦孙叔敖：春秋时楚庄王的令尹（宰相），辅助楚庄王成就了霸业。

⑧期思：地名，在今河南省淮滨县东南。

⑨轩较（jué）：古代士大夫以上乘坐的车。轩，车前的直木。较，车前的横木。

⑩叶公子高：姓沈，名诸梁，字子高，春秋时楚国大夫，封地在叶（在今河南叶县南），故称叶公。

译文

据说帝尧个子高，帝舜个子矮；周文王个子高，周公旦个子矮；孔子个子高，冉雍个子矮。从前，卫灵公有个臣子叫公孙吕，身高七尺，脸长三尺，额宽三寸，但鼻子、眼睛、耳朵都具备，而他却名动天下。楚国的孙叔敖，是期思这个地方的乡下人，头发短而秃顶，左手长，坐在轩车上还没有车前的直木和横木高，但他却使楚国称霸诸侯。叶公子高，矮小瘦弱，走路时好像还撑不住自己的衣服似的。但是白公作乱的时候，令尹子西、司马子期都死在白公手中；叶公子高却领兵入楚，杀掉白公，安定楚国，就像把手掌翻过来似的一样容易，他的仁义功名为后人所赞美。所以对于士人，不是去看个子的高矮，不是看他的胖瘦，不是去称量身体的轻重，而只看他的志向。高矮、大小、美丑等形体相貌方面，哪能用来评判人呢！

原文

且徐偃王[①]之状，目可瞻[②]马；仲尼之状，面如蒙[③]倛；周公之状，身如断菑[④]；皋陶[⑤]之状，色如削瓜；闳夭[⑥]之状，面无见肤；傅说[⑦]之状，身如植[⑧]鳍[⑨]；伊尹[⑩]之状，面无须麋；禹跳，汤偏，尧、舜参牟子。从者将论志意，比类文学邪？直将差长短，辨美恶，而相欺傲邪？

注解

①徐偃王：周代徐国君主，其年代古籍上记载不尽相同，或以为是周穆王时人，或以为是楚文王时人。他以仁义著称，又自称为王，所以周王使楚国消灭了他。

②瞻：仰视。

③蒙：蒙上，戴上。

④菑（zì）：立着的枯树。

⑤皋陶：一作“咎繇”，传说是东夷族的首领，曾被舜任为掌管刑法的官。后助禹有功，被禹选为继承人，因早死，未继位。

⑥闳（hóng）夭：周文王的臣子。文王被纣囚于羑里时，他曾设法解救。

⑦傅说（yuè）：商王武丁的相。

⑧植：立。

⑨鳍：鱼鳍，这里指驼背。

⑩伊尹：商汤的相。他辅助汤消灭了夏桀。

译文

而且徐偃王的相貌奇特，眼睛只可以仰视远处的马；孔子的脸好像蒙上了一个丑恶难看的驱邪的面具；周公旦的身体好像一棵折断的枯树；皋陶的脸色就像削去了皮的瓜那样呈青绿色；闳夭的相貌，鬓须多得看不见皮肤；

傅说的身体好像立起来的鱼鳍；伊尹的脸上没有胡须和眉毛；禹瘸着腿走路，汤半身偏枯，尧、舜有三个眸子。学者是考察他们的志向、思想，比较他们的学问呢？还是区别他们的高矮，分辨他们的美丑来互相欺骗、傲视呢？

原文

古者桀、纣长巨姣美，天下之杰也；筋力越劲，百人之敌也。然而身死国亡，为天下大僇[①]，后世言恶则必稽[②]焉。是非容貌之患也，闻见之不众，论议之卑尔。

今世俗之乱君，乡曲之儇[③]子，莫不美丽姚冶，奇衣妇饰，血气态度拟于女子；妇人莫不愿得以为夫，处女莫不愿得以为士，弃其亲家而欲奔之者，比肩并起。然而中君羞以为臣，中父羞以为子，中兄羞以为弟，中人羞以为友，俄[④]则束乎有司而戮乎大市，莫不呼天啼哭，苦伤其今而后悔其始。是非容貌之患也，闻见之不众，论议之卑尔。然则从者将孰可也？

注解

①僇（lù）：通“戮”，耻辱。

②稽：考，引证。

③儇（xuān）：轻薄巧慧。

④俄：一会儿。

译文

古时候，夏桀、商纣魁梧英俊，是天下相貌出众的人；他们的体魄强壮，足可对抗上百人。但是他们被人杀死，国家也灭亡了，成为天下最可耻的人，后世说到坏人，就一定会拿他们做例证。这显然不是容貌造成的祸患，而是见识浅陋、行为卑下所致。

现在世上犯上作乱的人，乡里的轻薄少年，没有一个不是长得美丽妖艳的，他们穿着奇装异服，像妇女那样装饰打扮自己，神情态度都和女人相似；妇女都想得到这样的人做丈夫，姑娘都想得到这样的人做未婚夫，甚至抛弃了自己的家庭而想与他们私奔的女人摩肩接踵。但是一般的国君都羞于把这种人当作臣子，一般的父亲都羞于把这种人当作儿子，一般的哥哥都羞于把这种人当作弟弟，一般的人都羞于把这种人当作朋友，不久，这种人就会被官吏绑了去而在大街闹市中杀头，他们无不呼天喊地号啕大哭，都痛心自己今天的下场而后悔自己当初的行为。这并不是容貌造成的祸患，而是见识浅陋、行为卑下所致。那么在以相貌论人与以思想论人两者之间选择哪一种意见好呢？

原文

人有三不祥：幼而不肯事长，贱而不肯事贵，不肖而不肯事贤，是人之三不祥也。人有三必穷：为上则不能爱下，为下则好非其上，是人之一必穷也。乡[①]则不若[②]，偝则谩之，是人之二必穷也。知行浅薄，曲直有[③]以相县[④]矣，然而仁人不能推，知[⑤]士不能明[⑥]，是人之三必穷也。人有此三数行者，以为上则必危，为下则必灭。《诗》曰："雨[⑦]雪瀌瀌[⑧]，宴[⑨]然聿[⑩]消。莫肯下隧，式居屡骄。"此之谓也。

注解

①乡：通"向"，面对面。

②若：顺。

③有：通"又"。

④县：同"悬"，悬殊。

⑤知：通"智"。

⑥明：尊。

⑦雨：动词，下。

⑧瀌瀌（biāo）：雪下得大的样子。

⑨宴：通“曣”，天晴日出。

⑩聿（yù）：语助词。

译文

人有三种不吉利的事：年幼的不肯侍奉年长的，卑贱的不肯侍奉尊贵的，没有德才的不肯侍奉贤能的，这是人的三种祸害。人有三种必然会陷于困厄的事：做了君主却不能爱护臣民，做了臣民却喜欢非议君主，这是人们使自己必然陷于困厄的第一种情况。当面不顺从，背后又毁谤，这是人们使自己必然陷于困厄的第二种情况。知识浅陋，德行不厚，辨别是非曲直的能力又与别人相差悬殊，然而对仁爱之人却不能推崇，对明智之士却不能尊重，这是人们使自己必然陷于困厄的第三种情况。人有了这三不祥、三必穷的行为，当君主就必然危险，做臣民就必然灭亡。《诗经》上说：“雪花纷纷满天飘，太阳一出便融消。不肯屈居人下，在位时经常骄横。”说的就是这种情况。

原文

人之所以为人者，何已[1]也？曰：以其有辨也。饥而欲食，寒而欲暖，劳而欲息，好利而恶害，是人之所生而有也，是无待而然者也，是禹、桀之所同也。然则人之所以为人者，非特以二足而无毛也，以其有辨也。今夫狌狌形笑[2]，亦二足而毛也，然而君子啜其羹，食其胾。故人之所以为人者，非特以其二足而无毛也，以其有辨也。夫禽兽有父子而无父子之亲，有牝牡而无男女之别，故人道莫不有辨。

注解

①已：同“以”。

②形笑：形状。

译文

人之所以成为人，是因为什么呢？回答：这是因为人对各种事物的界限都有所区别。饿了就想吃饭，冷了就想取暖，累了就想休息，喜欢得利而厌恶受害，这是人生来就有的本性，是无须依靠学习就会这样的，这是与禹、桀相同的方面。然而人之所以成为人，并不只是因为他们有两只脚、身上没有毛，而是因为对各种事物的界限都有所区别。现在猩猩的形状也是两只脚、脸上无毛，可是人们却尝它的肉羹，吃它的肉。所以人之所以成为人，并不只是因为他们有两只脚，没有毛，而是因为他们对各种事物的界限都有所区别。禽兽有父有子却没有父子之间的亲情，有雌有雄却没有男女之间的界限，而作为人的根本原则就在于对所有的事物界限都有所区别。

原文

辨莫大于分①，分莫大于礼，礼莫大于圣王。圣王有百，吾孰法焉？故②曰：文③久而息，节族④久而绝，守法数之有司极礼⑤而褫⑥。故曰：欲观圣王之迹，则于其粲然者矣，后王是也。彼后王者，天下之君也。舍后王而道上古，譬之是犹舍己之君而事人之君也。故曰：欲观千岁则数⑦今日，欲知亿万则审一二，欲知上世则审周道，欲知周道则审其人所贵⑧君子。故曰：以近知远，以一知万，以微知明。此之谓也。

注解

①分：名分，指各种和人或物的名称所相应的职分、地位、等级、权力、身份、亲疏关系、所属关系等，也就是人或物的一种规定性。

②故：则。

③文：文采，花纹，引申指表现义的礼仪制度，如表示等级制度的车制、旗章、服饰、各种礼节仪式等。

④族（zòu）：通“奏”。

⑤极礼：远于礼。极，远。

⑥褫（chǐ）：废弛。

⑦数：观测，观察。

⑧贵：尊重。

译文

人们之间的区别没有比等级名分更重要的了，等级名分没有比礼法更重要的了，礼法没有比圣明的帝王更重要的了。圣明的帝王有上百个，我们效法哪一个呢？所以说：礼仪制度因为年代久远而湮没了，音乐的节奏因为年代久远而失传了，掌管礼法条文的有关官吏也因与制定礼法的年代相距久远而使礼法有所脱节了。所以说：想要考察圣明帝王的事迹，就得观察其中清楚明白的事物，这就是后代的帝王实施的治国之道。所谓后代的帝王，就是现在统治天下的君王。舍弃了后代的帝王而去称道上古的帝王，这就好像舍弃了自己的君主去侍奉别国的君主一样。所以说：要想考察千年的往事，那就要仔细审视现在；要想知道各种各样的事物，那就要弄清楚一两件事物；要想知道上古的社会情况，那就要审察现在周王朝的治国之道；要想知道周王朝的治国之道，那就要审察他们所尊重的君子。所以说：根据近在眼前的事情可以知道遥远的事情，从一件事物可以了解上万件事物，由隐微的东西可以了解明显的东西。说的就是这个意思。

原文

夫妄人曰：“古今异情，其①以治乱者异道。”而众人惑焉。彼众人者，愚而无说，陋而无度者也。其所见焉，犹可欺也，而况于千世之传也！妄人者，门庭之间，犹可诬欺也，而况于千世之上乎！

圣人何以不欺？曰：圣人者，以己度者也。故以人度人，以情度情，以类度类，以说度功，以道观尽，古今一度也。类不悖，虽

久同理，故乡[2]乎邪曲而不迷，观乎杂物而不惑，以此度之。五帝[3]之外无传人，非无贤人也，久故也。五帝之中无传政，非无善政也，久故也。禹、汤有传政而不若周之察也，非无善政也，久故也。传者久则论略，近则论详，略则举大，详则举小。愚者闻其略而不知其详，闻其详而不知其大也，是以文久而灭，节族久而绝。

注解

①其：指代“古今”。妄人之言，旨在是古非今，反对“法后王”，故荀子非之。

②乡：通“向”。

③五帝：古代典籍中的五帝所指不一，这里当指黄帝、颛顼、帝喾、唐尧、虞舜。

译文

那些狂妄无知的人说：“古代和现代的情况不一样，用来治乱的方法也不一样。”于是一般人就糊涂了。那一般人才性愚昧而说不出道理，见识浅陋而不会判断是非。他们亲眼看见的东西，尚且可以欺骗他们，更何况是那些几千年前的传闻呢！那些狂妄无知的人，就是近在大门与庭院之间的事，尚且可以欺骗人，更何况是几千年之前的事情呢！

圣人为什么不会被欺骗呢？回答：圣人，是根据自己的切身体验来推断事物的人。所以，根据自己的情况去推断其他的人，根据现代的情况去推断古代的情况，根据现在的某一类事物去推断古代同类的事物，根据言论去推断古人的功业，根据事物的普遍规律去观察一切事物，这些不管是在古代还是现代，情况是一样的。只要是同类而不互相违背的事物，那么即使相隔很久，它们的基本性质还是相同的，所以圣人观察复杂的事物和面对着邪说歪理也不会被迷惑，这是因为他能按照这种道理去衡量它们。在黄帝、颛顼、帝喾、唐尧、虞舜这五位帝王之前没有流传到后世的人和事，并不是那时没有贤能的人，而是因为时间太久的缘故。在这五位帝王之中没有流传到后世的政治措施，并不是他们没有好的政治措施，而是因为时间太久的缘故。夏禹、商汤虽然有流传到后世的政治措施，但不及周代的清楚，并不是他们没有好的政治措施，而是因为时间太久的缘故。流传的东西时间一长，谈起来就简略了；近代的事情，谈起来才详尽；简略的，就只能列举它的大概；详尽的，才能列举它的细节。愚蠢的人听到了那简略的论述就不再去了解那详尽的情况，听到了细节就不再去了解它的大概情况，因此礼仪制度便由于年代久远而湮没了，音乐的节奏也由于年代久远而失传了。

原文

凡言不合先王，不顺礼义，谓之奸言，虽辩，君子不听。法先王，顺礼义，党学者，然而不好言，不乐言，则必非诚士也。故君子之于言也，志好之，行安之，乐言之。故君子必辩。凡人莫不好言其所善，而君子为甚。故赠人以言，重于金石珠玉；观①人以言，美于黼黻、文章②；听人以言，乐于钟鼓琴瑟。故君子之于言无厌。鄙夫反是，好其实，不恤其文，是以终身不免埤③污佣④俗。故《易》曰：“括⑤囊，无咎无誉。”腐儒之谓也。

注解

①观：通“劝”，勉励。

②黼（fǔ）黻（fú）、文章：古代礼服上的彩色花纹，黑白相间的叫黼，青黑相间的叫黻，青赤相间的叫文，赤白相间的叫章。

③埤（bēi）：低下。

④佣：庸俗，平庸。

⑤括：扎结。

译文

只要说的话不符合古代圣王的道德原则，不遵循礼义的，就是邪说，即使说得动听，君子也不会听从。效法古代圣王，遵循礼义，亲近有学识的人，但是不喜欢谈论，不乐意谈论，那也一定不是个真诚的学士。所以君子对于正确的学说，心里喜欢它，行动上遵循它，乐意谈论它。所以君子一定是能言善辩的。人们没有不喜欢谈论自己认为是好的东西，而君子更是这样。所以君子以善言赠送给别人，觉得比赠送金石珠玉还要贵重；以善言勉励别人，觉得比礼服上的彩色花纹还要美丽；以善言讲给别人听，觉得比钟鼓琴瑟还要悦耳动听。所以君子对于言谈永不厌倦。鄙陋的小人与此相反，他们只注重实惠，而不顾及文采，因此一辈子也免不了卑陋庸俗。所以《周易》说："就像扎住了口的袋子，既没有责怪，也没有赞誉。"说的就是这种迂腐的儒生。

原文

凡说之难，以至高遇至卑，以至治接至乱。未可直至也，远举则病缪[①]，近世则病佣。善者于是间也，亦必远举而不缪，近世而不佣，与时迁徙，与世偃仰，缓急嬴[②]绌[③]，府[④]然若渠匽檃栝[⑤]之于己也，曲得所谓焉，然而不折伤。

故君子之度[⑥]己则以绳，接人则用抴[⑦]。度己以绳，故足以为天下法则矣。接人用抴，故能宽容，因求以成天下之大事矣。故君子贤而能容罢[⑧]，知而能容愚，博而能容浅，粹而能容杂，夫是之谓兼术。《诗》曰："徐方既同，天子之功。"此之谓也。

注解

①缪：通"谬"。

②嬴：通"赢"，盈余。

③绌：不足。

④府：通"俯"。

⑤檃（yǐn）栝（kuò）：矫正曲木的工具。

⑥度：法度，规范。此处用作动词。

⑦抴（yè）：通"枻"，短桨。这里指船。

⑧罢：通"疲"，疲弱无能。

译文

劝说的难处：用最高深的思想去劝说那些最卑鄙的人，用最理想的治国之道去改变最混乱的局面。这是不能直截了当达到目的的，举远古的事例容易荒谬无根据，举近代的事例容易流于庸俗。但是善于劝说的人在这时，一定会做到举远古的事例而不荒谬，举近代的事例又不显得庸俗，随着时代的发展而变动，随着世俗的变化而抑扬，言语缓急、多寡，都能应付自如，像阻拦流水的渠坝、矫正曲木的工具那样控制得当，婉转得当地把所要说的话都说给了对方听，但是又不挫伤对方。

所以，君子律己像木工用墨线来取直一样，待人用心引导，像艄公用舟船来接客一样。用墨线似的准则来律己，所以能够使自己成为天下人效法的榜样。用舟船似的胸怀待人，所以能够对他人宽容，也就能依靠他人来成就治理天下的大业了。君子贤能而容纳无能的人，聪明而容纳愚昧的人，博学而能容纳浅陋的人，道德纯洁而能容纳品行驳杂的人，这叫作兼收并蓄。《诗经》上说："徐国已经来归顺，这是天子的大功。"说的就是这个道理。

原文

谈说之术：矜庄以莅之，端诚以处之，坚强以持之，分别以喻之，譬称以明之，欣驩芬芗[①]以送之，宝之珍之，贵之神之，如是则说常无不受。虽不说人，人莫不贵，夫是之谓为能贵其所贵。传曰："唯君子为能贵其所贵。"此之谓也。

君子必辩。凡人莫不好言其所善，而君子为甚焉。是以小人辩言险而君子辩言仁也。言而非仁之中也，则其言不若其默也，其辩不若其呐[②]也；言而仁之中也，则好言者上矣，不好言者下也。故仁言大矣。起于上所以道于下，正令是也；起于下所以忠于上，谋救是也。故君子之行仁也无厌。志好之，行安之，乐言之，故言君子必辩。小辩不如见[③]端，见端不如见本分。小辩而察，见端而明，本分而理，圣人士君子之分[④]具矣。

注解

①芬芗（xiāng）：芳香，引申指和气。芗，通“香”。

②吶：同“讷”，不善于讲话，言语迟钝。

③见：同“现”，显示。

④分：名分，此指身份、资格、地位。

译文

谈话劝说的方法：以矜持庄重的态度去面对他，以端正真诚的心地去对待他，以坚定刚强的信心去扶持他，用浅近比喻的方法来使他通晓，用分析的方法来开导他，热情、和气地向他灌输自己的想法，使自己的话显得宝贵珍奇、重要神妙，像这样劝说他人往往不会不被接受。即使不去讨好别人，别人也没有不尊重的，这叫作能使别人重视自己觉得珍贵的东西。古书上说：“只有君子才能使自己所珍重的东西得到珍重。”说的就是这种情况。

君子一定是能说会道的。人们没有不喜欢谈论自己认为是好的东西，而君子更胜过一般人。小人能说会道，是具有险恶的用心；而君子能说会道，是怀有仁义之心。说起话来如果不符合仁爱之道，那么开口说话还不如沉默不语，能说会道还不如笨嘴拙舌；说起话来如果符合仁爱之道，那么喜欢谈说的人就是上等的了，而不喜欢谈说的人就是下等的。所以合乎仁爱之道的言论是十分重要的。这种言论上产生于君主而用来指导臣民的，就是政策与命令；下产生于臣民而用来效忠于君主的，就是建议与劝阻。所以君子奉行仁爱之道从不厌倦。心里喜欢它，行动上遵循它，乐意谈论它，所以说君子一定是能说会道的。辩论细节不如揭示头绪，揭示头绪不如遵循固有的名分。辩论细节能发现问题，揭示头绪能说明问题，遵循固有的名分能够做到有条理，那么圣人、士君子的名分就具备了。

原文

有小人之辩者，有士君子之辩者，有圣人之辩者：不先虑，不早谋，发之而当，成[①]文而类，居错[②]迁徙[③]，应变不穷，是圣人之辩者也。先虑之，早谋之，斯须之言而足听，文而致[④]实，博而党[⑤]正，是士君子之辩者也。听其言则辞辩而无统，用其身则多诈而无功，上不足以顺明王，下不足以和齐百姓，然而口舌之均，噡唯则节[⑥]，足以为奇伟偃却[⑦]之属，夫是之谓奸人之雄。圣王起，所以先诛也，然后盗贼次之。盗贼得变，此不得变也。

注解

①成：通“盛”。

②居错：通“举措”，举起与安置，即采取措施。

③迁徙：变动。

④致：通“质”，信。

⑤党：通“谠”，正直。

⑥噡唯则节：噡，同“谵”“詹”，多言。唯，唯诺，少言。节，有节制，适度。

⑦偃却：同“偃蹇”，骄傲。

译文

有小人式的辩说，有士君子式的辩说，有圣人式的辩说：不预先考虑，不早做谋划，一发言就很得当，既富有文采又合乎礼法，行为变化都能随机应变而不会穷于应答，这是圣人式的辩说。预先考虑好，及早谋划好，仓促之间的发言也值得一听，既有文采又很信实，既渊博又公正，这是士君子式的辩说。听他说话夸夸其谈而没有系统，任用他做事则诡诈多端而没有功效，上不能顺从英明的帝王，下不能团结百姓，然而他讲话很有分寸，或夸夸其谈，或唯唯诺诺而且调节得宜，这类人足以靠口才而自夸自傲，可称为坏人中的奸雄。圣明的帝王一上台，这种人是首先要杀掉的，镇压盗贼还在其次。因为盗贼还能够转变，而这种人是不可能悔过自新的。

读解

本篇批判、否定了相面术，认为“相形不如论心，论心不如择术”。此外，还对道德修养、“法后王”以及有关辩说的问题进行了论述。

本文开篇，荀子说了三次“古之人无有也，学者不道也”，旗帜鲜明地反对了当时比较流行的相术。“故相形不如论心，论心不如择术。形不胜心，心不胜术”，也就是说，观察一个人的相貌不如考察他的思想，考察他的思想不如鉴别他立身处世的方法。长相比不上思想重要，思想又比不上立身处世的方法重要。

除此之外，还列举了尧、舜、文王、周公、公孙吕等人的例子，进一步说徐偃王的长相很奇特，眼睛只能够仰视远处的马；孔子的脸就跟驱鬼戴的面具一样难看；周公旦的身体好像一棵折断的枯树；皋陶的脸色就像削去了皮的瓜那样呈青绿色；闳夭的相貌鬓须多得看不见皮肤；傅说的身体好像竖着的鱼鳍；伊尹的脸上没有胡须和眉毛；禹瘸着腿走路；汤半身偏枯；尧、舜有三个眸子。他们都是长相奇特，甚至很难看的人，但是这些人的贤德都是人人称道的。他还列举了夏桀、商纣的相貌非常好看却身败国亡的反面例子，十分鲜明地证实了相术的不可信。

荀子认为人的长相没有吉凶，人的思想以及由此表现出来的行为会带来吉凶。人有三种不吉祥的事情：幼而不肯事长，贱而不肯事贵，不肖而不肯事贤。由此说明一个人的吉凶不在于一个人的容貌。

【事例一】

在古代，有很多人会占卜，他们往往借助某些器具来预测吉凶福祸。因龟有长寿之名，所以操持国家大事者常常把自己的命运寄托在神龟身上，这也是常有之事。实际上，这是没有科学道理的，是古人认识世界有所局限导致的。而荀子的观点，在当时应当是比较客观的。

宋元王得神龟

相传在宋元王二年，有人献了一只龟给宋元王，大家都劝元王把龟杀了，元王不忍，就把它放进了江河之中。一日夜里，元王做了一个梦，梦里有人对宋元王说：“我被放进河里，一路顺流而下，至泉阳时，被打鱼之人豫且给捕获了。我现在身陷危难之中，无计可施。想来想去，还是大王宅心仁厚，所以只得来求助于大王，希望大王能够帮一帮我。”

元王醒来觉得非常奇怪，就招来博士卫平，希望能够为他解梦。

卫平听了元王的叙述后，起身走到庭外，对天象和周围景物详加观察，又拿出卜卦的器具进行推算。然后沉思良久，对宋元王说：“大王梦中所见，乃是前日被放逐的神龟，至于进一步的说法，我想还是等到证实之后再下结论。”元王认为卫平的建议不错，于是派使者急速赶往泉阳。

使者对泉阳县令说：“泉阳中靠捕鱼为生的人里，有没有一个叫豫且的？大王梦到那个叫豫且的人捉了一只神龟，希望你能迅速查明此事。”

泉阳县令立即派人查访，治所有五十五户渔人，而在河的上游，果真有一人名叫豫且。

泉阳县令和元王的使者立即飞马直奔豫且家中，问豫且：“你近日可曾捕得什么东西？”

豫且答：“前日半夜时，捕获了一只龟，还被我装在笼子里。”

使者和阳泉县令去看过了龟，向豫且讲述了元王做梦的情由，豫且不敢有违，把龟交给了元王使者。使者带着龟，马不停蹄地赶回都城，将龟献给元王。

元王接过龟，刚把它放在地上，龟就伸长了脖子，向着元王走了三步又停下缩回了脖子。就在人们都疑惑不解的时候，龟又做了几次刚才的动作，好像有灵性一般。

宋元王惊诧不已，就问卫平：“这只龟看见我后，伸长了脖子向前走，这是什么意思呢？它继而又止步缩颈，又如何解释？”

卫平回答说：“这只龟被人捉住后，心知性命不保，幸蒙大王所救，伸颈向前，表示感激大王。后又缩颈而回，是想向大王告辞了。”

元王大喜，说：“一只龟居然有如此灵性。我们千万别让它失望，这就放它走吧！”

卫平却说：“此龟生于深海里，长于黄土之上，现如今已经活了三千多年了，知晓天地万物的道，明察上下千年之事。有人说，龟是天下间的至宝，得龟之人，定会攻无不克、战无不胜，最后登上天子之位。请大王不要放走了它。要是诸侯知道大王得了这只神龟，一定会向大王臣服的！”

元王说：“神龟既然为灵性之物，降之于上天，深藏于大海。它在患难之时，认为我仁厚忠信，这才向我求助。假如我辜负了它，那么，就和一般的渔人没什么两样了。渔人贪其肉，寡人贪其力。他们的行为是不仁，我的行为就是无德，又哪里能有福气可言呢？我是不忍心留下这只龟的，还是快叫人放了它吧！”

卫平又说：“微臣听说，有高尚品德的人，做事不图回报，上天有重任给你的时候，也不应推托。既然上天给了我们机会，若不能珍惜，就会很快失去。现在，这只神龟周游天下，哪里都不去，偏偏出现在宋国，正是大王您的福气，也是宋国民众的福分。如果大王拒绝接受，将其放回江河之中，明显是违背了上天的旨意。如果真是这样而触怒天意，给宋国带来什么损害的话，大王就会后悔莫及了。”

宋元王说：“损人利己、取人之物而据以为宝，这种行为太过强暴。这么做的人，是没有好下场的。过去的夏桀和商纣都应验了这个道理。我绝不愿走他们的老路，你还是别再劝我了。”

卫平又说：“其实不然，大王不必过于担心。凡事都应顺其自然，不可勉强。这只神龟并非大王强自索求而来。它自己撞上渔人的渔网，又给大王托梦，终为大王所得，应视它为宋之国宝，大王取之无咎，又何必患得患失呢？”

元王得神龟的消息不胫而走，诸侯得知后都来相投，人越来越多。偶尔有不服的人有意挑衅元王，元王就派兵讨伐，战无不胜、攻无不克。宋国最终成为最强盛的诸侯国，但不知是否真是神龟相助之功。

【事例二】

迷信是对世界错误的认识，古代科技落后，统治者常常利用人们的迷信心理来达到他们不可告人的目的。西门豹就将计就计地铲除了这样的一群人。

西门豹治邺

魏文侯时，西门豹担任了邺县县令。他刚上任，就找来县里年纪大且受人尊重的老人，询问他们关于邺县的情况，了解邺县的百态民生。

长老们见西门豹态度诚恳，就异口同声地说：“近些年来，邺县因河神娶妻之事，已经害苦了百姓。”

西门豹赶紧追问具体情形，长老们又说：“邺县的长官、属吏无端加重老百姓的赋税，所得超过数百万之多。他们用从老百姓那里搜刮来的二三十万给河神娶媳妇用，其余的民脂民膏，就被这些官吏和主持仪式的巫师一起瓜分了。”

西门豹从未听说过有这样的事情，又向老人们询问如何给河神娶亲。

长老们说：“当钱财搜刮来后，官府就叫巫师四处寻访，只要看到一般老百姓谁家有长得美貌的女孩子，就说应该做河神的老婆，随即下礼聘娶。

“该女子被选中后，即被他们接来，替其洗浴身体，为她做一些好的衣服，然后令她单独居住。

“接着，人们在河上建造一间漂亮小巧的房子，让女孩住在那间房子里，并用丝绸把四周围起来，还有美酒佳肴供其食用。

“这样过了十多天，大家又将该女子精心打扮一番，就像是打扮新嫁娘一般。然后，他们为女孩准备一张精美的床，床上铺设美丽的睡席。他们就这样让女孩端坐在床席上，顺着水流往下漂。刚开始的时候，床席和女子尚漂浮在河面上，但行出不远，便渐渐地被河水淹没了。”

西门豹听到后面，眉头都拧成了一团，老人们接着说：

“此后，只要是家中有女儿的人家，唯恐女儿被负责给河神娶妻的巫师看中，于是就用重金贿赂巫师。而家里没有钱的人家，万般无奈之下，只得带着女儿远远地逃离家园。所以，很长一段时间以来，邺县已经穷困不堪、人烟稀少了。

“在邺县，流传着这样的俗语：即使不给河神娶妻，令河神发怒，但洪灾一来，已无人可淹了。”

西门豹不动声色，只是对老人们说：“到了给河神娶妻那天，把邺县的长官、属吏、巫师都请到河岸上来送行。到时候也通知我一声，我也前去相送。”

众长老不知新来的县令葫芦里卖的是什么药，只得答应了西门豹的要求，然后告辞离开。

到了那一天，西门豹如约赶往河岸边，前来相送的除了邺县所有的官吏、富豪、长老之外，还有争相来看热闹的数千百姓。

西门豹在人群里发现了主持仪式的巫师。站在前面的是一位七十多岁的老妇人，在她身后，站着十来个穿着怪异服装的女弟子。

西门豹对属下说："请将河神的媳妇带来让我看一下，到底长得如何。"

那女子从帷幕里出来，西门豹仔细观察了一会儿，转头对旁边的官吏以及巫师们说："这个女子不够漂亮，不能献给河神。麻烦大巫师去跟河神说一声，就说此女太丑，待寻访到长得漂亮的女子后，马上给他老人家送去。"

西门豹的属下立即过来，将大巫师抬起，投入滚滚的河水之中。

过了一会儿，河面上没有任何动静，西门豹又大声说："大巫师怎么去了这么久都没有回来呢？让一个弟子去看一下吧！"

属下随即将一名巫师弟子投入河水中。

又过了一会儿，仍然不见河面上有什么动静。西门豹说："这师徒两个人怎么动作这么慢，再派一个人下去催催吧！"

又有一名弟子被投入河中。

如此这般，一共投下了数名巫师弟子，但情形依旧。西门豹又说："也许是大巫师和弟子都是女人的缘故，不能把事情对河神讲清楚。"于是回头对三位官吏说："还是麻烦你们走一趟吧。"

三位官吏被投入到河里之后，西门豹从后背抽出扇子，打开扇子遮于耳旁，俯身倾听河里的动静，神情极为肃穆。站在一旁的其他人，早已是胆战心惊，汗如雨下。

又过了许久，西门豹正身肃立，神情庄重地说："所有下去的人都不上来，这如何是好呢？我看还是从你们之中推选一人出来，到下面去看一下吧！"

所有的官吏和长者都吓得魂飞魄散，跪在了西门豹面前，一句话也说不出来，只是连连磕头，很多人甚至磕头磕得头破血流。

西门豹说："不然这样吧，我们姑且再等一会儿。"

伏在地上的人，心中七上八下，仍磕头不止。

又过了一会儿，西门豹转身说："好了，大家都起来吧，看今天的情形，恐怕是河神设下酒宴款待他们，他们喝醉酒后回不来了。我们大家暂且回去等候河神的答复吧。"

为河神娶妻的闹剧就这么收场了，从此以后，再也没有人提为河神娶妻的事情了。

西门豹借此大加整治邺县，美名被天下人争相传颂。

非十二子

原文

假今之世[1]，饰邪说，文奸言，以枭[2]乱天下，矞宇嵬琐[3]，使天下混然不知是非治乱之所存者有人矣。

注解

①假今之世：如今之世，指战国时代。假，如。

②枭：通“挠”，扰。

③矞宇嵬琐：矞，通“谲”，欺诈。宇，通“讦”，夸大。嵬，通“傀”，怪诞，怪异。琐，猥琐，鄙陋庸俗。

译文

如今这个时代，粉饰邪恶的说法，美化奸诈的言论，以此来扰乱天下，用那些诡诈、夸大、怪异、猥琐的言论，使天下很多人混沌地不知道是非标准、治与乱的原因，这样的人大有人在。

原文

纵情性，安恣睢，禽兽行，不足以合文通治；然而其持之有故，其言之成理，足以欺惑愚众。是它嚣[1]、魏牟[2]也。

注解

①它嚣：人名，生平无考。

②魏牟：战国时魏国公子，《汉书·艺文志》将他归入道家。

译文

放纵性情，恣肆放荡而又心安理得，行为像禽兽一样，谈不上遵循礼义、达到治国的目的；但是他们立论时却有根有据，解说论点时又头头是道，足以欺骗、蒙蔽愚昧的民众。它嚣、魏牟就是这种人。

原文

忍情性，綦谿[①]利跂[②]，苟[③]以分异人[④]为高，不足以合大众、明大分[⑤]；然而其持之有故，其言之成理，足以欺惑愚众。是陈仲、史鳅也。

注解

①綦（qí）谿：极深。

②利跂：指背离世俗而独行。

③苟：苟且，不正当，指不合礼法。

④分异人：同“分于人、异于人”，与别人区别、与别人不同的意思。

⑤大分：等级名分。

译文

抑制本性人情，行为孤僻，离世独行，不循礼法，追求标新立异，不能和广大民众打成一片，不能彰明等级名分；但是他们立论时却有根有据，解说论点时又头头是道，足以欺骗、蒙蔽愚昧的民众。陈仲、史鳅就是这种人。

原文

不知壹天下、建国家之权称[1]，上[2]功用、大[3]俭约而僈差等，曾不足以容辨异、县君臣；然而其持之有故，其言之成理，足以欺惑愚众。是墨翟[4]、宋钘[5]也。

注解

①权称：等于说“权衡”，喻指法度。权，秤锤。称，同“秤”。

②上：通“尚”。

③大：重视。

④墨翟（dí）：战国初鲁国人，一说宋国人，墨家学派的创始人，主张节用、节葬，反对礼乐，主张兼爱、平等。

⑤宋钘（jiān）：又称宋荣子，战国时宋国人，主张禁欲，认为人的本性是少欲的。

译文

不懂得统一天下、建立国家的法度，崇尚功用、重视节俭而轻慢等级差别，甚至不容许人与人之间有分别和差异的存在，也不让君臣之间有上下的悬殊；但是他们立论时却有根有据，解说论点时又头头是道，足够用来欺骗、蒙蔽愚昧的民众。墨翟、宋钘就是这种人。

原文

尚法而无法，下修而好作，上则取听于上，下则取从于俗，终日言成文典，反紃察[1]之，则倜然[2]无所归宿，不可以经国定分；然而其持之有故，其言之成理，足以欺惑愚众。是慎到、田骈[3]也。

注解

①紃（xún）察：循省审察。紃，通“循”。

②偶然：远离的样子。

③田骈：战国时齐国人。

译文

推崇法治但又没有法度，鄙视贤能的人而喜欢另搞一套，上则听从君主，下则依从世俗，整天谈论制定礼义法典，但反复考察这些典制，就会发现它们远离实际落不到实处，不能用来治理国家、确定名分；但是他们立论时却有根有据，解说论点时又头头是道，足够用来欺骗、蒙蔽愚昧的民众。慎到、田骈就是这种人。

原文

不法先王，不是礼义，而好治怪说，玩琦[1]辞，甚察而不惠[2]，辩而无用，多事而寡功，不可以为治纲纪；然而其持之有故，其言之成理，足以欺惑愚众。是惠施、邓析也。

注解

①琦：通“奇”。

②惠：当为“急”字。

译文

不效法古代圣明的帝王，不遵循礼义，然而喜欢钻研奇谈怪论，玩弄奇异的词语，非常精辟但毫无用处，雄辩动听但不切实际，做了很多事但功效却很少，不可以作为治国的纲领；但是他们立论时却有根有据，解说论点时又头头是道，足够用来欺骗、蒙蔽愚昧的民众。惠施、邓析就是这种人。

原文

略法先王而不知其统，犹然而材①剧②志大，闻见杂博。案③往旧造说，谓之五行④，甚僻违而无类，幽隐而无说，闭约而无解，案⑤饰其辞而祗⑥敬之曰："此真先君子之言也。"子思⑦唱⑧之，孟轲⑨和之，世俗之沟犹瞀⑩儒，嚾嚾然⑪不知其所非也，遂受而传之，以为仲尼、子游为兹厚于后世，是则子思、孟轲之罪也。

注解

①材：通"才"。

②剧：繁多。

③案：通"按"。

④五行：五常，指仁、义、礼、智、信。

⑤案：语助词。

⑥祗（zhī）：恭敬。

⑦子思：战国时鲁国人，姓孔，名伋，孔子的孙子，儒家的代表人物之一。

⑧唱：同"倡"。

⑨孟轲：战国中期邹国人，字子舆，是子思的学生。他是孔子之后最有影响的儒家代表人物，过去一直被尊为"亚圣"。

⑩沟（kòu）犹瞀（mào）：沟瞀，愚昧。犹，语助词。

⑪嚾嚾（huān）然：喧嚣的样子。

译文

大致上能够效法古代圣明的帝王，然而不知道他们的要领还自以为才气横溢、志向远大、见闻丰富广博。根据以往旧学说来创建新学说，把它称为五行，非常怪僻悖理而不合礼法，幽深隐微而难以言说，晦涩难懂而无从解释，却还粉饰他们的言论而郑重其事地说："这真正是先师孔子的言论。"子思倡导，孟轲附和，社会上那些愚昧无知的儒生跟着吵吵嚷嚷却不知道他们的错误，于是接受了这种学说而传授它，以为是孔子、子游立此学说，被后代所推崇，这就是子思、孟轲的罪过了。

原文

若夫总方略，齐言行，壹统类，而群天下之英杰而告之以大古，教之以至顺①；奥②窔③之间，簟席④之上，敛然圣王之文章具焉，佛⑤然平世⑥之俗起焉；六说者不能入也，十二子者不能亲也；无置锥之地，而王公不能与之争名，在一大夫之位，则一君不能独畜⑦，一国不能独容；成⑧名况⑨乎诸侯，莫不愿以为臣。是圣人之不得势者也，仲尼、子弓是也。

注解

①顺：道理。

②奥：屋子的西南角。

③窔（yào）：屋子的东南角。

④簟（diàn）席：竹席。

⑤佛：通"勃"。

⑥平世：政治清明的时代。

⑦一君不能独畜：这种圣人应该是天子的辅佐，所以说"一君不能独畜"。畜，养，任用。君主任用臣子，便用俸禄来养活臣子，所以"畜"即指

任用人。

⑧成：通“盛”。

⑨况：通“皇”，美，大。

译文

至于总括治国的方针策略，统一人们的言行，统一治国的纲纪法度，从而会聚天下的英雄豪杰，把上古帝王的业绩告诉给他们，教导他们最高的治国道理；在室堂之内，竹席之上，那圣明帝王的礼义制度集中地具备于此，那太平时代的风俗也蓬勃地在此兴起；上述六种学说不能侵入，十二子也不能亲近；这样的人虽然贫困到没有立锥之地，但王公大臣不能与之竞争名望，他们虽然只是处在一个大夫的职位上，但不是一个诸侯国的国君所能单独任用的，不是一个诸侯国所能单独容纳的；他们的盛名超过诸侯，各国诸侯无不愿意让他们来当自己的臣子。这是圣人中没有得到权势的人，孔子、子弓就是这种人。

原文

一天下，财[①]万物，长养人民，兼利天下，通达之属，莫不从服，六说者立息，十二子者迁化，则圣人之得势者，舜、禹是也。

今夫仁人也，将何务哉？上则法舜、禹之制，下则法仲尼、子弓之义，以务息十二子之说。如是则天下之害除，仁人之事毕，圣王之迹著[②]矣。

注解

①财：通“裁”，控制，安排。

②著：明显。

译文

统一天下，管理万物，养育人民，使天下人都得到好处，凡能到达的地方，没有人不服从，上述六种学说立刻销声匿迹，那十二个人也弃邪从正，这是圣人中得到了权势的人，舜、禹就是这种人。

当今仁德的人该怎么做呢？上应效仿舜、禹的政治制度，下应效仿仲尼、子弓的道义，以求消除上述十二个人的学说。这样一来，那么天下的祸害除去了，仁德的人的任务就完成了，圣明帝王的事迹也就彰明了。

原文

信信，信也；疑疑，亦信也。贵贤，仁也；贱不肖，亦仁也。言而当，知也；默而当，亦知也。故知默犹知言也。故[1]多言而类，圣人也；少言而法，君子也；多少无法而流湎然，虽辩，小人也。故劳力而不当民务谓之奸事，劳知而不律先王谓之奸心，辩说譬谕、齐给便利而不顺礼义谓之奸说。此三奸者，圣王之所禁也。知而险，贼而神，为[2]诈而巧，言无用而辩，辩不惠而察，治之大殃也。行辟[3]而坚，饰非而好，玩奸而泽，言辩而逆，古之大禁也。知而无法，勇而无惮，察辩而操僻[4]，淫[5]大[6]而用之，好奸而与众，利足而迷，负石而坠，是天下之所弃也。

注解

①故：犹“夫”，发语词。

②为：通“伪”，诡诈。

③辟：通“僻”，邪僻，邪恶。

④操僻：指上文所说的“治怪说，玩琦辞”。

⑤淫：过分，放荡。

⑥大：同“汰”，过分，骄奢。

译文

相信可信的东西，是诚实；怀疑可疑的东西，也是诚实。尊重贤能的人，是仁爱；鄙视不贤的人，也是仁爱。说话说得恰当，是明智；沉默得恰当，也是明智。所以懂得在什么场合下沉默等于懂得说话。话说得多而又合乎礼义，就是圣人；话说得少而又合乎法度，就是君子；说多少都不合乎法度而滔滔不绝，即使能言善辩，也是个小人。所以用尽力气而不合民众的需求，就叫作奸邪的政务；费尽心思而不以古代圣王的法度为准则，就叫作奸邪的心机；辩说比喻起来迅速敏捷而不遵循礼义，就叫作奸邪的辩说。这三种奸邪的东西，是圣明的帝王所禁止的。生性聪明而险恶，手段狠毒而高明，行为诡诈而巧妙，言论不切实际而雄辩动听，辩说毫无用处而明察入微，这些是治国的大祸害。为非作歹而又坚决，文过饰非而似完美，玩弄奸计而圆滑，能言善辩而违反常理，这些是古代特别加以禁止的。聪明而不守法度，勇敢而肆无忌惮，明察善辩而所持论点怪僻不经，荒淫骄奢而刚愎自用，喜欢搞阴谋诡计而同党众多，这就像善于奔走而误入迷途，背着石头而失足往下掉，这些都是天下人所厌弃的行为。

原文

兼服天下之心：高上尊贵不以骄人，聪明圣知不以穷人，齐给速通不争先人，刚毅勇敢不以伤人；不知则问，不能则学，虽能必让，然后为德。遇君则修臣下之义，遇乡则修长幼之义，遇长则修子弟之义，遇友则修礼节辞让之义，遇贱而少者则修告导宽容之义。无不爱也，无不敬也，无与人争也，恢然①如天地之苞②万物，如是则贤者贵之，不肖者亲之。如是而不服者，则可谓訞③怪狡猾之人矣，虽则子弟之中，刑及之而宜。《诗》云："匪上帝不时，殷④不用旧。虽无老成人⑤，尚有典刑。曾是莫听，大命⑥以倾⑦。"此之谓也。

注解

①恢然：广大的样子。

②苞：通“包”。

③訞：怪异邪恶。

④殷：商，此指商纣王。

⑤老成人：经历多、做事稳重之臣，像伊尹（商汤的相）之类。

⑥大命：指国家的命运、政权。

⑦倾：倾覆。

译文

使天下人对自己心悦诚服的办法：高高在上、身份尊贵，但不因此而傲视别人；聪明睿智、通达事理，但不因此而使人难堪；才思敏捷但不在别人面前抢先逞能；刚强坚毅、勇敢大胆，但不因此而伤害别人；不懂就请教，不会就学习，即使能干也一定谦让，这样才算有道德。看到君主就奉行做臣子的道义，看到乡亲就讲求长幼之间的道德标准，看到父母兄长就遵行子弟的规矩，看到朋友就讲求礼节谦让的行为规范，看到地位卑贱而年纪又小的人就实行宽容教导的原则。无所不爱，无所不敬，从不与人争执，心胸宽广得就像天地包容万物那样，像这样的话，那么贤能的人就会尊重你，不贤的人也会亲近你。如果这样还不对你心悦诚服的，那就可以称之为怪异奸猾的人了，即使他在你的亲属子弟之中，刑罚加到他身上也是应该的。《诗经》上说：“并非上天不善良，是纣王不用旧典章。虽然没有稳重之臣，还有法典可依循。竟连这个也不听，王朝因此而断送。”说的就是这个道理。

原文

古之所谓士仕[1]者，厚敦者也，合群者也，乐富贵[2]者也，乐分施者也，远罪过者也，务事理者也，羞独富者也。今之所谓士仕

者，污漫者也，贼乱者也，恣睢者也，贪利者也，触抵者也，无礼义而唯权势之嗜者也。

古之所谓处士者，德盛者也，能静者也，修正者也，知命者也，著[3]是者也。今之所谓处士者，无能而云能者也，无知而云知者也，利心无足而佯无欲者也，行伪[4]险秽而强高言谨悫者也，以不俗为俗，离纵[5]而跂訾[6]者也。

注解

①士仕：与下“处士”对应，当作“仕士”。

②乐富贵：荀子赞成当官者应乐富贵。

③著：显明，显示。

④伪：通“为”。

⑤纵：通“踪”，踪迹，指一般人的生活习惯。

⑥跂（qǐ）訾（zī）：违俗自高之貌。

译文

古代所说的当官的，都是朴实厚道的人，是能和群众打成一片的人，是安于富贵的人，是乐意施舍的人，是远离罪过的人，是努力按事理来办事的人，是以独自富裕为羞耻的人。现在所说的当官者，都是污秽卑鄙的人，是破坏捣乱的人，是恣肆放荡的人，是贪图私利的人，是触犯法令的人，是不顾礼义而只贪求权势的人。

古代所说的隐士，是品德高尚的人，是能恬淡安分的人，是善良正派的人，是乐天安命的人，是彰明正道的人。现在所说的隐士，是没有才能而自吹自擂的人，是没有智慧而自吹有智慧的人，是贪婪之心永不能满足而又假装清心寡欲的人，是行为阴险肮脏而又硬要吹嘘自己谨慎老实的人，是把不同于世俗作为自己的习俗、背离世俗而自命清高的人。

原文

士君子之所能不能为：君子能为可贵，不能使人必贵己；能为可信，不能使人必信己；能为可用，不能使人必用己。故君子耻[①]不修，不耻见污；耻不信，不耻不见信；耻不能，不耻不见用。是以不诱于誉，不恐于诽，率道而行，端然正己，不为物倾侧，夫是之谓诚君子。《诗》云："温温恭人，维德之基。"此之谓也。

注解

①耻：羞耻。

译文

士君子所能做到的和不能做到的：君子能够做到品德高尚而可以被人尊重，但不能使别人一定来尊重自己；能够做到诚信老实而可以被人相信，但不能使别人一定相信自己；能够做到多才多艺而可以被人任用，但不能使别人一定任用自己。所以君子把自己的品德不好看作耻辱，而不把被人污蔑看作耻辱；把自己不诚实看作耻辱，而不把不被信任看作耻辱；把自己无能看作耻辱，而不把不被任用看作耻辱。因此，君子不被荣誉所诱惑，也不被诽谤所吓退，遵循道义来做事，严肃地端正自己，不被外界事物弄得神魂颠倒，这叫作真正的君子。《诗经》上说："温柔谦恭的人们，是以道德为根本的。"说的就是这种人。

原文

士君子之容：其冠进[①]，其衣逢，其容良，俨然，壮然，祺然，蕼然，恢恢然，广广然，昭昭然，荡荡然，是父兄之容也。其冠进，其衣逢，其容悫，俭然，恀然[②]，辅然，端然，訾然[③]，洞然，缀缀然，瞀瞀然，是子弟之容也。

注解

①进：高耸。

②㑥（shì）然：依赖长者的样子。

③訾（zī）然：勤勉的样子。

译文

士君子的仪容：帽子戴得高高的，衣服宽宽大大的，面容和蔼可亲、庄重、伟岸、安泰、洒脱、宽宏、开阔、明朗、坦荡，这是做父兄的仪容。那些人帽子高高竖起，衣服宽宽大大，面容谨慎诚恳、谦虚、温顺、亲切、端正、勤勉、恭敬、顺从、拘谨，这是做子弟该有的仪容。

原文

吾语汝学者之嵬容：其冠绕[1]，其缨禁[2]缓，其容简连；填填然，狄狄[3]然，莫莫然，瞡瞡然，瞿瞿然，尽尽然，盱盱然，酒食声色之中则瞒瞒然，瞑瞑然；礼节之中则疾疾然，訾訾然；劳苦事业之中则儢儢然，离离然，偷儒而罔[4]，无廉耻而忍謑诟[5]。是学者之嵬也。

注解

①绕："俛"字之误，"俛"同"俯"。

②禁：通"紟"，腰带。

③狄：通"趯"，跳跃。

④罔：不怕别人议论。

⑤謑（xì）诟（gòu）：辱骂。诟，同"诟"，骂。

译文

我来告诉你那些学者的模样：他的帽子向前而低俯，帽带和腰带束得很松，他的面容傲慢自大；自满自足，时而上蹿下跳；沉默寡言，见识短浅；遇到事情就惊慌失措，常常是一副消沉沮丧的样子，看人的时候直目瞪眼。在饮食声色之中，就神情迷乱，沉溺其中；在行礼节的时候，就面有怨色，口出怨言；在劳苦的工作之中，就懒懒散散，躲躲闪闪，苟且偷安而无所顾忌，没有廉耻之心而能忍受侮辱谩骂。这就是那些学者的怪样。

原文

弟佗[①]其冠，衶禫[②]其辞，禹行而舜趋[③]，是子张[④]氏之贱儒也。正其衣冠，齐其颜色，嗛然而终日不言，是子夏[⑤]氏之贱儒也。偷儒惮事，无廉耻而耆[⑥]饮食，必曰君子固不用力，是子游[⑦]氏之贱儒也。

注解

①弟佗：颓唐，形容帽子歪斜。

②衶（chōng）禫（dàn）：同“冲淡”，平淡。

③禹行而舜趋：传说禹治水时，腿瘸了，只能跛着脚走路。据说舜在父母前总是低头而趋（礼貌地小步快走），以表示恭敬。这里指子张氏之贱儒仿效禹、舜走路，故作圣人之态。

④子张：姓颛孙，名师，春秋时陈国人，孔子的学生。

⑤子夏：姓卜，名商，春秋时卫国人，孔子的学生。

⑥耆：同“嗜”。

⑦子游：姓言，名偃，春秋时吴国人，孔子的学生。

译文

帽子戴得歪歪斜斜，话说得平淡无味，学习大禹的跛行和舜的低头快走，这是子张氏一类的贱儒。衣冠整齐，表情严肃，沉默不言，这是子夏氏一类的贱儒。苟且偷懒怕事，没有廉耻之心而热衷于吃喝，总是说君子本来就不用从事体力劳动，这是子游氏一类的贱儒。

原文

彼君子则不然，佚①而不惰，劳而不僈②，宗原应变，曲得其宜，如是，然后圣人也。

注解

①佚：同“逸”，安逸。

②僈：同“慢”，懈怠，怠惰。

译文

那些君子就不是这样，他们虽然安逸却不懒惰，即使劳苦也不懈怠，遵守那根本的原则来应付各种事变，各方面处理得都很恰当，像这样才可以成为圣人。

读解

荀子生于战国时期，那时候群雄并起，百家争鸣，各种各样的学说层出不穷。本篇主要列举了六种学说、十二个代表人物，逐一进行了评论和批判，同时也兼及其他一些学说与人物，表明了作者的观点。这篇文章全面总结了春秋战国时期各家各派的学说，在中国思想史上具有十分重要的价值。

在我们看来，战国时期各家的学说都各有其合理的成分，这和当时的社会环境是有很大关系的。但是荀子作为继孟子之后儒家学派的代表人物，自然是不能忍受这种混杂的状况。在他看来，这些人的学说背离了人的本性，背离了道义。荀子甚至认为，当时社会的混乱就在于这些人的学说混淆人们的耳目，使人们无所适从。所以，在本篇的开头，荀子就讲“假今之世，饰邪说，文奸言，以枭乱天下，矞宇嵬琐，使天下混然不知是非治乱之所存者有人矣”。既然这些学说都是错误的，那么，当今的君王要如何去做呢？

对于这个问题，荀子的回答是：“上则法舜、禹之制，下则法仲尼、子弓之义，以务息十二子之说。”意思是不能听信这些人的话，天下人都要归入儒家的学说系统，然后“一天下，财万物，长养人民，兼利天下”，这样孔子心中的“大同世界”才能实现。这就是荀子给后代的君主指出的一条由乱到治的道路。从后来的历史发展来看，秦始皇在荀子的弟子李斯和韩非的辅助下，统一六国，结束了天下纷乱的局面，说明荀子指出的这种道路确实是可行的。在这一点上，荀子的学说比较实用。

【事例一】

墨子是墨家学派的创始人，他主张兼爱、非攻、节用，反对陪葬等贵族的奢侈行为。作为一位小手工业者的代表，他的思想中有一些和儒家的遵礼、贬低体力劳动者等方面相违背的地方，所以儒家学派一直贬斥他的学说。但是，我们不能不看到他的学说的有利之处。

墨子说楚王

公输般为楚国制造攻城的云梯，准备用来攻打宋国。墨子知道了这件事，步行万里来到楚国，脚底都磨出了很厚的茧子。到了楚国，墨子就赶着去见公输般，对他说道：“我在宋国就听说了先生的大名。我想借助您的力量去杀一个人。”公输般说：“我是讲道义的，决不杀人。”墨子说：“听说您在造云梯，用来攻打宋国，宋国有什么罪？您口口声声说讲道义、不杀人，如今攻打宋国，这分明是不杀少数人而杀多数人呀！请问您攻打宋国是什么道义呢？”公输般被说服了，墨子请他为自己引见楚王。

墨子见到楚王，说道：“如果有这么一个人，他有华丽的车子不坐，却想偷邻居家里的破车；他有锦绣织成的衣服不去穿，却想去偷邻居的粗布衣服；他有好的饭菜不去吃，却去偷邻居的酒糟和糠皮。这是个什么样的人呢？”楚王说：“一定是有偷东西的癖好。”墨子接着说：“楚国土地纵横五千里，而宋国才不过五百里，这就如同用华美的彩车和破车相比。楚国有云梦泽，犀牛和麋鹿充斥其中，长江和汉水的鱼鳖、大鼋和鳄鱼，为天下最多，而宋国却是连野鸡、兔子、鲫鱼都不产的地方，这就如同用精美的饭菜和糟糠相比。楚国有高大的松树，带花纹的梓树，以及楠树、樟树等名贵树种，而宋国却找不出一棵这样的树，这就好比是用锦绣和粗布织的衣服相比。因此我认为大王去攻打宋国，与有盗窃癖差不多。”楚王说：“说得好！我不攻打宋国就是了。”

【事例二】

孔子的弟子多达上千人，其中七十二个很有贤名。子张和子夏就是比较贤能的人，即使不如传说中的颜渊那样，但也是难得的人才。

子夏子张

卜商，字子夏。比孔子小四十四岁。

子夏问道：“‘巧笑倩兮，美目盼兮，素以为绚兮（姣美的笑容妩媚动人啊，明澈的眼珠流动生辉啊，仿佛洁白的生绡染上了绚烂的文彩）’，这三句诗是什么意思？”孔子回答说：“要想绘画就先得有洁白的底子，才能用色彩画画。”子夏说：“是不是礼乐的产生在仁义之后呢？”孔子说：“卜商啊，现在可以和你讨论《诗经》了。”

子贡问道：“颛孙师和卜商谁更强？”孔子说：“师嘛，有点儿过分，商嘛，则有点儿赶不上。”子贡说：“那么颛孙师更好些吗？”孔子说：“过分和赶不上都不是完美的。”

孔子对子夏说：“你要立志做个有才德的读书人，不要做浅薄不正派的读书人。”

孔子逝世后，子夏定居河西教授学生，成了魏文侯的教师。子夏的儿子死了，子夏把眼睛都哭瞎了。

颛孙师，陈国人，字子张。比孔子小四十八岁。

子张向孔子请教如何求取官职。孔子说："多听人家说，对疑难未解的，不要妄加评论，其余有把握的要谨慎地说出，能少犯错误；多看人家行事，对疑难未解的，不要妄加行动，其余有把握的要谨慎地行动，能减少懊悔。说话的错误少、行动的懊悔少，你要求取的官职俸禄就在里面了。"

有一天子张和孔子被围困在陈国和蔡国之间，子张问如何才能处处行得通。孔子说："说话要忠诚信实，行为要真诚恭敬，即使在南蛮北狄也行得通；说话不忠诚信实，行为不真诚恭敬，即使是在本乡本土，能行得通吗？站着的时候，就像'忠信笃敬'几个字呈现在眼前；坐在车上，就像'忠信笃敬'几个字挂在车前的横木上，做到这种程度之后，就到处行得通了。"子张就把这些话写在束腰的大带子上。

子张问："读书人怎样做到通达呢？"孔子说："你说的通达是什么样的呢？"子张回答说："在诸侯的邦国中一定要有声望，在卿大夫家里也一定要有声誉。"孔子说："这只是虚假的名声，不是通达。所谓通达，应当是立身正直而好义，审度别人的言论，观察别人的表情，时常想着谦恭退让，这样的人，在诸侯的邦国和卿大夫的封地一定能够通达。至于有虚假名声的人，外表好像追求仁德的样子，而实际行动却违背仁德，然而他却像心安理得般从来不懂得怀疑自己，这样的人做官的时候一定会骗取名望，居家的时候也一定会骗取名望。"

仲尼

原文

仲尼之门人，五尺①之竖子言羞称乎五伯，是何也？曰：然。彼诚可羞称也。齐桓②，五伯之盛者也，前事则③杀兄而争国④；内行则姑姊妹之不嫁者七人，闺门之内，般乐⑤奢汏⑥，以齐之分奉之而不足；外事则诈邾⑦，袭莒⑧，并国三十五。其事行也若是其险污淫汏也，彼固曷足称乎大君子之门哉！

注解

①尺：战国时一尺合今 0.231 米。

②齐桓：指齐桓公，姜姓，名小白，齐国国君，春秋时期第一个霸主。他任用管仲为相，实行改革，使齐国国富兵强。

③则：表示对比的连词。

④杀兄而争国：公元前 686 年，由于齐襄公昏庸残暴，为躲避内乱，管仲、召忽奉公子纠出奔鲁国，鲍叔牙奉公子小白出奔莒国。次年，齐襄公被杀，小白先入齐国立为桓公，大败鲁军，并命令鲁国杀死哥哥公子纠。

⑤般（pán）乐：过度玩乐。

⑥奢汏：没有节制地挥霍浪费。

⑦邾（zhū）：古国名，即“邹”，在今山东邹县一带。

⑧莒（jǔ）：古国名，在今山东莒县一带。

译文

仲尼的门下，五尺高的童子，说起话来都以谈论五霸为耻，这是什么原因呢？回答说：是这样的。因为那五霸确实让人感到羞耻。齐桓公，是五霸中最负有盛名的，但是从他过去的事情看来，便是杀了他的哥哥来夺取国家的政权；从他家庭内部看来，姑姑、姐姐、妹妹中有七个没有出嫁，在宫门之内，他贪图享乐、奢侈放纵，用齐国一半的税收供养他们都不够；宫门之外的事情，他欺骗邾国、袭击莒国，吞并三十五个国家。他的行事作风是这样的险恶肮脏、放荡奢靡，他哪里有资格被伟大的孔圣人门下称道呢？

原文

若是而不亡，乃霸，何也？曰：於乎①！夫齐桓公有天下之大节②焉，夫孰能亡之？倓然③见管仲④之能足以托国也，是天下之大知也。安忘其怒，出忘其仇⑤，遂立以为仲父，是天下之大决也。立以为仲父，而贵戚莫之敢妒也；与之高、国⑥之位，而本朝之臣莫之敢恶也；与之书社⑦三百，而富人莫之敢距也。贵贱长少，秩秩焉莫不从桓公而贵敬之，是天下之大节也。诸侯有一节如是，则莫之能亡也；桓公兼此数节者而尽有之，夫又何可亡也？其霸也宜哉！非幸也，数也。

注解

①於乎：同“呜呼”。

②节：关键。

③倓（tán）然：形容安然不疑。

④管仲：名夷吾，字仲，春秋初期政治家，具有法家思想。他开始侍奉公子纠出奔鲁国，公子纠争位失败被杀后，他由鲍叔牙推荐担任了齐桓公的相，他辅助桓公成就了霸业，桓公尊其为“仲父”。

⑤忘其仇：公元前686年齐襄公被杀后，第二年小白从莒国回国，鲁国也派兵送公子纠回国争位，并派管仲带兵去拦击小白，管仲射中小白的衣带钩，小白假装死去而逃脱回国，但小白立为桓公后不记此仇，仍任用管仲为相。

⑥高、国：高氏、国氏，是齐国两大贵族，世代均为齐国的上卿，地位尊贵。

⑦书社：古时以二十五家为一个里，每个里分别立社。把社内人口登录在簿册上，称为书社，因而“书社”指按社登记入册的人口与土地。

译文

像他这样却没灭亡，竟然还能称霸，这是为什么呢？回答：呜呼！那齐桓公掌握治理天下的关键，谁还能将他灭亡呢？他见到管仲，就毫不怀疑地相信他的才能可以把整个国家托付给他，这是天下最大的明智。安定后就忘记了自己危难时的愤怒，脱离困境后就忘记了自己对管仲的仇怨，还将管仲尊称为仲父，这是天下最重大的决策。把管仲尊称为仲父，然而贵族和皇亲国戚们没有人敢忌妒他；给他高氏、国氏的尊贵地位，然而朝廷上的大臣没有人敢憎恨他；给他三百社的人口和封地，然而没有富有的人敢提出异议。高贵的、卑贱的、年长的、年轻的，都井然有序，没有人不顺从桓公去尊敬他，这些都是称霸天下的关键。诸侯只要掌握了像这些其中的一个关键，那么就没有人能灭掉他；桓公掌握了这几个全部关键，又怎么可能被灭掉呢？他称霸诸侯，是理所应当的啊！并不是侥幸，而是必然的。

原文

然而仲尼之门人，五尺之竖子言羞称乎五伯，是何也？曰：然。彼非本政教也，非致隆高也，非綦[①]文理[②]也，非服人之心也。乡[③]方略，审劳佚[④]，畜[⑤]积修斗而能颠倒其敌者也。诈心以胜矣。彼以让饰争，依乎仁而蹈利者也，小人之杰也，彼固曷足称乎大君子之门哉！

注解

①綦（qí）：极。

②文理：区别等级的礼仪制度。

③乡：通“向”，趋向，追求。

④佚：通“逸”。

⑤畜：通“蓄”。

译文

然而仲尼的门下，五尺高的童子，说起话来都以谈论五霸为羞耻，这是为什么呢？回答：是的。因为五霸没有把政治教化作为立国之本，没有把礼义推崇到应有的高度，没有使礼仪制度极有条理，没有使人心悦诚服。他们只是注重方法策略，注意使民众有劳有逸、积蓄财物、加强战备，因而能颠覆打败敌人。是依靠诡诈的心计来取胜的。他们以谦让来掩饰争夺，依靠仁爱之名来追求实利，可以算是小人中的佼佼者，他们怎么能够在伟大的孔圣人门下得到称道呢！

原文

彼王者则不然。致贤而能以救不肖，致强而能以宽弱，战必能殆之而羞与之斗，委然[①]成文以示之天下，而暴国安[②]自化矣，有灾缪[③]者然后诛之。故圣王之诛也，綦省矣。文王诛四[④]，武王诛二[⑤]，周公卒业[⑥]，至于成王[⑦]则安以无诛矣。故道岂不行矣哉！文王载[⑧]百里地而天下一，桀、纣舍之，厚于有天下之势而不得以匹夫老。故善用之，则百里之国足以独立矣；不善用之，则楚六千里而为仇人[⑨]役。故人主不务得道而广有其势，是其所以危也。

注解

①委然：灿烂。

②安：语助词。

③缪：通“谬”。

④文王诛四：指文王灭掉了密、阮、共、崇四个小国。

⑤武王诛二：指周武王灭掉商王朝和奄国。

⑥周公卒业：周公辅佐武王灭商后，又平定了三监的反叛，讨伐了淮夷、商奄，巩固了周王朝的统治。业，指王业，即平定天下而称王的大业。

⑦成王：周武王的儿子，姓姬，名诵。武王死时，他年幼，由叔父周公旦摄政，后来成王年长，周公旦还政于他。

⑧载：行。

⑨仇人：仇敌，此指秦国。楚怀王困死于秦，其子楚顷襄王又受制于秦国，因此楚以秦为仇人。

译文

那些称王天下的人就不是这样。他们最贤能却能够去救助不贤的人；自己最强大却能够宽容弱者；打起仗来一定能够使对方危亡，而耻于诉诸武力；将灿烂的礼文昭示于天下，而暴虐的国家就自然感化了；如果还有犯上作乱、行为乖戾的，然后再去诛灭他。所以圣明帝王诛杀乱党是极少的。周文王只讨伐了四个国家，周武王只诛灭了两个国家，周公旦完成了称王天下的大业，到了周成王的时候就没有杀伐了。所以大道哪能不会实行呢！文王实行了礼义之道，只占有百里见方的国土，但天下被他统一了；夏桀、商纣王抛弃了礼义之道，虽然掌握了统治天下的权力，却不能像平民百姓那样活到老死。所以若是善于利用礼义之道，那么百里见方的国家完全可以独自存在下去；而不善于利用礼义之道，那么就是像楚国那样有了六千多里的国土，也还是被仇敌所役使。所以，君主不致力于掌握礼义之道而只求扩展他的势力，这就是他危险而招致灭亡的原因。

原文

持宠处位终身不厌之术：主尊贵之，则恭敬而僔[①]；主信爱之，则谨慎而嗛[②]；主专任之，则拘守而详；主安近之，则慎[③]比而不邪；主疏远之，则全一而不倍；主损[④]绌[⑤]之，则恐惧而不怨。贵而不为夸，信而不处谦[⑥]，任重而不敢专，财利至则善而不及也，必将尽辞让之义然后受，福事至则和而理，祸事至则静而理，富则施广，贫则用节，可贵可贱也，可富可贫也，可杀而不可使为奸也，是持宠处位终身不厌之术也。虽在贫穷徒处之势，亦取象于是矣，夫是之谓吉人[⑦]。《诗》云："媚兹一人，应侯顺德。永言孝思，昭哉嗣服[⑧]。"此之谓也。

注解

①僔（zǔn）：谦让。

②嗛：通"谦"。

③慎：通"顺"。

④损：贬损，指降职。

⑤绌：通"黜"，罢免。

⑥谦：通"嫌"。

⑦吉人：指道德高尚而有地位的君子。

⑧服：事，指文王伐纣的事业。

译文

保持尊宠、守住官位、终身不被人厌弃的方法：君主重视你，你就恭敬而谦让；君主信任喜爱你，你就谨慎而谦虚；君主一心一意任用你，你就谨慎守职而仔细地了解所托付的事情；君主亲近你，你就小心地依顺而不搞歪门邪道；君主疏远你，你就忠心耿耿而不背叛；君主贬损罢免你，你就心怀恐惧而不埋怨。地位高贵时，不奢侈过度；得到君主信任时，不忘记回避嫌疑；担负重任时，不能独断专行；财物利益来临时，若是自己的善行还够不上得到它，就一定要尽到推让的礼节才接受；有福之事来临时就平和地去对待它，灾祸之事来临时就冷静地去处理它；富裕了就广泛施舍，贫穷了就节约费用；能贵、能贱，可富、可贫，可以杀身成仁却不可以被迫使做奸邪的事。这些就是保持尊宠、守住官位、终身不被人厌弃的方法。即使处在贫穷孤立的境况，也能按照这种方法来立身处世，那就可称为吉祥之人。《诗经》上说："尊敬武王这个人，顺应祖先的德行。永远想着要孝敬，继承父业多贤明。"说的就是这种人。

原文

求善处大重[1]，理[2]任大事，擅宠于万乘之国，必无后患之术：莫若好同之，援贤博施，除怨而无妨害人。能耐[3]任之，则慎行此道也。能而不耐任，且恐失宠，则莫若早同之，推贤让能而安随其后。如是，有宠则必荣，失宠则必无罪，是事君者之宝而必无后患之术也。故知者之举事也，满则虑嗛，平则虑险，安则虑危，曲重其豫，犹恐及其祸，是以百举而不陷也。孔子曰："巧而好度必节[4]，勇而好同必胜，知而好谦必贤。"此之谓也。愚者反是。处重擅权，则好专事而妒贤能，抑有功而挤有罪，志骄盈而轻旧怨，以悉啬而不行施道乎上，为重招权于下以妨害人，虽欲无危，得乎哉！是以位尊则必危，任重则必废，擅宠则必辱，可立而待也，可炊而僓[5]也。是何也？则堕[6]之者众而持之者寡矣。

注解

①重：权力，权势，此指重要的官位。

②理：顺利。

③耐：同"能"，能够。

④节：适当、适度的意思。

⑤僥：同“竟”，完毕。

⑥堕（huī）：同“隳”，毁。

译文

寻求妥善地身居要位，顺利地担任要职，在万乘大国独自拥有君主的恩宠而绝不会有后患的方法是：最好的办法莫过于和君主同心协力，引进贤能的人，广泛地施舍，消除对别人的怨恨，不去想办法妨害别人。若是自己的能力能够担负起的职务，那就小心谨慎地奉行这种方法。若是自己的能力不能够胜任职务，害怕因此失去君主对自己的宠爱，那就不如及早和君主同心同德，推荐贤能的人，把职务让给他，而自己则心甘情愿地追随在后面。像这样做，拥有了君主的恩宠就必定会荣耀，失去了君主的宠爱也一定没有罪过，这是侍奉君主的法宝，也是绝没有后患的方法。所以聪明人办事，圆满时考虑不足，顺利时考虑艰难，安全时考虑危险，周到地从多方面加以防范，仍然怕遭到祸害，所以办了上百件事也不会失误。孔子说：“灵巧而又遵循法度，就一定能做得恰到好处；勇敢而又善于和别人合作，就一定能胜利；聪明而又比较谦虚，就一定会有德才。”说的就是这个道理。愚蠢的人正好与此相反。他们身居要职、独揽大权的时候，就独断跋扈、嫉贤妒能，压制有功的人，排挤打击有罪过的人，内心骄傲自满，歧视与自己有旧怨的人，吝啬而不施舍，独揽大权，以致妨害了别人，这种人即使希望平安无事，怎么可能呢！所以，他们身居高位却十分危险，职位过重而必定被废，独受宠幸却一定会遭到耻辱，这种情景稍立片刻就可以等到，只要烧一顿饭的工夫就可以了。这是为什么呢？就是因为毁害他的人多而扶持他的人少。

原文

天下之行术：以事君则必通，以为仁[①]则必圣，立隆而勿贰也。然后恭敬以先之，忠信以统之，慎谨以行之，端悫[②]以守之，顿穷则从之疾力以申重之。君虽不知，无怨疾之心；功虽甚大，无伐德之色；省求，多功，爱敬不倦。如是，则常无不顺矣。以事君则必通，以为仁则必圣，夫是之谓天下之行术。

注解

①仁：通“人”。

②端悫（què）：端正诚实。

译文

走遍天下都能行得通的方法：用它来侍奉君主就一定会通达，用它来做人就必定会圣明，确立以礼法作为崇高的标准而不能动摇。这样以后，用恭敬的态度来引导它，以忠信来贯通它，小心谨慎地实行它，端正诚实地捍卫它，即使困厄的时候也尽力反复强调它。君主即使不了解、重用自己，也没有怨恨的心情；功劳即使很大，也没有夸耀的表情；要求少而功劳多，敬爱君主永不厌倦。像这样，那就永远没有不顺利的时候了。用它来侍奉君主就一定会通达，用它来做人就一定会圣明，这就叫作走遍天下都能行得通的办法。

原文

少事长，贱事贵，不肖事贤，是天下之通义也。有人也，势不在人上而羞为人下，是奸人之心也。志不免乎奸心，行不免乎奸道，而求有君子圣人之名，辟①之是犹伏而咶②天，救经而引其足也。说必不行矣，俞③务而俞远。故君子时诎则诎，时伸则伸也。

注解

①辟：通“譬”，譬喻。

②咶（shì）：通“舐”。

③俞：通“愈”。

译文

年轻的侍奉年长的，卑贱的侍奉高贵的，不贤的侍奉贤能的，这是天下的普遍规律。而有的人，地位不在别人之上，却羞于处在人下，这是奸邪的人的想法。心理上没有除掉邪念，行动上没有离开邪道，却想要求有君子、圣人的名声，就好像是趴在地上去舔天，挽救上吊的人却拉他的脚一样。这种做法是一定行不通的，越是用力从事，就离目标越远。所以君子在形势需要自己屈从忍耐时就屈从忍耐，在时势容许自己施展抱负时才施展抱负。

读解

本篇是以文章开头的头两个字命名的，和本文的内容没有关系。篇中首先以问答的形式贬损了霸道，赞扬了王道，接着分别论述了君主、臣子立身处世的原则。

王道思想的问世，是儒家学说随时代发展而不断改进的结果。孔子希望君主能用仁爱来治理天下。这是由于孔子处于春秋时期，当时的社会情况还算比较安定，齐、楚、燕、韩、赵、魏、秦等国相对实力均衡，没有出现什么大的纷争，各国在这种情况下，对周王朝都还存有尊敬之心，礼教还没有彻底败坏。

在战国那个战争频繁的时期，许多大国都去欺凌弱小的国家，大国之间又相互阴谋夺得他国的领土，在这样的状况下，只有武力强大的国家才能生存下去，那些弱小的国家甚至后来的周王朝都是在齐、秦、楚等几个大国的欺凌下苟且偷生。为了改造这样的乱世，孟子在孔子的基础上更进一步，提出“仁政”。“仁政”思想宣扬“民贵君轻”等，无疑是一种进步。

结合孔子的“仁”，孟子的“仁政”，荀子提出了自己的“王道”主张。那么实行“王道”的君主是怎样的呢？荀子说，他们“致贤而能以救不肖，致强而能以宽弱，战必能殆之而羞与之斗，委然成文以示之天下，而暴国安自化矣，有灾缪者然后诛之”。和孟子的“仁政”不同，荀子的“王道”主张首先推崇礼法教化，然后严厉打击那些顽固不化分子，甚至可以将其诛灭。

【事例一】

管仲辅佐公子纠与小白争位，后来小白做了国君，管仲不但没有像召忽那样追随公子纠自杀，反而辅佐齐桓公称霸天下。管仲的这种做法用当时的礼义标准来讲，是不正确的，孔子却说“微管仲，吾其被发左衽矣”。

齐桓公不计前嫌任用管仲

公元前685年春，齐君无知去雍林玩赏。雍林有人憎恨他，偷袭并杀了他，那人向齐国大夫宣告说：“无知杀死襄公自立为君，我已将他处死。请大夫们改立其他公子中该即位的，我唯命是听。”

当初，襄公灌醉了鲁桓公并杀了他，与鲁夫人通奸，还屡屡杀罚不当，沉迷女色，多次欺侮大臣，他的诸弟害怕祸患牵连，因此次弟公子纠逃亡鲁国，管仲、召忽辅佐他。次弟小白逃亡莒国，鲍叔牙辅佐他。小白母亲是卫国之女，很得齐釐公宠幸。小白从小与大夫高傒交好。雍林人杀死无知后，商议立君之事，高氏、国氏抢先暗中从莒国召回小白。鲁国得知无知死了，也派兵护送公子纠返回齐国，并命令管仲带另一支军队挡住莒国通道，管仲射中小白衣带钩。小白假装死了，管仲派人飞报鲁国。鲁国护送公子纠的部队速度就放慢了，六天才至齐国，而小白已先入齐国，高傒立其为君，就是桓公。

桓公当时被射中衣带钩之后，假死骗过了管仲，然后藏在车中飞速行进，加上有高氏、国氏两大家族的帮忙，所以小白先入齐国即位，派兵抵御鲁军。秋天，齐兵与鲁兵在乾时作战，鲁兵败逃，齐兵又切断鲁兵的退路。齐国写信给鲁国说：“公子纠是我兄弟，不忍亲手杀他，请鲁国将他杀死。召忽、管仲是我仇敌，我要求活着交给我，让我把他们剁成肉酱才甘心。不然，齐兵要围攻鲁国。”鲁人害怕，就在笙渎杀死公子纠。召忽自杀而死，管仲被囚禁。桓公即位时，派兵攻鲁，本欲杀死管仲。鲍叔牙说：“我很幸运地追随了您，现在您终于当上了国君。现在您地位尊贵，我不能再提高您的地位了。您如果只想治理齐国，有高傒和我也就够了。您如果想成就霸王之业，没有管夷吾不行。夷吾所居之国，其国必强，不能失去这个人才。”于是桓公听从此言。就假装召回管仲以报仇雪恨，实际上是想任他为政。管仲心里明白，所以要求返齐。鲍叔牙迎接管仲，一到齐国境内的堂阜就给管仲除去桎梏，让他斋戒沐浴而见桓公，桓公赏以厚礼任管仲为大夫，让他主持政务。

【事例二】

什么才是真正的忠心？对君主唯命是从，千方百计地讨好高官大臣，一定不是忠心的。反倒是那些与君主常常“作对”的大臣，才真是国家的栋梁。

忠臣不和

汉光武帝刘秀任命睢阳县令任延当武威太守。刘秀亲自召见，告诫他说：“要把你的长官侍奉好，不要糟蹋好名声。”任延回答：“我听说忠臣不随声附和别人，随声附和的臣子不忠诚。履行正道、奉公守法是臣子的节操。如果下级对上级唯命是从，那不是陛下的福分。陛下说要侍奉好长官，我不敢奉此诏令。”刘秀感叹地说：“你说得对呀！”

刘秀在军旅中的时间很长，他对战争极其厌倦，而且知道天下百姓都很疲惫了，渴望放下沉重的负担休养生息。自从陇、蜀平定之后，除非有危险紧急的情况，刘秀不再谈论军事。皇太子曾向他请教打仗的事，刘秀说：“从前卫灵公向孔子询问打仗的事，孔子不肯回答他。这不是你应该问的。”邓禹、贾复知道刘秀决定放下武器，用礼乐教化进行统治，不愿功臣们身在洛阳而拥有重兵，于是二人交出军权，潜心研究儒家经典。刘秀也考虑到功臣们今后的去向，想保全他们的爵位和封地，不让他们因为职务而有过失，于是撤销左将军、右将军的官职。耿弇等也交出大将军、将军的印信绶带，全都以侯爵的身份离开朝廷，回到自己的宅第。他们被加以特进之衔，定期参加朝会。

韩歆性情刚直，言语不知隐讳，刘秀常常难以容忍。韩歆在刘秀面前有凭有据地说天下将有严重的饥馑荒年出现，并指天画地，言辞非常激烈，因此被免职，回归故里。韩歆走后，刘秀仍旧是气愤难平，又派使者宣读诏书责备他。韩歆和儿子韩婴全都自杀。韩歆平素名气很大，无罪被逼死，令很多人心中不服。刘秀于是追赠财物，并以隆重礼仪安葬他。

儒效

原文

大儒之效：武王崩[1]，成王幼，周公屏[2]成王而及[3]武王以属[4]天下，恶[5]天下之倍[6]周也。履[7]天子之籍[8]，听天下之断，偃然如固有之，而天下不称贪焉；杀管叔，虚殷国[9]，而天下不称戾焉；兼制天下，立七十一国，姬姓独居五十三人，而天下不称偏焉。教诲开导成王，使谕于道，而能掩迹于文、武。周公归周[10]，反籍于成王，而天下不辍事周，然而周公北面而朝之。天子也者，不可以少当也，不可以假摄为也。能则天下归之，不能则天下去之，是以周公屏成王而及武王以属天下，恶天下之离周也。成王冠，成人，周公归周反籍焉，明不灭主之义也。周公无天下矣，乡有天下，今无天下，非擅[11]也；成王乡无天下，今有天下，非夺也，变势次序节然也。故以枝代主而非越也，以弟诛兄而非暴也，君臣易位而非不顺也。因天下之和，遂文、武之业，明枝主之义，抑亦变化矣，天下厌然[12]犹一也。非圣人莫之能为，夫是之谓大儒之效。

注解

①崩：古代天子死叫“崩”。

②屏（bǐng）：庇护。

③及：继承。

④属：使……归属，统制。

⑤恶：等于说“患”，担心。

⑥倍：通“背”。

⑦履：践。

⑧籍：通“阼”，帝位。

⑨杀管叔，虚殷国：武王灭商（殷）诛纣后，封纣的儿子武庚于殷以统管殷的遗民，使管叔、蔡叔、霍叔监督殷民，叫作三监。武王死后，周公摄政，三监不服，与武庚一起背叛周王朝。于是周公东征平叛，杀了管叔、武庚，将殷民迁到洛邑，使殷都成了废墟。管叔，指周武王之弟叔鲜，他被封于管（位于今河南郑州市），故史称管叔。虚，同“墟”。国，国都。

⑩周：指周家的天下，周王朝的统治权。

⑪擅：通“禅”。

⑫厌（yān）然：安然。

译文

大儒的作用：周武王驾崩的时候，继位的成王还年幼，周公旦庇护成王而继承武王之位来统辖天下，是因为他担心天下人要背叛周家王朝。他登上了天子之位，处理天下的政事，心安理得地就像他本来就拥有这样的权力似的，而天下人并不说他贪婪；他杀了管叔，使殷国国都成了废墟，但天下人并不说他残暴；他全面控制了天下，设置了七十一个诸侯国，其中姬姓诸侯就占了五十三个，但天下人并不说他偏私。他教诲、开导成王，使成王明白礼义之道，从而能继承文王、武王的事业。周公把周家的天下和王位归还给成王，而天下人并没有停止侍奉周王朝，然后周公才回到臣位上，面北朝拜成王。天子之位，不可以让年幼的人掌管，也不可以由别人代理行使。能负担起这个重任天下人就会归顺他，不能则天下人就会背离他，因此周公庇护成王而继承武王之位来统辖天下，是怕天下人背叛周王朝。成王行了冠礼，已经成人，周公便把周家的天下和王位归还给成王，以此来表明他不灭掉主上的道义。于是周公就没有统治天下的权力了，他过去拥有天下，现在没有天下，这并不是禅让；成王过去没有天下，现在拥有了天下，这并不是篡夺，地位次序的变化应该是这样。所以周公以旁支的身份来代替君主执政并不算超越本分，以弟弟的身份诛杀兄长管叔也不算残暴，君与臣变换了位置也不算不顺。周公凭借天下人的同心协力，完成了文王、武王的事业，彰明了庶子与君主之间的关系准则，虽然有了这样的变化，但天下却依然安稳。除了圣人没有人能够做到这一点，这就是大儒所起的作用。

原文

先王之道，仁之隆也，比①中②而行之。曷谓中？曰：礼义是也。道者，非天之道，非地之道，人之所以道③也，君子之所道也。

君子之所谓贤者，非能遍能人之所能之谓也；君子之所谓知④者，非能遍知人之所知之谓也；君子之所谓辩者，非能遍辩人之所辩之谓也；君子之所谓察者，非能遍察人之所察之谓也：有所正矣。相高下，视垸肥，序⑤五种⑥，君子不如农人；通财货，相美恶，辩贵贱，君子不如贾人；设⑦规矩，陈绳墨，便备用，君子不如工人；不恤是非然不然之情，以相荐⑧撙，以相耻怍，君子不若惠施、邓析。若夫谪⑨德而定次，量能而授官，使贤不肖皆得其位，能不能皆得其官，万物得其宜，事变得其应，慎、墨不得进其谈，惠施、邓析不敢窜⑩其察，言必当理，事必当务，是然后君子之所长也。

注解

①比：顺。

②中：正，不偏不倚，无过无不及。

③道：遵行。

④知：通“智”。

⑤序：次序，指合理安排，不失农时。

⑥五种：五谷，指黍、稷、豆、麦、稻，一说指黍、稷、豆、麦、麻，此泛指各种庄稼。

⑦设：措置，此指使用。

⑧荐：通“践”。

⑨谪：当为“谲”字，决。

⑩窜：使……得到容纳。

译文

古代圣明帝王的治国之道，是仁德的最高体现，因为他们是顺着中正之道来实行它的。什么叫作中正之道呢？回答：礼义就是中正之道。这里所说的道，不是指上天的运动规律，也不是指大地的变化规律，而是指人类所要遵行的准则，是君子所遵循的原则。

君子所说的贤能的人，并不是能够全部做到别人所能做到的一切；君子所谓的智慧，并不是能够知道别人所知道的一切；君子所谓的善辩，并不是能够全部分析别人所辩论的一切；君子所谓的明察，并不是能够详察到别人所观察的一切：其实，君子的能力也是有一定限度的。观察地势的高低，识别土质的贫瘠与肥沃，安排各种庄稼的种植季节，这个方面君子不如农民；使财物流通，鉴别货物的好坏，区别货物的价值，君子在这个方面不如商人；使用圆规和矩尺，陈列墨线，完善各种器具，君子在这个方面不如工匠；不顾是与非、对与不对的实际情况，互相贬抑，互相污辱，君子实在不如能说会道的惠施、邓析。至于评估德行来确定等级，衡量才能来授予官职，使有德与无德的人都得到应有的地位，有才能与没有才能的人都得到应有的职分，使各种事物都各归其位，妥善处理各种突发事件，使慎到、墨翟不能宣传他们的言论，惠施、邓析貌似明察的诡辩没有立足之地，说话必定合理，做事符合要求，这些才是君子所擅长的方面。

原文

凡事行，有益于理者立之，无益于理者废之，夫是之谓中事。凡知说，有益于理者为之，无益于理者舍之，夫是之谓中说。事行失中谓之奸事，知说失中谓之奸道。奸事奸道，治世之所弃，而乱世之所从服也。若夫充虚之相施①易也，坚白、同异之分隔也，是聪耳之所不能听也，明目之所不能见也，辩士之所不能言也，虽有

圣人之知，未能偻[2]指也。不知无害为君子，知之无损为小人。工匠不知无害为巧，君子不知无害为治。王公好之则乱法，百姓好之则乱事。而狂惑戆[3]陋[4]之人，乃始率其群徒，辩其谈说，明其辟称，老身长子，不知恶也。夫是之谓上愚，曾不如相鸡狗之可以为名也。《诗》曰："为鬼为蜮[5]，则不可得。有靦[6]面目，视[7]人罔极[8]。作此好歌，以极反侧。"此之谓也。

注解

①施：改变，转化。
②偻：屈，扳。
③戆（zhuàng）：愚蠢。
④陋：见闻少，知识浅薄。
⑤蜮（yù）：短狐，传说中一种能含沙射人的动物。
⑥靦（tiǎn）：面貌丑恶狡猾的样子。
⑦视：通"示"，给人看。
⑧罔极：无尽，指看不穿。

译文

所有的事情和行为，有益于理的就做它，无益于理的就不做它，这叫作正确地处理事情。所有的知识和学说，有益于理的就实行它，无益于理的就废除它，这叫作正确地对待学说。事情和行为不得当，就叫作奸邪的事情；知识和学说不得当，就叫作奸邪的道路。奸邪的事情和奸邪的道路，是太平盛世所废弃不用的，却是混乱的社会所依从的。至于天地间盈和虚的互相转化，"坚白""同异"的分辨，这是耳朵灵敏的人也不能听懂的，眼睛明亮的人也不能看清楚的，能言善辩的学者也不能说明白的，即使有了圣人的智慧，也不能扳着手指将它们讲清楚。但是，不知道这些学说，君子还是君子；懂了这些学说，小人还是小人。工匠不了解这些，无害于掌握技巧；君子不懂得这些，无害于从事政治。帝王、诸侯爱好这些学说，就会乱了法度；百姓喜欢这些学说，就会把各项工作搞乱。但是那些狂妄糊涂、愚蠢浅陋的人，却率领着他们的一伙门徒，辩护他们的主张学说，阐明他们的比喻引证，一直到老，儿子都长大了，还不知道放弃那一套。这就叫作极端的愚蠢，还不如爱好鉴别鸡狗的优劣倒可以出名。《诗经》上说：“你是鬼还是怪，让人无法看清楚。你的面目这样丑陋，给人看也看不透。作此好歌唱一唱，用来揭穿你的反复无常。”说的就是这种人。

原文

我欲贱而贵，愚而智，贫而富，可乎？曰：其唯学乎！彼学者，行之，曰士也；敦慕焉，君子也；知之，圣人也。上为圣人，下为士君子，孰禁我哉！乡也，混然涂之人也，俄而并乎尧、禹，岂不贱而贵矣哉！乡也，效门室之辨，混然曾不能决也，俄而原仁义，分是非，图回天下于掌上而辩白黑，岂不愚而知矣哉！乡也，胥靡①之人，俄而治天下之大器举在此，岂不贫而富矣哉！今有人于此，屑然藏千溢②之宝，虽行贷而食，人谓之富矣。彼宝也者，衣之不可衣也，食之不可食也，卖之不可偻售也，然而人谓之富，何也？岂不大富之器诚在此也？是杅杅亦富人已，岂不贫而富矣哉！

注解

①胥靡：空无所有。胥，疏，空。靡，无。

②溢：同“镒”，古代重量单位，先秦以黄金二十两或二十四两为一镒。

译文

我想由下贱变成高贵，由愚昧变成明智，由贫穷变成富裕，可以吗？回答：那就只有学习了！那些学习的人，能将学到的东西付诸实践，就可称为士人；能勤奋努力的，就是君子；能将学到的东西融会贯通，就是圣人。最高可以成为圣人，至少也可以成为士人、君子，谁还能阻止我呢！过去一个路上的无知之人，一会儿就可以和尧、禹这样的贤君并列在一起，这难道不是由下贱变得高贵了吗？过去考察门外和室内的礼节有什么分别，他还糊涂得不能判断，一会儿就能追溯仁义的本源，分辨是非，运转天下事于手掌之中就像辨别黑与白一样容易，这难道不是由愚昧变得明智了吗？过去只是个一无所有的人，一会儿治理天下的大权握在了手中，这难道不是由贫穷变得富裕了吗？现在如果在这儿有这么一个人，他收藏着价值千金的珍宝，那么即使他靠外出乞讨来糊口，人们也还是说他富有。那些珍宝，穿它又不能穿，吃它又不能吃，卖它又不能很快地出售，但是人们却说他富有，为什么呢？难道不是因为最值钱的宝器确实在他这儿吗？这样看来，那知识广博的学者也就是富有了，这岂不是由贫穷变得富有了吗？

原文

故君子无爵而贵，无禄而富，不言而信，不怒而威，穷处而荣，独居而乐，岂不至尊、至富、至重、至严之情举积此哉！故曰：贵名不可以比周争也，不可以夸诞有也，不可以势重胁也，必将诚此然后就也。争之则失，让之则至，遵道则积，夸诞则虚。故君子务修其内而让之于外，务积德于身而处之以遵道，如是，则贵名起如日月，天下应之如雷霆。故曰：君子隐而显，微而明，辞让而胜。《诗》曰："鹤鸣于九皋①，声闻于天。"此之谓也。

鄙夫反是，比周而誉②俞少，鄙争而名俞辱，烦劳以求安利，其身俞危。《诗》曰："民之无良，相怨一方。受爵不让，至于己斯亡。"此之谓也。

注解

①皋：沼泽。

②誉：通"羽"，党羽。

译文

所以君子即使没有爵位也地位尊贵，没有俸禄也很富裕，不用言语也让人信任，不怒而威，处境穷困也荣耀，孤独地住着也快乐，难道不是因为那最尊贵、最富裕、最庄重、最威严的东西都聚集在这种学习之中了吗？所以说：尊贵的名声，不可能靠结党营私来争得，不可能靠自吹自擂来拥有，不可能靠权势地位来胁迫得到，一定要真正地在学习上下了功夫，然后才能得到。争夺名誉就会丧失名誉，谦让才会得到；谦虚就能积累，夸耀吹牛就会落个一场空。所以君子致力于自己内在的思想修养，在外表和行动上要谦让；致力于自身德行的修养，积累德行而又谦虚。这样，尊贵的名声就会有如日月悬空，天下人就会像雷霆那样轰轰烈烈地响应他。所以说：君子即使隐居也显赫，即使地位卑微也荣耀，即使退让也会胜过别人。《诗经》上说："鹤在九曲沼泽叫，声音直传到云霄。"说的就是这种情况。

卑贱的人与此相反，他们结党营私求取名誉，但是名誉更差；用卑鄙的手段争夺名誉，但名声更加受污；挖空心思去追求安逸与利益，自身却更加危险。《诗经》上说："一个人存心不良，只知埋怨对方。接受爵禄丝毫不谦让，事关私利就忘记礼义。"说的就是这种情况。

原文

故能小而事大，辟[①]之是犹力之少而任重也，舍粹[②]折无适也。身不肖而诬贤，是犹伛伸而好升高也，指其顶者愈众。故明主谲[③]德而序位，所以为不乱也；忠臣诚能然后敢受职，所以为不穷也。分不乱于上，能不穷于下，治辩[④]之极也。《诗》曰："平平左右，亦是率从。"是言上下之交不相乱也。

注解

①辟：通“譬”。

②粹：通“碎”。

③谲（jué）：通“决”，决断。

④辩：治理。

译文

所以能力小而去做大事，就好像是力气小而担子重，除了骨碎腰折，也就没有别的下场了。自己不贤却妄称贤能，这就好像是驼背却喜欢升高一样，指着他的头顶而笑话他的人就会更多。所以英明的君主评定各人的德行来安排官职，是为了防止混乱；忠诚的臣子确实有能力胜任，然后才敢接受官职，是为了不让自己陷入困境。君主安排的职分不混乱，大臣才会有能力胜任而不至于陷入困境，这是治国的最高境界了。《诗经》上说：“任用左右的人很公正，人民就会很顺从。”说的是君臣上下的关系相互不错乱。

原文

以从俗为善，以货财为宝，以养生为己至道，是民德也。行法至坚，不以私欲乱所闻，如是，则可谓劲士矣。行法至坚，好修正其所闻以桥饰[①]其情性，其言多当矣而未谕也，其行多当矣而未安也，其知虑多当矣而未周密也，上则能大其所隆，下则能开道[②]不己若者，如是，则可谓笃厚君子矣。修百王之法若辨白黑，应当时之变若数一二，行礼要[③]节而安之若生[④]四枝[⑤]，要时立功之巧若诏四时，平[⑥]正[⑦]和民之善，亿万之众而博[⑧]若一人，如是，则可谓圣人矣。

注解

①饰：通“饬”，整治。

②道：同“导”。

③要：迎合。

④生：通“伸”。

⑤枝：通“肢”。

⑥平：治理。

⑦正：通“政”。

⑧博：当作“抟”字，聚集。

译文

把顺从习俗看作美德，把货物钱财看作宝贝，把保养身体作为自己最高的行为准则，这是老百姓的德行。行为坚定不移地遵从法度，不因为个人的私欲而歪曲所听到的东西，这样，就可以称为正直的士人了。行为坚定不移地遵从法度，喜欢修正自己所听到的东西来矫正自己的性情；所说过的话多半是恰当的，但还没有完全揭示道理；行为多半是恰当的，但还没有完全妥当；智慧和思考多半是恰当的，但还不够周密；上能发扬自己所尊崇的礼义，下能开导不如自己的人。这样，就可以称为忠诚厚道的君子了。遵循历代帝王的法度，就像分辨黑白一样清楚；应付当前的变化，就像数一、二那样容易；行动符合礼法而习以为常，就像平时伸展四肢一样自如；善于适时地抓住机会建立功勋，就像预告四季的到来一样准确；处理政事、协调百姓非常妥善，使亿万群众因而团结得像一个人一样。这样，就可以称为圣人了。

原文

井井兮其有理也，严严兮其能敬己①也，分分②兮其有终始也，猒猒③兮其能长久④也，乐乐兮其执道不殆⑤也，炤炤⑥兮其用知⑦之

明也，修修兮其用统类[8]之行也，绥绥兮其有文章[9]也，熙熙兮其乐人之臧也，隐隐兮其恐人之不当也，如是，则可谓圣人矣。此其道出乎一。

注解

①敬己：使自己受尊敬，指别人不能用不礼貌的态度去侵犯他。

②分分：是“介介”之误。

③猒（yān）猒：心满意足而安详和悦的样子。

④长久：心满意足而与世无争，就会平安无事，所以能长久地立足于社会。

⑤殆：通“怠”。

⑥炤：同“照”，照射，明白地照见。

⑦知：通“智”。

⑧统类：纲纪法度，即指礼法。

⑨文章：指礼义制度。

译文

井井有条啊做事有条理，威风凛凛啊使自己受人尊敬，坚定不移啊始终如一，怡然自得啊长久不息，满腔热忱啊执行原则毫不怠慢，洞察一切啊运用智慧是那样明明白白，一丝不苟啊符合法度，安泰自若啊合乎礼义，温文尔雅啊是那样喜欢别人的善言善行，忧心忡忡啊担心别人不守名分，像这样，就可以称为圣人了。因为他的道德品质始终如一。

原文

曷谓一？曰：执神而固。曷谓神？曰：尽善挟[1]治之谓神，万物莫足以倾之之谓固。神固之谓圣人。圣人也者，道[2]之管[3]也。天下之道管[4]是矣，百王之道一是矣。故《诗》《书》《礼》《乐》之归

是[5]矣。《诗》言是，其志也；《书》言是，其事也；《礼》言是，其行也；《乐》言是，其和也；《春秋》言是，其微也。故《风》之所以为不逐[6]者，取是以节之也；《小雅》[7]之所以为《小雅》者，取是而文之也；《大雅》之所以为《大雅》者，取是而光之也；《颂》[8]之所以为至者，取是而通之也：天下之道毕是矣。乡[9]是者臧，倍是者亡。乡是如不臧，倍是如[10]不亡者，自古及今，未尝有也。

注解

①挟（jiā）：通“浃”，周遍。

②道：指根本性的政治原则与思想学说。

③管：枢纽，关键，事物相互联系的中心环节。

④管：用作动词，是集中的意思。

⑤是：指儒家的学说。

⑥逐：追赶，指赶时髦而追随歪风邪气。

⑦《小雅》：《诗经》中的一部分。雅是朝廷的正声雅乐。

⑧《颂》：《诗经》中的一部分，它是宗庙祭祀的舞曲。

⑨乡：通“向”，迎合。

⑩如：通“而”。

译文

什么叫作专一？回答：对事物掌握得完美而又坚定不移。什么叫作“神”？答案是：能使天下尽善尽美叫作“神”，世间的一切都不能够使其倾斜叫作“固”。做到了“神”与“固”就叫作圣人。所谓的圣人，就是思想道德的中心。天下的思想原则都集中在这里，历代圣王的思想原则也统一在这里。所以《诗》《书》《礼》《乐》也都归属到这里。《诗》说的是圣人的心意，《书》说的是圣人的政事，《礼》说的是圣人的行为，《乐》说的是圣人的和谐心情，《春秋》说的是圣人微妙的语言和精辟的道义。因此，《国风》之所以不淫荡，是因为它所选取的诗篇是有节制的；《小雅》之所以为小雅，是因为它所选取的文章文采斑斓；《大雅》之所以为大雅，是因为它所选取的诗篇是待人推广的；《颂》之所以成为登峰造极的作品，是因为它所选取的诗篇能贯穿人的精神：天下的思想原则全在这里了。顺从它的就会有好结果，背离它的就会灭亡。顺从它而没有得到好结果，违背它而不灭亡的，从古到今，还不曾有过。

原文

客有道曰：“孔子曰：‘周公其盛乎！身贵而愈恭，家富而愈俭，胜敌而愈戒。’”应之曰：“是殆非周公之行，非孔子之言也。武王崩，成王幼，周公屏成王而及武王，履天子之籍，负扆①而坐，诸侯趋走堂下。当是时也，夫又谁为恭矣哉！兼制天下，立七十一国，姬姓独居五十三人焉，周之子孙苟不狂惑者，莫不为天下之显诸侯，孰谓周公俭哉！武王之诛纣也，行之日以兵忌②，东面而迎③太岁④，至氾⑤而泛，至怀⑥而坏，至共头⑦而山隧⑧。霍叔⑨惧曰：‘出三日而五灾至，无乃不可乎？’周公曰：‘刳⑩比干⑪而囚箕子⑫，飞廉、恶来知政，夫又恶有不可焉？’遂选马而进，朝食于戚，暮宿于百泉，厌旦于牧之野，鼓之而纣卒易乡，遂乘殷人而诛纣。盖杀者非周人，因殷人也。故无首虏之获，无蹈难之赏，反而定三革，偃五兵，合天下，立声乐，于是《武》《象》起而《韶》《護》废矣。四海之内，莫不变心易虑以化顺之，故外阖不闭，跨天下而无蕲⑬。当是时也，夫又谁为戒矣哉！”

注解

①扆（yǐ）：宫殿中门和窗之间的屏风。

②兵忌：古代迷信，出兵要选择吉日，在忌日出师则不利。

③迎：逆。

④太岁：指木星，又名岁星。古代占星家认为岁星是吉星，它运行到某一星宿，则地上与这一星宿相对应的国家就吉利。谁如果冲犯了它所在的方

位，就会遭殃。

⑤汜（sì）：汜水，在今河南汜水县西。

⑥怀：地名，在黄河附近。

⑦共（gōng）头：山名，在今河南辉县。

⑧隧：通“坠”。

⑨霍叔：周文王之子，武王同母弟，姓姬，名处，一说名武，封于霍（在今山西霍县西南），史称霍叔。

⑩刳（kū）：剖开挖空。

⑪比干：纣王的叔父，商王文丁（太丁）的儿子，故又称王子比干。他因劝说纣王而被剖腹挖心。

⑫箕子：纣王的叔父，为太师，封于箕（在今山西太谷县东北）。他曾劝谏纣王而被囚禁，周武王灭商后获释。

⑬薪：通“圻”，疆界。

译文

有个人说：“孔子说：‘周公可以算得上是圣人了！他身份高贵而更加谦逊有礼，家里富裕而更加节约俭朴，战胜了敌人而更加戒备警惕。’”荀子回答：“这大概不是周公的行为，也不是孔子的话。武王驾崩时，成王还很年幼，周公庇护成王而继承武王，登上了天子之位，背靠屏风而立，诸侯在堂下有礼貌地小步快跑前来朝见。在这个时候，他又对谁谦逊有礼了呢！他全面控制了天下，设置了七十一个诸侯国，其中姬姓诸侯就独占了五十三人；周族的子孙，只要不是发疯糊涂的人，无不成为天下显贵的诸侯，谁说周公节俭呢！武王讨伐纣王的时候，出发的那天是兵家禁忌的日子，向东进军，冲犯了太岁，到达汜水时河水泛滥，到达怀城时城墙倒塌，到达共头山时山岩崩落。霍叔恐惧地说：‘出兵三天已遇到了五次灾害，恐怕不行吧？’周公说：‘纣王将比干剖腹挖心，还囚禁了箕子，奸臣飞廉、恶来当政，讨伐他又有什么不可以呢？’于是挑选了良马继续前进，早晨在戚地吃饭，晚上在百泉宿营，第二天黎明来到牧地的郊野，战鼓一响，纣王的士兵就掉转方向倒戈投降了，于是凭借殷人的力量而诛杀了纣王。原来杀纣王的并不是周国的人，而是依靠了殷人。所以周国的将士没有斩获的首级和俘虏，也没有因为冲锋陷阵而得到奖赏，周国的军队回去以后不再动用铠甲、头盔与盾牌，放下了各种兵器，统一天下，创作了乐曲，从此《武》《象》兴起而《韶》《護》被废弃了。四海之内，无不转变思想，因为这种教化而归顺周王朝，因此，外户不闭，走遍天下也没有什么边界。在这个时候，他又戒备谁呢！”

原文

造父[①]者，天下之善御者也，无舆马则无所见[②]其能。羿[③]者，天下之善射者也，无弓矢则无所见其巧。大儒者，善调一天下者也，无百里之地则无所见其功。舆固马选矣，而不能以至远一日而千里，则非造父也。弓调矢直矣，而不能以射远中微，则非羿也。用百里之地，而不能以调一天下，制强暴，则非大儒也。

注解

①造父：周穆王的车夫，善于驾驭车马。

②见：同“现”。

③羿（yì）：夏代东夷族有穷氏（居于今山东德州市南）的部落首领，故又称夷羿、后羿，善于射箭。

译文

造父，是天下善于驾驭车马的人，如果没有车马就没办法表现他的才能。后羿，是天下善于射箭的人，如果没有弓箭就没办法表现他的技巧。大儒，是善于整治和统一天下的人，如果没有百里见方的国土就没有办法显示他的功用。如果车子坚固、马匹具备了，却不能用它日行千里来到达远方，那就不是造父了。弓调好了，箭笔直了，却不能用它来射到远处的东西、命中微小的目标，那就不是后羿了。统辖百里见方的领土，却不能靠它来整治和统一天下、制服强暴的国家，那就不是大儒了。

原文

彼大儒者，虽隐于穷阎漏屋，无置锥之地，而王公不能与之争名；在一大夫之位，则一君不能独畜，一国不能独容，成名况乎诸侯，莫不愿得以为臣；用百里之地而千里之国莫能与之争胜，笞[①]棰[②]暴国，齐一天下，而莫能倾也。是大儒之征也。其言有类，其行有礼，其举事无悔，其持险应变曲当，与时迁徙，与世偃仰，千举万变，其道一也。是大儒之稽也。其穷也，俗儒笑之；其通也，英杰化之，嵬琐[③]逃之，邪说畏之，众人愧之。通则一天下，穷则独立贵名，天不能死，地不能埋，桀、跖之世不能污，非大儒莫之能立，仲尼、子弓是也。

注解

①笞（chì）：用鞭子、竹板抽打。

②棰：用木棍打。

③嵬琐：险诈奸邪。

译文

那些大儒，即使隐居在偏僻的里巷与简陋的房子里，贫困得无立锥之地，但天子诸侯也没有能力和他竞争名望；即使只处在一个大夫的职位，但一个国家的国君不能独自奉养他，一个国家也无法独自容纳他，他的盛名能与诸侯相比，没有哪个诸侯国不想让他来做臣子；他虽然只是统辖百里见方的封地，那千里见方的诸侯国没有哪一个能与他争胜；他鞭挞强暴的国家，统一天下，也没有谁能推翻他。这就是伟大的儒者所具有的特征。他说话符合法度，他行动符合礼义，他做事没有因失误而引起悔恨，他处理危机、应付突发的事变处处都恰当；他顺应时世，因时制宜，采取上千种措施，尽管外界千变万化，但他奉行的原则始终如一。这是大儒的考核标准。在他穷困失意的时候，庸俗的儒者讥笑他；在他显达得志的时候，英雄豪杰都受到他的感化，怪诞鄙陋的人都逃避他，持异端邪说的人都害怕他，一般民众都愧对他。他得志了就统一天下，不得志就卓然独处而博得高贵的名声，上天不能使他死亡，大地不能把他埋葬，桀、跖的时代不能污染他，不是大儒就没有谁能这样立身处世，仲尼、子弓就是这样的人。

原文

故有俗人者，有俗儒者，有雅[1]儒者，有大儒者。不学问，无正义，以富利为隆，是俗人者也。逢[2]衣浅带[3]，解果[4]其冠，略法先王而足乱世术，缪[5]学杂举，不知法后王而一制度，不知隆礼义而杀《诗》《书》[6]；其衣冠行伪[7]已同于世俗矣，然而不知恶者[8]；其言议谈说已无以异于墨子矣，然而明不能别；呼先王以欺愚者而求衣食焉，得委积足以掩其口则扬扬如也；随其长子，事其便辟[9]，举其上客，僡然若终身之虏而不敢有他志，是俗儒者也。法后王，一制度，隆礼义而杀《诗》《书》；其言行已有大法矣，然而明不能齐[10]法教[11]之所不及，闻见之所未至，则知不能类也；知之曰知之，不知曰不知，内不自以诬，外不自以欺，以是尊贤畏法而不敢怠傲，是雅儒者也。法先王，统礼义，一制度，以浅持博，以古持今，以一持万，苟仁义之类也，虽在鸟兽之中，若别白黑；倚[12]物怪变，所未尝闻也，所未尝见也，卒然起一方，则举统类而应之，无所儗怍，张法而度之，则晻然[13]若合符节，是大儒者也。故人主用俗人则万乘之国亡，用俗儒则万乘之国存，用雅儒则千乘之国安，用大儒则百里之地久，而后三年，天下为一，诸侯为臣，用万乘之国则举错而定，一朝而伯[14]。

注解

①雅：高雅不俗。

②逢：蓬松宽大。

③浅带：指宽阔的腰带。阔带子束衣服束得很浅，所以称“浅带”。

④解果：亦作“蟹蜾”“鳌倮”“蟹堁”，中间高两旁低的帽子。

⑤缪（miù）：通“谬”。

⑥不知隆礼义而杀《诗》《书》：指不懂得把奉行礼义放在首位，把诵读《诗》《书》降到次要的地位。杀，减少，降等。

⑦伪：通“为”。

⑧者：犹“之”。

⑨便辟：通“便嬖”，君主左右的宠信小臣。

⑩齐：通“济”，补救。

⑪教：教令，诸侯的命令。

⑫倚：通“奇”。

⑬晻然：形容合拍。

⑭伯：通“白”，名声显著。

译文

所以，有庸俗的人，有庸俗的儒者，有高雅的儒者，有伟大的儒者。不学习知识，不讲求正义，把求取财富利益当作自己的最高目标，这是庸俗的人。穿着宽大的衣服，束着宽阔的腰带，戴着中间高起的帽子，粗略地效法古代圣明的帝王而只够用来扰乱天下，学说荒谬，论述杂乱，不懂得效法后代的帝王去统一制度，不懂得把礼义置于最高地位而轻视《诗》《书》的作用；他的穿戴行为已经与社会上的流俗相同了，但还不知道厌恶它；他的言谈议论已经和墨子没有什么两样了，但是他的智慧却不能分辨儒家和墨家的分界；他称道古代圣王来欺骗愚昧的人而向他们求取衣食，得到别人的一点儿赏赐够用来糊口，就得意扬扬了；跟随君主的太子，侍奉君主的宠信小臣，吹捧他们的贵客，心甘情愿好像是终身没入官府的奴隶而不敢有其他的志愿。这是庸俗的儒者。效法后代的帝王来统一制度，推崇礼义而轻视《诗》《书》的作用，他的言论和行为基本符合法规了，但是他的智慧却不能达到礼法教育没有涉及的地方，自己没有听见、看见的地方还不能触类旁通；懂就说懂，不懂就说不懂，对内不自欺，对外不欺人，根据这种观念而尊重贤人、畏惧法令而不敢懈怠傲慢，这是雅正的儒者。效法古代的圣明帝王，以礼义为纲领而统一制度，根据浅近的知识推测博大精深的知识，根据古代的情况能把握现在的情况，根据一件事物把握上万件事物；如果是合乎仁义的事情，即使存在于鸟兽之中，也能像辨别黑白一样把它辨认出来；奇特的事物、怪异的变化，虽然从来没有听见过，从来没有看到过，突然在某一地方发生，也能应付自如而没有迟疑和惭愧的表现，用礼义法度来衡量它，还是完全一致，就像合乎符节一样。这是大儒。所以，君主如果任用庸俗的人，那么万乘之国也会灭亡；如果任用了庸俗的儒者，那么万乘之国仅能保存；如果任用了雅正的儒者，那么就是拥有千辆兵车的小国也能安定；如果任用了伟大的儒者，那么即使只有百里见方的国土也能长久，三年之后，天下就能够统一，诸侯就会成为臣属，如果是治理万乘之国，那么一采取措施就能平定天下，一个早晨就能名扬天下。

原文

不闻不若闻之，闻之不若见之，见之不若知之，知之不若行之，学至于行之而止矣。行之，明也，明之为圣人。圣人也者，本仁义，当是非，齐言行，不失豪厘①，无它道焉，已②乎行之矣。故闻之而不见，虽博必谬；见之而不知，虽识③必妄；知之而不行，虽敦必困。不闻不见，则虽当，非仁也。其道百举而百陷也。

注解

①豪厘：古代长度单位，十丝为一毫，十毫为一厘，十厘为一分，十分为一寸。“毫厘”比喻微小的数量。豪，通“毫”。

②已：止。

③识（zhì）：记住。

译文

没有听到不如听到，听到不如见到，见到不如知道，知道不如实践，学习到了实践也就到头了。实践，才能明白事理，明白了事理就是圣人。圣人这种人，以仁义为根本，能恰当地判断是非，能使言行保持一致而不差丝毫，这并没有其他的原因，就在于他能把学到的东西付诸行动罢了。所以听到了而没有见到，即使听到了很多，也必然有谬误；见到了而不理解，即使记住了，也必然虚妄；理解了而不实践，即使知识丰富，也必然会陷入困惑。不去聆听教诲，不去实际考察，即使偶尔做对了，也不算是仁德。这种办法运用一百次会失败一百次。

原文

故人无师无法而知，则必为盗；勇，则必为贼；云①能，则必为乱；察，则必为怪；辩，则必为诞。人有师有法而知，则速通；勇，则速威；云能，则速成；察，则速尽；辩，则速论。故有师法者，人之大宝也；无师法者，人之大殃也。

注解

①云：有。

译文

所以，人要是没有老师、不懂法度，如果有智慧，就一定会偷窃；如果勇敢，就一定会抢劫；如果有才能，就一定会作乱；如果明察，就一定会搞奇谈怪论；如果善辩，就一定会大言欺诈。人要是有了老师、懂了法度，如果有智慧，就会很快通达事理；如果勇敢，就会很快变得威武；如果有才能，就会很快成功；如果明察，就能很快理解一切；如果善辩，就能很快论断是非。所以有老师、懂法度，是人们的一大宝物；没有老师、不懂法度，是人们的一大祸害。

原文

人无师法则隆性矣，有师法则隆积矣，而师法者，所得乎情①，非所受乎性，不足以独立而治②。性也者，吾所不能为也，然而可化也；情也者，非吾所有也，然而可为也。注错习俗，所以化性

也；并一而不二，所以成积也。习俗移志，安久移质，并一而不二则通于神明，参于天地[③]矣。

注解

①情：指合乎礼义的高尚情操。

②不足以独立而治：指老师、法度不可能自我完善，也得依靠礼义来完善自己。

③参于天地：与天地匹配。

译文

人要是没有老师的教育、不懂法度，就会任性胡为了；有了老师的教育、懂了法度，就会注重后天的学习的积累了；而老师、法度，是从后天的学习中得来的，并不是由先天的本性得来的，所以也不能够独立地得到完善。本性，是我们所不能选择的，却可以通过教育来改变；学习的积累，不是我们固有的，却可以形成。人的生活方式以及习惯风俗，是可以改变本性的；专心致志地学习而不三心二意，是用来形成知识积累的。风俗习惯能改变人的思想，保持一种习俗的时间长了就会改变人的本质；学习时专心致志而不三心二意，就能通于神明，与天地并存了。

原文

故积土而为山，积水而为海，旦暮积谓之岁，至高谓之天，至下谓之地，宇[①]中六[②]指谓之极，涂[③]之人百姓积善而全尽谓之圣人。彼求之而后得，为之而后成，积之而后高，尽之而后圣。故圣人也者，人之所积也。人积耨耕而为农夫，积斫削而为工匠，积反[④]货而为商贾，积礼义而为君子。工匠之子莫不继事，而都国之民安习其服，居楚而楚，居越而越，居夏而夏，是非天性也，积靡[⑤]使然也。

注解

①宇：空间。

②六：指上、下、东、南、西、北六个方向。

③涂：通“途”。

④反：通“贩”。

⑤靡（mó）：通“摩”“磨”，接触，磨炼，指受外力的影响。

译文

所以，堆积泥土就能成为山，积聚水流就汇集成大海，一朝一夕积累起来就叫作年，最高的叫作天，最低的叫作地，空间之中朝六个方向延伸到最后叫作极，路上的普通老百姓积累善行而达到了尽善尽美就叫作圣人。这些都是努力追求以后才得到的结果，努力做了以后才能成功，不断积累以后才高超，尽善尽美以后才能圣明。所以圣人，实际上是普通人德行的积累罢了。人积累了锄草耕地的本领就成为农夫，积累了砍削的技巧就成为工匠，积累了贩卖货物的经验就成为商人，积累了符合礼义的德行就成为君子。工匠的儿子无不继承父亲的事业，而国都里的居民都安心习惯于本地的习俗，居住在楚国就像楚国人一样生活，居住在越国就像越国人一样生活，居住在中原各国就像中原各国的人一样生活，这不是天生的本性，而是后天的学习和感染使他们这样的。

原文

故[①]人知谨注错，慎习俗，大积靡，则为君子矣；纵性情而不足问学，则为小人矣。为君子则常安荣矣，为小人则常危辱矣。凡人莫不欲安荣而恶危辱，故唯君子为能得其所好，小人则日徼[②]其所恶。《诗》曰：“维此良人，弗求弗迪；维彼忍心，是顾是复。民之贪乱，宁为荼毒。”此之谓也。

注解

①故：通“顾”，但是。

②徼（yāo）：通“邀”，求取，招致。

译文

所以，人懂得行为举止谨慎，认真地对待风俗习惯，加强德行的积累和感染，就成为君子了；如果放纵本性而不重视学习，就成为小人了。成为君子，就会经常得到安宁与光荣；成为小人，就会常常碰到危险和耻辱。没有人是不希望安宁、光荣而厌恶危险、耻辱的，但是只有君子才能得到他所喜欢的，小人却是天天在招来他所厌恶的。《诗经》上说：“这些贤良之人，不访求也不任用；那些狠心残忍者，却照顾又看重。民众一心想作乱，怎么甘愿被残害。”说的就是这种情况。

原文

人论[①]：志不免于曲私而冀人之以己为公也，行不免于污漫而冀人之以己为修也，其愚陋沟瞀[②]而冀人之以己为知也，是众人也。志忍私然后能公，行忍情性然后能修，知而好问然后能才，公修而才，可谓小儒矣。志安公，行安修，知通统类，如是则可谓大儒矣。大儒者，天子三公[③]也。小儒者，诸侯大夫士[④]也。众人者，工农商贾也。礼者，人主之所以为群臣寸尺寻丈[⑤]检式[⑥]也，人伦尽矣。

注解

①论：通“伦”，类。

②沟瞀：愚昧无知。

③三公：辅助君主掌握军政大权的最高官员，各个朝代名称不同，周朝的三公为太师、太傅、太保。

④士：官名，有上士、中士、下士三等，其位次于大夫。

⑤为群臣寸尺寻丈：这是一种比喻的说法，指衡量群臣的德才是一寸高，还是一尺、一寻、一丈高，等于说“掂群臣的分量”“区别群臣的档次”。寻，长度单位，八尺为一寻。

⑥检式：法度，准则。

译文

人的类别及等级：思想没有脱离私心杂念却希望别人认为自己大公无私，行为没有脱离污秽肮脏却希望别人认为自己品行美好，极其愚昧浅陋却希望别人认为自己聪慧明智，这样的人是一般的民众。思想上克制了私心然后才能大公无私，行动上抑制了邪恶的本性然后才能品行美好，聪明而又喜欢请教他人然后才能多才多艺，去私为公、行为美好又有才干，可以称为小儒了。思想上习惯于公正无私，行动上习惯于善良，智慧能够精通礼法，像这样的就是大儒了。大儒，可以担任天子的三公。小儒，可以当诸侯的大夫或士。民众，只能当工匠、农夫、商人。礼仪，是君主用来鉴定群臣等级的标准，人的关系伦常也就在其中了。

原文

君子言有坛宇①，行有防表②，道有一隆。言道德③之求，不下于安存；言志意之求，不下于士；言道德之求，不二后王。道过三代谓之荡，法二后王谓之不雅。高之下之，小之臣之，不外是矣。是君子之所以骋④志意于坛宇宫廷⑤也。故诸侯问政不及安存，则不告也；匹夫问学不及为士，则不教也；百家之说不及后王，则不听也。夫是之谓君子言有坛宇，行有防表也。

注解

①坛宇：引申指界限。坛，殿堂的基础。宇，屋檐。

②防表：标准。防，堤防，引申指限度。表，标志，标准。

③道德：当作“政治”。

④骋：尽情施展，充分活动。

⑤宫廷：室内的厅堂，引申指范围。

译文

君子说话有一定的界限，行动有一定的标准，主张有一定的重点。说到政治的要求，不低于使国家安定和生存下去；说到思想的要求，不低于做一个有德才的士大夫；说到道德的要求，是不背离当代的帝王。治国之道超过了夏、商、周三代便叫作渺茫不可信，法度背离了当代的帝王便叫作不正。使自己的主张或高、或低、或小、或大，都不超越这个范围。君子是在这个范围内，发挥和阐述自己的思想的。所以诸侯询问政治，如果不涉及如何使国家安定而存在下去，就不告诉他；一般人来求学，如果不涉及如何做一个有德才的学士，就不教他；各家的学说，如果不涉及当代的帝王，就不用听它。这就叫作君子说话有一定的界限，行动有一定的标准。

读解

本篇《儒效》由周公辅佐成王的事例引出大儒的作用，那就是“在本朝则美政，在下位则美俗”。除了对大儒的作用进行了论述以外，还论述了圣人、君子、劲士、雅儒、小儒、俗儒、俗人、众人、鄙夫几类人的德行，并强调了学习与法度的重要性。

荀子先是反驳了秦昭王“儒生对于治理国家没有什么好处”的观点，接着讲了孔子做司寇，国家里不守法纪的人都望风而逃的故事，说明儒者在朝中做官能够美化政策、治理国家；在下做百姓能使风俗淳朴。

在这篇文章中，荀子还谈到了认识论的观点。孔子、孟子都认为圣人是生而知之、无所不知的人，他们制定了礼义制度，发明了礼乐、文字、弓箭等，并把这些教给了百姓，才使整个文明兴盛起来。在这种观点下，人们觉得圣人是高不可攀的，普通人只能接受圣人的教导，基本上是不可能会达到圣人的境界的。然而，荀子则认为人人都能成为大禹一样的圣人，这是因为“圣人也者，人之所积也”，凡人通过积累提高就能成为圣人，“使涂之人伏术为学，专心一志，思索孰察，加日县久，积善而不息，则通于神明，参于天地”，所以，所谓的圣人也不是什么都知道的。耕田种地，君子不如一个农民；买卖货物，君子不如一个商人；制造器具，君子不如一个工匠。那么，君子比普通人高明的地方，也就在于根据一个人的才能来授予官职，应付各类事件，“言必当理，事必当务”，这才是君子所擅长的。

【事例一】

周公是儒家学派推崇的人物之一，孔子曾经哀叹自己：“很长时间没有梦见周公了！”并据此来推断自己将不久于人世。那么，周公到底有什么样的人格魅力呢？

周　公

成王尚且年幼，而天下又刚刚平定，周公害怕诸侯会反叛，于是代理成王管理政务，主持国事。管叔、蔡叔等弟兄怀疑周公篡位，联合武庚发动叛乱，背叛周朝。周公奉成王的命令，平复叛乱，诛杀了武庚、管叔，流放了蔡叔。让微子开继承殷朝的后嗣，在宋地建国。又召集了殷朝的全部遗民，封给武王的小弟弟封，让他做了卫康叔。晋唐叔得到一种二苗同穗的禾谷，献给成王。成王又把它赠给远在军营中的周公。周公在东方接受了米谷，颂扬了天子赐禾谷的圣命。一开始，管叔、蔡叔反叛，周公去平叛，用了三年时间才平定，所以先写下了《大诰》，向天下讲述征讨叛逆的大道理；接着又写下了《微子之命》，命微子开继承殷朝的后嗣；写下了《归禾》《嘉禾》，记述和颂扬天子恩赐禾谷的事；写下《康诰》《酒诰》《梓材》，下令封康叔于殷，训诫他戒除嗜酒，教给他如何为政。那些事件的经过记载在《鲁周公世家》中。周公代行国政七年，成王长大成人，周公把政权交还给成王，自己又回到群臣的行列中去。

当初，成王幼小时，有病了，周公就剪下自己的指甲沉入河中，向神祝告说：“王年幼没有主张，冒犯神命的是旦。”将那祝告册文藏于秘府，成王的病果然痊愈了。到成王临朝后，有人毁谤周公，周公避难逃到了楚国。成王打开秘府，看到了周公当年祝告的册文，十分感动，又迎回了周公。

周公在丰京患病，临终时说：“一定要把我埋葬在成周，以表明我不敢离开成王。”周公死后，成王也谦让，最后把周公葬于毕邑，伴随文王，来表示成王不敢以周公为臣。传说周公去世那年秋后，庄稼尚未收割，来了一场暴风，禾苗被刮倒，连大树都被连根拔起了。都城里的人非常害怕。成王和大臣们穿着整齐的朝服打开金縢之书，看到了周公愿代替武王去死的册文。太公、召公和成王于是问史官和有关人员，他们说："确有此事，但过去周公命令我们不许说出去。"成王手执册文而泣，说："今后不要再笃行占卜了！过去周公为王室辛劳，但我年幼不理解。现在上天发威来彰明周公之德，我应设祭迎其神，才合于我们国家之礼。"成王于是举行郊天之礼，果真天下起了大雨，风向反转，倒伏之禾全部立起。太公、召公命国人把被风刮倒的树又扶起来重新栽好。那年粮食丰收。于是成王特别允许鲁国行郊外祭天和庙祭文王之礼。鲁国之所以有周天子一样的礼乐，是因为褒奖周公的德行啊！

【事例二】

品德高尚的人让人敬仰，羊祜就是其中之一。不仅自己国家的百姓仰慕他，连敌国的百姓也怀念他，这十分难得。岘山上的堕泪碑见证了这么一个高尚的人。

望碑堕泪

巨平侯羊祜被改封为南城郡侯，羊祜不愿接受。羊祜被授予官职和爵位时，经常避让，人人都知道他有一颗赤诚之心，所以君王允许他不接受分封给他的官爵。羊祜辅佐了两代君主，一直是身兼要职。凡是他参与商议的事情，不管是设置或简省，他都会把草稿烧掉，使世人不能知道。由羊祜荐举而做了官的人，自己都不知道是谁举荐的。羊祜常常说："朝廷授人官职，但是却让别人向你个人谢恩，这样的事情是我所不敢做的。"

羊祜致力于整治道德信义以使吴人归顺。每次跟吴国打仗，都要约定开战的日期，从不乘敌人不备进行突袭。要是谁献诡诈的计策，羊祜就把他灌醉，令其酒醉不能说话。羊祜的军队外出在吴境内行走，割了谷子做口粮，并记下所取的数量，作为日后偿还的凭据。羊祜每次与部众在长江、沔水一带打猎，通常只限于晋的领地，如果禽兽先被吴人杀伤而后被晋兵所得，就要送还吴人。于是吴国边境的百姓对羊祜心悦诚服。羊祜与陆抗在边境相对，双方的使者常奉命相互来往，陆抗送给羊祜的酒，羊祜从不疑心；陆抗生了病，向羊祜求药，羊祜将药给了他，陆抗也马上就吃了。许多人劝谏陆抗，陆抗说："羊祜怎会用毒药害人?"

陆抗对守边的士兵说："别人专门行恩德，我们专门做恶事，这就相当于不战而屈。现在双方各自保住疆界就可以了，我们不要再想着占小便宜。"吴主听说双方边境交往和谐，便以此事责难陆抗，陆抗说："一邑一乡都不可以不讲信义，更何况大国呢！如果我不这么做，反倒彰显了羊祜的恩惠，对他没有一点儿损害。"

羊祜病重，荐举杜预代替他。武帝任命杜预为镇南大将军，管理荆州诸军事。羊祜去世，晋武帝哭得特别哀伤。那天天气很冷，晋武帝流下的眼泪沾在胡须和鬓发上，立刻结成了冰。羊祜留下遗言，不让把南城郡侯的印放入棺木。晋武帝说："羊祜一直都非常谦让，虽然死了，可是谦让的美德还在。现在就按照他说的办，恢复他原来的封号，以彰明他的美德。"荆州的百姓们听到羊祜去世的消息，便为他罢市，群聚在里巷里哭泣，哭声接连不绝。就连吴国守卫边境的将士们也为羊祜的死而流泪。羊祜喜欢游岘山，襄阳的百姓们就在岘山上建庙立碑，一年四季都祭祀他。望着这座碑的人没有不落泪的，所以人们称这座碑为堕泪碑。

王制

原文

请问为政？曰：贤能不待次而举，罢①不能不待须②而废，元恶不待教而诛，中庸民不待政而化。分未定也则有昭缪③。虽王公士大夫之子孙，不能属④于礼义，则归之庶人。虽庶人之子孙也，积文学，正身行，能属于礼义，则归之卿相士大夫。故奸言、奸说、奸事、奸能、遁逃反侧之民，职而教之，须而待之，勉之以庆赏，惩之以刑罚，安职则畜，不安职则弃。五疾⑤，上收而养之，材而事之，官⑥施⑦而衣⑧食⑨之，兼覆无遗。才行反时者死无赦。夫是之谓天德，王者之政也。

注解

①罢（pí）：通“疲”，疲沓，没有德才。

②须：须臾，一会儿。

③昭缪（mù）：同“昭穆”。据古代宗法制度，宗庙或墓地的辈次排列，以始祖居中，二世、四世、六世位于始祖的左方，称昭；三世、五世、七世位于右方，称穆，以此来分别上下辈分。

④属（zhǔ）：系结，归附。

⑤五疾：五种残疾，即哑、聋、瘸、断臂、侏儒。

⑥官：职事。

⑦施：施舍，安排。

⑧衣（yī）：给……穿。

⑨食（sì）：给……吃。

译文

请问如何治理国家？回答：对于有德才的人，不依级别次序而破格提拔；对于无德无能的人，不用等待可马上罢免；对于罪魁祸首，不需要教育而马上诛杀；对于普通民众，不靠行政手段而进行教育感化。在名分还没有确定的时候，就应该像宗庙有昭穆那样来排列臣民的等级次序。即使是帝王公侯士大夫的子孙，如果不能遵循礼义，就把他们归入平民。即使是平民的子孙，如果积累了古代文献经典方面的知识，品行端正，能遵循礼义，就把他们归入卿相士大夫。对于那些散布邪恶的言论、鼓吹邪恶的学说、做邪恶的事情、有邪恶的才能、逃亡流窜和不守本分的人，就安排强制性的工作并教育他们，静待他们转变，用奖赏的方式去激励他们，用刑罚去惩处他们，安心工作的就留用，不安心工作的就流放出去。对患有残疾的五种人，政府应当收养他们，根据他们的才能来安排适当的工作，任用并供给他们吃穿，全部加以照顾而不遗漏。对那些用才能和行为来反对现行制度的人，坚决处死，决不赦免。这叫作天德，是圣王所采取的政治措施。

原文

听政之大分：以善至者待之以礼，以不善至者待之以刑。两者分别则贤不肖不杂，是非不乱。贤不肖不杂则英杰至，是非不乱则国家治。若是，名声日闻，天下愿，令行禁止，王者之事毕矣。凡听，威严猛厉而不好假道[①]人，则下畏恐而不亲，周闭而不竭，若是，则大事殆乎弛，小事殆乎遂[②]。和解调通，好假道人而无所凝止之，则奸言并至，尝试之说锋[③]起，若是，则听大事烦，是又伤之也。

故[④]法法而不议，则法之所不至者必废；职而不通，则职之所不及者必队[⑤]。故法而议，职[⑥]而通，无隐谋，无遗善，而百事无过，非君子莫能。故公平者，职之衡[⑦]也；中和[⑧]者，听之绳也。其有法者以法行，无法者以类举，听之尽也；偏党而无经，听之辟[⑨]也。故有良法而乱者有之矣；有君子而乱者，自古及今，未尝闻也。传曰："治生乎君子，乱生乎小人。"此之谓也。

注解

①假道：宽容，诱导。

②遂：通“坠”，落空。

③锋：通“蜂”。

④故：犹“夫”，发语词。

⑤队：通“坠”。

⑥职：当是“听”字之误。

⑦衡：秤，引申指准则。

⑧中和：适中和谐，指处理政事时宽严适中，有适当的分寸。

⑨辟：通“僻”，偏邪，不公正。

译文

处理政事的要领：对那些带着好的建议而来的人，就以礼相待；对那些怀着恶意而来的人，就用刑罚对待他。把这两种情况区别开来对待，那么有德才的人和没有德才的人就不会混杂在一起，是非也就不会混淆。有德才的人和没有德才的人不混杂，那么英雄豪杰就会到来；是非不混淆，那么国家就能得到治理。像这样下去，名声就会一天天传扬出去，天下的人就会仰慕向往，就能做到有令必行、有禁必止，这样，圣王的事业也就完成了。凡是在处理政事的时候，威严凶猛而不喜欢宽容、引导别人，那么臣下就会害怕畏惧而不敢亲近，就会隐瞒真相而不把心里话全部说出来，像这样下去，那么大事恐怕会废弛，小事也会落空。如果一味随和，喜欢宽容地顺从别人而漫无限度，那么奸邪的言论就会纷至沓来，试探性地谈说就会蜂拥而起，像这样下去，那么听到的事情就会细小烦琐而政事也就繁多了，这就又对处理政事有害了。

所以，制定了法律而不讨论研究，那么法律没有涉及的事情就一定会出差错；规定了各级官吏的职权范围而不彼此沟通，那么职权范围涉及不到的地方就必然会有漏洞。所以，制定了法律而又依靠臣下的讨论研究，规定了各级官吏的职权范围而又彼此沟通，那就不会有隐藏的图谋，不会有没发现的善行，而各种工作也就不会有失误了，不是君子是不能做到这样的。公平，是处理政事的准则；宽严适中，是处理政事的准绳。那些有法律依据的就按照法律来办理，没有法律条文可遵循的就按照类推的办法来办理，这是处理政事的完美措施；偏袒而没有原则，是处理政事的歪道。所以，有了良好的法制而产生动乱是有过这种情况的；有了德才兼备的君子而国家动乱的，从古到今，还不曾听说过。古书上说："国家的安定产生于君子，国家的动乱来源于小人。"说的就是这种情况。

原文

分均则不偏①，势齐则不壹，众齐则不使。有天有地而上下有差，明王始立而处国有制。夫两贵之不能相事，两贱之不能相使，是天数也。势位齐而欲恶同，物不能澹②则必争，争则必乱，乱则穷矣。先王恶其乱也，故制礼义以分之，使有贫富贵贱之等，足以相③兼临者，是养④天下之本也。《书》曰："维齐非齐。"此之谓也。

注解

①偏：部属。这里用作动词，表示"使……成为部属"，即统率、指挥对方的意思。

②澹：通"赡"，满足。

③相：单指"兼临"的对象，这里指被统治者。

④养：养育，引申指统治。君主统治臣民，给他们安排一定的职事，使他们能赖以生存，所以美曰其统治为"养"。

译文

名分相等了就谁也不能统率谁，势位权力相等了就谁也不能归属谁，众人平等了就谁也不能役使谁。自从有了天有了地，就有了上和下的差别；英明的帝王一登上王位，治理国家就有了一定的等级制度。两个同样高贵的人不能互相侍奉，两个同样卑贱的人不能互相役使，这是合乎自然的道理。如果人们的权势地位相等，而爱好与厌恶又相同，那么由于财物不能满足需要，就一定会发生争夺，一发生争夺就一定会混乱，社会混乱就会陷于困境了。古代的圣王痛恨这种混乱，所以制定了礼义来使他们有所分别，使人们有贫穷与富裕、高贵与卑贱的差别，使自己能够凭借这些来全面统治他们，这是统治天下的根本原则。《尚书》上说："要想整齐就必须不整齐。"说的就是这个道理。

原文

马骇舆则君子不安舆，庶人骇政则君子不安位。马骇舆则莫若静之，庶人骇政则莫若惠之。选贤良，举笃敬，兴孝弟[①]，收孤寡，补贫穷，如是，则庶人安政矣。庶人安政，然后君子安位。传曰："君者，舟也；庶人者，水也。水则载舟，水则覆舟。"此之谓也。故君人者欲安则莫若平政爱民矣，欲荣则莫若隆礼敬士矣，欲立功名则莫若尚贤使能矣，是君人者之大节[②]也。三节者当，则其余莫不当矣；三节者不当，则其余虽曲当，犹将无[③]益也。孔子曰："大节是也，小节是也，上君也。大节是也，小节一出焉，一入焉，中君也。大节非也，小节虽是也，吾无观其余矣。"

注解

①弟（tì）：同"悌"。

②大节：关系存亡安危的大事、关键。

③无：通"毋"，不要的意思。

译文

马在拉车时受惊，君子就不能稳坐车中；老百姓被政治吓怕，君子就不能稳坐江山。马在拉车时受惊了，那就没有比使它安静下来更好的了；老百姓被政治吓怕了，那就没有比给他们恩惠更好的了。选用有贤能的人，提拔忠厚恭谨的人，提倡孝顺父母，敬爱兄长，收养孤儿寡妇，救助贫穷的人，像这样做，老百姓就会安于政治了。老百姓安于政治，这样以后君子才能安居上位。古书上说："君主，好比是船；百姓，好比是水。水能载船，水也能使船倾翻。"说的就是这个道理。所以，统治人民的君主，要想政治安定，就没有比施行好政策、爱护人民更好的了；要想得到荣耀，就没有比尊崇礼义、敬重士人更好的了；要想建立功业和名望，就没有比推崇贤人、使用能人更好的了。这些是做君主的关键。这三个关键地方都做得恰当，那么其余的就没有什么值得忧虑的了；这三个关键地方做得不恰当，那么其余的即使处处恰当，还是没有什么好处。孔子说："大节对，小节也对，这是上等的君主。大节对，小节有些出入，这是中等的君主。大节错了，小节即使对，我也不用再看其余的了。"

原文

成侯①、嗣公②，聚敛计数之君也，未及取民也；子产③，取民者也，未及为政也；管仲，为政者也，未及修礼也。故修礼者王，为政者强，取民者安，聚敛者亡。故④王者富民，霸者富士，仅存之国富大夫，亡国富筐箧，实府库。筐箧已富，府库已实，而百姓贫，夫是之谓上溢而下漏。入不可以守，出不可以战，则倾覆灭亡可立而待也。故我聚之以亡，敌得之以强。聚敛者，召寇、肥敌⑤、亡国、危身之道也，故明君不蹈也。

注解

①成侯：战国时卫国国君，名遬（或作不逝），公元前371—前343年在位。

②嗣公：指卫嗣君（秦贬其号曰"君"），卫国国君，卫成侯之孙，公元前324—前283年在位。

③子产：姓公孙，名侨，字子产，春秋时郑国政治家，公元前543年执政，在郑国实行改革，并推行法治。

④故：犹"夫"，发语词。

⑤肥敌：养肥敌人。

译文

卫成侯、卫嗣公，是善于搜刮民财、精打细算的国君，没能得到民心；子产是取得民心的人，却没能处理好政事；管仲是善于处理政事的人，但没能遵循礼义。遵循礼义的能成就帝王大业，善于处理政事的能使国家强大，取得民心的能使国家安定，搜刮民财的会使国家灭亡。称王天下的君主使臣民富足，称霸诸侯的君主使士人富足，勉强生存的国家使大夫富足，亡国的君主只是富了自己的箱子、充实了政府的仓库。自己的箱子已装满了，仓库已充实了，而老百姓则贫困了，这叫作上面漫出来而下面漏得精光。这样的国家，内不能防守国土，外不能抵御强敌，它的垮台灭亡简直指日可待了。所以，自己搜刮民财以致灭亡，敌人得到这些财物因而富强。搜刮民财，实是招致贼寇、养肥敌人、灭亡本国、危害自身的绝路，所以贤明的君主是不走这条路的。

原文

王夺之①人，霸夺之与，强夺之地。夺之人者臣诸侯，夺之与者友诸侯，夺之地者敌诸侯。臣诸侯者王，友诸侯者霸，敌诸侯者危。

注解

①之：指代他国。可以看作间接宾语，也可以理解为“其”。

译文

王者争夺民心，霸主争夺同盟国，强者争夺土地。争夺民心的王者可以使诸侯成为自己的臣子，争夺同盟国的霸者可以使诸侯成为自己的朋友，争夺土地的强者就会使诸侯成为自己的敌人。使诸侯臣服的能称王天下，同诸侯友好的能称霸诸侯，和诸侯为敌的就危险了。

原文

用强者，人之城守，人之出战，而我以力胜之也，则伤人之民必甚矣。伤人之民甚，则人之民恶我必甚矣；人之民恶我甚，则日欲与我斗。人之城守，人之出战，而我以力胜之，则伤吾民必甚矣。伤吾民甚，则吾民之恶我必甚矣；吾民之恶我甚，则日不欲为我斗。人之民日欲与我斗，吾民日不欲为我斗，是强者之所以反弱也。地来而民去，累多而功少，虽守者益，所以守者损，是以大者之所以反削也。诸侯莫不怀交接怨而不忘其敌，伺强大之间，承①强大之敝②，此强大之殆时也。

知强大者不务强也，虑③以王命全其力，凝其德。力全则诸侯不能弱也，德凝则诸侯不能削也，天下无王霸主则常胜矣。是知强道者也。

注解

①承：通“乘”，趁。

②敝：疲惫，衰败。

③虑：考虑，打算。

译文

逞强黩武的君主，别国或者据城守卫，或者出城迎战，而自己用武力去战胜了他们，那么伤害别国的民众一定很厉害。伤害别国的民众很厉害，那么别国的民众对自己的怨恨也必然很厉害；别国的民众怨恨自己很厉害，那就会天天想和自己战斗。别国或者据城守卫，或者出城迎战，而自己用武力去战胜他们，那么伤害自己的民众必然很厉害。伤害自己的民众很厉害，那么自己的民众对自己的怨恨也必然很厉害；自己的民众怨恨自己很厉害，那就天天不想为自己战斗。别国的民众天天想和自己战斗，而自己的民众天天不想为自己战斗，这就是强国反而变弱的原因。土地夺来了而民众离心离德了，负担很多而功劳很少，虽然需要守卫的土地增加了，而用来守卫土地的民众却减少了，这就是大国反而被割削的原因。诸侯无不互相结交并联结那些对强国心怀怨恨的国家而不忘记他们的敌人，他们窥伺强国的可乘之机，趁强国疲敝之时来进攻，这就是强大之国危险的时候了。

懂得强国之道的君主不会逞强黩武，而是考虑用天子的命令来保全自己的实力、积聚自己的威望。实力保全了，那么各国诸侯就不能使他衰弱了；威望积聚了，那么各国诸侯就不能削弱他了；天下如果没有能成就王业、霸业的君主，那么他就能立于不败之地了。这是懂得强国之道的君主。

原文

彼霸者不然，辟田野，实仓廪，便①备用②，案③谨募选阅④材伎之士，然后渐⑤庆赏以先⑥之，严刑罚以纠之。存亡继绝⑦，卫弱禁暴，而无兼并之心，则诸侯亲之矣；修友敌之道以敬接诸侯，则诸侯说⑧之矣。所以亲之者，以不并也，并之见⑨则诸侯疏矣；所以说之者，以友敌也，臣之见则诸侯离矣。故明其不并之行，信其友敌之道，天下无王霸主，则常胜矣。是知霸道者也。

闵王⑩毁于五国，桓公劫于鲁庄⑪，无它故焉，非其道而虑之以王也。

注解

①便：改进。

②备用：设备器用。

③案：语气助词。

④阅：容纳。

⑤渐（jiàn）：加重。

⑥先：引导。

⑦继绝："继绝世"的简称，使断绝了的后代继承关系得以继续，指让亡国之君的后代继续祭祀其祖先，使其香火不断。

⑧说（yuè）：通"悦"。

⑨见（xiàn）：同“现”。

⑩闵王：指齐闵王，或作齐湣王、齐愍王，战国时齐国国君，田氏，名地（一作遂），齐宣王之子，公元前323年—前284年在位。他曾一度强盛，在公元前288年与秦昭王并称东西帝，继又攻灭宋国。公元前284年，燕、秦、魏、韩、赵等五国联合攻齐，燕将乐毅攻入齐都临淄，齐闵王逃到莒城（今山东莒县）。后来楚国派淖齿率兵救齐，闵王为淖齿所杀。

⑪桓公劫于鲁庄：桓公五年（公元前681年），齐桓公与鲁庄公在柯（齐邑，位于今山东阳谷县阿城镇）订立盟约，庄公之臣曹沫以匕首胁迫齐桓公归还鲁国被齐国所侵占的领土汶阳之田（即汶水之北的土地），齐桓公只得许诺。后人大多认为此事出于战国人杜撰。鲁庄，即鲁庄公，春秋时鲁国国君，姬姓，名同，公元前693—前662年在位。

译文

那些奉行霸道的君主就不是这样，他开垦田野荒地，充实粮仓，改进器具，并且严格谨慎地招募、选择、接纳有才能技艺的士人，之后加重奖赏来引导他们，加重刑罚来纠正他们。他保存将要灭亡的国家和已经灭绝的国家，保护弱小的国家，制止残暴的国家，但是并没有吞并他国的野心，那么各国诸侯就会乐意亲近他了；他与别的国家搞好关系，对别国采取恭敬的态度，那么各国诸侯就喜欢他了。各国诸侯之所以亲近他，是因为他不吞并别国，一旦吞并别国的野心暴露出来，那么各国诸侯就会疏远他了；各国诸侯之所以喜欢他，是因为他和别的国家非常友好，一旦暴露出来使别国臣服的意图，那么各国诸侯就会背离他了。所以，表明自己不会有吞并别国的行为，信守自己和别的国家友好相处的原则，天下如果没有成就王业的君主，这奉行霸道的君主就能立于不败之地了。这是懂得称霸之道的君主。

齐闵王的基业被燕、秦、魏、韩、赵五国联军摧毁，齐桓公被鲁庄公的臣子劫持，这没有其他的缘故，就是因为他们实行的不是王道却想靠它来称王。

原文

彼王者不然，仁眇[①]天下，义眇天下，威眇天下。仁眇天下，故天下莫不亲也；义眇天下，故天下莫不贵也；威眇天下，故天下莫敢敌也。以不敌之威，辅服人之道，故不战而胜，不攻而得，甲兵不劳而天下服。是知王道者也。知此三具[②]者，欲王而王，欲霸而霸，欲强而强矣。

注解

①眇：高。

②三具：指上文所述或强、或霸、或王的条件。

译文

那些奉行王道的君主就不是这样，他的仁爱高于天下各国，道义高于天下各国，威势高于天下各国。仁爱高于天下各国，所以天下没有谁不亲近他；道义高于天下各国，所以天下没有谁不尊重他；威势高于天下各国，所以天下没有谁敢与他为敌。拿不可抵挡的威势去辅助使人心悦诚服的仁义之道，所以不战而胜，不攻而得，不费一兵一甲天下就归服了。这是懂得称王之道的君主。知道这三种治国之道的君主，想称王就可以称王，想成为一方霸主就可以成为一方霸主，想变强就可以变强。

原文

王者之人：饰[①]动以礼义，听断以类，明振毫末，举措应变而不穷。夫是之谓有原。是王者之人也。

注解

①饰：通“饬”，整治，端正。

译文

奉行王道而成就王业的君主：能用礼义来端正自己的行动，按照法度来处理政事，明察秋毫，能随各种变化采取相应的措施而不会穷于应付。这叫作掌握了根本。这就是奉行王道的君主。

原文

王者之制：道不过三代，法不贰后王。道过三代谓之荡，法贰后王谓之不雅。衣服有制，宫室有度，人徒有数，丧祭械用皆有等宜①，声则凡非雅声者举废，色则凡非旧文②者举息，械用则凡非旧器者举毁。夫是之谓复古。是王者之制也。

注解

①宜：通“仪”，法度，标准。

②旧文：旧制规定的车服器用之类使用的彩绘文饰。旧，指夏、商、周三代的旧制。文，指青、黄、赤、白、黑五种颜色（古人将这五种颜色视为正色，将诸如紫色、粉红色、绿色等杂色视为间色）交错画成的花纹，如“黼黻文章”之类。

译文

奉行王道的君主所实行的制度：奉行的政治原则不超出夏、商、周三代，实行的法度不背离当代的帝王。政治原则旧得超过了三代便叫作荒诞，法度背离了当代的帝王便叫作不正。不同等级的人衣服各有规格，住房各有标准，随从人员各有一定的数目，丧葬祭祀用的器具各有相称的规定，音乐凡是不合乎正声雅乐的全部废除，色彩凡是不合乎原来颜色的全部禁止，器具凡是不同于原来器具的全部毁掉。这叫作复古。这就是奉行王道的君主所实行的制度。

原文

王者之论①：无德不贵，无能不官，无功不赏，无罪不罚，朝无幸位，民无幸生。尚贤使能而等位不遗，析愿②禁悍而刑罚不过，百姓晓然皆知夫为善于家而取赏于朝也，为不善于幽而蒙刑于显也。夫是之谓定论。是王者之论也。

注解

①论：通“伦”。

②愿：通“傆”，狡诈。

译文

奉行王道的君主的用人方针：没有德行的不让他显贵，没有才能的不让他当官，没有功劳的不给奖赏，没有罪过的不加处罚，朝廷上没有无德无功而侥幸获得官位的，百姓中没有游手好闲而侥幸获得生存的。崇尚贤德、任用才能，使授予的等级地位与德才相当而没有疏失；制裁狡诈、禁止凶暴，施加的刑罚与罪行相当而不过分。老百姓都明明白白地知道：即使在家里行善修德，也能在朝廷上取得奖赏；即使在暗地里为非作歹，也会在光天化日之下受到惩处。这叫作确定不变的准则。这就是奉行王道的君主的用人方针。

原文

王者之等[1]赋，政[2]事，财万物，所以养万民也。田野什一，关市几[3]而不征，山林泽梁以时禁发而不税，相地而衰[4]政[5]。理[6]道之远近而致贡，通流财物粟米，无有滞留，使相归[7]移也。四海之内若一家，故近者不隐其能，远者不疾其劳，无[8]幽闲隐僻之国莫不趋使而安乐之。夫是之谓人师。是王者之法也。

注解

①等：使……有等级。

②政：通“正”，治。

③几：通“讥”，检查，查看。

④衰（cuī）：差别。

⑤政：通“征”。

⑥理：辨别，区别。

⑦归（kuì）：通“馈”，供给。

⑧无：犹“虽”。

译文

奉行王道的君主的法度：规定好赋税等级，管理好民众事务，管理好万物，这是用来养育亿万民众的。对于农田，按收入的十分之一征税；对于关卡和集市，进行检查而不征税；对于山林湖堤，按时封闭和开放而不收税，考察土地的肥瘠来分别征税。区别道路的远近来收取贡品，使财物、粮米流通，没有滞留积压，使各地互通有无来供给对方。四海之内就像一家人一样，所以近处的人不隐藏自己的才能，远处的人不厌恶奔走的劳苦，即使是幽远偏僻的国家也无不乐于前来归附听从役使。这种君主叫作人民的师表。这就是奉行王道的君主所实行的法度。

原文

北海[①]则有走马吠犬焉，然而中国得而畜使之；南海则有羽翮、齿革、曾青[②]、丹干[③]焉，然而中国得而财[④]之；东海则有紫、纮[⑤]、鱼、盐焉，然而中国得而衣食之；西海则有皮革、文旄焉，然而中国得而用之。故泽人足乎木，山人足乎鱼，农夫不斫削、不陶冶而足械用，工贾不耕田而足菽粟。故虎豹为猛矣，然君子剥而用之。故天之所覆，地之所载，莫不尽其美，致[⑥]其用，上以饰[⑦]贤良，下以养[⑧]百姓而安乐之。夫是之谓大神[⑨]。《诗》曰："天作高山，大王[⑩]荒之。彼作矣，文王康之。"此之谓也。

注解

①北海：特指北方边远地区。下文的"东海""南海""西海"亦类同。
②曾（céng）青：矿产品，是铜的化合物，色青，可供绘画及熔化黄金。
③丹干：朱砂。
④财：通"裁"，指根据情况安排使用。
⑤纮："绤（xì）"字之误。绤，粗葛布。
⑥致：极，尽。
⑦饰：装饰，指装饰车服。
⑧养：供养，指供给衣食。
⑨神：治。
⑩大王：周太王，即古公亶（dǎn）父，周文王的祖父。

译文

北海有善于奔走的马和善于吠叫的狗，而中原地区可以得到并畜养、役使它们；南海有羽毛、象牙、犀牛皮、曾青、朱砂，而中原地区可以得到并使用它们；东海有紫色的粗麻布、鱼、盐，而中原地区可以得到并穿着、食用它们；西海有皮革和色彩斑斓的牦牛尾，而中原地区可以得到并使用它们。所以湖边打鱼的人会有足够的木材，山上伐木的人会有足够的鲜鱼，农民不砍削、不烧窑冶炼而有足够的器具，工匠、商人不种地而有足够的粮食。虎、豹要算是凶猛的了，但是君子能够剥下它们的皮来使用。所以苍天所覆盖的，大地所承载的，没有什么东西不充分发挥它们的优点，竭尽它们的效用，上用来装饰贤良的人、下用来养活老百姓并使他们都安乐。这叫作大治。《诗经》上说："天生高大的岐山，太王使它大发展。太王已经造此都，文王使它长平安。"说的就是这个意思。

原文

以类行[1]杂，以一[2]行万，始则终，终则始，若环之无端也，舍是而天下以衰矣。天地者，生之始也；礼义者，治之始也；君子者，礼义之始也。为之，贯之，积重之，致好之者，君子之始也。故天地生君子，君子理天地。君子者，天地之参也，万物之总也，民之父母也。无君子则天地不理，礼义无统，上无君师，下无父子，夫是之谓至乱。君臣、父子、兄弟、夫妇，始则终，终则始，与天地同理，与万世同久，夫是之谓大本。故丧祭、朝聘、师旅一也，贵贱、杀生、与夺[3]一也，君君、臣臣、父父、子子、兄兄、弟弟一也，农农、士士、工工、商商一也。

注解

①行：做，治理。

②一：指统括一切之道，此文指礼义。

③与夺：给予和剥夺，指赏罚。

译文

用各类事物的法则去治理各种复杂的事物，用统括一切的法则去治理万事万物，从始到终，从终到始，就像圆环没有头一样，如果舍弃了这个原则，那么天下就要衰微了。天地，是生命的本源；礼义，是天下大治的本源；君子，是礼义的本源。学习研究礼义，熟悉贯通礼义，积累增多礼义方面的知识，极其爱好礼义，这是做君子的开始。所以天地生养君子，君子治理天地。君子，是天地的匹配，万物的总管，人民的父母。没有君子，那么天地就不能治理，礼义就没有头绪，上没有君主、师长的尊严，下没有父子之间的伦理道德，这叫作极其混乱。君臣、父子、兄弟、夫妻之间的伦理关系，从始到终，从终到始，它们与天地有上下之分是同样的道理，与千秋万代同样长久，这叫作最大的根本。所以丧葬、祭祀的礼仪，诸侯定期朝见天子的礼仪，军队中的礼仪，其道理是一样的；使人高贵或卑贱、将人处死或赦免、给人奖赏或处罚，其道理是一样的；君主要像个君主、臣子要像个臣子、父亲要像个父亲、儿子要像个儿子、兄长要像个兄长、弟弟要像个弟弟，其道理是一样的；农民要像个农民、读书人要像个读书人、工人要像个工人、商人要像个商人，其道理是一样的。

原文

水火有气[①]而无生，草木有生而无知，禽兽有知而无义，人有气、有生、有知，亦且有义，故最为天下贵也。力不若牛，走不若马，而牛马为用，何也？曰：人能群，彼不能群也。人何以能群？曰：分。分何以能行？曰：义。故义以分则和，和则一，一则多力，多力则强，强则胜物，故宫室可得而居也。故序四时，裁万物，兼利天下，无它故焉，得之分义也。

注解

①气：古代哲学概念，指构成宇宙万物的基因，它是一种物质性的东西。

译文

水、火有气却没有生命，草木有生命却没有知觉，禽兽有知觉却不讲道义；人有气、有生命、有知觉，而且讲究道义，所以人是天下最尊贵的。人的力气不如牛，奔跑的速度不如马，但牛、马却被人役使，为什么呢？就是因为：人能结合成社会群体，而它们不能结合成社会群体。人为什么能结合成社会群体呢？就是因为：有等级名分。等级名分为什么能实行？就是因为：有道义。所以根据道义确定了名分，人们就能和睦协调，和睦协调就能团结一致，团结一致力量就大，力量大了就强盛，强盛了就能战胜外物，所以人才有可能在房屋中安居。所以人才能根据四季的顺序，管理好万事万物，使天下都得到利益，这并没有其他的缘故，而是从名分和道义中得来的。

原文

故人生不能无群，群而无分则争，争则乱，乱则离，离则弱，弱则不能胜物，故宫室不可得而居也，不可少顷舍礼义之谓也。能以事亲谓之孝，能以事兄谓之弟，能以事上谓之顺，能以使下谓之君。君者，善群也。群道当则万物皆得其宜，六畜[①]皆得其长[②]，群生皆得其命。故养长时则六畜育，杀生时则草木殖，政令时则百姓一，贤良服。

注解

①六畜：六种家畜，即猪、羊、牛、马、鸡、狗。

②长：抚养。

译文

所以人活着不能没有社会群体，但结合成了社会群体而没有等级名分的限制就会发生争夺，一发生争夺就会产生动乱，一产生动乱就会离心离德，离心离德就会使力量削弱，力量削弱就不能胜过外物，所以也就不能在房屋中安居了，这是说人片刻也不能舍弃礼义。能够按礼义来侍奉父母叫作孝，能够按礼义来侍奉兄长叫作悌，能够按礼义来侍奉君主叫作顺，能够按礼义来役使臣民叫作君。所谓君，就是善于把人组织成社会群体的意思。组织社会群体的原则恰当，那么万物就能得到应有的安排，六畜就能得到应有的生长，一切生物都能得到应有的寿命。所以饲养适时，六畜就生育兴旺；砍伐种植适时，草木就繁殖茂盛；政策法令适时，老百姓就能被统一起来，有德才的人就会服从。

原文

圣王之制也，草木荣华[①]滋[②]硕之时则斧斤不入山林，不夭其生，不绝其长也；鼋[③]鼍[④]、鱼鳖、鳅鳣孕别[⑤]之时，罔罟毒药不入泽，不夭其生，不绝其长也；春耕、夏耘、秋收、冬藏四者不失时，故五谷不绝而百姓有余食也；洿池[⑥]、渊沼[⑦]、川泽[⑧]谨其时禁，故鱼鳖优多而百姓有余用也；斩伐养长不失其时，故山林不童而百姓有余材也。

注解

①荣华：草本植物开花叫“荣”，木本植物开花叫“华”。

②滋：生长。

③鼋（yuán）：大鳖。背青黄色，头有疙瘩，俗称癞头鼋。

④鼍（tuó）：扬子鳄，俗称猪婆龙。

⑤别：指离别母体，即生育。

⑥洿（wū）池：蓄水的池塘。

⑦渊沼：渊即深水潭，沼即水池。

⑧川泽：川即河流，泽即湖泊。

译文

圣明帝王的制度是，草木正在开花长大的时候，砍伐的斧头不准进入山林，这是为了使它们的生命不夭折，使它们不断生长；鼋、鼍、鱼、鳖、泥鳅、鳝鱼等产卵的时候，渔网、毒药不准投入湖泽，这是为了使它们的生命不夭折，使它们不断生长；春天耕种、夏天锄草、秋天收获、冬天储藏，这四件事都不丧失时机，所以五谷不断地生长而老百姓有多余的粮食；池塘、湖泊、河流，严格禁止在规定时期内捕捞，所以鱼、鳖丰饶繁多而老百姓有多余的资财；树木的砍伐与培育养护不错过季节，所以山林不会光秃秃而老百姓有多余的木材。

原文

圣王之用也，上察于天，下错[①]于地，塞备天地之间，加施万物之上，微而明，短而长，狭而广，神明博大以[②]至约[③]。故曰：一与一[④]是为人者谓之圣人。

注解

①错：通“措”，处置，采取措施。

②以：而。

③至约：极其简约，指礼义而言。

④一与一：用道义去统率一切。指无论做什么事，都以礼义为原则。一，指统括一切之道，此文指礼义。

译文

圣明帝王的作用是，上能明察天时的变化，下能安排好土地的开发，其作用充满天地之间，施加到万物之上，隐微而又明显，短暂而又长久，狭窄而又广阔，圣明博大却又极其简要。所以说：用道义去统率一切，这样做的人，就叫作圣人。

原文

序官：宰爵[①]知[②]宾客、祭祀、飨食、牺牲[③]之牢[④]数，司徒[⑤]知百宗、城郭、立器之数，司马[⑥]知师旅[⑦]、甲兵、乘[⑧]白[⑨]之数。修宪命，审诗商[⑩]，禁淫声，以时顺修，使夷俗邪音不敢乱雅，大师[⑪]之事也。修堤梁，通沟浍，行水潦，安水臧，以时决塞，岁虽凶败水旱，使民有所耘艾，司空[⑫]之事也。相高下，视肥垸，序五种，省农功，谨蓄藏，以时顺修，使农夫朴力而寡能，治田之事也。修火宪，养山林薮泽草木鱼鳖百索，以时禁发，使国家足用而财物不屈，虞师之事也。顺州里，定廛[⑬]宅，养六畜，闲树艺，劝教化，趋孝弟，以时顺修，使百姓顺命，安乐处乡，乡师之事也。论百工，审时事，辨功苦，尚完利，便备用，使雕琢文采不敢专造于家，工师之事也。相阴阳，占祲[⑭]兆，钻龟陈卦，主攘择五卜[⑮]，知其吉凶妖祥，伛巫、跛击之事也。修採清[⑯]，易道路，谨盗贼，平室律，以时顺修，使宾旅安而货财通，治市之事也。抃急禁悍，防淫除邪，戮之以五刑，使暴悍以变，奸邪不作，司寇[⑰]之事也。本政教，正法则，兼听而时稽之，度其功劳，论其庆赏，以时慎修，使百吏免尽而众庶不偷，冢宰[⑱]之事也。论礼乐，正身行，广教化，美风俗，兼覆而调一之，辟公之事也。全道德，致隆高，綦文理，一天下，振毫末，使天下莫不顺比从服，天王之事也。故政事乱，则冢宰之罪也；国家失俗，则辟公之过也；天下不一，诸侯俗反，则天王非其人也。

注解

①宰爵：官名。掌管接待宾客、祭祀时供应酒食祭品等事务。宰，主管。爵，古代一种酒器，这里泛指饮食器具。

②知：掌管。

③牺牲：供祭祀用的纯色整牛、整羊、整猪叫牺牲。

④牢：做祭品用的牛、羊、猪的计量单位。

⑤司徒：官名，掌管民政工作与教化。

⑥司马：官名，掌管军队。

⑦师旅：古代军制以两千五百人为师、五百人为旅，故以"师旅"泛称军队。

⑧乘：量词，包括一辆战车、四匹战马、三个甲士、七十二个步兵。

⑨白：通"伯"，古代军队的编制，十人为什，百人为伯。

⑩商：通"章"，乐章。

⑪大师：乐官之长。

⑫司空：官名，主管土木工程。

⑬廛（chán）：古代城市居民的房子。

⑭祲（jìn）：古代人认为它是阴阳相侵所形成的不同的云气，预示着吉凶。

⑮五卜：占卜时出现的雨、霁、蒙、驿、克五种兆形。

⑯清：厕所。

⑰司寇：官名，掌管刑罚。

⑱冢宰：宰相。

译文

论述官吏的职责：宰爵掌管接待宾客、祭祀、宴饮、祭品的数量，司徒掌管宗族、城郭和陈列器械的数量，司马掌管军队、铠甲兵器和车马士兵的数量。遵循法令，审查诗歌乐章，禁止淫荡的音乐，根据时势去整治，使蛮夷的风俗和邪恶的音乐不敢扰乱正声雅乐，这是太师的职责。修理堤坝桥梁，疏通沟渠，排除积水，修固水库，根据时节来放水堵水，即使是饥荒歉收、涝灾旱灾不断的凶年，也使民众能够继续耕耘有所收获，这是司空的职责。观察地势的高低，识别土质的肥沃与贫瘠，合理地安排各种庄稼的种植季节，检查农事，认真储备，根据时势去整治，使农民质朴地尽力耕作而不求兼有其他技能，这是农官的职责。制定禁止焚烧山泽的法令，养护山林、湖泊中的草木、鱼鳖，对于人们的各种求索，根据时节来禁止与开放，使国家有足够用的物资而不匮乏，这是虞师的职责。治理乡里，划定各店铺与民居的区域，使百姓饲养六畜，学习种植，劝导人们接受教育感化，使人们孝顺父母、敬爱兄长，根据时势去整治，使百姓服从命令，安乐地住在乡里，这是乡师的职责。考查各个工匠的手艺，审察各个时节的生产事宜，辨别产品质量的好坏，注重产品的坚固好用，使设备用具便于使用，雕刻图案的器具与有彩色花纹的礼服不敢私家制造，这是工师的职责。观察阴阳的变化，视云气来预测吉凶，钻灼龟板，排列卦象，掌管驱除不祥、选择吉日以及分析占卜时出现的各种兆象，预见吉凶祸福，这是驼背的巫婆与瘸腿的男觋的职责。整治墓地、厕所，平整道路，严防盗贼，公正地审定贸易抵债券，根据时势来整治，使商人旅客安全而货物钱财能流通，这是管理市镇的官的职责。制裁狡猾奸诈的人和惩治凶狠强暴的人，防止淫乱，铲除邪恶，用五种刑罚来惩治罪犯，使强暴凶悍的人因此而转变，使淫乱邪恶的事不再发生，这是司寇的职责。把政治教化作为治国的根本，端正法律准则，多方听取意见并按时对臣民进行考核，衡量他们的功劳，评定对他们的奖赏，根据时势来整治，使各级官吏都尽心竭力而老百姓都不敢苟且偷生，这是宰相的职责。讲究礼制音乐，端正立身行事，推广教化，改善风俗，普遍地庇护百姓并使他们协调一致，这是诸侯的职责。成全道德，达到崇高的政治境界，使礼义制度极其完善，统一天下，明察秋毫，使天下没有谁不依顺亲近、听从归服，这是天子的职责。所以政事混乱，就是宰相的罪过；国家风俗败坏，就是诸侯的过错；天下不统一，诸侯想造反，那便是因为天子不是理想的人选。

原文

具具①而王，具具而霸，具具而存，具具而亡。用万乘之国者，威强之所以立也，名声之所以美也，敌人之所以屈也，国之所以安危②臧否③也，制与④在此⑤，亡⑥乎⑦人。王、霸、安存、危殆、灭

亡，制与在我，亡乎人。夫威强未足以殆邻敌也，名声未足以县[8]天下也，则是国未能独立也，岂渠[9]得免夫累乎！天下胁于暴国，而党[10]为吾所不欲于是者，日与桀同事同行，无害为尧，是非功名之所就也，非存亡安危之所堕也。功名之所就，存亡安危之所堕，必将于愉[11]殷[12]赤心之所。诚[13]以其国为王者之所，亦王；以其国为危殆灭亡之所，亦危殆灭亡。

注解

①具具：前一个“具”是动词，具备；后一个“具”是名词，条件。

②安危：此偏指“安”，“危”无义。

③臧否：好坏。此偏指“臧”，“否”无义。

④与：通“举”，都。

⑤此：代词，指自己。

⑥亡：通“无”，不。

⑦乎：于，在。

⑧县（xuán）：“悬”的古字，挂。此指挂在天下人嘴边，到处传扬。

⑨渠：通“讵”，与“岂”同义。

⑩党：同“倘”，假如。

⑪愉：快乐，指得志。

⑫殷：强盛富裕。

⑬诚：诚心，指专心。

译文

具备了一定的条件就能够称王，具备了一定的条件就可以称霸，具备了一定的条件就能存在，具备了一定的条件就会灭亡。治理拥有万辆兵车的大国的君主，他那威武强大的地位之所以能确立，他的名声之所以美好，他的敌人之所以屈服，他的国家之所以又安全又繁荣，决定性的东西都在自己而不在别人。是称王、称霸、安全生存，还是危险、灭亡，决定性的东西都在自己而不在别人。那威武强大的程度还不够使相邻的敌国发生危险，名声还不够挂在天下人的嘴边，那么这国家就还不能独立于天下，哪里能够免除那忧患呢！天下被强暴的国家所威胁，假如这种情况是我所不想要的，即使每天被迫与桀那样的暴君一同做事、一同行动，也不会妨害自己成为尧那样的贤君，但这并不是功名成就的关键，也不是安危存亡的原因。功名成就的关键，安危存亡的原因，必定取决于事业得志、国家富强时自己一颗赤诚之心专注在什么地方。如果一心要把自己的国家变成一个实行王道的地方，就能称王天下；要把自己的国家搞到危险灭亡的境地，就会危险灭亡。

原文

殷之日，案[①]以中立无[②]有所偏而为纵[③]横[④]之事，偃然案[⑤]兵无动，以观夫暴国之相卒[⑥]也。案平[⑦]政教，审节奏[⑧]，砥砺百姓，为是之日，而兵刬[⑨]天下劲矣；案然修仁义，伉隆高，正法则，选贤良，养百姓，为是之日，而名声刬天下之美矣。权者重之，兵者劲之，名声者美之，夫尧、舜者，一天下也，不能加毫末于是[⑩]矣。

权谋倾覆之人退，则贤良知圣之士案自进矣；刑政平，百姓和，国俗节，则兵劲城固，敌国案自诎矣；务本事，积财物，而勿忘[⑪]栖迟[⑫]薛越[⑬]也，是使群臣百姓皆以制度行，则财物积，国家案自富矣。三者体此而天下服，暴国之君案自不能用其兵矣。何则？彼无与至也。彼其所与至者，必其民也，其民之亲我也欢若父母，好我芳若芝兰；反顾其上则若灼黥[⑭]，若仇雠。彼人之情性也虽桀、跖，岂有肯为其所恶贼其所好者哉！彼以夺矣。故古之人有以一国取天下者，非往行之也，修政其所莫不愿，如是而可以诛暴禁悍矣。故周公南征而北国怨，曰："何独不来也？"东征而西国怨，曰："何独后我也？"孰能有与是斗者与？安以其国为是者王。

注解

①案：同“安”，语气助词。

②无：通“毋”，不要的意思。

③纵：南北为纵，此指合纵。战国时苏秦主张齐、楚、燕、韩、赵、魏六国结成联盟对抗秦国。由于六国在位置上成南北向，所以称“合纵”。

④横：东西为横，此指连横。秦国为了对付合纵，采纳张仪的主张，与六国分别结成联盟，以便各个击破。由于秦国在六国的西面，东西联合，所以称“连横”。

⑤案：通“按”。

⑥卒：通“捽（zuó）”，冲突，对打。

⑦平：整治。

⑧节奏：指礼节制度。

⑨钊（zhuān）：同“专”。

⑩不能加毫末于是：指权重、兵劲、名声美三者好得无以复加。毫末，毫毛的末端，比喻极细微的东西。

⑪忘：通“妄”，随便地。

⑫栖迟：耗散。

⑬薛越：同“屑越”，糟蹋。

⑭黥：一种刑罚，在脸上刻字。

译文

在富强的时候，要采取中立的态度，不要有所偏袒而去干合纵连横的事情，要偃旗息鼓地按兵不动，来静观那些残暴的国家互相争斗。要搞好政治教化，审察礼节制度，磨炼百姓，当做到了这一点的时候，那么他的军队就是天下最为强劲的了；奉行仁义之道，达到崇高的政治境界，整治法律条令，选拔贤良的人，使百姓休养生息，当做到了这一点的时候，那么他的名声就是天下最美好的了。权势使其举足轻重，军队使其强劲有力，名声使其美好无比，就是尧、舜那样统一了天下的人，也不能在这三个方面再增加丝毫了。

玩弄权术阴谋、专搞倾轧陷害的小人被废黜了，那么贤能善良、明智圣哲的君子自然就会进用了；刑法政令公正不阿，百姓和睦协调，国家的风俗节约俭朴，那么兵力就强大、城防就坚固，敌国自然就屈服了；致力于农业生产，积聚财物，而不要随便地糟蹋浪费，使群臣百姓都按照制度来办事，财物就能积累，国家自然就富足了。以上三个方面都能做到，那么天下就会顺从我们，强暴之国的君主也就自然不能对我们用兵了。为什么呢？因为已经没有人跟他一起来攻打我们了。和他一起来的，一定是他统治下的民众，而他的民众亲近我就像喜欢父母一样，热爱我就像酷爱芳香的芝兰一样；而回头看到他们的国君，却像皮肤被灼烧、刺脸涂墨一样害怕，像看到了仇人一样愤怒。一个人的本性即使像夏桀、盗跖那样，又哪肯为他所憎恶的人去残害他所喜爱的人呢！他们已经被我们争取过来了。所以古代的人，有凭借一个国家来夺取天下的，他并不是前往别国掠夺他们，而是在自己国家内搞好政治，结果没有人不仰慕他，像这样就可以铲除强暴制止凶悍了。所以周公向南征伐时北方的国家都抱怨说："为什么偏偏不来我们这里呢？"向东征伐时西面的国家都抱怨说："为什么单单把我们丢在后面呢？"谁能同这种人争斗呢？把自己的国家治理成这样的君主就能称王天下。

原文

殷之日，安以静兵息民，慈爱百姓，辟田野，实仓廪，便备用，安谨募选阅材伎之士；然后渐赏庆以先之，严刑罚以防之，择士之知事者使相率贯也，是以厌然畜[①]积修饰而物用之足也。兵革器械者，彼将日日暴露毁折之中原，我今将修饰之，拊循[②]之，掩盖之于府库；货财粟米者，彼将日日栖迟薛越之中野，我今将畜积并聚之于仓廪；材技股肱[③]、健勇爪牙之士，彼将日日挫顿竭之于仇敌，我今将来[④]致之、并[⑤]阅之、砥砺之于朝廷。如是，则彼日积敝，我日积完；彼日积贫，我日积富；彼日积劳，我日积佚。君臣上下之间者，彼将厉厉[⑥]焉日日相离疾也，我今将顿顿[⑦]焉日日相亲爱也，以是待其敝。安以其国为是者霸。

注解

①畜：通“蓄”。

②拊（fǔ）循：安抚。

③股肱：大腿和上臂。喻指得力助手。

④来：同“徕”，使……来，招揽。

⑤并：吞并，接纳。

⑥厉厉：严厉地，恶狠狠地。

⑦顿：通“敦”，诚恳笃厚的样子。

译文

在富强的时候，采取不动用兵力、使人民休养生息的方针，慈爱百姓，开垦田野，充实粮仓，改进设备器用，严格谨慎地招募、选择、接纳有才能技艺的士人；然后加重奖赏来引导他们，加重刑罚来防范他们，挑选这些士人中明白事理的人率领他们，因此他们就安心地积蓄粮食财物、修理改进兵器用具，因而财物用具也就十分充足了。武器装备之类，他国是一天天把它们丢弃毁坏在原野之中，而我们现在则修理改进它们，爱护保养它们，并把它们收藏在仓库里；财物粮食之类，他国是一天天把它们遗弃散落在田野之中，而我们现在则把它们储藏聚集在仓库里；有才能技艺的辅佐大臣、健壮勇敢的武士，他国是一天天让他们在敌人手中受挫折、遭困顿、被消耗，而我们现在则在朝廷上招募他们、容纳他们、锻炼他们。像这样，他国一天天越来越破败，我们则一天天越来越完好；他国一天天越来越贫困，我们则一天天越来越富裕；他国一天天越来越劳苦，我们则一天天越来越安逸。君臣上下之间，他国是恶狠狠地一天天互相疏远憎恨，我们则诚心诚意地一天比一天更加相亲相爱，以此来等待他们的衰败。把自己的国家治理成这样的君主就能称霸诸侯。

原文

立身则从佣[①]俗，事行则遵佣故，进退贵贱则举佣士，之所以接下之人百姓者则庸宽惠，如是者则安存。立身则轻楛，事行则蠲疑[②]，进退贵贱则举佞倪[③]，之所以接下之人百姓者则好取侵夺，如是者危殆。立身则憍暴，事行则倾覆，进退贵贱则举幽险诈故[④]，之所以接下之人百姓者，则好用其死力矣，而慢其功劳，好用其籍[⑤]敛[⑥]矣，而忘其本务，如是者灭亡。此五等者，不可不善择也，王霸、安存、危殆、灭亡之具也。善择者制人，不善择者人制之；善择之者王，不善择之者亡。夫王者之与亡者，制人之与人制之也，是其为相县[⑦]也亦远矣。

注解

①佣：通“庸”，平庸，平常。

②蠲（juān）疑：迟疑。

③佞倪：口齿伶俐。倪，通“锐”。

④故：巧诈。

⑤籍：税。

⑥敛：征收。

⑦县（xuán）：“悬”之古字，悬殊，差别。

译文

做人则依从一般的风俗习惯，做事则遵循平常的陈规旧例，在任用、罢免、提升、贬抑方面则提拔普通的人，对待下面的老百姓则宽容和仁爱，像这样的君主就能够安全生存。做人则轻佻恶劣，做事迟疑不决，在任用、罢免、提升、贬抑方面则提拔巧言令色的人，对待下面的老百姓则是热衷于索取掠夺，像这样的君主就危险了。做人则骄傲暴虐，做事则搞倾轧破坏，在任用、罢免、提升、贬抑方面则提拔阴险狡诈的人，对待下面的老百姓则是喜欢利用他们为自己卖命出力而不把他们的功劳放在心上，喜欢利用他们上缴税款而不管他们的本业，像这样的君主就会灭亡。以上这五种不同的做法，是不能不好好地加以选择的，它们是称王、称霸、安存、危险、灭亡的条件。善于选择的就能制服别人，不善于选择的别人就要制服他；善于选择的就能称王天下，不善于选择的就会灭亡。称王和灭亡、制服别人和被人制服，它们之间相差也太远了。

读解

国家怎么才能富强？如何才能让六国统一？战国时期的每一个有识之士都会为这些问题而苦苦思索，而这也是每个著书立说的学者不可回避的。这也是摆在荀子面前的问题，荀子指出的道路是实行“王道”。至于怎么实行这个“王道”，在本篇中，荀子尽心地做出了回答。

政治上要举贤任能、诛灭元恶，破格提拔有才能的人，废黜无才无德的庸人，把那些为非作歹的人和混淆是非的学说都严令制止，鳏寡孤独者都要进行抚养，这样才能在政治上达到“天德”的境界。其中，荀子还讲到了人民和君王的关系，“君者，舟也；庶人者，水也。水则载舟，水则覆舟”。这是对君民关系最著名的比喻，甚至在几百年后的唐朝，唐太宗李世民还用这句话来勉励自己。

王者和别的君主有什么不一样的地方呢？荀子说：王者争夺民心，霸主争夺同盟国，好战的强国争夺土地。争夺民心的王者可以使诸侯成为自己的臣子，争夺同盟国的霸者可以使诸侯成为自己的朋友，争夺土地的强者就会使诸侯成为自己的敌人。使诸侯臣服的能称王天下，同诸侯友好的能称霸诸侯，和诸侯为敌的就危险了。显然，荀子的最终目标不在于一国一家的治理，而是整个天下都得到治理，这为秦国统一六国做了理论上的准备。

【事例一】

“君者，舟也；庶人者，水也。水则载舟，水则覆舟。”这是对君民关系最著名的比喻，历史证明，得民心者得天下。所以贤明的君王都会把百姓的利益放在第一位，不会轻易地去加重苛捐杂税来损害人民的利益。南北朝时期的北魏皇帝拓跋嗣就是一位爱民的好皇帝。

拓跋嗣以民为贵

北魏连年霜旱，庄稼歉收，云中、代郡一带饿死了很多百姓。太史令王亮、苏坦向北魏国主拓跋嗣进言道：“按照谶书的说法，我们魏国应把都城建在邺城，那样的话，百姓才可以富足安乐。”

拓跋嗣向各位大臣征求对这事的意见，博士祭酒崔浩、特进京兆周澹说：“把都城迁到邺地，可以解救今年的饥荒，但却不是长久之计。现在，一旦迁都，便要留下军队戍守旧都，这样只能分出一部分人向南迁移，这些人不可能住满几个州的土地，只好与汉人掺杂居住在各郡各县，这样，就会让人知道我们人员稀少，恐怕邻国会因此轻视我们。况且我们的百姓不习惯那里的水土，得病、受伤、死亡的人一定很多。再者，旧都的守兵减少之后，屈丐、柔然等国就会有窃取我们的想法，假如他们率领全国的军队前来进攻，云中、平城一定会发生危机。现在我们居住在北方，假如崤山之东的地区有什么变乱，我们派遣轻装骑兵向南进攻，把部队分布在林野中间，谁能知道我们人数的多少呢？老百姓看见我们的征尘就会畏慑敬服，这就是我们国家之所以用威力制服汉人的真正原因。待到明年春天，杂草生长起来，家畜吃饱之后，便有了牛奶和奶酪，再加上瓜果蔬菜，就能够支持到秋天粮食成熟的时候，我们面临的这些困难便可以克服了。”

拓跋嗣说：“现在国库彻底空了，已经没有办法再等到来年的秋天，如果明年秋天又出现饥荒，我们将怎么应对呢？”

崔浩等回答说：“应该把最贫穷饥饿的人家挑选出来，让他们去太行山以东的地区去谋生。如果明年再发生饥荒，到时候再想办法，只是现在不可迁都。”

拓跋嗣高兴地说：“只有你们二人与我的想法一致。”于是，把百姓中最贫穷饥饿的人挑出来，让他们去太行山以东的三个州去谋生，并派左部尚书代郡人周几统率军队镇守鲁口，安抚召集他们。拓跋嗣本人也亲自耕种农田，又命令有关部门劝勉指导人们从事农业和种桑养蚕的劳动。第二年，庄稼丰收，人民于是富足安定。

“天下者，天下人之天下也”，古人早已悟出了民主政治的精髓，一个国家是以人民为尊贵，而非君主、统治者为尊贵的，这是近代人民主权论在远古的先声。“民为贵，君为轻，社稷次之”，君主只是为人民所认可的管理者，是“人民的公仆”，这种起源于战国时期的民本主义思想对当时的为政者们认识国家的实质起到了很大的作用，矫正了统治者霸权主义的国家观念，贤明的统治者应该懂得只有以民为贵、以民为主，才能政通人和、长治久安。

【事例二】

“民贵君轻”的思想在战国的时候已经得到了很多有识之士的认同。其中，巾帼不让须眉的赵威后就是其中之一。

齐王使使者见赵威后

齐襄王派遣使者问候赵威后，赵威后还未看信就问使者：“齐国今年的收成好吗？百姓都能安居乐业吗？你们大王也还好吧？”

使者有点儿不高兴，说：“臣奉大王之命向太后问好，您不先问我们大王状况却打听年成、百姓的状况，这有点儿先卑后尊吧？”

赵威后回答说：“话不能这样说。假如收成不好，百姓凭什么繁衍生息？要是没有百姓，大王又怎能面南称尊？哪有舍本逐末的道理？”

她接着又问：“齐有隐士钟离子，还好吧？他主张有粮食的人让他们有饭吃，没粮食的人也让他们有饭吃；有衣服的人给他们衣服，没有衣服的人也给他们衣服，这是在帮助君王养活百姓，大王为何至今没有重用他？叶阳子还好吧？他主张怜恤鳏寡孤独，赈济穷困不足，这是替大王存恤百姓，为何至今还不加以任用？北宫家的女儿婴儿子还好吗？她摘去耳环玉饰，至今不嫁，一心奉养双亲，用孝道为百姓做出表率，为何至今未被朝廷褒奖？如此难得的两个人得不到重用，这样一位孝女得不到褒奖，大王怎能治理齐国、抚恤万民呢？於陵的子仲这个人还活在世上吗？他对上不对君王行臣道，对下不能很好地治理家业，又不和诸侯交往，这是在引导百姓朝无所事事的地方走呀！大王为什么至今还不处死他呢？”

王霸

原文

国者，天下之制利[①]用[②]也；人主者，天下之利势也。得道以持之，则大安也，大荣也，积美之源也。不得道以持之，则大危也，大累也，有之不如无之，及其綦[③]也，索为匹夫不可得也，齐湣、宋献[④]是也。故人主，天下之利势也，然而不能自安也，安之者必将道也。

注解

①利：便利，有利。

②用：用具，工具。

③綦（qí）：极。

④宋献：指宋康王，名偃，公元前329年自立为宋君，公元前286年，被齐湣王所灭。

译文

国家，是天下最有力的工具；君主，处于天下最有利的地位。如果得到了正确的政治原则去掌握国家与君权，就会非常安定，非常荣耀，成为积聚美好功名的源泉。如果得不到正确的政治原则去掌握它，就会非常危险，非常劳烦，有了它还不如没有它，发展到了极点，要求做个平民百姓也不能如愿，齐湣王、宋献公就是这样。所以，君主处于天下最有利的地位，但是他并不能自行安定天下，要安定天下就一定要依靠正确的政治原则。

原文

故用国者，义立而王，信立而霸，权谋立而亡。三者，明主之所谨择也，仁人之所务白也。

挈[①]国以呼[②]礼义而无以害之，行一不义、杀一无罪而得天下，仁者不为也，擽[③]然扶持心国，且若是其固也。之所与为之者之人，则举[④]义士也；之所以为布陈[⑤]于国家刑法者，则举义法也；主之所极[⑥]然帅群臣而首乡[⑦]之者，则举义志也。如是，则下仰上以义矣，是綦[⑧]定也。綦定而国定，国定而天下定。仲尼无置锥之地，诚义乎志意，加义乎身行，著[⑨]之言语，济之日，不隐乎天下，名垂乎后世。今亦以天下之显诸侯诚义乎志意，加义乎法则度量，著之以政事，案申重之以贵贱杀生，使袭然[⑩]终始犹一也，如是，则夫名声之部发于天地之间也，岂不如日月雷霆然矣哉！故曰：以国齐义，一日而白，汤、武是也。汤以亳，武王以鄗，皆百里之地也，天下为一，诸侯为臣，通达之属莫不从服，无它故焉，以济义矣。是所谓义立而王也。

注解

①挈（qiè）：提起，带领，引申为领导。

②呼：呼唤，引申为提倡。

③擽（luò）：石坚貌，表示坚固稳定。

④举：都。

⑤布陈：设置，颁布。

⑥极：通“亟”，急，急切。

⑦首乡：以首相向。犹归向。

⑧綦：通“基”，基础，指政治的基础和立身于天下的根本。荀子在这里把“义”看作政治的基础。

⑨著：显露。

⑩袭然：重叠的样子。表示连续不断地把义加在思想、法制、政务等各个方面。袭，重叠。

译文

治理国家的人，把道义确立了就能称王天下，把信用确立了就能称霸诸侯，把权术谋略搞起来了就会灭亡。这三种情况，是英明的君主要谨慎选择的，是讲究仁德的人一定要弄明白的。

领导全国人民来提倡礼义而绝不用什么东西来损害礼义，如做一件不义的事、杀一个无罪的人就能取得天下，讲究仁德的人也不干，他坚定地用礼义来控制自己的思想和国家，那坚决的程度就像磐石一样坚固。所以，和他一起搞政治的人，便都是奉行道义的人；他在国内颁布的刑法，都是合乎道义的法律；他急切地率领群臣去追求的，都是合乎道义的志向。像这样，那么臣民景仰君主就都是因为道义了，这就是政治基础稳固。政治的基础稳固了，国家就安定，国家安定了，天下就能平定。孔子没有立锥之地，但他真诚地把道义贯彻到思想中，落实在立身行事上，表白在言语中，到成功的时候，他就显扬于天下，名声流传到后代。现在如果也让天下那些显赫的诸侯真诚地把道义贯彻到自己的思想中，落实到法律制度上，体现在政务中，又用提拔、废黜、处死、赦免等手段来反复强调它，使它连续不断地始终如一，像这样，那么他的名声传扬于天地之间，难道不像日月雷霆那样了吗！所以说：使国家统一于道义，一天就能名声显赫，商汤、周武王就是这样。商汤凭借亳邑，周武王凭借鄗京，都不过是百里见方的领土，而天下被他们统一了，诸侯做了他们的臣属，凡交通能到达的地方，没有不服从的，这没有其他的缘故，而是因为他们完全遵行了道义。这就是我所说的把道义确立了就能称王天下。

原文

德虽未至也，义虽未济也，然而天下之理[1]略[2]奏[3]矣，刑赏已诺，信乎天下矣，臣下晓然皆知其可要[4]也。政令已陈，虽睹利败，不欺其民；约结已定，虽睹利败，不欺其与。如是，则兵劲城固，敌国畏之，国一綦明，与国信之，虽在僻陋之国，威动天下，五伯[5]是也。非本政教也，非致隆高也，非綦文理也，非服人之心也，乡方略，审劳佚，谨畜积，修战备，齺[6]然上下相信，而天下莫之敢当。故齐桓、晋文、楚庄、吴阖闾、越勾践，是皆僻陋之国也，威动天下，强殆中国，无它故焉，略信也。是所谓信立而霸也。

注解

①理：事理，各种事情的具体规律。

②略：大致。

③奏（còu）：通“凑”，汇聚，引申为综合、全部掌握。

④要（yāo）：约，结，指建立合作关系。

⑤五伯：指春秋时期的五霸，古人所指不尽一致，战国时代的人往往是指齐桓公、晋文公、楚庄王、吴王阖闾、越王勾践。伯，长，指诸侯的盟主，后世常用“霸”字。

⑥齺（zōu）：上下牙齿相咬，形容密切配合。

译文

德行虽然还没有尽善尽美，道义虽然还没有完全做到，然而天下的事理大体上掌握了，刑罚、奖赏、禁令、承诺在天下已取得了信用，臣下都明白地知道他是可以结交的。政令已经发布，即使看到自己的利益将要有所损害，也不失信于他的民众；盟约已经签订，即使看到自己的利益将要有所损害，也不失信于他的盟友。像这样，就会军队强劲、城防牢固，而敌国害怕他，国家统一，道义彰明，而同盟国信任他，即使住在偏僻落后的国家，他的威势也可震动天下，五霸就是这样。他们虽然没有把政治教化作为立国之本，没有达到最崇高的政治境界，没有健全礼义制度，没有使人心悦诚服，但他们注重方法策略，注意使民众有劳有逸，认真积蓄，加强战备，君臣上下像牙齿啮合那样互相信任配合，因而天下也就没有人敢抵挡他们了。所以齐桓公、晋文公、楚庄王、吴王阖闾、越王勾践，这些人都处在偏僻落后的国家，但他们的威势却震动天下，他们的强盛危及中原各国，这没有别的缘故，就是因为他们取得了信用。这就是所说的把信用确立了就能称霸诸侯。

原文

挈国以呼功利，不务张其义，齐[①]其信，唯利之求，内则不惮诈其民而求小利焉，外则不惮诈其与而求大利焉，内不修正[②]其所以有，然常欲人之有，如是，则臣下百姓莫不以诈心待其上矣。上诈其下，下诈其上，则是上下析也，如是，则敌国轻之，与国疑之，权谋日行而国不免危削，綦[③]之而亡，齐闵、薛公[④]是也。故用强齐，非以修礼义也，非以本政教也，非以一天下也，绵绵常以结引驰外为务。故强，南足以破楚，西足以诎秦，北足以败燕，中足以举宋。及以[⑤]燕、赵起而攻之，若振[⑥]槁[⑦]然，而身死国亡，为天下大戮，后世言恶则必稽[⑧]焉。是无它故焉，唯其不由礼义而由权谋也。

三者，明主之所以谨择也，而仁人之所以务白也。善择者制人，不善择者人制之。

注解

①齐：成。

②修正：整治。

③綦：极，使动用法。

④薛公：战国时齐国贵族，姓田，名文，号孟尝君，因为袭其父田婴的封爵而封于薛（今山东省滕州市），故称薛公。他曾任齐闵王的相。后奔魏，任魏昭王的相，联合秦、赵、燕之兵共伐齐。

⑤及以：相当于“及”。

⑥振：拔起。

⑦槁：枯木。

⑧稽：查考。

译文

领导全国人民去提倡功利，不致力于伸张道义、恪守信用，唯利是图，对内则肆无忌惮地欺压人民以追求小利，对外则毫无顾忌地欺骗他的盟国以追求大利，在内不好好管理自己已有的土地财富，却常常想取得别人所拥有的土地财富，像这样，那么臣下百姓就没有不用欺诈的心去对待君主的了。君主欺诈臣民，臣民欺诈君主，这就是上下离心离德，像这样，那么敌国就会轻视他，盟国就会怀疑他，即使天天在搞权术谋略而国家也依旧免不了危险削弱，到了极点国家就灭亡了，齐闵王、孟尝君就是这样。他们在强大的齐国执政，不是用手中的权力去修明礼义，不因此把政治教化作为立国之本，不凭借它来统一天下，而是接连不断地把勾结拉拢别国、驰骋于外国作为自己的要务。所以他们强大的时候，南能攻破楚国，西能使秦国屈服，北能打败燕国，中能攻占宋国。但等到燕国、赵国起来进攻他们的时候，就像摧枯拉朽一样，闵王便身死国亡了，成为天下的奇耻大辱，后代的人谈起恶人就一定要提到他。这并没有其他的缘故，是因为他们不遵循礼义而专搞权术阴谋的缘故啊。

这三种情况，是英明的君主要谨慎选择的，也是讲究仁德的人一定要弄明白的。善于选择的就能制服别人，不善于选择的别人就会制服他。

原文

国者，天下之大器也，重任也，不可不善为择所①而后错②之，

错险[3]则危；不可不善为择道[4]然后道[5]之，涂[6]薉[7]则塞[8]，危塞则亡。彼国错者，非封[9]焉之谓也，何法之道，谁子之与也。故道王者之法与王者之人为之，则亦王；道霸者之法与霸者之人为之，则亦霸；道亡国之法与亡国之人为之，则亦亡。三者，明主之所以谨择也，而仁人之所以务白也。

注解

①所：处所，此处喻指当权执政的大臣。

②错：通“措”，放置，此处指委任。

③险：险恶的地方，此处指险恶的权奸。

④道：道路，指原则、办法。

⑤道：引导，指根据一定的原则办法去领导、治理。此句应“重任”而言。

⑥涂：同“途”，道路，此指原则、办法。

⑦薉（huì）：杂草。

⑧塞：堵塞，行不通。

⑨封：垒土作为疆界。

译文

国家，是天下最大的器具，是沉重的担子，不可不好好地为它选择个地方然后再安置它，如果把它放在险恶的地方就危险了；不可不好好地为它选择道路然后引导它前进，如果道路上杂草丛生就会被堵住，危险而又受阻，国家就会灭亡。那国家的安置问题，并不是指给它立好疆界，而是指遵行什么治国之道，与什么人一起来治国。遵行王者的办法，与那奉行王道的大臣治理国家，就能称王于天下；遵行霸者的办法，与那奉行霸道的大臣治理国家，就能称霸于诸侯；遵行使国家灭亡的办法，与那奉行亡国之道的大臣去治理国家，就会灭亡。这三种情况，是英明的君主要谨慎选择的，也是讲究仁德的人一定要弄明白的。

原文

故国者，重任也，不以积[1]持之则不立。故国者，世所以新者也，是惮惮[2]，非变[3]也，改王改行[4]也。故一朝之日[5]也，一日之人也，然而厌焉[6]有千岁之固，何也？曰：援[7]夫千岁之信法以持之也，安与夫千岁之信士[8]为之也。人无百岁之寿，而有千岁之信士，何也？曰：以夫千岁之法自持者，是乃千岁之信士矣。故与积礼义之君子为之则王，与端[9]诚信全之士为之则霸，与权谋倾覆之人为之则亡。三者，明主之所以谨择也，而仁人之所以务白[10]也。善择之者制人，不善择之者人制之。

注解

①积：积累，指长期积累起来的管理办法，也就是荀子推崇的礼法。

②惮惮：同“坦坦”，安定的样子。

③变：改变，指彻底的、根本性的变化，即管理制度的改变。

④改王改行：古代贵族，不同等级的人所佩的玉不同；在举行各种仪式时，走路的间距、快慢也有不同的规定。“改王改行”指改变了贵族阶层的等级地位从而改变了他们的佩玉和步行要求。

⑤一朝之日：短如一个早上的日子。

⑥厌焉：同“厌然”，安然，安定。

⑦援：援引，拿过来。

⑧信士：诚实的人，指老老实实地坚守“信法”的人。

⑨端：端正。

⑩务白：弄明白。

译文

国家，是个沉重的担子，不依靠长期积累起来的管理办法去扶持它就会垮掉。所以，国家虽然是每一代都在更新的东西，但这不过是一种具有继承性的更替，并不是一种根本性的管理制度的改变，它不过是改变了贵族阶层的等级地位因而改变了他们的佩玉和步行要求罢了。日子短促得就像早上的太阳，人生短暂得就像一天，然而却安然地存在着历经上千年的国家，这是为什么呢？回答：这是因为采用了那些积累了上千年的确实可靠的办法来维持国家，又和那些上千年的真诚之士一起搞政治的缘故。人没有上百年的寿命，却会有上千年的真诚之士，为什么呢？回答：用那些积累了上千年的礼法来管理自己的人，这就是上千年的真诚之士了。所以，和积累礼义的君子搞政治，就能称王天下；和正直忠诚、守信完美的人士搞政治，就能称霸诸侯；和搞权术阴谋、倾轧颠覆的人搞政治，就会灭亡。这三种情况，是英明的君主要谨慎选择的，也是讲究仁德的人一定要弄明白的。善于选择的，就能制服别人；不善于选择的，别人就会制服他。

原文

彼持国者必不可以独也，然则强固①荣辱在于取相矣。身能相能，如是者王。身不能，知恐惧而求能者，如是者强。身不能，不知恐惧而求能者，安唯便僻②左右亲比己者之用，如是者危削，綦之而亡。国者，巨用之则大，小用之则小，綦大而王，綦小而亡，小巨分流者存。巨用之者，先义而后利，安不恤亲疏，不恤贵贱，唯诚能之求，夫是之谓巨用之。小用之者，先利而后义，安不恤是非，不治曲直，唯便僻亲比己者之用，夫是之谓小用之。巨用之者若彼，小用之者若此，小巨分流者亦一若彼，一若此也。故曰：粹而王，驳而霸，无一焉而亡。此之谓也。

注解

①固：破败。

②便僻：通“便嬖”，善于逢迎而得到君主宠信的近臣。

译文

那些掌握了国家的国君，一定不可以单靠自己，这样看来，那么是强大还是衰弱、是光荣还是耻辱就在于选取宰相了。自己有才能，宰相也有才能，像这样的国君就能称王天下。自己没有才能，但知道恐惧而去寻觅有才能的人，像这样的国君就能强大。自己没有才能，又不懂得恐惧而去寻求有才能的人，只是任用些善于阿谀奉承的宠臣、身边的侍从以及亲近依附自己的人，像这样的国君就会面临危险和实力被削弱，达到极点就会灭亡。国家，大治它就会强大，小治它就会弱小，极其强大就能称王天下，极其弱小就会灭亡，小大各占一半的则能保存。所谓大治国家，就是先考虑道义而后考虑财利，任用人不顾亲疏，不顾贵贱，只寻求真正有才能的人，这就叫作大治国家。所谓小治国家，就是先考虑财利而后考虑道义，不顾是非，不管曲直，只是任用善于阿谀奉承的宠臣和亲近依附自己的人，这就叫作小治国家。大治国家就像那样，小治国家就像这样，所谓小大各占一半的也就是一部分像那样、一部分像这样。所以说：纯粹地考虑道义、任用贤人的就能称王天下，驳杂地义利兼顾、贤人亲信并用的就能称霸诸侯，一样也做不到的就会灭亡。说的就是这个道理。

原文

国无礼则不正。礼之所以正国也，譬之犹衡之于轻重也，犹绳墨之于曲直也，犹规矩之于方圆也，既错①之而人莫之能诬也。《诗》云："如霜雪之将将②，如日月之光明，为之则存，不为则亡。"此之谓也。

注解

①错：通"措"，设置。

②将将（qiāng）：聚集的样子。

译文

国家没有礼制就不能治理好。礼制之所以能用来治国，打个比方，就好像秤能用来分辨轻重，就好像墨线能用来分辨曲直，就好像圆规、曲尺能用来确定方圆一样，已经把它们设置好了，人们就没有谁再能搞欺骗了。《诗经》上说："像霜雪那样普遍，像日月那样光明，实行它就能生存，不实行就会丧命。"说的就是这个道理。

原文

国危则无乐君，国安则无忧民。乱则国危，治则国安。今君人者急逐乐而缓治国，岂不过甚矣哉！譬之是由[①]好声色而恬无耳目也，岂不哀哉！夫人之情，目欲綦[②]色，耳欲綦声，口欲綦味，鼻欲綦臭[③]，心欲綦佚。此五綦者，人情之所必不免也。养五綦者有具，无其具则五綦者不可得而致也。万乘之国，可谓广大、富厚矣，加[④]有治辨[⑤]、强固之道焉，若是，则恬愉无患难矣，然后养五綦之具具也。故百乐者生于治国者也，忧患者生于乱国者也，急逐乐而缓治国者，非知乐者也。故明君者必将先治其国，然后百乐得其中；暗君必将急逐乐而缓治国，故忧患不可胜[⑥]校[⑦]也，必至于身死国亡然后止也，岂不哀哉！将以为乐，乃得忧焉；将以为安，乃得危焉；将以为福，乃得死亡焉，岂不哀哉！於乎[⑧]！君人者亦可以察若言矣。故治国有道，人主有职。若夫贯日而治详，一日而曲列[⑨]之，是所使夫百吏官人[⑩]为也，不足以是伤游玩安燕[⑪]之乐。若夫论一相以兼率之，使臣下百吏莫不宿道乡方而务，是夫人主之职也。若是，则一天下，名配尧、禹。之主者，守至约而详，事至佚而功，垂衣裳，不下簟席之上，而海内之人莫不愿得以为帝王。夫是之谓至约，乐莫大焉。

注解

①由：通“犹”。

②綦：极。

③臭（xiù）：气味。

④加：更。

⑤辨（bàn）：同“办”，治理。

⑥胜：尽。

⑦校（jiào）：计数。

⑧於（wū）乎：同“呜呼”。

⑨列：古“裂”字，分解、解决的意思。

⑩官人：政府官员。

⑪燕：通“宴”，安逸，安闲。

译文

国家危险就没有快乐的君主，国家安定就没有忧愁的人民。政事混乱，国家就危险，政事处理得好，国家就安定。现在统治人民的君主，急于追求享乐而放松了对国家的治理，难道不是错误得很厉害吗？打个比方，这就好像是爱好音乐美色而不在乎没有耳朵眼睛，难道不可悲吗？就人的性情来说，眼睛想看最美丽的颜色，耳朵想听最悦耳的音乐，嘴巴想吃最好的美味佳肴，鼻子想闻最好的气味，心里追求最大的安逸。追求这五种极致的享受，是人的性情所不可避免的。但满足这五种极好的享受得有条件，没有一定的条件，那么这五种极好的享受就不可能得到了。拥有万辆兵车的国家，可以说是辽阔富裕的了，再有一套使它得到治理、强大巩固的办法，像这样，那就会安逸快乐而没有祸患了，达到这种地步以后，满足五种享受的条件才具备。所以各种快乐的事情，产生于治理得好的国家，忧虑祸患，产生于混乱的国家，急于追求享乐而放松治国的人，不是懂得享乐的人。所以英明的君主，一定要先治理好自己的国家，然后各种快乐也就从中得到了；而昏庸愚昧的君主，一定要迫不及待地追求享乐而放松治国，所以忧虑祸患多得不可胜数，一定要到身死国亡以后才完结，难道不可悲吗？准备用这种办法去求得快乐，却从中得到了忧虑；准备用这种办法去求得安定，却从中得到了危险；准备用这种办法去求得幸福，却从中得到了死亡，难道不可悲吗？唉呀！统治人民的君主，也可以考察一下这些话了。所以治理国家有一定的原则，君主有一定的职责。至于连续几天把事情治理得周详完备，一天之内就曲折周到地解决政事，这是各级官吏与政府官员去做的事情，不值得因此而妨害了自己游玩安逸的快乐。至于选择一个宰相去全面地领导群臣百官，使臣下百官无不安守道义而往正道努力，这才是君主的职责。像这样，就能统一天下，名望可以和尧、禹相匹配。这样的君主，掌管的事情虽然极其简要却又十分周详，工作虽然极其闲适却很有成效，衣裳下垂着，不从座席之上走下来，而天下的人无不希望得到他做帝王。这叫作极其简约，快乐没有比这个更大的了。

原文

人主者，以官人为能者也；匹夫者，以自能为能者也。人主得使人为之，匹夫则无所移之。百亩一守，事业穷，无所移之也。今以一人兼听天下，日有余而治不足者，使人为之也。大有天下，小有一国，必自为之然后可，则劳苦耗悴莫甚焉，如是，则虽臧获不肯与天子易势业。以是县①天下，一四海，何故必自为之？为之者，役夫之道也，墨子之说也。论德使能而官施②之者，圣王之道也，儒之所谨守也。传曰：“农分田而耕，贾分货而贩，百工分事而劝，士大夫分职而听，建国诸侯之君分土而守，三公总③方而议，则天子共④己而已。”出若入若，天下莫不平均⑤，莫不治辨，是百王之所同也，而礼法之大分也。

注解

①县（xuán）：古“悬”字，维系（在高处），引申指（在高处）掌握，（在上面）统治。

②施：施加，给。

③总：统领。

④共：同“拱”，拱手，形容毫不费力、无为而治、坐享其成。

⑤平均：齐一，均等，指人与人之间的关系能平衡协调。

译文

君主，以能够用人为有本事；平民百姓，以自己能干为有本事。君主可以指使别人去做事，平民百姓就没有地方推卸责任。一百亩土地由一个农夫来管理，耕种的事情耗尽了他一生的力量，这是因为他无法把这些事情推给别人。现在君主凭一个人的力量治理整个天下，反而时间绰绰有余而要治理的事少得不够做，这是因为让别人去做事的缘故。权力大的当了天子而拥有整个天下，权力小的当了诸侯而统治一国，如果所有的事情一定要自己去做了以后才行，那么辛劳艰苦、耗损憔悴就没有比这个更厉害的了，像这样，那么即使是奴婢也不肯和天子交换地位与职责了。因此，君主在上面掌握天下，统一天下，为什么一定要亲自去做所有的事情呢？亲自去做各种事情，是服役的人所遵行的原则，是墨子的学说。选择有道德的人、使用有才能的人而把官职委任给他们，这是圣明帝王的办法，是儒家所谨慎遵守的原则。古书上说：“农民分得田地去耕种，商人分取货物去贩卖，各种工匠分配一定的工作去劳作，士大夫分配一定的职务去处理政事，诸侯国的国君分封一定的领土去守卫，三公统领全国的大政方针来讨论，那么天子只要让自己拱着手就是了。”朝廷内部外部都这样，天下就没有人不协调一致，就没有得不到治理的了，这是历代圣王的共同原则，也是礼制法度的要领。

原文

百里之地，可以取天下，是不虚，其难者在人主之知之也。取天下者，非负其土地而从之之谓也，道足以壹人而已矣。彼其人苟壹，则其土地且奚去我而适它？故百里之地，其等位爵服足以容天下之贤士矣，其官职事业足以容天下之能士矣，循其旧法，择其善

者而明[①]用之，足以顺服好利之人矣。贤士一焉，能士官焉，好利之人服焉，三者具而天下尽[②]，无有是其外矣。故百里之地足以竭[③]势矣，致忠信，著[④]仁义，足以竭人矣，两者合而天下取，诸侯后同者先危。《诗》曰："自西自东，自南自北，无思不服。"一人之谓也。

注解

①明：彰明，指公布、宣传。

②尽：穷尽，指全部取得。

③竭：穷尽，指全部取得。

④著：使显明。

译文

凭借方圆百里的领土可以取得天下，这并不是子虚乌有，它的难处在于君主要懂得凭借小国可以取得天下的道理。所谓取得天下，并不是指其他的国家都带着他们的土地来追随我，而是指我的政治原则足够用来使天下的人和我团结一致罢了。别国君主统治下的那些人如果都和我团结一致，那么他们的土地又怎么会离开我而到别的国家去呢？所以尽管只是方圆百里的领土，但它的等级、官位、品爵、服饰，足够用来容纳天下的贤德之士了；它的官职和工作，足够用来容纳天下的能人了；根据它原有的法度，选择其中好的东西而把它公布实施，也足够用来使贪图财利的人顺服了。贤德之士和我团结一致了，能干的人被我任用了，贪图财利的人顺服了，这三种情况具备，那么天下就全都归我了，除此之外就没有什么了。所以凭借方圆百里的土地，足够用来集中全部的权势了，做到忠诚守信、彰明仁义，就完全可以招揽所有的人了，这两者合起来，那么天下就能得手了，诸侯中归附晚的就先有危险。《诗经》上说："从西边到东边，从南边又到北边，没有哪个不服从。"说的就是使天下人和我团结一致的道理。

原文

羿、蠭门[①]者，善服射者也；王良[②]、造父者，善服驭者也；聪明君子者，善服人者也。人服而势从之，人不服而势去之，故王者已[③]于服人矣。故人主欲得善射，射远中微，则莫若羿、蠭门矣；欲得善驭，及速致远，则莫若王良、造父矣；欲得调壹天下，制秦、楚，则莫若聪明君子矣。其用知[④]甚简，其为事不劳而功名致大，甚易处而綦可乐也。故明君以为宝，而愚者以为难[⑤]。

注解

①蠭（páng）门：又作蠭蒙、逢门、蓬蒙，羿的徒弟，善射。

②王良：春秋末晋大夫赵简子的车夫，善于驾车。

③已：止，完毕，完成。

④知：通“智”。

⑤难（nàn）：灾难，祸患。

译文

羿、蓬蒙，善于使射箭的人佩服；王良、造父，善于使驾车的人佩服；聪明的君子，善于使所有的人佩服。人们都敬佩服从他，那么权势也就从属于他；人们不敬佩服从他，那么权势也就和他分离了。所以称王天下的君主达到了使人敬佩服从的地步也就可以了。君主想要得到善于射箭的人，既射得远，又能命中微小的目标，那就没有比羿、蓬蒙更好的人选了；想要得到善于驾车的人，既能追上快速奔驰的车子，又能到达远方的目的地，那就没有比王良、造父更好的人选了；想要得到治理天下、统一天下的人，制服秦国、楚国，那就没有比聪明的君子更好的了。聪明的君子使用心计非常简少，他们做事不费力而功绩名声极大，非常容易相处而且很乐观。所以英明的君主把他们当作宝贝，而愚昧的君主却把他们看作是祸患。

原文

夫贵为天子，富有天下，名为圣王，兼制人，人莫得而制也，是人情之所同欲也，而王者兼而有是者也。重色而衣之，重味而食之，重财物而制之，合天下而君之，饮食甚厚，声乐甚大，台谢甚高，园囿甚广，臣使诸侯，一天下，是又人情之所同欲也，而天子之礼制如是者也。制度以陈，政令以挟，官人失要[1]则死，公侯[2]失礼则幽，四方之国有侈[3]离之德则必灭，名声若日月，功绩如天地，天下之人应之如景向，是又人情之所同欲也，而王者兼而有是者也。故人之情，口好味而臭味莫美焉，耳好声而声乐莫大焉，目好色而文章致繁妇女莫众焉，形体好佚而安重闲静莫愉焉，心好利而谷禄莫厚焉，合天下之所同愿兼而有之，睪牢[4]天下而制之若制子孙，人苟不狂惑戆陋者，其谁能睹是而不乐也哉！欲是之主并肩而存，能建是之士不世绝，千岁而不合，何也？曰：人主不公，人臣不忠也。人主则外贤而偏举，人臣则争职而妒贤，是其所以不合之故也。人主胡不广焉无恤亲疏，无偏贵贱，惟诚能之求？若是，则人臣轻职业让贤而安随其后，如是，则舜、禹还至，王业还起。功壹天下，名配舜、禹，物由有可乐如是其美焉者乎？呜呼！君人者亦可以察若言矣。杨朱[5]哭衢[6]涂，曰："此夫过举跬步而觉跌[7]千里者夫！"哀哭之。此亦荣辱安危存亡之衢已，此其为可哀甚于衢涂。呜呼哀哉！君人者，千岁而不觉也。

注解

①要：约，约束，指规定。

②公侯：古代五等爵位的第一等为"公"，第二等为"侯"，他们是仅次于天子的贵族。

③侈：同“移”，离。

④圣（gāo）牢：牢笼。

⑤杨朱：战国时魏国人，主张“为我”“贵生重己”，反对儒家的“仁义”与墨家的“兼爱”。

⑥衢（qú）：四面相通的道路，即十字路口。

⑦跌：走错，失误。

译文

高贵得当上天子，富裕得拥有天下，被称为圣王，全面控制所有的人，而别人没有谁能控制他，这是人们心中所共同追求的，而称王天下的君主则完全拥有了这一切。穿五颜六色的衣服，吃品种繁多的食物，控制多种多样的财物，兼并了天下而统治它，饮食非常丰富，声乐非常洪亮，台阁非常高大，园林兽苑非常宽广，把诸侯当作臣子来使唤，统一天下，这又是人们心中所共同追求的，而天子的礼仪制度就像这个样子。制度已经公布，政令已经完备，群臣百官违反了政令的规定就处死，公爵、侯爵违背了礼制就囚禁，四方的诸侯国如果离心离德就一定加以消灭，名声像日月一样显赫，功绩像天地一样伟大，普天下的人响应他就像影子紧随形体、回响紧随声音一样，这又是人们心中所共同追求的，而称王天下的君主则完全拥有了这一切。所以人的情性是，嘴巴喜欢吃美味的食物，而气味没有比王者吃到的更好的了；耳朵喜欢听悦耳的声音，而歌声乐曲没有比王者听到的更洪亮的了；眼睛喜欢看美色，而极其繁复的彩色花纹和少妇美女没有比王者看到的更多的了；身体喜欢安逸，而安稳清闲没有比王者享受到的更愉快的了；心里喜欢财利，而俸禄没有比王者得到的更丰厚的了；综合了天下人所共同企求的东西而完全地拥有了它们，总揽天下之人而控制他们就像控制子孙一样，人如果不是发疯的、糊涂的、愚蠢的、鄙陋无知的，那还有谁能看到这些而不高兴呢！想要获得这一切的君主多得摩肩接踵地存在着，能够建立起这种事业的贤人世世代代都没有断绝过，但近千年来这样的君主和这样的贤人却没有能够配合起来，这是为什么呢？回答：是因为君主用人不公正，臣下对上不忠诚。君主排斥贤能的人而偏私地提拔人，臣子争夺职位而忌妒贤能的人，这就是他们不能配合的缘故。君主为什么不广招人才，不去顾及亲疏，不去考虑贵贱，只寻求真正贤能的人呢？如果能这样，那么臣子就会看轻职位而把它让给贤能的人，并甘心跟随在他们的后面；如果这样，那么舜、禹重新会到来，称王天下的大业又能建立起来了。取得统一天下的功绩，名声可以和舜、禹相配，还有像这样美好而值得高兴的事情吗？唉！统治人民的君主也可以考察一下这些话。杨朱在十字路口哭泣说：“这是那错误地跨出半步而觉察时就已走错千里的地方吧！”他为此而悲哀地哭泣。这用人之事也就是通往光荣或耻辱、安定或危险、生存或灭亡的十字路口啊，在这上面犯了错误所造成的悲哀，要比在十字路口走错路更厉害。可悲啊！统治人民的君主竟然上千年了还没有觉悟。

原文

无国而不有治法，无国而不有乱法；无国而不有贤士，无国而不有罢[①]士；无国而不有愿民，无国而不有悍民；无国而不有美俗，无国而不有恶俗。两者并行而国在，上偏[②]而国安，在下偏而国危，上一而王，下一而亡。故其法治，其佐贤，其民愿，其俗美，而四者齐，夫是之谓上一。如是则不战而胜，不攻而得，甲兵不劳而天下服。故汤以亳，武王以鄗，皆百里之地也，天下为一，诸侯为臣，通达之属莫不从服，无它故焉，四者齐也。桀、纣即序于有天下之势，索为匹夫而不可得也，是无它故焉，四者并亡也。故百王之法不同若是，所归者一也。

注解

①罢（pí）：通“疲”，病，不贤，没有德行。

②上偏：偏于上者，指治法多而乱法少，贤士多而罢士少，良民多而悍民少，美俗多而恶俗少。

译文

没有哪一个国家没有使社会安定的法令制度，没有哪一个国家没有导致社会动乱的法令制度；没有哪一个国家没有贤能的士人，没有哪一个国家没有不贤的士人；没有哪一个国家没有朴实善良的百姓，没有哪一个国家没有强暴的百姓；没有哪一个国家没有美好的习俗，没有哪一个国家没有恶劣的习俗。以上两种情况同时存在的国家仍存在，偏于上一种情况的国家就安定，偏于下一种情况的国家就危险，全属于上一种情况的就能称王天下，全属于下一种情况的就会灭亡。如果这样的国家法令制度能使社会安定，它的辅佐大臣贤能，它的群众朴实善良，它的习俗美好，这四者齐备，那就叫作全属于上一种情况。像这样，那么不打仗就能战胜敌人，不进攻就能取得战果，军队不用费力而天下就服从了。商汤凭借亳，周武王凭借鄗，都不过是方圆百里的领土，而天下被他们统一了，诸侯做了他们的臣属，凡能到达的地方没有不服从的，这没有其他的缘故，而是因为上述四种条件齐备了。夏桀、商纣王即使实力雄厚得掌握了统治天下的权力，但最后要求做个普通老百姓也不可能达到，这没有其他的缘故，而是因为上述四种条件全都丧失了。所以各代君主的治国方法都不同，但归结起来的道理只有这么一个。

原文

上莫不致爱其下而制之以礼，上之于下，如保赤子。政令制度，所以接下之人百姓，有不理者如豪末，则虽孤独鳏寡①必不加焉。故下之亲上欢如父母，可杀而不可使不顺。君臣上下，贵贱长幼，至于庶人，莫不以是为隆正。然后皆内自省以谨于分，是百王之所以同也，而礼法之枢要也。然后农分田而耕，贾分货而贩，百工分事而劝，士大夫分职而听，建国诸侯之君分土而守，三公总方而议，则天子共己而止矣。出若入若，天下莫不平均，莫不治辨，是百王之所同而礼法之大分也。

注解

①孤独鳏（guān）寡：泛指无依无靠的人。《孟子·梁惠王下》中解释说："老而无妻曰鳏，老而无夫曰寡，老而无子曰独，幼而无父曰孤。此四者，天下之穷民而无告者。"

译文

君主无不对他的臣民给予爱护，因而用礼制来限制他们；君主对于臣民，就像爱护婴儿一样。政令制度，是用来对待下面的老百姓的；如果它有不合理的地方，哪怕像毫毛的末端一样细微，即使对孤儿、孤独老人、鳏夫、寡妇这样的人也不能加到他们头上。所以臣民亲爱君主高兴得就像亲爱父母一样，可以杀死他们而不可能使他们不顺从君主。君主、臣子、上级、下级，高贵的、卑贱的、年长的、年幼的，直到平民百姓，没有谁不把这礼制当作最高的准则。然后又都在内心反省自己而谨守本分，这就是历代圣王都用的政治措施，也是礼制法度的关键。这些做到以后，农民就分得田地去耕种，商人就分取货物去贩卖，各种工匠分配一定的工作去劳作，士大夫分任一定的职务去处理政事，诸侯国的国君分封一定的领土去守卫，三公总领全国的大政方针来讨论，那么天子只要自己拱着手就可以了。朝廷外面如此，朝廷内部也如此，天下就没有人不协调一致，就没有什么得不到治理的了，这是历代圣王共同的政治原则，也是礼制法度的要领。

原文

若夫贯日而治平，权①物而称②用，使衣服有制，宫室有度，人徒有数，丧祭械用皆有等宜，以是用挟于万物，尺寸寻③丈莫得不循乎制度数量然后行，则是官人使吏之事也，不足数于大君子之前。故君人者立隆政本朝而当，所使要百事者诚仁人也，则身佚而

国治，功大而名美，上可以王，下可以霸。立隆正本朝而不当，所使要百事者非仁人也，则身劳而国乱，功废而名辱，社稷必危，是人君者之枢机也。故能当一人而天下取，失当一人而社稷危，不能当一人而能当千百人者，说无之有也。既能当一人，则身有何劳而为，垂衣裳而天下定。故汤用伊尹，文王用吕尚④，武王用召公⑤，成王用周公旦。卑者五伯，齐桓公闺门之内，县乐奢泰游抏⑥之修⑦，于天下不见谓修，然九合诸侯，一匡天下⑧，为五伯长，是亦无它故焉，知一政于管仲也，是君人者之要守也。知者易为之兴力而功名綦大，舍是而孰足为也？故古之人有大功名者，必道是者也；丧其国，危其身者，必反是者也。故孔子曰："知者之知，固以多矣，有以守少，能无察乎？愚者之知，固以少矣，有⑨以守⑩多，能无狂乎？"此之谓也。

注解

①权：调节秤锤使秤杆平衡叫"权"（也称为"权衡"），引申为合理地调节。

②称：合适，配得上。

③寻：古代长度单位，八尺为一寻。

④吕尚：姜姓，吕氏，名尚，字子牙，号太公望，俗称姜太公。周文王出猎而访得了他，尊他为师。后来他辅佐周武王灭商而使周王朝一统天下，因有功而封于齐。

⑤召公：姓姬，名奭，因采邑在召（今陕西岐山西南），所以称召公。曾帮助武王灭商，被封于燕，成为燕国的始祖。

⑥抏：通"玩"。

⑦修：讲求。

⑧一匡天下：使天下归于一统、恢复正道。一，统一，一致。匡，正。

⑨有：通"又"。

⑩守：管。

译文

至于日积月累地把政事治理妥当，合理地调节万物来使它们适用，使各级官吏穿的衣服有一定的规格，住的房子有一定的标准，役使的仆人有一定的数量，丧葬祭祀器械用具都有和等级相适合的规定，把这种做法贯彻到各种事情中去，诸如尺、寸、寻、丈之类的标准，无一不是遵循了法度然后才加以施行，这些都是政府官员和供役使的官吏所做的事，不值得在伟大的君主面前陈说。那统治人民的君主，如果为本朝所确立的最高准则完全得当，所任用的总管各种事务的宰相是真正有仁德的人，那么他就会自身安逸而国家安定，功绩伟大而名声美好，高一点儿的可以称王天下，低一点儿的也可以称霸诸侯。如果为本朝所确立的最高准则不得当，所任用的总管各种事务的宰相不是具有仁德的人，那么他就会自身劳累而国家混乱，前功尽弃而声名狼藉，国家一定会危险，这是当君主的关键。所以能恰当地任用一个人，那么天下就能取得，不能恰当地任用一个人，那么国家就会危险，不能恰当地任用一个人而能恰当地任用千百个人，在理论上是没有这种事情的。既然能恰当地任用一个人，那么他本身不会有什么劳累的事要做，只要穿着长袍无所事事而天下就能平定了。所以商汤任用了伊尹，周文王任用了吕尚，周武王任用了召公，周成王任用了周公旦。功德低一点儿的是五霸，齐桓公在宫门之内悬挂乐器，奢侈而放纵地游荡玩耍，但天下人并不认为他讲求享乐，相反他还多次会合诸侯，使天下归于一致而恢复了正道，成为五霸中的第一个，这也没有其他的缘故，而是因为他懂得把政事全部交给管仲，这就是当君主的重要守则。聪明的君主容易做到这一点，所以能造成强大的实力而功业名望极大，除了这个还有什么值得去做呢？所以古代的人，凡是有伟大的功业名望的，一定是遵行了这一点；凡是丧失了自己的国家，危害到他本人的，一定是违反了这一点。所以孔子说："智者的知识，本来已经很多了，又因为管的事很少，能不明察吗？蠢人的知识，本来已经很少了，又因为管的事很多，能不惑乱吗？"说的就是这个道理。

原文

治国者，分已定，则主相、臣下、百吏各谨其所闻，不务听其所不闻；各谨其所见，不务视其所不见。所闻所见诚以齐矣，则虽幽闲[①]隐辟[②]，百姓莫敢不敬分安制以化[③]其上，是治国之征也。

注解

①幽闲：幽深远隔。

②辟：通“僻”。

③化：顺服。

译文

治理得好的国家，名分已经确定以后，那么君主、宰相、大臣、百官就各自谨守自己应该听见的东西，不致力于打听自己不应该听见的东西；各自谨守自己应该看见的东西，不致力于察看自己不应该看见的东西。君主、宰相、大臣、百官的所见所闻，如果真正和各自的名分一致了，那么即使是那些幽远闭塞的地方，百姓中也没有人敢不严守本分、遵守制度而用礼来顺服他们的君主，这是治理得好的国家的标志。

原文

主道治近不治远，治明不治幽，治一不治二。主能治近则远者理，主能治明则幽者化，主能当一则百事正。夫兼听天下，日有余而治不足者如此也，是治之极也。既能治近，又务治远；既能治明，又务见幽；既能当一，又务正百，是过者也。过，犹不及也，辟[①]之是犹立直木而求其景之枉也。不能治近，又务治远；不能察

明，又务见幽；不能当一，又务正百，是悖者也，辟之是犹立枉木而求其景之直也。故明主好要而暗主好详。主好要则百事详，主好详则百事荒。君者，论[②]一相，陈一法，明一指[③]，以兼覆[④]之，兼炤[⑤]之，以观其盛[⑥]者也。相者，论[⑦]列[⑧]百官之长，要百事之听，以饰[⑨]朝廷臣下百吏之分，度其功劳，论其庆赏，岁终奉其成功以效于君。当则可，不当则废。故君人劳于索之，而休于使之。

注解

①辟：通“譬”。

②论：通“抡”，选择。

③指：同“旨”。

④覆：覆盖，庇护，指统治。

⑤炤：同“昭”，察见，明察。

⑥盛：通“成”。

⑦论：通“抡”。

⑧列：安排位次。

⑨饰：通“饬”，整治，整顿。

译文

君主的统治原则是，治理近处的事而不治理远方的事，治理明处的事而不治理暗处的事，治理根本性的一件大事而不治理各种各样的小事。君主能够治理好近处的事，那么远方的事就会因此而得到治理；君主能够治理好明处的事，那么暗处的事就会因此而变化；君主能恰当地治理好根本性的一件大事，那么各种各样的小事就会因此而得到正确处理。全面治理整个天下，时间绰绰有余而要治理的事少得不够做，这就是政治的最高境界了。既能治理近处的事，又力求治理远方的事；既能治理明处的事，又力求察见暗处的事；既能恰当地治理好根本性的大事，又力求治理好各种各样的小事。这是过分的做法。太过分了，就会达不到，打个比方，这就好像是立起笔直的木头而要求它的影子弯曲一样。不能治理近处的事，又力求治理远处的事；不能明察明处的事，又力求察见暗处的事；不能恰当地治理好根本性的大事，又力求治理好各种各样的小事。这是混乱的做法，打个比方，这就好像是立起弯曲的木头而要求它的影子笔直一样。所以英明的君主喜欢抓住要领，而愚昧的君主喜欢管得周详。君主喜欢抓住要领，那么各种事情就能办得周详，君主喜欢管得周详，那么各种事情就会荒废。君主，只需选择一个宰相，公布一套法制，阐明一个宗旨，用这种手段来全面地统治一切，普遍地洞察一切，从而来坐观自己的成功。宰相，要选拔安排好各部门的长官，总管各种事情的处理，以此来整顿朝廷上的大臣和各级官吏的职分，衡量他们的功劳，论定对他们的奖赏，年终拿他们的成绩功劳呈报给君主。称职的就留用，不称职的就罢免。所以君主在寻觅贤相时劳累，在使用他以后就安逸了。

原文

用国者，得百姓之力者富，得百姓之死者强，得百姓之誉者荣。三得者具而天下归之，三得者亡而天下去之；天下归之之谓王，天下去之之谓亡。汤、武者，循其道，行其义，兴天下同利，除天下同害，天下归之。故厚德音以先之，明礼义以道之，致忠信以爱之，赏①贤使能以次之，爵服赏庆以申重之，时其事、轻其任以调齐之，潢然兼覆之，养长之，如保赤子。生民则致宽，使民则綦理，辩②政令制度，所以接天下之人百姓，有非理者如豪末，则虽孤独鳏寡必不加焉。是故百姓贵之如帝，亲之如父母，为之出死断亡而不愉者，无它故焉，道德诚明，利泽诚厚也。

注解

①赏：当作“尚”。

②辩：通“办”，置办。

译文

治理国家的君主，得到百姓出力种地的就富足，得到百姓拼死作战的就强大，得到百姓称赞颂扬的就荣耀。这三种东西都具备了，那么天下人就会归附他；这三种东西都没有，那么天下人就会叛离他；天下人归附他叫作称王，天下人叛离他叫作灭亡。商汤、周武王这些人，遵循这条原则，奉行这种道理，兴办天下人的共同福利，除掉天下人的共同祸害，因而天下人都归附他们。所以君主提高道德声誉来引导人民，彰明礼制道义来指导他们，尽力做到忠诚守信来爱护他们，尊崇贤人、任用能人来安排职位，用爵位、服饰、赏赐、表扬去反复激励他们，根据时节安排他们的劳动、减轻他们的负担来调剂他们，广泛普遍地庇护他们、抚养他们，就像保护初生的婴儿一样。养育人民极其宽厚，使用人民则极其合理，制定政令制度，是用来对待下面的老百姓的，如果它有不合理的地方，哪怕像毫毛的末端一样细微，即使对孤儿、孤独老人、鳏夫、寡妇这样的人，也不能加到他们头上。所以百姓尊重他就像尊重神明一样，亲爱他就像亲爱父母一样，为他豁出性命而心甘情愿，这没有其他的缘故，而是因为君主的道德确实贤明，君主的恩泽确实深厚。

原文

乱世不然：污漫、突盗以先之，权谋倾覆以示之，俳优[①]、侏儒[②]、妇女之请谒以悖之，使愚诏知，使不肖临贤，生民则致贫隘[③]，使民则綦劳苦。是故百姓贱之如尪[④]，恶之如鬼，日欲司[⑤]间而相与投藉之，去逐之。卒[⑥]有寇难之事，又望百姓之为己死，不可得也，说无以取之焉。孔子曰："审[⑦]吾所以适[⑧]人，适人之所以来我也。"此之谓也。

注解

①俳（pái）优：古代以乐舞谐戏为业的艺人。

②侏儒：因发育不良而身材矮小的人，古代常充当滑稽演员，供贵族戏弄取乐。

③隘：穷困，窘迫。

④尪（wāng）：同“尩”，残疾人。

⑤司：通“伺”，侦察，探察。

⑥卒：同“猝”，突然。

⑦审：弄明白。

⑧适：到……去。

译文

混乱的社会就不是这样：君主以污秽卑鄙、强取豪夺的行为来做人民的先导，玩弄权术阴谋、搞倾轧陷害来给他们做示范，让戏子、侏儒、女人私下求见说情来扰乱自己，让愚蠢的人去教诲有智慧的人，让没有德才的人去领导有德才的人，养育人民则使他们极其贫穷困厄，使用人民则使他们极其疲劳辛苦。所以百姓鄙视他就像鄙视残疾人一样，厌恶他就像厌恶鬼魅一样，天天想寻找机会一起来抛弃践踏他，摒除驱逐他。突然发生了外敌入侵的事，他还指望百姓为他卖命，这是不可能的，其治国理论没有可取之处。孔子说：“看看自己怎样对待别人，别人也会同样对待自己。”说的就是这个道理。

原文

伤国者何也？曰：以①小人尚②民而威，以非所③取于民而巧，是伤国之大灾也。大国之主也，而好见小利，是伤国；其于声色、台榭、园囿也，愈④厌而好新，是伤国；不好循正其所以有，啖

啖[5]常欲人之有，是伤国。三邪者在匈中，而又好以权谋倾覆之人断事其外，若是，则权轻名辱，社稷必危，是伤国者也。大国之主也，不隆本行，不敬旧法，而好诈故[6]，若是，则夫朝廷群臣亦从而成俗于不隆礼义而好倾覆也。朝廷群臣之俗若是，则夫众庶百姓亦从而成俗于不隆礼义而好贪利矣。君臣上下之俗莫不若是，则地虽广，权必轻；人虽众，兵必弱；刑罚虽繁，令不下通。夫是之谓危国，是伤国者也。

注解

①以：使。

②尚：通“上”。

③所：方法，手段。

④愈：通“愉”，愉快，快乐。

⑤啖啖：贪吃的样子，形容贪得无厌。

⑥故：巧诈。

译文

危害国家的因素是什么呢？回答：使小人骑在人民头上作威作福，用非法的手段向人民搜刮勒索，这是危害国家的重大灾难。身为大国的君主，却喜欢注意小利，这就会危害国家；他对于音乐美色、高台亭阁、园林兽苑，乐此不疲而追求新奇，这就会危害国家；不好好管理自己已有的土地财富，却垂涎欲滴地常常想夺得别人所拥有的土地财富，这就会危害国家。这三种邪恶的念头在胸中，而又任那些搞权术阴谋、倾轧陷害的人在外决断政事，像这样，君子就会权势轻微、声名狼藉，国家政权必然危险，这就是危害国家。身为大国的君主，却不推崇礼义，不谨守原有的法制，而喜欢搞欺诈，像这样，那么朝廷上的群臣也就跟着养成一种不崇尚礼义而喜欢搞倾轧陷害的习俗。朝廷上群臣的习俗像这样，那么民众也就跟着养成一种不尊崇礼义而喜欢贪图财利的习俗了。君臣上下的习俗无不如此，那么领土即使辽阔，权势也必然轻微；人口即使众多，兵力也必然衰弱；刑罚即使繁多，政令也不能向下贯彻。这就叫作危险的国家，这就是危害国家。

原文

儒者为之不然，必将曲辨[①]：朝廷必将隆礼义而审贵贱，若是，则士大夫莫不敬节死制者矣。百官则将齐其制度，重其官秩，若是，则百吏莫不畏法而遵绳矣。关市几而不征，质律禁止而不偏[②]，如是，则商贾莫不敦悫而无诈矣。百工将时斩伐，佻[③]其期日[④]而利其巧任[⑤]，如是，则百工莫不忠信而不楛矣。县鄙将轻田野之税，省刀布之敛，罕举力役，无夺农时，如是，则农夫莫不朴力而寡能矣。士大夫务节死制，然而兵劲。百吏畏法循绳，然后国常不乱。商贾敦悫无诈则商旅安，货通财，而国求给矣。百工忠信而不楛[⑥]，则器用巧便而财不匮矣。农夫朴力而寡能，则上不失天时，下不失地利，中得人和，而百事不废。是之谓政令行，风俗美。以守则固，以征则强，居则有名，动则有功。此儒之所谓曲辨也。

注解

①辨：同“办”，治理。

②偏：指偏听一面之词。

③佻（yáo）：延长，放宽。

④期日：约定的日数、日期。

⑤任：能力。

⑥楛（kǔ）：粗劣。

译文

儒者做事就不是这样，他一定会周到地治理好：在朝廷上一定要尊崇礼义而明辨贵贱，像这样，那么士大夫就没有不看重节操、为礼制殉身的了。对于群臣百官，将统一他们的管理制度，注重他们的官职俸禄，像这样，那么群臣百官就无不害怕法制而遵守准则条例了。对关卡和集市进行检查而不征税，对贸易禁止弄虚作假而不偏听一面之词，像这样，那么商人就无不忠厚老实而没有欺诈了。对各种工匠要求他们按照时节砍伐木材，放宽对他们的限期以便利于他们发挥技巧，像这样，那么各种工匠就无不忠诚老实而不粗制滥造了。在农村减轻对农田的收税，减少货币的搜刮，少发动劳役，不侵占农时，像这样，那么农民就无不朴实地尽力于耕种而很少有其他的技能了。士大夫追求名节而殉身于礼制，这样兵力就会强劲。群臣百官害怕法制而遵守准则条例，这样国家就不会经常混乱。商人忠厚老实而不搞欺诈，那么流动的商贩就安全保险，货物钱财就能流通，而国家的各种需求就能得到供应了。各种工匠忠诚老实而不粗制滥造，那么器械用具就做得精巧便利而钱财也不会缺乏了。农民朴实地尽力耕作而没有能力从事其他行业，那么就上不会失天时，下不会失地利，中能得人和，而各种事情就不会荒废。这些情况叫作政令通行，风俗美好。凭借这种政治局面来防守就能守得很牢固，去出征就能强劲有力，安居无事就会有声望，采取行动就会有功绩。这就是儒家所说的对各个方面周详地治理。

读解

本篇讲了要想统一天下而称王就必须要实行的一些政策措施，如守要领、立礼法、讲道义、明名分、择贤相、用能人、取民心等。同时，篇中兼述了霸道与亡国之道，以与王道相观照。

儒家的思想中比较推崇礼、义、仁、智、信，甚至把礼义放在了首位。荀子也非常推崇礼义。在这篇文章中，荀子首先论述了一下国家，“国者，天下之制利用也”，国家是天下最有力的工具，那么，君主呢？“人主者，天下之利势也”，君主处于天下最有利的地位。但是，如果君主不能用正确的方法治理国家，那就很危险了，甚至可能把自己的性命和整个国家都断送掉。什么是正确的管理办法呢？那就是礼义和诚信。所以，荀子说“义立而王，信立而霸，权谋立而亡”。很明显，在这里荀子是厌恶用阴谋诡计来治理国家，而他推崇的就是用礼义来治理国家。在接下来的篇幅中，荀子分别论述了什么是“义立而王”，什么是“信立而霸”，什么是“权谋立而亡”。之后，荀子苦口婆心地说：“这三种情况，君主一定要谨慎，仁人一定要弄明白啊！”

“挈国以呼功利，不务张其义，齐其信，唯利之求，内则不惮诈其民而求小利焉，外则不惮诈其与而求大利焉，内不修正其所以有，然常欲人之有，如是，则臣下百姓莫不以诈心待其上矣。上诈其下，下诈其上，则是上下析也”，这是用权谋治理国家的结果，后来的秦国就是这样。当年秦始皇歼灭六国，统一天下的时候，是何等威风啊！可是当陈胜、吴广揭竿而起，天下群雄并起的时候，整个秦王朝便马上烟消云散，又是多么的令人哀叹啊！这大概就是不实行礼义来治理国家的后果吧！

【事例一】

荀子认为，在天下称王称霸，靠的不仅仅是国土和武力，更重要的是“义立而王”。只要遵从道义，哪怕只有方圆百里的国土也能够取得天下。荀子举出的典型例子之一，就是周文王、周武王得天下的故事。

百里得天下

西周，原本是商朝的一个面积不大的附属国，居住在相对荒凉的西部地区，常常受到戎狄的侵扰。于是，周太王古公亶父迁徙到了岐山之下，在那里他积德行义，鼓励生产，国力慢慢强大起来。古公亶父的儿子季历即位，西周的实力更强大了，引起了商朝的猜忌，于是商王文丁杀死了季历。季历的儿子姬昌继位，他就是大名鼎鼎的周文王。

姬昌并没有急着为父亲报仇，因为他知道凭西周目前的实力，跟商朝对抗就是以卵击石。于是，他对外恭顺地向商朝称臣，对内勤于政事、搜罗人才，散宜生、太颠、姜子牙等一大批杰出人才先后被他网罗到西周。受不了商纣王残暴统治的百姓们，听闻西周以道义治国，纷纷来到那里。在姬昌的治理下，西周百姓安居乐业，人人尊老爱幼、互相谦让。

姬昌曾经被纣王软禁七年，他毫无怨言，后终于被大臣们搭救回来。回到西周姬昌兢兢业业治理国家，人人都知道西伯侯姬昌是仁义无双的贤君。

当时虞国和芮国因为国境纠纷闹得不可开交，于是两国国君来到西周，想请周文王评断。还没有到西周都城，就看到百姓互相谦让田界，无论老幼都谦恭有礼。两位国君非常惭愧，互相礼让着回国了。从此以后，姬昌的名声就更大了。

姬昌在世时，西周国土已经“三分天下有其二”了，但还是没有攻打商朝。他的儿子周武王继位后，继续沿用父亲的政策，西周的美名传扬到天下的每一个角落，与残暴不仁的商朝形成了鲜明对比。一次，周武王想试一试自己的威望到底有多高，于是率大军来到孟津，前来拜见他的诸侯超过了八百个。但是周武王发现还有几个大诸侯没有来，于是回到了国都镐京。西周的道义之名日益高涨，连远在东方的孤竹国的两位王子伯夷和叔齐都来到了西周，不久商朝的太师也带着商朝宗庙的礼器逃到了西周。在听说商纣王残暴地杀死了忠臣比干之后，周武王觉得时机成熟了，于是在姜子牙的辅佐下率领大军杀向商朝都城朝歌。商纣王紧急召集一批乌合之众抵抗，这些人都在阵前倒戈，将周军引入商都。商纣王自焚身亡，周武王正式成为天子，实现了西周百里得天下的奇迹。

【事例二】

一个君主，要实现王霸之业，仅靠他自己的才智是远远不够的，还需要一大批贤德之士辅佐，其中最重要的就是宰相。一个好的宰相，能够扭转一个国家的政治面貌，帮助国君实现大业。荀子就宣称“彼持国者必不可以独也，然则强固荣辱在于取相矣”，极力强调贤相的重要性。

贤相伊尹

商汤原本是个百里小国的君主，他之所以能推翻夏朝、建立商朝，一个重要的原因是得到了伊尹的辅佐。

伊尹出生于有莘国，从小聪明过人。伊尹想求见成汤而苦于没有门路，于是就去给有莘氏做陪嫁的男仆，背着饭锅砧板来见成汤，借着谈论烹调滋味的机会向成汤进言，劝说他实行王道。也有人说，伊尹本是个有才德而不肯做官的隐士，成汤曾派人去聘迎他，总共去了五次，伊尹才答应他。伊尹向成汤讲了古代君王以及九种君王的做法，成汤于是举用了他，委任他管理国政。伊尹曾经离开商汤到夏桀那里，因为看到夏桀无道，十分憎恶，所以又回到了商都亳。

商汤像尊敬老师一样尊敬伊尹，对他言听计从。伊尹劝说商汤以尧舜为榜样，以德治天下，以期得到天下百姓的支持。伊尹勤于政事，在他的努力下，商国政治清明、兵强马壮，实力和威望都已经超过了夏朝，而此时夏朝的末代君主夏桀依然沉溺于酒色之中，毫不体恤百姓，大兴土木、四处征伐。于是，伊尹协助商汤起兵伐夏，夏桀逃跑，夏朝灭亡，商朝建立。

商汤去世之后，伊尹继续辅佐商汤的子孙，商汤的孙子太甲在位时无道，天下动荡，商朝有倾覆的危险。伊尹就将太甲驱逐出去，自己执掌了国政。三年后，天下稳定，伊尹见太甲悔改了，又将他接回国都，自己继续尽心尽力辅佐他。在伊尹的努力下，商朝变得兴盛而强大。

君道

原文

有乱君，无乱国；有治人，无治法。羿之法非亡也，而羿不世中；禹之法犹存，而夏不世王。故法不能独立[①]，类不能自行，得其人则存，失其人则亡。法者，治之端也；君子者，法之原也。故有君子则法虽省，足以遍[②]矣；无君子则法虽具，失先后之施，不能应事之变，足以乱矣。不知法之义而正法之数者，虽博[③]，临事必乱。故明主急得其人，而暗主急得其势。急得其人，则身佚[④]而国治，功大而名美，上可以王，下可以霸；不急得其人而急得其势，则身劳而国乱，功废而名辱，社稷必危。故君人者劳于索之，而休于使之。《书》曰："惟[⑤]文王敬忌，一人以择。"此之谓也。

注解

①立：建树。

②遍：与下文"乱"相对，指普遍得到治理。

③博：多闻。

④佚：同"逸"，安乐，安闲。

⑤惟：思。

译文

有把国家搞混乱的君主，没有自行混乱的国家；有治理国家的人才，没有自行治理的法制。后羿的箭法并没有失传，然而后羿并不能使世世代代的人都百发百中；大禹的法制仍然存在，然而夏后氏并不能世世代代称王。所以法制不能单独有所建树，制度不可能自动被执行；得到了那种善于治理国家的人，那么法制就会存在；失去了那种善于治国的人，那么法制也就消亡了。法制，是政治的开头；君子，是法制的本源。所以有了君子，即使法律简单，也足够应用在各个方面了；没有君子，那么即使法律俱全，也会失去施行的先后顺序，不能应对事情的变化，足够造成混乱了。不知道法治的意义而去定法律条文的人，即使了解得很多，碰到事情也一定会忙乱。所以贤明的君主渴望得到善于治理国家的人，而愚昧的君主急于得到权力。渴望得到治理国家的人，那么自身安逸并且国家安定，功业宏伟并且声望很好，对上能称王天下，对下能称霸诸侯；不渴望得到治理国家的人，却急于获得权力，那么自身就会劳苦并且国家也会混乱，功业荒废并且声望受辱，国家政权一定会危险。所以统治人民的君主，在挑选人才时会劳累，但在任用他以后就安逸了。《尚书》上说："要思考文王的恭敬谨慎，身为天子亲自挑选。"说的就是这个意思。

原文

合符节、别契券[①]者，所以为信也；上好权谋，则臣下百吏诞诈之人乘是而后欺。探筹、投钩者，所以为公也；上好曲私，则臣下百吏乘是而后偏。衡石[②]、称县[③]者，所以为平也；上好倾覆，则臣下百吏乘是而后险。斗、斛[④]、敦[⑤]、概[⑥]者，所以为啧[⑦]也；上好贪利，则臣下百吏乘是而后丰取刻与，以无度取于民。故械数[⑧]者，治之流也，非治之原也；君子者，治之原也。官人守数，君子养原，原清则流清，原浊则流浊。故上好礼义，尚贤使能，无贪利之心，则下亦将綦辞让，致忠信，而谨于臣子矣。如是，则虽在小民，不待合符节、别契券而信，不待探筹、投钩而公，不待衡石、称县而平，不待斗、斛、敦、概而啧。故赏不用而民劝，罚不用而民服，有司不劳而事治，政令不烦而俗美，百姓莫敢不顺上之法，象上之志，而劝上之事，而安乐之矣。故藉敛[⑨]忘费，事业忘劳，寇难忘死，城郭不待饰[⑩]而固，兵刃不待陵[⑪]而劲，敌国不待服而诎，四海之民不待令而一。夫是之谓至平。《诗》曰："王犹允塞，徐方既来。"此之谓也。

注解

①契券：契据证券，是古代的一种凭证。古人在竹简或木简上刻字，刻好后剖为两半，双方各留一半，验证时将两半相合，契合的便有效。

②衡石：对称重量的器物的通称。衡，秤。石，古代重量单位，一百二十斤为一石。

③称县：测量重量的工具。称，秤杆。县，同“悬”，指秤砣。

④斛：古代量器，十斗为一斛。

⑤敦（duì）：古代量黍、稷的器具，形状似盂，一敦为一斗二升。

⑥概：量米、粟时刮平斗斛的木板。

⑦啧：实际。

⑧械数：指统一的度量衡制度。

⑨藉敛：纳税。藉，进贡。敛，赋税。

⑩饰：同“饬”，整治。

⑪陵：通“凌”，冰，引申为冷却，此指淬火。

译文

验合符节、辨认契券，是用来形成信用的；君主喜好玩弄权术，那么群臣百官中荒诞诡诈的人就会乘机跟着欺诈。抽签、抓阄，是为了做到公正；君主喜好包庇谋私，那么群臣百官就会乘机跟着偏私。衡石和秤，是为了做到公平；君主喜好颠倒是非，那么群臣百官就会乘机跟着作恶多端。斗、斛、敦、概，是为了做到与实际相符；君主喜好贪图利益，那么群臣百官就会乘机跟着多拿少给，没有限度地从老百姓那里索取。所以有助于治理国家的各种器物与方法，只是政治的末流，并不是政治的源头；君主，是政治的源头。官员坚守着治理的方法，君主保养治理的源头，源头清澈那么支流也清澈，源头混浊那么支流也混浊。所以君主爱好礼节道义，崇尚贤人、任用才子，没有贪图利益的心思，那么大臣也就会谦让恭敬，极其忠诚守信，从而谨慎地当好一个臣子了。像这样，即使是在卑微的老百姓中，不用等验合符节、辨认契券就会做到有信用，不用等抽签、抓阄就能做到公正，不用衡石和秤就能做到公平，不用斗、斛、敦、概就能做到与实际相符。所以不用赏赐而百姓就能勤勉，不用刑罚而百姓就能顺服，官吏不费力而事情就能治理好，政策法令不繁杂而习俗就能变好，百姓不敢不顺从君主的法令、不服从君主的意志，而为君主的事情勤勉，并且感到知足快乐。所以，百姓在纳税时不觉得破费，为国家做事时忘掉了疲劳，抵御外敌作战时不惧怕死亡；城墙不用等整治就牢固，兵器的刀尖不用淬炼就坚硬，敌国不用等去征服它便屈服，天下百姓不用等命令他们就能统一。这叫作极其太平。《诗经》上说："王道遍行天下，徐国已经投降来归从。"说的就是这个意思。

原文

请问为人君？曰：以礼分施①，均遍②而不偏。请问为人臣？曰：以礼待君，忠顺而不懈。请问为人父？曰：宽惠而有礼。请问为人子？曰：敬爱而致文③。请问为人兄？曰：慈爱而见友④。请问为人弟？曰：敬诎而不苟。请问为人夫？曰：致功而不流，致临⑤而有辨⑥。请问为人妻？曰：夫有礼，则柔从听侍；夫无礼，则恐惧而自竦⑦也。此道也，偏立而乱，俱立而治，其足以稽矣。请问兼能之奈何？曰：审之礼也。古者先王审礼以方皇⑧周浃⑨于天下，动无不当也。故君子恭而不难，敬而不巩⑩，贫穷而不约，富贵而不骄，并遇变态而不穷，审之礼也。故君子之于礼，敬而安之；其于事也，径而不失；其于人也，寡怨宽裕而无阿；其所为身也，谨修饰而不危⑪；其应变故也，齐给便捷而不惑；其于天地万物也，不务说其所以然而致善用其材；其于百官之事、技艺之人也，不与之争能而致善用其功；其待上也，忠顺而不懈；其使下也，均遍而不偏；其交游也，缘义而有类；其居乡里也，容而不乱。是故穷则必有名，达则必有功，仁厚兼覆天下而不闵，明达用天地、理万变而不疑，血气和平，志意广大，行义塞于天地之间，仁知之极也。夫是之谓圣人，审⑫之礼也。

注解

①分施：治理。

②均遍：公平。

③文：指礼节、礼貌。

④友：兄弟之间的亲爱、友好与帮助。

⑤临：近。

⑥有辨：指夫妻有别，保持一定的界限。

⑦竦：肃敬。

⑧方（páng）皇：广大。

⑨周浃（jiā）：周遍。

⑩巩：通“恐”，恐惧。

⑪危：通“诡”，欺诈。

⑫审：通晓。

译文

请问怎样做君主？回答：要按照礼义去治理，公平而不偏私。请问怎样做臣子？回答：要按照礼义去侍奉君主，忠诚顺从而不懈怠。请问怎样做父亲？回答：要宽厚仁爱而有礼节。请问怎样做儿子？回答：要敬爱父母而极有礼貌。请问怎样做哥哥？回答：要仁慈地爱护弟弟而付出自己的友爱。请问怎样做弟弟？回答：要恭敬顺服而一丝不苟。请问怎样做丈夫？回答：要尽力取得功业而不放荡淫乱，尽力亲近妻子而又有一定的界限。请问怎样做妻子？回答：丈夫遵行礼义就温柔顺从听命侍候他，丈夫不遵行礼义就诚惶诚恐而独自保持肃敬。这些原则，只能部分地做到，那么天下仍会混乱；全部确立了，天下就会大治。这已经是完全证实了的。请问要全部做到这些该怎么办？回答：必须弄清楚礼义。古代圣王弄明白了礼义而普遍施行于天下，行动没有不恰当的。所以君子谦恭但不胆怯，肃敬但不恐惧，贫穷却不卑屈，富贵却不骄纵，同时遇到各种事变也能应付自如而不会束手无策，这都是因为弄明白了礼义的缘故。所以君子对于礼义，敬重并遵守它；他对于事务，做起来直截了当但不出差错；他对于别人，很少埋怨而宽宏大量，从不阿谀逢迎；他做人的原则，是谨慎地加强修养而不险诈；他应付事变，迅速敏捷而不糊涂；他对于天地万物，不致力于解说它们形成的原因而能做到很好地利用其材质；他对于各种官府中的官吏和有技术的人才，不和他们竞争技能的高下而能做到很好地利用他们的工作成果；他侍奉君主，忠诚顺从而不懈怠；他使唤下边的人，公平而不偏私；他与人交往，寻找志趣相投的人而讲究礼义；他住在家乡，待人宽容而不胡作非为。所以君子处境穷困时就一定享有名望，显达时就一定能建立功勋；他的仁爱宽厚之德普照天下而不昏暗，他的明智通达能够整治天地万物，处理各种事变而不疑惑；他心平气和，思想开阔，德行道义充满在天地之间，仁德智慧达到了极点。这种人就叫作圣人，这是因为他弄明白了礼义的缘故啊！

原文

请问为国？曰：闻修身，未尝闻为国也。君者，仪①也，仪正而景正；君者，槃也，槃圆而水圆；君者，盂也，盂方而水方。君射则臣决②。楚庄王③好细腰，故朝有饿④人。故曰：闻修身，未尝闻为国也。

注解

①仪：日晷（guǐ），利用日影来测定时刻的仪器。一般是在刻有时刻线的盘（晷面）的中央立一根垂直的标杆（晷针，也称“表”），根据标杆投出的日影方向和长度来确定时刻。此文“仪”即指此标杆而言。

②决：古代射箭时套在右手大拇指上用来钩弦的象骨套子，俗称“扳指”。这里用作动词。

③楚庄王：根据史书应为“楚灵王”。

④饿：古代一般的肚子饿叫“饥”。“饿”是指严重的饥饿，指肚子饿得受到死亡的威胁。

译文

请问怎样治理国家？回答：我只听说君主要修养自己的品德，不曾听说过怎样去治理国家。君主就像测定时刻的日晷，民众就像这日晷的影子，日晷正直，那么影子也正直；君主就像盘子，民众就像盘里的水，盘子是圆形的，那么盘里的水也成圆形；君主就像盂，民众就像盂中的水，盂是方形的，那么盂中的水也成方形。君主射箭，那么臣子也会射箭。楚灵王喜欢细腰的人，所以朝廷上有饿得面黄肌瘦的臣子。所以说：我只听说君主要修养身心，不曾听说过怎样治理国家。

原文

君者，民之原也，原清则流清，原浊则流浊。故有社稷者而不能爱民、不能利民，而求民之亲爱己，不可得也。民不亲不爱，而求其为己用、为己死，不可得也。民不为己用、不为己死，而求兵之劲、城之固，不可得也。兵不劲、城不固，而求敌之不至，不可得也。敌至而求无危削、不灭亡，不可得也。危削、灭亡之情举积此矣，而求安乐，是狂生者也。狂生者，不胥①时而落。故人主欲强固安乐，则莫若反之民；欲附下一民，则莫若反之政；欲修政美国，则莫若求其人。彼或蓄积而得之者不世绝，彼其人者，生乎今之世而志乎古之道。以天下之王公莫好之也，然而于是独好之；以天下之民莫欲之也，然而于是独为之；好之者贫，为之者穷，然而于是独犹将为之也，不为少顷辍②焉。晓然独明于先王之所以得之，所以失之，知国之安危、臧否若别白黑。是其人者也，大用之，则天下为一，诸侯为臣；小用之，则威行邻敌；纵不能用，使无去其疆域，则国终身无故。故君人者爱民而安，好士而荣，两者无一焉而亡。《诗》曰："价人维藩③，大师维垣。"此之谓也。

注解

①胥：通"须"，等待。
②辍：停止。
③藩：屏障。

译文

君主，就像人民的源头，源头清澈，那么下边的流水也清澈，源头混浊，那么下边的流水也混浊。所以掌握了国家政权的人如果不能够爱护人民、不能够使人民得利，而要求人民亲近爱戴自己，那是不可能办到的。人民不亲近、不爱戴，而要求人民为自己所用、为自己牺牲，那也是不可能办到的。人民不为自己所用、不为自己牺牲，而要求兵力强大、城防坚固，那是不可能办到的。兵力不强大、城防不坚固，而要求敌人不来侵犯，那是不可能办到的。敌人来了而要求自己的国家不危险削弱、不灭亡，那是不可能办到的。国家危险削弱以至灭亡的情况全都积聚在他这里了，却还想求得安逸快乐，这是狂妄无知的人。狂妄无知的人，不用等多久就会衰败死亡的。君主想要强大稳固、安逸快乐，那就没有什么比得上回到人民中来；想要使臣下归附、使人民与自己一条心，那就没有什么比得上回到政事上来；想要治理好政事、使风俗淳朴，那就没有什么比得上寻觅善于治国的人。那些善于治国的人或许有所积储，因而得到这种人的君主世世代代没断绝过；那些善于治国的人，生在今天的时代而向往着古代的政治原则。虽然天下的君主没有谁爱好古代的政治原则，但是这种人偏偏爱好它；虽然天下的民众没有谁想要古代的政治原则，但是这种人偏偏遵行它；爱好古代政治原则的会贫穷，遵行古代政治原则的会困厄，但是这种人还是要遵行它，并不因此而停止片刻。唯独这种人清楚地明了古代帝王取得国家政权的原因、失去国家政权的原因，他了解国家的安危、政治的好坏就像分辨黑白一样清楚。这种善于治国的人，如果君主重用他，那么天下就能被统一，诸侯就会来称臣；如果君主一般地任用他，那么威势也能扩展到邻邦敌国；即使君主不能任用他，但如果能使他不离开自己的国土，那么国家在他活着的时候也就不会有什么祸患。所以统治人民的君主，爱护人民就会安宁，喜欢士人就会荣耀，这两者一样都没有就会灭亡。《诗经》上说："贤士就是那屏障，大众就是那围墙。"说的就是这个道理。

原文

道者，何也？曰：君道也。君者，何也？曰：能群也。能群也者，何也？曰：善生养人者也，善班[①]治人者也，善显设[②]人者也，善藩饰[③]人者也。善生养人者人亲之，善班治人者人安之，善显设人者人乐之，善藩饰人者人荣之。四统者俱而天下归之，夫是之谓能群。不能生养人者人不亲也，不能班治人者人不安也，不能显设人者人不乐也，不能藩饰人者人不荣也。四统者亡而天下去之，夫是之谓匹夫。故曰：道存则国存，道亡则国亡。省工贾，众农夫，禁盗贼，除奸邪，是所以生养之也。天子三公，诸侯一相，大夫擅官，士保职，莫不法度而公，是所以班治之也。论德而定次，量能而授官，皆使其人载其事而各得其所宜。上贤使之为三公，次贤使

之为诸侯，下贤使之为士大夫，是所以显设之也。修冠弁④、衣裳、黼黻、文章、琱琢、刻镂皆有等差，是所以藩饰之也。故由天子至于庶人也，莫不骋其能，得其志，安乐其事，是所同也。衣暖而食充，居安而游乐，事时制明而用足，是又所同也。若夫重色而成文章，重味⑤而成珍备⑥，是所衍也。圣王财衍以明辨异，上以饰贤良而明贵贱，下以饰长幼而明亲疏，上在王公之朝，下在百姓之家，天下晓然皆知其非以为异也，将以明分达治而保万世也。故天子、诸侯无靡费之用，士大夫无流淫之行，百吏官人无怠慢之事，众庶百姓无奸怪之俗，无盗贼之罪，其能以称义遍矣。故曰："治则衍及百姓，乱则不足及王公。"此之谓也。

注解

①班：通"辨"（办），治理。
②显设：任用。
③藩饰：遮蔽文饰，指裁制不同的服饰让人穿戴以显示出不同的等级。
④弁（biàn）：冠名。古代男子穿通常礼服时所戴的冠称弁。
⑤味：食物。
⑥备：美好。

译文

"道"是什么意思？回答：道是君主所遵行的原则。"君"又是什么人？回答：君主是能够团结他人的人。什么才是团结？回答：是指善于养活抚育人，善于治理人，善于任用安置人，善于用不同的服饰来装饰人。善于养活抚育人的，人们就亲近他；善于治理人的，人们就安心顺从他；善于任用安置人的，人们就喜欢他；善于用服饰来装饰人的，人们就赞美他。这四个要领具备了，天下的人就会归顺他，这就叫作能把人组织成社会群体的君主。不能养活抚育人的，人们就不会亲近他；不能治理人的，人们就不会安心顺从他；不能任用安置人的，人们就不会喜欢他；不能用服饰装饰人的，人们就不会赞扬他。这四个要领都没有做到，天下的人就会背离他，这就叫作孤身一人的独夫。所以说：正确的政治原则存在，国家就存在；正确的政治原则丧失了，国家就灭亡。减少手工业者和商人，增多农民人数，禁止小偷强盗，铲除奸诈邪恶之徒，这就是用来养活抚育人的办法。天子配备太师、太傅、太保三公，诸侯配备一个相，大夫独掌某一官职，士谨守自己的职责，无不按照法令制度而秉公办事，这就是用来治理人的方法。审察德行来确定等级，衡量才能来授予官职，使他们每人都承担他们的工作而各人都能得到和他的才能相适合的职务。上等的贤才使他们担任三公，次一等的贤才使他们做诸侯，下等的贤才使他们当大夫，这就是任用安置人的办法。修饰帽子衣裳、礼服上的各种花纹、器具上雕刻的图案等都有一定的等级差别，这是以不同的衣服来装饰人的方法。所以从天子一直到普通老百姓，没有谁不想施展自己的才能、实现自己的志向、安逸愉快地从事自己的工作，这是各人都相同的。穿得暖和而吃得饱，住得安适而玩得快乐，事情办得及时、制度明白清楚而财物用度充足，这些又是各人共同的愿望。至于那重叠使用多种颜色而绘成衣服上的彩色花纹，汇集多种食物而烹煮成珍馐美味，这是富饶有余的表现了。圣明的帝王控制好这种富饶有余的东西来彰明等级差别，对上用来装饰贤能善良的人而显示各人地位的高低，对下用来装饰老少而表明各人的亲疏关系，这样，上到君主的朝廷，下到平民百姓的家庭，天下人都明明白白地知道圣明的帝王并不是要用这些东西故意制造等级差别，而是要用它来明确名分、达到治理的目的，从而保持千秋万代永远太平。所以天子诸侯没有浪费的用度，士大夫没有放荡的行为，群臣百官没有怠慢的政事，群众百姓没有奸诈怪僻的习俗，没有偷盗抢劫的罪行，这就能够称为道义普及了。所以说："国家安定，那么富裕会遍及百姓；国家混乱，那么拮据会延及天子王公。"说的就是这个道理。

原文

至道大形[①]：隆礼至[②]法则国有常，尚贤使能则民知方，纂论[③]公察则民不疑，赏克罚偷则民不怠，兼听齐明则天下归之。然后明分职，序事业，材技官能，莫不治理，则公道达而私门塞矣，公义明而私事息矣。如是，则德厚者进而佞说者止，贪利者退而廉节者起。《书》曰："先时者杀无赦，不逮时者杀无赦。"人习其事而固，人之百事如耳目鼻口之不可以相借官也，故职分而民不探，次定而序不乱，兼听齐明而百事不留。如是，则臣下、百吏至于庶人莫不修己而后敢安正[④]，诚能而后敢受职，百姓易俗，小人变心，

奸怪之属莫不反悫。夫是之谓政教之极。故天子不视而见，不听而聪，不虑而知，不动而功，块然⑤独坐而天下从之如一体，如四胑之从心。夫是之谓大形。《诗》曰："温温恭人，维德之基。"此之谓也。

注解

①形：表现。此指实行"至道"以后所表现出来的政治效果。

②至：极，使……成为最高。

③纂论：与"公察"的文义相近，指考察贤能时集中各方面的人员进行审查。

④正：居住。

⑤块然：同"岿然"，独自屹立而不动的样子，即上文"不视""不听""不虑""不动"的样子。

译文

最好的政治原则的最大效验：推崇礼义，使法制高于一切，那么国家就会有常规；尊重贤德的人，任用有才能的人，那么民众就会知道努力的方向；集体审查，公正考察，那么民众就不会怀疑了；奖赏勤劳的人，惩罚偷懒的人，那么民众就不会懒惰了；同时听取各种意见，完全明察一切事情，那么天下人就会归顺他。然后明确名分职责，根据轻重缓急的次序来安排工作，安排有技术的人做事，任用有才能的人当官，没有什么得不到治理，那么为公家效劳的道路就畅通了，而谋私的门径就被堵住了，为公的原则显明了而谋私的事情就止息了。像这样，那么品德淳厚的人就得到起用而巧言谄媚的人就受到遏止，贪图财利的人被黜退而廉洁奉公的人被提拔。《尚书》说："在规定的时刻之前行动的，杀而不赦；没有赶上规定时刻而落后的，杀而不赦。"人们往往因为熟悉了自己的工作而固守本职不改行，人们的各种工作，就像耳朵、眼睛、鼻子、嘴巴一样不能互相代替，所以，职务划分后民众就不会再谋求他职，等级确定后秩序就不会混乱，同时听取各种意见，完全明察一切，那么各种工作就不会拖拉。像这样，那么大臣百官直到平民百姓就无不提高了自己的修养以后才敢安居，真正有了才能以后才敢接受官职；百姓改变了习俗，小人转变了思想，奸邪怪僻之流无不转向诚实谨慎。这就叫作政治教化的最高境界。所以天子不用察看就能发现问题，不用打听就能明白真相，不用考虑就能知道事理，不用动手就能功成业就，岿然不动地独自坐着而天下人顺从他就像一个整体一样，就像四肢顺从思想的支配一样。这就是最好的政治原则的最大效验。《诗经》上说："温柔谦恭的人们，是以道德为根本。"说的就是这种人。

原文

为人主者，莫不欲强而恶弱，欲安而恶危，欲荣而恶辱，是禹、桀之所同也。要①此三欲，辟②此三恶，果何道而便？曰：在慎取相，道莫径是矣。故知而不仁不可，仁而不知不可，既知且仁，是人主之宝也，而王霸之佐也。不急得，不知；得而不用，不仁。无其人而幸有其功，愚莫大焉。

注解

①要：设法取得。

②辟（bì）：通"避"。

译文

做君主的无不希望强盛而厌恶衰弱，希望安定而厌恶危险，希望荣耀而厌恶耻辱，这是禹和桀所相同的欲望。要实现这三种愿望，避免这三种厌恶的东西，究竟采取什么办法最便利？回答说：在于慎重地选取相，没有什么办法比这个更简便的了。所以，对于相的人选，有智慧而没有仁德不行，有仁德而没有智慧也不行，既有智慧又有仁德，这便是君主的宝贵财富，是成就王业和霸业的助手。君主不急于求得相才，是不明智；得到了相才而不重用，是不仁慈。没有德才兼备的相而希望取得王霸之功，没有比这个更愚蠢的了。

原文

今人主有六[1]患：使贤者为之，则与不肖者规之；使知者虑之，则与愚者论之；使修士行之，则与污邪之人疑[2]之。虽欲成功，得乎哉？譬之是犹立直木而恐其景之枉也，惑莫大焉。语曰："好女之色，恶者之孽也。公正之士，众人之痤[3]也。循乎道之人，污邪之贼也。"今使污邪之人论其怨贼而求其无偏，得乎哉？譬之是犹立枉木而求其景之直也，乱莫大焉。

注解

①六：当为"大"字之误。
②疑：揣度，估量。
③痤（cuó）：疖子。

译文

现在君主有个大毛病：让贤能的人去做事，却和不贤的人去纠正他；让明智的人去考虑问题，却和愚蠢的人去评判他；让品德美好的人去干事，却和肮脏邪恶的人去评估他。像这样，虽然想成功，能办得到吗？打个比方，这就好像是竖起一根笔直的木头而怕它的影子弯曲，没有比这个更迷惑的了。俗话说："美女的姿色，是丑陋者的灾祸。公正的贤士，是众人的疖子。遵循道义的人，是肮脏邪恶者的祸害。"现在让肮脏邪恶的人来评判他们的冤家祸根而要求他们没有偏见，能办得到吗？打个比方，这就好像竖起一根弯曲的木头而要求它的影子笔直，没有比这个更混乱的了。

原文

故古之人为之不然。其取人有道，其用人有法。取人之道，参之以礼；用人之法，禁之以等。行义[1]动静，度之以礼；知虑取舍，

稽之以成；日月积久，校之以功。故卑不得以临尊，轻不得以县[②]重，愚不得以谋知，是以万举不过也。故校之以礼，而观其能安敬也；与之举措迁移，而观其能应变也；与之安燕[③]，而观其能无流慆[④]也；接之以声色、权利、忿怒、患险，而观其能无离守也。彼诚有之者与诚无之者，若白黑然，可诎邪哉！故伯乐[⑤]不可欺以马，而君子不可欺以人，此明王之道也。

注解

①行义：品行，道义。

②县：古“悬”字，衡量。古代的权衡类似现代的天平，所以轻的砝码无法衡量重的物体。此文的“轻”“重”喻指权势而言。

③燕：通“宴”，安闲。

④流慆：等于说“慆淫”，放荡享乐的意思。

⑤伯乐：春秋秦穆公时人，姓孙，名阳，善于相马。

译文

古代的君主做事就不是这样。他挑选人有一定的原则，他任用人有一定的法度。挑选人的原则，是用礼制去检验他们；任用人的法度，是用等级去限制他们。对他们的品行举止，用礼制来衡量；对他们的智慧以及赞成或反对的意见，用最后的成果来考查；对他们日积月累的长期工作，用取得的功绩来考核。所以，地位卑下的人不准用来监督地位尊贵的人，权势轻微的人不准用来评判掌有大权的人，愚蠢的人不准用来计议明智的人，因此一切举措都不会失误。所以用礼制来考核他，看他是否能安泰恭敬；给他上下调动来回迁移，看他是否能应付各种变化；让他安逸舒适，看他是否能不放荡地享乐；让他接触音乐美色、权势财利、怨恨愤怒、祸患艰险，看他是否能不背离节操。这样，那些真正有德才的人与的确没德才的人就像白与黑一样判然分明，还能进行歪曲吗？所以伯乐不可能被马的好坏骗了，而君子不可能被人的好坏骗了，以上这些就是英明帝王的政治措施。

原文

人主欲得善射，射远中微者，县[①]贵爵重赏以招致之，内不可以阿子弟，外不可以隐远人，能中是者取之，是岂不必得之之道也哉！虽圣人不能易也。欲得善驭速致远者，一日而千里，县贵爵重赏以招致之，内不可以阿子弟，外不可以隐远人，能致是者取之，是岂不必得之之道也哉！虽圣人不能易也。欲治国驭民，调壹上下，将内以固城，外以拒难，治则制人，人不能制也，乱则危辱灭亡可立而待也。然而求卿相辅佐，则独不若是[②]其公也，案[③]唯便嬖亲比己者之用也，岂不过甚矣哉！故有社稷者莫不欲强，俄则弱矣；莫不欲安，俄则危矣；莫不欲存，俄则亡矣。古有万国，今有十数焉，是无它故，莫不失之是也。故明主有私人以金石珠玉，无私人以官职事业。是何也？曰：本不利于所私也。彼不能而主使之，则是主暗也；臣不能而诬能，则是臣诈也。主暗于上，臣诈于下，灭亡无日，俱害之道也。夫文王非无贵戚也，非无子弟也，非无便嬖也，倜然[④]乃举太公于州[⑤]人而用之，岂私之也哉！以为亲邪？则周姬姓也，而彼姜姓也。以为故邪？则未尝相识也。以为好丽邪？则夫人行年七十有二，䶗[⑥]然而齿堕矣。然而用之者，夫文王欲立贵道，欲白贵名，以惠天下，而不可以独也，非于是子莫足以举之，故举是子而用之。于是乎贵道果立，贵名果明，兼制天下，立七十一国，姬姓独居五十三人，周之子孙苟不狂惑者，莫不为天下之显诸侯，如是者，能爱人也。故举天下之大道，立天下之大功，然后隐其所怜所爱，其下犹足以为天下之显诸侯。故曰："唯明主为能爱其所爱，暗主则必危其所爱。"此之谓也。

注解

①县：同"悬"，悬挂，指挂出布告公开昭示。

②是：指代上文"得善射""得善驭"的方法。

③案：语助词。

④倜（tì）然：远离的样子，此指远离世俗、与众不同的样子。

⑤州：古国名，姜姓，在今山东东部。

⑥齫（kǔn）：无齿貌。

译文

君主想要求得善于射箭，射得远又能射中小目标的人，只有宣布给以高官厚赏来招引他们，对内不能偏袒自己的子弟，对外不能埋没和自己疏远的人，只要符合这个标准的人就选用，这难道不是必能求得善于射箭的人的方法吗？即使是圣人也不能改变这个方法。想要求得善于驾车，既跑得快又到达得远的人，一天可以行一千里地，只有宣布给以高官厚赏来招引他们，对内不能偏袒自己的子弟，对外不能埋没和自己疏远的人，能达到这个标准的人就选用，这难道不是必能求得善于驾车的人的方法吗？即使是圣人也不能改变这个方法。君主想要治理好国家，领导好人民，协调统一上下，对内巩固城防，对外抵御入侵，国家安定，就能够制服别人，而不会被别人制服，国家动乱或遇到危险、耻辱、灭亡等情况，也能够马上对付。但是寻求卿相来帮助国家，就不像这样公道了，只能任用左右亲信和迎合自己的人，这难道不是大错而特错了吗？所以，拥有国家的君主没有不想要强大的，但不久就衰弱了；没有不想要万世长存的，但不久就灭亡了。古时候这样的国家成千上万，现在还有几十个，这没有别的原因，没有不是在用人的问题上失误了。所以，英明的君主有私自给人金石珠玉的，却没有私自给人以官职和事业的。这是什么原因？回答：因为私下给人官职根本不利于那些被偏爱的人。那些人没有才能而君主任用他，那么这就是君主昏庸；臣子无能而冒充有才能，那么这就是臣子欺诈。君主昏庸于上，臣子欺诈于下，灭亡就要不了几天了，所以这是对君主以及所宠爱的臣子都有害处的做法啊。周文王并不是没有皇亲国戚，并不是没有儿子兄弟，并不是没有宠臣亲信，但他却离世脱俗地在别国人之中提拔了姜太公而重用他，这哪里是偏袒他呢？以为他们是亲族吧？但周族姓姬，而他姓姜。以为他们是老相识吧？但他们从来不相识。以为周文王爱漂亮吧？但那个人已七十二岁，牙齿都掉光了。但是还要任用他，那是因为文王想要树立宝贵的政治原则，想要显扬尊贵的名声，以此来造福天下，而这些是不能单靠自己一个人办到的，但除了姜太公又没有什么人可以选用，所以提拔了这个人而任用了他。于是宝贵的政治原则果然树立起来了，尊贵的名声果然明显卓著，全面控制了天下，设置了七十一个诸侯国，其中姬姓诸侯就独占五十三个，周族的子孙只要不是发疯、糊涂的人，无不成为天下显贵的诸侯，像这样，才算是能宠爱人啊。所以实施了统一天下的重大原则，建立了统一天下的丰功伟绩，然后再偏私自己所疼所爱的人，那么这些被疼爱的人最差的也还能成为天下的显贵诸侯。所以说：“只有英明的君主才能爱护他所宠爱的人，昏庸的君主就必然会危害他所宠爱的人。”说的就是这个道理。

原文

墙之外，目不见也；里之前[①]，耳不闻也；而人主之守司，远者天下，近者境内，不可不略知也。天下之变，境内之事，有弛易[②]齵差[③]者矣，而人主无由知之，则是拘胁蔽塞之端也。耳目之明，如是其狭也；人主之守司，如是其广也；其中不可以不知也，如是其危也。然则人主将何以知之？曰：便嬖左右者，人主之所以窥远收[④]众之门户牖向[⑤]也，不可不早具也。故人主必将有便嬖左右足信者然后可，其知[⑥]惠足使规物、其端诚足使定物然后可，夫是之谓国具。人主不能不有游观安燕之时，则不得不有疾病物故之变焉。如是，国者事物之至也如泉原，一物不应，乱之端也。故曰：人主不可以独也。卿相辅佐，人主之基[⑦]、杖也，不可不早具也。故人主必将有卿相辅佐足任者然后可，其德音足以填抚百姓、其知虑足以应待万变然后可，夫是之谓国具。四邻诸侯之相与，不可以不相接也，然而不必相亲也。故人主必将有足使喻志决疑于远方者然后可。其辩说足以解烦，其知虑足以决疑，其齐断足以距[⑧]难，不还秩[⑨]，不反君，然而应薄扞患足以持社稷然后可，夫是之谓国具。故人主无便嬖左右足信者谓之暗，无卿相辅佐足任者谓之独，所使于四邻诸侯者非其人谓之孤，孤独而晻谓之危。国虽若存，古之人曰亡矣。《诗》曰：“济济多士，文王以宁。”此之谓也。

注解

①里之前：指里门之前。里，居民区，周代以二十五家为一里，里有里门。
②弛易：通“移易”，变动的意思。
③齵差：参差不齐，此指不协调、出了乱子。

④收：通“纠”，监督。

⑤门户牖（yǒu）向：古代双扇的门叫“门”，单扇的门叫“户”，“牖”即窗，“向”即北窗。这里喻指君主的耳目。

⑥知：通“智”。

⑦基：为“綦”字，指鞋带。

⑧距：通“拒”，拒绝，指拒之于外。

⑨还秩：谋求私利。还，谋求。秩，为“私”字。

译文

墙壁外面，眼睛看不到；里门前面，耳朵听不到；但君主所掌管的，远的遍及天下，近的国境之内，不可不概略地知道一些情况。天下的变化，境内的事情，已经有变动纷乱了，然而君主却无从知道这种情况，那么这就是被挟制蒙蔽的开端了。耳朵和眼睛的辨察力，这样的狭窄；君主的掌管范围，这样的广大；其中的情况不可以不知道，否则就会有被挟制蒙蔽的危险。既然如此，那么君主将靠什么来了解情况呢？回答说：君主身边的亲信和侍从，是君主用来观察远处、监督群臣的耳目，不能不及早配备好。所以君主一定要有足可信赖的亲信侍从，然后才行，他们的智慧要足可用来谋划事情，他们的正直诚实要足可用来决定事情，然后才行，这种人叫作治国的工具。君主不能没有游览安逸的时候，也不可能没有疾病死亡的变故。在这种时候，国家的事情还像源泉一样不断地涌来，一件事情不能应付，就是祸乱的发端。所以说：君主不能单枪匹马。卿相辅佐，是君主的依靠，就好比君主的鞋带、手杖一样，不能不及早配备好。所以君主一定要有足可胜任的卿相辅佐才行，他们的道德声望要足可用来安抚百姓，他们的智慧心计要足可用来应付千变万化才行，这种人叫作治国的工具。四邻诸侯国互相交往，不可能不互相接触，但是不一定都互相友好。所以君主一定要有足可出使到远方去传达君主旨意、解决疑难问题的人才行。他们的辩说要足可用来消除麻烦，他们的智慧心计要足可用来解决疑难，他们的敏捷果断要足可用来排除危难，他们不谋求私利，不违反君主，然而应付紧急情况、抵御患难的时候却足可保住国家政权，只有这样才行，这种人叫作治国的工具。君主没有足可信赖的亲信侍从叫作不明，没有足可胜任的卿相辅佐叫作孤独，被派遣到四邻诸侯国的使者不是称职的人叫作孤立，孤立、单独而不明叫作危险。国家虽然存在着，但古代的人却说它灭亡了。《诗经》上说：“人才济济多精英，文王因此得安宁。”说的就是这个道理。

原文

材人：愿悫拘录，计数纤啬[1]而无敢遗丧，是官人使吏之材也。修饬端正，尊法敬分而无倾侧之心，守职循业[2]，不敢损益，可传世也，而不可使侵夺，是士大夫官师之材也。知隆礼义之为尊君也，知好士之为美名也，知爱民之为安国也，知有常法之为一俗也，知尚贤使能之为长功也，知务本禁末之为多材[3]也，知无与下争小利之为便于事也，知明制度、权物称用之为不泥也，是卿相辅佐之材也，未及君道也。能论[4]官[5]此三材者而无失其次，是谓人主之道也。若是，则身佚而国治，功大而名美，上可以王，下可以霸，是人主之要守也。人主不能论此三材者，不知道此道，安值[6]将卑势出劳，并[7]耳目之乐，而亲自贯日而治详，一内而曲辨[8]之，虑与臣下争小察而綦偏能，自古及今，未有如此而不乱者也。是所谓"视乎不可见，听乎不可闻，为乎不可成"，此之谓也。

注解

①纤啬：精打细算。

②业：书版，这里指法典图籍。

③材：通"财"。

④论：通"抡"，选择。

⑤官：任用。

⑥值：通"直"。

⑦并：通"屏"，摒弃。

⑧辨：通"办"，治理。

译文

任用人才的原则：诚实勤劳，即使细小的事情也能精心计算而不敢遗漏，这种人是一般官吏与差役的材料。加强修养、端正身心，崇尚法制、尊重名分而没有偏斜不正的思想，谨守职责、遵循法典，不敢有所增减，使它们世代相传，而不让它们受损被夺，这种人是士大夫和群臣百官的材料。知道崇尚礼义是为了使君主尊贵，知道喜爱士人是为了使名声美好，知道爱护民众是为了使国家安定，知道有了固定的法制是为了统一习俗，知道尊重贤士、使用能人是为了增长功效，知道致力于根本性的农业生产，而限制非根本的工商业是为了增多国家财富，知道不与下属争夺小利是为了有利于办大事，知道彰明制度、权衡事情要符合实用是为了不拘泥于成规，这种人是做卿相辅佐的材料，但还没有懂得君主之道。能够选择任用这三种人才而对他们的安排没有失误，这才可以称为君主之道。如果能这样，那么君主自己就能得到安逸，国家得到安定，功业伟大而名声美好，上可以称王天下，下可以称霸诸侯，这是君主的主要职守。君主不能择取这三种人才，不知道遵循这个原则，而只是降低自己的地位竭尽劳力，抛弃声色娱乐，而亲自连续几天把事情治理得周详完备，一天之内就曲折周到地把事办好，总是想和臣下在细小的方面比精明而使尽某一方面的才能，从古到今，还没有像这样做而国家不混乱的。这就是所谓“看那些不可能看见的，听那些不可能听到的，做那些不可能成功的”，说的就是这个。

读解

本篇主张君主要“修身”，要以身作则，俗话说“上梁不正下梁歪”，要是君王用阴谋欺瞒大臣，那大臣们也会用诡计来欺骗他；若是君主“隆礼至法”“尚贤使能”，善于用人，任用一些品德高尚的君子，就能把国家治理好。篇中所说的“君人者爱民而安，好士而荣，两者无一焉而亡”，无疑可成为君主的座右铭了。除君道外，篇中也涉及臣道、父道、子道、兄道、弟道、夫道、妻道等，而归结到一点，就是要以礼为治。

荀子指出，在家庭中，父子、兄弟、夫妻之间都应该遵照礼的规定确定自己的地位，按照礼的要求建立和谐的家庭关系，即要以礼齐家。那么，我们要如何确定自己的地位，以礼齐家呢？荀子在此篇中说：“请问为人父？曰：宽惠而有礼。请问为人子？曰：敬爱而致文。请问为人兄？曰：慈爱而见友。请问为人弟？曰：敬诎而不苟。请问为人夫？曰：致功而不流，致临而有辨。请问为人妻？曰：夫有礼，则柔从听侍；夫无礼，则恐惧而自竦也。此道也，偏立而乱，俱立而治，其足以稽矣。请问兼能之奈何？曰：审之礼也。”荀子的上述论述，是为了以“礼”治家，带有一定的历史局限性，但是基本上还是有利于家庭和谐的，我们可以选择性地进行借鉴与吸收。

为什么要以礼齐家治国呢？荀子认为，父子、兄弟、夫妻之间只有按照礼义的要求确定自己的家庭地位，按照礼义的要求建立家庭关系，家庭才会和谐，才会形成治国平天下所需要的良好的家庭基础。对于礼，荀子在《大略》中说：“父子不得不亲，兄弟不得不顺，夫妇不得不欢。少者以长，老者以养。”

【事例一】

君主是臣子的榜样，君主只有以德治国，才能拥有天下。晋文公重耳是历史上难得的以德治国的君主，城濮之战中坚持守信退避三舍，奠定了他独霸天下的基础。

晋文公以德治国

公元前633年，楚成王派兵包围了宋国国都。宋成公派使者去晋国求救。晋文公召集群臣商量。晋之名将先轸说：“报恩、救难、立威、称霸，就看这一次了。”晋文公的舅父狐偃说：“楚国刚刚得到曹国，最近又从卫国娶妻。现在如举兵进攻曹、卫，楚必分兵援救，那么宋国就可以解围了。”

于是晋国在被庐举行大规模的阅兵，依照大国的编制组建三军。经商量，大夫郤縠被任命为元帅，统率中军。

晋文公一回国就致力于训练民众。次年，晋文公想使用他们。子犯说：“晋国战乱多年，人民还不知道什么是义，还没有安居乐业。”于是晋文公加强外交活动，护送周襄王回国复位；回国后又积极为人民谋利益，人民开始逐渐关心生产，安于生计。不久，晋文公又想用兵，子犯又说：“百姓还不懂得信，并且还未向他们宣传信的作用。”于是晋文公又征伐了原，约定三天内攻不下就撤兵。三日后晋文公未能攻下，果真守信撤兵，向后退了三十里，以此来向国人证明他是讲信用的。在这一系列行动的影响下，晋国的商人做生意不求暴利，明码标价，童叟无欺，全国形成了讲信誉的好风气。

于是晋文公说：“现在总可以了吧？”子犯说：“人民还不知贵贱尊卑之礼，没有恭敬之心。”于是晋文公用大规模的阅兵来表示礼仪之威严，设置执法官来管理官员。这样一来，人民开始习惯于服从命令，不再有疑虑，这时才使用他们。城濮一战，楚国被迫撤兵谷邑，晋国为宋国解了围，一战而称霸诸侯。这都是因为晋文公善于用仁德教化。这是五霸之主以仁德治国的一面。

【事例二】

君王的德行不高明，臣属虽然想竭尽忠心，可又从何着手呢？观察京房对元帝的诱导，京房已经把道理说得再明白不过了，但是元帝始终不能领悟，仍然让奸臣专权。《诗经》说：“我不但是用手携带你，而且指示了你许多事。”又说：“我教导你是那么的恳切细致，而你却漫不经心、听不进去。”所说的就是汉元帝。

京房论奸

中书令石显独揽大权，尚书令五鹿充宗和石显是朋友，两个人联合执政。有一次，元帝在闲暇时召见京房，京房问元帝：“周幽王、周厉王为什么导致国家出现危机？他们任用的是些什么人？”元帝说：“君王昏庸，任用的都是善于伪装的奸佞之臣。”

京房进一步问：“可是，为什么我们今天才知道他们不是贤能呢？”元帝说：“根据当时局势混乱，君王身处险境便可以知道。”京房说：“如果事物发展的必然规律是，任用贤能的人才时，国家必然治理得好；任用奸邪的小人时，国家必定混乱。周幽王、周厉王为什么不能醒悟而任用贤能的人，以致奸佞当道而陷入困境？”元帝说：“乱世君王，他们都认为自己任用的人是贤能的。如果他们都能发现自己的错误，天下怎么还会有危亡的君王？”京房说：“齐桓公、秦二世也曾经知道周幽王、周厉王的故事，并讥笑过他们。可是，齐桓公任用竖刁，秦二世任用赵高，以致政治日益混乱，盗贼满山遍野。为什么不能用周幽王、周厉王的例子来检讨自己的行为，而觉悟到自己用人不当呢？”元帝说：“只有治国有法的君王，才能依据往事而预测将来。”京房于是脱下官帽，叩头说：“《春秋崐》一书，记载二百四十二年间的天变灾难，以警示后世的君王。如今自陛下即位以来，出现日食月食，星辰逆行；山崩泉涌，大地震动，天落陨石；夏季降霜，冬季响雷，春季百花凋谢，秋季树叶茂盛，降霜后草木并不凋谢；水灾、旱灾、虫灾，百姓饥馑，瘟疫流行；盗贼制伏不住，受过刑罚的人充满街市。《春秋》所记载的灾异，已经具备。陛下看现在是治世，还是乱世？”元帝说：“已经乱到极点了，这还用问？”京房说：“陛下现在任用的是些什么人？”元帝说：“如今的灾难异变和为政之道，幸而比前代要好。并且我觉得这些人没有失责。”京房说：“以前的那些君王，也是像陛下这样想的。我恐怕后世看我们现在，就好像我们现在看古代。”元帝过了很久才说：“现在扰乱国家的是谁?”京房回答说：“陛下自己应该知道。”元帝说：“我不知道；如果知道，哪里还会用他?”京房说：“陛下最信任他，跟他在宫廷之中商议国家大事，让他掌握用人的权柄。”京房所指的是石显。元帝也知道，便对京房说：“我明白你的意思。”京房告退。后来，汉元帝还是没有让石显退位。

臣道

原文

人臣之论：有态[1]臣者，有篡臣者，有功臣者，有圣臣者。内不足使一民，外不足使距[2]难，百姓不亲，诸侯不信，然而巧敏佞说，善取宠乎上，是态臣者也。上不忠乎君，下善取誉乎民，不恤公道通义，朋党比周，以环[3]主图私为务，是篡臣者也。内足使以一民，外足使以距难，民亲之，士信之，上忠乎君，下爱百姓而不倦，是功臣者也。上则能尊君，下则能爱民；政令教化，刑[4]下如影；应卒[5]遇变，齐给如响；推类接[6]誉[7]，以待无方，曲成制象[8]，是圣臣者也。故用圣臣者王，用功臣者强，用篡臣者危，用态臣者亡。态臣用则必死，篡臣用则必危，功臣用则必荣，圣臣用则必尊。故齐之苏秦、楚之州侯、秦之张仪，可谓态臣者也。韩之张去疾、赵之奉阳、齐之孟尝，可谓篡臣也。齐之管仲、晋之咎犯、楚之孙叔敖，可谓功臣矣。殷之伊尹、周之太公，可谓圣臣矣。是人臣之论也，吉凶贤不肖之极也，必谨志之而慎自为择取焉，足以稽矣。

注解

①态：姿态，态度，引申指阿谀奉承的样子。

②距：通“拒”，抵抗，抵御。

③环：环绕，引申指封闭、蒙蔽。

④刑：通“型”，典范，榜样。这里用作动词，做榜样。

⑤卒（cù）：同“猝”，突然。

⑥接：会合。

⑦誉：通“与”，同类。

⑧曲成制象：指他的行为处处成为准则楷模，这是他严格遵守法度的结果。制，制度，准则。象，法式，榜样。

译文

大臣的类别：有阿谀奉承的大臣，有篡夺君权的大臣，有功绩显赫的大臣，有圣明通达的大臣。对内不能用他来统一百姓，对外不能用他来抵御患难，百姓不亲近他，诸侯们不相信他，但是他能说会道巧言善辩，善于从君主那里取得宠幸信任，这就是阿谀奉承的大臣。对上不忠于君主，对下善于从百姓那里取得好名声来树立威望，不顾及道义，拉党结派，把迷惑君主、贪图私利当作自己的要事，这是篡夺君权的大臣。对内能够用他来统一百姓，对外能够用他来抵御患难，百姓愿意与他亲近，士大夫愿意信任他，上对君主忠心耿耿，对下体恤百姓，这是功绩显赫的大臣。对上能够尊敬君主，对下能爱护百姓；推行政令教化，百姓如影随形般向他学习；应对突发事件、变故，就像回声一样迅速敏捷；推理类似的事务来对照同类的东西，从容应对变化无常的情况，他的行为处处成为准则。这就是圣明通达的大臣。所以任用圣明通达的大臣，就会称王天下；任用功绩显赫的大臣，国家就会强盛；任用篡夺君权的大臣，国家就会危险；任用阿谀奉承的大臣，国家就会灭亡。阿谀奉承的大臣得到重用，君主就会丧命；篡夺君权的大臣得到重用，君主就危险了；功绩显赫的大臣得到重用，君主就会光荣；圣明通达的大臣得到重用，君主就受到尊崇。所以，齐国的苏秦、楚国的州侯、秦国的张仪，就是阿谀奉承的大臣。韩国的张去疾、赵国的奉阳君、齐国孟尝君，就是篡夺君权的大臣。齐国的管仲、晋国的咎犯、楚国的孙叔敖，就是功绩显赫的大臣。殷代的伊尹、周代的姜太公，就是圣明通达的大臣。这些就是大臣的类别，是预测国家安危和君主是否贤能的准则，君主一定要记住而谨慎地选择大臣，这足以作为参考的标准。

原文

从命而利君谓之顺，从命而不利君谓之谄；逆命而利君谓之忠，逆命而不利君谓之篡；不恤君之荣辱，不恤国之臧否[①]，偷合苟容，以持禄养交而已耳，谓之国贼。君有过谋过事，将危国家、殒社稷之惧也，大臣、父兄有能进言于君，用则可，不用则去，谓之谏；有能进言于君，用则可，不用则死，谓之争[②]；有能比知同力，率群臣百吏而相与强[③]君挢[④]君，君虽不安，不能不听，遂以解国之大患，除国之大害，成于尊君安国，谓之辅；有能抗君之命，窃君之重，反君之事，以安国之危，除君之辱，功伐足以成国之大利，谓之拂[⑤]。故谏、争、辅、拂之人，社稷之臣也，国君之宝也，明君所尊厚也，而暗主惑君以为己贼也。故明君之所赏，暗君之所罚也；暗君之所赏，明君之所杀也。伊尹、箕子可谓谏矣，比干、子胥[⑥]可谓争矣，平原君[⑦]之于赵可谓辅矣，信陵君[⑧]之于魏可谓拂矣。传曰："从道不从君。"此之谓也。

注解

①臧否：好坏。

②争：同"诤"，拼命规劝。

③强：勉力强求。

④挢（jiǎo）：同"矫"，强行纠正。

⑤拂（bì）：通"弼"，匡正，矫正式的辅助。

⑥子胥：姓伍，名员，字子胥，春秋时楚国人，受楚平王迫害而逃到吴国，为吴国大夫。后苦谏吴王夫差，反对与越国求和，被赐剑自杀。

⑦平原君：指赵胜，战国时赵惠文王的弟弟，封于东武城（今山东武城西北），号平原君，三任赵相，曾联合楚、魏抗秦救赵。

⑧信陵君：指魏无忌，战国时魏安釐王的异母弟弟，号信陵君。秦攻赵时，曾设法窃得兵符亲率军队破秦救赵。

译文

听从君主命令并且有利于君主的叫作顺从，听从君主命令而不利于君主的叫作谄媚；违反君主命令而有利于君主的叫作忠心，违反君主命令而不利于君主的叫作篡权；不考虑君主的荣辱，不考虑国家的好坏，一味无原则地迎合君主、苟且偷生，来保住自己的俸禄或去勾结党羽，这叫作国家的奸贼。君主有了错误的谋划和行为，将有危害国家、毁灭国家的危险时，大臣、父兄中有能向君主进言献策的人，谏言被采纳就好，不被采纳就离去，这叫作劝谏；如果有人能向君主进言献策，谏言被采纳就好，不被采用就殉身，这叫作苦诤；如果有人能把有智慧的人联合起来使他们齐心协力，率领群臣百官一同强行纠正君主，君主虽然感到不安，却不能不听，于是消除了国家的大祸患，除掉了国家的大灾难，成功使君主尊贵、国家安宁，这叫作辅佐；如果有人能违抗君主的命令，借助君主的权力，反对君主的过错，以此使国家转危为安，去除君主所受的羞辱，功劳足够成就国家的利益，这叫作匡正。劝谏、苦诤、辅佐、匡正的人，是巩固国家政权的大臣，是国君的珍宝，是英明的君主应尊重厚待的人，但愚昧糊涂的君主把他们当作自己的敌人。所以英明的君主所赏赐的人，也是愚昧的君主所处罚的人；愚昧的君主所赏赐的人，也是英明的君主所诛杀的人。伊尹、箕子可以称为劝谏了；比干、子胥可以称为苦诤了；对赵国来说，平原君可以称为辅佐了；对魏国来说，信陵君可以称为匡正了。古书上说：“顺从道义而不顺从君主。”说的就是这些人。

原文

故正义之臣设[①]，则朝廷不颇；谏、争、辅、拂之人信，则君过不远；爪牙之士施，则仇雠不作；边境之臣处，则疆垂[②]不丧。故明主好同而暗主好独，明主尚贤使能而飨[③]其盛[④]，暗主妒贤畏能而灭其功。罚其忠，赏其贼，夫是之谓至暗，桀、纣所以灭也。

注解

①设：安排，任用。

②垂：通“陲”，边疆。

③飨：通“享”，享受。

④盛：通“成”，成果。

译文

坚持正义的臣子得到进用，那么朝廷就不会偏邪不正；劝谏、苦诤、辅佐、匡正的人受到信任，那么君主的过错就不会延续很久；勇猛有力的武士被任用，那么仇敌就不敢兴风作浪；边境上的大臣安置好了，那么边境就不会丧失。所以英明的君主喜欢团结别人共事而愚昧的君主喜欢孤家寡人；英明的君主推崇贤德的人、使用有才能的人而享有他们的成果，愚昧的君主忌妒贤德的人、害怕有才能的人而埋没他们的功绩。惩罚自己的忠臣，奖赏自己的奸贼，这叫作极其昏庸，这就是夏桀、商纣灭亡的原因。

原文

事圣君者，有听从，无谏争；事中君者，有谏争，无谄谀；事暴君者，有补削①，无挢拂。迫胁于乱时，穷居于暴国，而无所避之，则崇其美，扬其善，违②其恶，隐其败，言其所长，不称其所短，以为成俗。《诗》曰：“国有大命，不可以告人，妨其躬身。”此之谓也。

注解

①削：古代竹简上写错了字用刀刮去叫“削”，此引申指悄悄除去君主的过失。暴君凶残，所以只能暗中“补削”，而不能公开地强行纠正，否则会遭

杀身之祸而无济于事。

②违：通“讳”，避忌，避开不说。

译文

侍奉圣明的君主，只有听从，不用劝谏苦诤；侍奉一般的君主，只有劝谏苦诤，没有阿谀奉承；侍奉暴君，只有暗中弥补缺陷除去过失，不用强行纠正。被逼迫生活在混乱的时代，走投无路地住在暴君统治的国家，而又没有办法避开这种处境，那就推崇他的美德，宣扬他的善行，不提他的罪恶，隐瞒他的失败，称道他的长处，不说他的短处，把这些作为既成的习俗。《诗经》上说：“国家有了重大政令，不可把它告诉别人，否则就会危害自身。”说的就是这种情况。

原文

恭敬而逊，听从而敏，不敢有①以私决择也，不敢有以私取与也，以顺上为志，是事圣君之义也。忠信而不谀，谏争而不谄，挢然刚折，端志而无倾侧之心，是案曰是，非案曰非，是事中君之义也。调而不流，柔而不屈，宽容而不乱，晓然以至道而无不调和也，而能化易，时关内②之，是事暴君之义也。若驭朴马，若养赤子，若食③餧④人，故因其惧也而改其过，因其忧也而辨⑤其故，因其喜也而入其道，因其怒也而除其怨：曲⑥得所谓⑦焉。《书》曰：“从命而不拂，微谏而不倦，为上则明，为下则逊。”此之谓也。

注解

①有：通“又”，再，更。

②关内：纳入。关，入。内，同“纳”。

③食（sì）：通“饲”，喂。

④餧：同“馁”，饥饿。

⑤辨：通“变”。

⑥曲：曲折周到，各方面，指惧、忧、喜、怒等方面。

⑦所谓：所要达到的目的。指改变暴君的性情，即“改其过”“辨其故”“入其道”“除其怨”。谓，通“为”。

译文

恭敬而又谦逊，听从而又敏捷地执行命令，不敢再根据私利去决断和选择，不敢再根据私利去取舍，把顺从君主作为自己的志向，这是侍奉圣明君主的合宜原则。忠诚守信而不阿谀，劝谏苦诤而不谄媚，刚强果断，思想端正而没有偏斜不正的念头，对的就说对，错的就说错，这是侍奉一般君主的合宜原则。调和却不随波逐流，温柔却不低头屈从，宽容却不和君主一起胡乱妄为，用最正确的原则去启发君主而事情没有不协调和顺的，使他感化向善，时时把正确的原则灌输到他心中去，这是侍奉暴君的合宜原则。侍奉暴君就像驾驭未训练过的马，就像抚养初生的婴儿，就像喂饥饿的人吃东西一样，所以要趁他畏惧的时候使他改正错误，趁他忧虑的时候使他改变过去的行为，趁他高兴的时候使他走入正道，趁他发怒的时候使他消除怨恨：这样就能处处达到目的。《尚书》说：“服从命令而不违背，暗暗规劝而不懈怠，做君主要明智，做臣子要谦逊。”说的就是这种情况。

原文

事人而不顺[①]者，不疾者也；疾而不顺者，不敬者也；敬而不顺者，不忠者也；忠而不顺者，无功者也；有功而不顺者，无德者也。故无德之为道也，伤疾[②]、堕[③]功、灭苦[④]，故君子不为也。

注解

①不顺：指不顺从君主的心意。

②伤疾：伤害了积极，与上文的“疾而不顺”相应，指虽然积极，却毁

于无德而成为徒劳。

③堕（huī）：同“隳”，毁坏。

④苦：辛苦，指上文的“敬”“忠”。

译文

侍奉君主却不顺从君主的心意，是因为不积极；积极了却不顺从君主的心意，是因为不恭敬；恭敬了却不顺从君主的心意，是因为不忠诚；忠诚了却不顺从君主的心意，是因为没有功绩；有了功绩却不顺从君主的心意，是因为没有品德。所以没有品德这种德行，就会伤害积极、毁掉功绩、湮没苦心，所以君子是不做这种事的。

原文

有大忠者，有次忠者，有下忠者，有国贼者。以德复[①]君而化之，大忠也；以德调君而补之，次忠也；以是谏非而怒之，下忠也；不恤君之荣辱，不恤国之臧否，偷合苟容，以之持禄养交而已耳，国贼也。若周公之于成王也，可谓大忠矣；若管仲之于桓公，可谓次忠矣；若子胥之于夫差[②]，可谓下忠矣；若曹触龙之于纣者，可谓国贼矣。

注解

①复：通“覆”，遮盖，笼罩。

②夫差（chāi）：春秋末年吴国国君，阖闾之子，因不听伍子胥的劝谏，放了越王勾践，结果为勾践所灭。

译文

有头等的忠臣，有次一等的忠臣，有下等的忠臣，有国家的奸贼。用正确的原则熏陶君主而感化他，是头等的忠诚；用道德来调养君主而辅助他，是次一等的忠诚；用正确的去劝阻君主的错误却触怒了他，是下等的忠诚；不顾君主的荣辱，不顾国家的得失，只是苟且迎合君主、无原则地求取容身，以此来保住自己的俸禄、去豢养结交党羽，这是国家的奸贼。像周公对于周成王，可以说是头等的忠诚了；像管仲对于齐桓公，可以说是次一等的忠诚了；像伍子胥对于夫差，可以说是下等的忠诚了；像曹触龙对于商纣王，可以说是国家的奸贼了。

原文

仁者必敬人。凡人非贤则案不肖也。人贤而不敬，则是禽兽也；人不肖而不敬，则是狎虎也。禽兽则乱，狎虎则危，灾及其身矣。《诗》曰："不敢暴①虎，不敢冯②河。人知其一，莫知其它。战战③兢兢④，如临深渊，如履薄冰。"此之谓也。故仁者必敬人。

注解

①暴：空手搏击。

②冯：同"凭"，徒步涉水。

③战战：通"颤颤"，恐惧发抖的样子。

④兢兢：小心谨慎的样子。

译文

仁德之人必定尊敬别人。一个人不贤能，那就是没有德才的人。别人贤能却不去尊敬他，那就是禽兽了；别人没有德才而不去尊敬他，那就是在戏弄老虎。人如禽兽就会胡乱妄为，戏弄老虎就会十分危险，灾难就会落到他身上了。《诗经》上说："不敢空手打老虎，不敢光脚把河渡。人们只知道其中的危险，不知道其他害处。要害怕啊要小心，要像面临那深渊，要像脚踩那薄冰。"说的就是这个道理。所以讲究仁德的人必定尊敬别人。

原文

敬人有道：贤者则贵而敬之，不肖者则畏而敬之；贤者则亲而敬之，不肖者则疏而敬之。其敬一也，其情二也。若夫忠信端悫而不害伤，则无接而不然，是仁人之质也。忠信以为质，端悫以为统，礼义以为文①，伦类以为理，喘而言，臑而动，而一可以为法则。《诗》曰："不僭②不贼，鲜不为则。"此之谓也。

注解

①文：法度，规范。

②僭（jiàn）：过分，过失。

译文

尊敬别人有一定的原则：对贤能的人就景仰地尊敬他，对没有德才的人就畏惧地尊敬他；对贤能的人就亲切地尊敬他，对没有德才的人就疏远地尊敬他。尊敬是一样的，实际内容是两样的。至于忠诚守信、正直老实而不伤害人，那是对待所有的人都这样的，这是仁德之人的本质。以忠诚守信为本体，以正直老实为纲纪，以礼义为规范，以伦理法律为原则，稍微说一句话，稍微动一动，都可以成为别人效法的榜样。《诗经》上说："不犯错误不害人，很少不成为人们效法的榜样。"说的就是这种人。

原文

恭敬，礼也；调和，乐也；谨慎，利也；斗怒，害也。故君子安①礼乐利，谨慎而无斗怒，是以百举不过也。小人反是。

注解

①安：乐，喜爱。

译文

恭敬，是礼节的本质；协调和谐，是音乐的效果；谨慎小心，是言行的好处；斗气愤怒，是有害的。所以，君子喜爱礼节、音乐和利益，言语谨慎而从不与人斗气愤怒，所以做事从来都没有过错。小人却与此相反。

原文

通忠之[①]顺，权[②]险之平，祸乱之从声，三者非明主莫之能知也。争然后善，戾然后功，出死无私，致忠而公，夫是之谓通忠之顺，信陵君似之矣。夺然后义，杀然后仁，上下易位然后贞，功参天地，泽被生民，夫是之谓权险之平，汤、武是也。过而通情[③]，和而无经，不恤是非，不论曲直，偷合苟容，迷乱狂生，夫是之谓祸乱之从声，飞廉、恶来是也。传曰："斩而齐，枉而顺，不同而一。"《诗》曰："受小球大球[④]，为下国缀旒[⑤]。"此之谓也。

注解

①之：到。

②权：变。

③通情：同情。

④小球大球：小事之法度与大事之法度。球，通"捄"，法度。

⑤缀旒（liú）：表率。此喻指商汤、周武王成为表率。缀，表记。旒，挂在旗帜边缘上的装饰品。

译文

推行忠诚而达到顺从，改变危险的局面而达到安定，祸乱出现了还随声附和，这三种情况不是英明的君主是不能明白的。向君主谏诤然后才能行善，违背君主然后才能立功，豁出生命而没有私心，极其忠诚而公正，这叫作推行忠诚而达到顺从，信陵君类似于这种人。夺取君权然后才能实行道义，杀掉君主然后才能实现仁德，君臣交换地位然后才能做到有操守，功业与天地并列，恩泽施加到广大民众，这叫作改变危险的局面而达到安定，商汤、周武王就是这样的人。君主错了却还同情他，只是无原则地附和君主，不顾是非，不讲曲直，苟且地迎合君主以求得容身，迷惑昏乱而狂妄无知地追求生活享受，这叫作祸乱出现了还随声附和，飞廉、恶来就是这种人。古书上说："有了参差才有整齐，有了委曲才有顺从，有了不同才有一致。"《诗经》上说："接受小法与大法，成为各国的表率。"说的就是这种情况。

读解

本篇既论述了各种大臣的行为特征及其作用以供君主参考，也论述了臣子应如何侍奉各种君王以供臣子参考。

"有态臣者，有篡臣者，有功臣者，有圣臣者"，意思是有阿谀逢迎的大臣，有篡夺君权的大臣，有功绩巨大的大臣，有明达圣哲的大臣。本篇开头，荀子就把大臣分成了四种，并在下文分别对这四种大臣做了详细的分析。即使同样是忠臣，也有"以德复君而化之"的"大忠"，就像周公忠于成王一样；有"以德调君而补之"的"次忠"，就像管仲忠于齐桓公一样；有"以是谏非而怒之"的"下忠"，就像伍子胥忠于夫差一样。后代的君主完全可以根据荀子的这种分析来判断自己身边的大臣是什么样的人，有什么样的"用处"，这对后来的韩非子影响颇深。"尺有所短，寸有所长"，每一种大臣都有他的利用价值，君主应该根据自己的需要来安排他们的官职。

荀子并没有死板地遵从君君臣臣的道义，而是讲究权变的。"通忠之顺，权险之平，祸乱之从声"，君王最难明白的就是这三种情况。荀子在文章的最后对这三种情况的表现形式进行了论述，并列举了每种情况的代表人物。后世的君主可以按图索骥，来判断臣子的忠奸。

【事例一】

晏婴是齐国的宰相，和周公一样，也是后世儒家敬仰推崇的人。“晏子使楚”是我们最早知道的关于他的故事，晏子聪明机智、维护国家尊严的形象受到很多人的喜爱。

晏　婴

晏平仲，字婴。在齐灵公、齐庄公、齐景公时，连续三朝为相，因治国有道，为天下诸侯所敬重。

越石父颇有才德，因遭到别人陷害而身陷囹圄。晏子出巡的时候，看到正被捆绑解送的越石父。于是，晏子不惜用自己拉车的马赎下了越石父，并将他带回自己府中。

越石父身处晏子府中，享受着晏子的款待，却不曾说过一句感谢晏子大义相救的话。甚至在不久之后，越石父竟然向晏子辞行，表示想到其他的地方去。

晏子对越石父的言行大为失望，不禁悲戚地对越石父说：“晏婴虽然不是什么仁德之人，但终究在先生遭遇不幸时，救过先生一命，先生为何这么快便要弃我而去呢?”

越石父说：“晏相国有所不知，在我看来，最让君子感到难过的，就是天下间没有知己。在我落难的时候，承蒙相国大义相救，曾暗自以为相国乃是知我之人。但事到如今，我在相府里平安度日，却得不到您的重用，倒不如重新去做囚犯，可能还好受一些。”

晏子听了越石父之言才恍然大悟，越石父所追求的绝非衣食无忧的平淡生活，于是赶紧向越石父赔不是，并将其奉为上宾。

晏子任齐国丞相期间，有一位替他驾车的马夫，马夫因自己随时陪伴在大名鼎鼎的相国身边而深感自豪。

有一天，马夫的妻子在门口看相国出巡，看到了自己的丈夫驾着车扬扬得意的样子。等丈夫回来以后，妻子就对他说，自己再不愿服侍丈夫了，要舍他而去。

马夫遭此突然的打击，深感莫名其妙，便责问妻子缘由。

妻子说道：“晏相国身高不足六尺，操持国家大权，让天下诸侯敬服，却处之泰然，严谨而有风度。反过来看夫君你，身长八尺有余，远甚于晏子，却位居仆役之职，你不因此感到羞耻，反倒自满得意，如何成得了大事呢?”

遭妻子的当头棒喝之后，马夫再出行时，便收敛了先前那股骄气。晏子乃是心思细密之人，很快便发现了马夫不同以往的表现，就向他询问，马夫就将妻子教训自己的事情说了一遍。晏子认为马夫知耻能改，是可造之材，便举荐他担任大夫之职。

晏子一生勤俭自持，身居相国之位，却在饮食、衣着上俭约质朴，让人称道。有关晏子的品行，有《晏子春秋》一书详加记载。太史公余暇便勤读其事功，常为其“进思尽忠，退思补过”的风范所感动。

【事例二】

苏武和李陵都是被匈奴留下的，但是苏武是被迫的，他并没有投降匈奴，也没有被李陵真情的诉说打动，还是坚持汉节，成为人们传唱的最有气节的人。

苏武牧羊

匈奴把苏武放逐到北海以后，不给他粮食，苏武就挖掘野鼠洞，吃野鼠洞里的草籽。他手里拿着汉朝的符节放羊，无论睡卧还是起身都带着它，以致节杖上的毛缨全部脱落了。

苏武在汉朝时，与李陵同为侍中，李陵投降匈奴后，不敢求见苏武。过了很长时间，单于派李陵来到北海边，为苏武摆下酒筵，并以乐队助兴。李陵对苏武说：“单于听说我与你一向情谊深厚，所以派我来劝你，单于愿意对你谦诚相待。你终究不能再回汉朝，自己白白在这荒无人烟的地方受苦，有谁能看到你的信义和节操呢！你的两个兄弟，先前都已经获罪自尽；我到这儿来的时候，你的老母不幸去世了；你的夫人还年轻，听说已经改嫁别人了；只剩下两个妹妹、两个女儿、一个儿子。如今又过了十几年，他们是否还在人世，不得而知。人的一生，就像早晨的露水一般短暂，你又何必长久地如此自苦！我刚投降匈奴时，精神恍惚，像要发疯似的，每日都在恨自己辜负汉朝，还连累老母被拘禁牢狱，你不愿归降匈奴的心情，怎么会超过我！况且皇上年事已高，法令变化无常，大臣无罪而被抄杀满门的达数十家，安危不可知，你还要为谁这样做呢！”

苏武说：“我们父子本来就没有才德功绩，承蒙皇上抬爱，才有高官厚禄，与列侯、将军并列，并且让我们兄弟能够亲近皇上，所以我常常希望能够肝脑涂地，报答皇上的大恩。如今得以杀身报效皇上，即使是斧钺加身、汤锅烹煮，我也心甘情愿！为臣的侍奉君王，就如同儿子侍奉父亲一般，儿子为父亲而死，没有遗憾。希望你不要再说了。”李陵与苏武一连饮酒数日，又劝道：“子卿你再听我一句话。”苏武说：“很久以来，我就料想自己有死无生。如果你一定要劝我苏武投降，就请结束今日的欢聚，让我死在你的面前！”李陵见苏武一片至诚，长叹道：“唉！你真是义士！我与卫律的罪过上通于天！”不觉泪湿衣襟，与苏武告别而去。李陵还赐给苏武牛羊数十头。

后来，李陵告诉苏武汉武帝已经驾崩的消息。苏武一连几个月，每天早晚都面向南方叩拜，后来生了病，且病情日益严重，甚至到了吐血的程度。壶衍鞮单于即位后，其母阏氏行为不正，国内分崩离析，常常害怕汉军前来袭击，于是卫律为单于定计，要求与汉朝和亲。汉使来到匈奴，要求放苏武等人回国，匈奴假称苏武已死。后来汉使又来到匈奴，常惠暗中面见汉使，教使者对单于说：“汉天子在上林苑射猎，射下一只大雁，雁脚上系着一块写字的绸缎，上面说苏武等人在某湖泽之地。”使者很高兴，按常惠所说的话责问单于。单于大吃一惊，看了看四周，向汉使道歉说：“苏武的确没死。”这才将苏武及马宏等人放还。马宏先前是汉朝派往西域各国的使者光禄大夫王忠的副使，因受到匈奴军队的拦截，王忠战死，马宏被俘，也不肯投降匈奴。所以匈奴这次将苏武、马宏二人放回，是想向汉朝表示他们的善意。于是，李陵摆设酒筵祝贺苏武说：“如今你返回祖国，名声传遍匈奴，功劳显扬于汉朝，即使是史籍所记载、丹青所描画的人物，又怎能超过你！我虽然愚笨懦弱，如果当年汉朝能宽恕我的罪行，不杀我的家人，让我能够忍辱负重，我定会像春秋时劫持齐桓公于柯盟的曹刿那样。但汉朝却将我家满门抄斩，这是当世最残酷的杀戮，我还能再顾念什么呢！如今一切都已过去，现在不过是想让你知道我的心罢了！”李陵泪流满面，便与苏武告别。

单于召集当年随苏武前来的汉朝官员及随从，除先前已归降匈奴和去世的人外，共有九人与苏武一同回到汉朝。苏武一行来到长安后，汉昭帝诏令苏武用牛、羊、猪各一头，以最隆重的仪式祭拜汉武帝的陵庙，封苏武为典属国，品秩为中二千石，并赏赐苏武钱二百万、公田二顷、住宅一所。苏武在匈奴待了十九年，去的时候还是壮年，回来的时候头发、胡须全都白了。霍光、上官桀和李陵的关系一向很好，所以偕同李陵的旧友任立政，三人一同前往匈奴劝说李陵回国。李陵对他们说：“回去容易，但大丈夫不能两次受辱！”于是老死于匈奴。

致 士

原文

衡[1]听、显幽[2]、重明[3]、退奸、进良之术：朋党比周之誉，君子不听；残贼加累之谮[4]，君子不用；隐忌雍蔽之人，君子不近；货财禽犊[5]之请，君子不许。凡流[6]言、流说、流事、流谋、流誉、流愬[7]，不官[8]而衡至者，君子慎之。闻听而明誉之，定其当而当，然后士其刑赏而还与之，如是则奸言、奸说、奸事、奸谋、奸誉、奸愬莫之试也，忠言、忠说、忠事、忠谋、忠誉、忠愬莫不明通，方起以尚尽矣。夫是之谓衡听、显幽、重明、退奸、进良之术。

注解

①衡：通“横”，遍，到处。

②幽：隐晦，指隐居的贤士。

③明：显著，指已显扬的贤士。

④谮（zèn）：诬陷。

⑤禽犊：泛指送人的礼物。禽，家禽。犊，小牛。

⑥流：没有根据的。

⑦愬（sù）：通“诉”，诉说。

⑧官：官方，指正当的途径。

译文

广泛地听取意见、使隐居的贤士显扬、使显扬的贤士进一步显扬、使奸邪退却、使忠良进用的方法：宗派集团互相勾结的吹捧，君子不听从；残害贤良、横加罪名的诬陷，君子不采用；猜忌、埋没贤才的人，君子不接近；用钱财礼物进行贿赂的请求，君子不答应。凡是没有根据的言论、说法、事情、计谋、赞誉、诉说，不是通过正当途径而是从四处传来的东西，君子对它们持慎重态度。听到了就把它们公开地列举出来，确定它们是恰当的还是不恰当的，然后对它们做出惩罚或是奖赏的决定并立即实施，像这样，那么奸诈的言论、奸诈的说法、奸诈的事情、奸诈的计谋、奸诈的赞誉、奸诈的诉说就没有敢来试探的了，忠诚的言论、忠诚的说法、忠诚的事情、忠诚的计谋、忠诚的赞誉、忠诚的诉说就都公开表达、通行无阻，一起进献给君主了。以上这些就是广泛地听取意见、使隐居的贤士显扬、使显扬的贤士进一步显扬、使奸邪退却、使忠良进用的方法。

原文

川渊深而鱼鳖归之，山林茂而禽兽归之，刑政平而百姓归之，礼义备而君子归之。故礼及身而行修，义及国而政明，能以礼挟①而贵名白，天下愿，令行禁止，王者之事毕矣。《诗》曰："惠此中国，以绥四方。"此之谓也。川渊者，龙鱼之居也；山林者，鸟兽之居也；国家者，士民之居也。川渊枯则龙鱼去之，山林险则鸟兽去之，国家失政则士民去之。

注解

①挟（jiā）：通"浃"，周遍。

译文

江河湖泊深了，鱼鳖就会聚集过来；山上树林茂盛了，禽兽就会聚集过来；刑罚政令公正不阿，老百姓就会聚集过来；礼制道义完善周备，有道德的君子就会聚集过来。所以礼制贯彻到自身，品行就美好；道义贯彻到国家，政治就清明；能够把礼制贯彻到所有方面，那么高贵的名声就会显著，天下的人就会仰慕，发布了命令就能实行，颁布了禁约就能制止，称王天下的大业也就完成了。《诗经》上说："施恩这个国都中，以此安抚天下众。"说的就是这个道理。江河湖泊，是龙、鱼居住的地方；高山树林，是鸟、兽栖息的地方；国家，是士、民居住的地方。江河湖泊干涸了，那么龙、鱼就会离开它；高山树林环境险恶，那么鸟、兽就会离开它；国家政治混乱，那么士、民就会离开它。

原文

无土则人不安居，无人则土不守，无道法则人不至，无君子则道不举。故土之与人也，道之与法也者，国家之本作[①]也。君子也者，道法之总要也，不可少顷旷也。得之则治，失之则乱；得之则安，失之则危；得之则存，失之则亡。故有良法而乱者有之矣，有君子而乱者，自古及今，未尝闻也。传曰："治生乎君子，乱生于小人。"此之谓也。

注解

①本作：本源。

译文

没有土地，那么人民就不能安居；没有人民，那么土地就不能守住；没有正确的原则和法制，那么人民就不会来归附；没有君子，那么正确的原则就不能实行。所以土地和人民、正确的原则和法制，是国家的根本。君子，是正确的原则与法制的总管，不可以片刻空缺。得到了他，国家就能治理好；失去了他，国家就会混乱；得到了他，国家就会安定；失去了他，国家就危险；得到了他，国家就能保存；失去了他，国家就会灭亡。所以，有了良好的法制而发生混乱的国家，有过这种情况了；有了君子而政治混乱的，从古到今，还不曾听说过。古书上说："安定产生于君子，混乱来源于小人。"说的就是这种情况。

原文

得众动天，美意延年。诚信如神，夸诞逐魂[①]。

注解

①逐魂：失神。逐，赶走。魂，灵魂，精神。

译文

得到了民众就能感动上天，内心愉悦可以益寿延年。真诚老实就能精明如神，浮夸欺诈就会落魄丧魂。

原文

人主之患，不在乎不言用贤，而在乎诚必用贤。夫言用贤者口也，却贤者行也，口行相反而欲贤者之至、不肖者之退也，不亦难乎！夫耀蝉[①]者务在明其火、振其树而已，火不明，虽振其树，无益也。今人主有能明其德，则天下归之，若蝉之归明火也。

注解

①耀蝉：一种捕蝉方法。即在夜晚用灯火照蝉，蝉扑向火光，便可捕捉。耀，照。

译文

君主的祸患，不在于不谈论任用贤人，而在于不能坚决地去任用贤人。谈论任用贤人是口头上的，屏退贤人是行动上的，口头上和行动上互相违背，却想要贤能的人前来、不贤的人退去，这不是很难的吗？那照蝉的人，他的工作在于点亮灯火、摇动树身而已，如果灯火不亮，那么即使摇动树身，也毫无好处。现在君主中如果有人能使自己的德行贤明，那么天下的人投奔他，就会像蝉扑向明亮的火光一样了。

原文

临事接民而以义，变应宽裕而多容，恭敬以先之，政之始也；然后中和察断以辅之，政之隆也；然后进退诛赏①之，政之终也。故一年与之始，三年与之终。用其终为始，则政令不行而上下怨疾，乱所以自作也。《书》曰："义刑义杀，勿庸②以即，女惟曰'未有顺事'。"言先教也。

注解

①进退诛赏：进指选拔贤良，退指斥退奸臣，诛指惩处罪犯，赏指奖赏功臣。

②庸：用。

译文

在处理政事、联系民众时，根据道义变通地来对付，宽大而广泛地容纳民众，用恭敬的态度去引导他们，这是政治的第一步；这样之后以中正平和的态度观察决断去辅助他们，这是政治的中间阶段；然后进用、黜退、惩罚、奖赏他们，这是政治的最后一步。第一年给他们实施第一步，第三年给他们实施最后一步。如果把最后一步作为第一步，那么政策法令就不能实行而官民上下也会怨恨，这就是动乱产生的原因。《尚书》说："即使是合宜的刑罚、合理的杀戮，也不要立即执行，你只能说'没有理顺政事'。"这就是说应该事先进行教育。

原文

程者，物之准也；礼者，节[①]之准也。程以立数，礼以定伦，德以叙位，能以授官。凡节奏欲陵，而生民欲宽，节奏陵而文，生民宽而安。上文下安，功名之极也，不可以加矣。

注解

①节：等级。

译文

度量衡，是测量物品的标准；礼制，是等级的标准。根据度量衡来确定物品的数量，根据礼制来确定人与人之间的等级关系，根据品德来依次排列级别地位，根据能力来授予官职。凡是礼节礼仪等制度要严格，而抚养人民要宽容，礼节礼仪制度严格就会文明，抚养人民宽容就会安定。上面文雅下面安定，这是立功成名的最高境界，不可能再有所增加了。

原文

君者，国之隆[1]也；父者，家之隆也。隆一而治，二而乱。自古及今，未有二隆争重而能长久者。

注解

①隆：山中央高起的地方，引申为高贵、地位高。

译文

君主，是国家中最高贵的人；父亲，是家庭中最高贵的人。最高贵的人只有一个就安定，如果有两个就会混乱。从古到今，还没有两个最高贵的人互相争夺权力而能长久的。

原文

师术有四，而博习[1]不与[2]焉：尊严而惮，可以为师；耆[3]艾[4]而信，可以为师；诵说而不陵[5]不犯，可以为师；知微而论，可以为师。故师术有四，而博习不与焉。水深而回，树落则粪本，弟子通利则思师。《诗》曰："无言不雠，无德不报。"此之谓也。

注解

①博习：博学。

②与：参与。

③耆（qí）：六十岁。

④艾：五十岁。

⑤不陵：指遵守。陵，超越。

译文

成为老师的办法有四种，而博学并不包括在这里面：有尊严而使人害怕，可以成为老师；年老而有威信，可以成为老师；诵读解说经典而在行动上不违反它，可以成为老师；懂得精微的道理而又能加以阐述，可以成为老师。所以成为老师的办法有四种，而博学并不包括在这里面。水深了就会打旋，树叶落下就给树根施了肥，学生显达得利了就会想到老师。《诗经》上说："说话总会有应答，施恩总会有报答。"说的就是这个道理。

原文

赏不欲僭①，刑不欲滥，赏僭则利及小人，刑滥则害及君子。若不幸而过，宁僭无滥；与其害善，不若利淫。

注解

①僭：超越本分。

译文

奖赏不要过分，刑罚不要滥用，奖赏过分那么好处就会施加给道德不良的小人，刑罚滥用那么危害就会涉及道德高尚的君子。如果不幸发生失误，那就宁可过分地奖赏也不要滥用刑罚；与其伤害好人，不如让邪恶的人得利。

读解

这一篇讲了如何招引贤士，如"刑政平""礼义备""明其德"等，同时也强调了贤士对于国家治乱的重要作用。

什么是"士"？习于学，有德行道义的人，称为士。士农工商，士排在第一位。孔子也对士大加赞扬。在《论语》中，几次都谈到士的作为。子贡问孔子："要做到怎样才能称为一个'士'呢？"孔子说："自身行事要有廉耻心，出使四方可以不辱君命，就可以算是一个'士'了。"子贡又问："那么次一等的是什么样的呢？"孔子说："宗族中的人都称赞他的贤孝，乡里的人都称赞他的友爱。"子贡又问："那么再次一等的又是什么样的呢？"孔子说："言语信实，行为果断，这样虽然像个浅薄固执的人，却也可以算是次一等的了。"子贡最后问："如今的当政者又是什么样的呢？"孔子说："唉！这些像斗筲般才短量浅的人，怎么算得上士呢！"子路也曾经问过孔子同样的问题，孔子说："与人相处要能互相切磋勉励，并且和气以对，这就可以算是士了。朋友间要互相勉力切磋，兄弟间要和睦相处。"孔子还说过："志士和仁人，不会为了保全自己而败坏仁道，只会牺牲生命而保全仁道。"从这些议论中，我们可以看到，所谓的"士"应该是所有的有学识的儒生，最高等级的"士"就是君子了。

"士"对于治理国家有着深刻的见解，对于国家的兴衰有很大的影响和作用。荀子专门作了《致士》来讨论士对于国家的作用。"川渊深而鱼鳖归之，山林茂而禽兽归之，刑政平而百姓归之，礼义备而君子归之"，君王只有具备了一定的道德礼仪，诚心向善，才会有士人归附他，就像鱼鳖归深海、禽兽归山林一样。

【事例一】

春秋战国时期，很多贵族都豢养一些有才能的人，来给自己出主意。其中，最有名的就是"战国四公子"——孟尝君田文、信陵君魏无忌、平原君赵胜、春申君黄歇，司马迁最欣赏的是信陵君魏无忌，在《信陵君列传》中都以"公子"称之。

信陵君善养士

信陵君，名无忌，魏国公子，魏昭王的少子。昭王薨，安釐王继位，封无忌为信陵君。

有个叫侯嬴的在大梁替人守门，已经快七十岁了，信陵君听说他是个很有才能的隐士，便驱车亲自去拜见他。信陵君见侯嬴家中非常穷困，要送给他丰厚的财物，但侯嬴拒不接受。他说："我洁身自好数十年，甘于替人守门而过穷困的生活，怎么能在这个时候收受公子的财物呢？"

于是，信陵君回到府中，置办了盛大的酒宴。应邀参加的客人都是魏国有名的能人贤士和权贵显要。客人已经全来了，酒宴马上就要开始了，但信陵君却坐车离开了。他要亲自前往侯嬴守门的地方去邀请侯嬴。信陵君来到侯嬴的面前，下车恭敬相候。只见侯嬴稍稍整理了一下自己破旧的衣裳，便径自爬上车。侯嬴端坐车上，一点儿也没有要给信陵君让个位置的意思，他是想借此观察信陵君有什么反应。信陵君在车下牵着马，神态甚是恭敬。

侯嬴又对信陵君说："我的一个朋友是在街上卖肉的，请公子绕道去看一看。"信陵君牵马去侯嬴的朋友那里，侯嬴见到做屠夫的朋友朱亥，便故意拉朱亥说话，却斜眼偷看信陵君的行为表现。

当时，信陵君府中高朋满座，人们都在等待信陵君回来把盏言欢，而此时，他却在大街上为一个守门的老头牵马。有人开始悄悄地指责侯嬴的不知自重，唯有信陵君依旧面色坦然。

侯嬴终于上车来到信陵君府上。信陵君在众目睽睽之下，恭敬有礼地将侯嬴迎上上宾之位，又当着众人之面，对侯嬴大肆赞扬了一番。酒至半酣，信陵君起身为侯嬴斟酒。

侯嬴起身说道："我只是一个为人不齿的老头子，公子却待我这么好，看来外面传说公子礼贤下士的美名确实是真的了。"酒宴之后，信陵君以上宾之礼敬待侯嬴。

侯嬴对信陵君说："当日我在街上相会的那位朋友，是一个非常了不起的人才。世人不知他的才能，他才隐居起来做了屠夫。"信陵君前去请了几次，朱亥都没有答应出山相助。

信陵君的姐姐是平原君的夫人，长平之战后，秦军又大举进攻赵国，平原君派人向魏国求救。魏安釐王派晋鄙率领十万魏军赶去救援。秦王听说魏国出兵，就派人告诉魏王说："秦国很快就会灭掉赵国，谁若是出兵救赵国，秦国灭亡赵国后就第一个攻打他。"魏王知道秦王说这些话绝不是吓唬他，就令晋鄙暂驻于邺，静观其变。

平原君派人向信陵君求救，希望他看在他姐姐的分上，劝魏王出兵救赵。信陵君于是向魏王请命，然魏王慑于秦国的恫吓，抵死不肯答应。信陵君无奈，却又不忍见赵国灭亡，姐姐惨遭不幸，便组织了食客数千人，前去救援赵国。

在离开魏都时，信陵君遇见了侯嬴。侯嬴说："公子此行要小心，我老头子就不奉陪了。"信陵君虽然没有说什么，但是越走越觉得心中郁闷。他想："我待你侯嬴，可以说是仁至义尽了。你今天眼看着我前去赴死，却连一句安慰我的话都没有，这其中难道有什么玄机吗？"于是折返而回。

侯嬴在城门迎接信陵君，说："我就知道公子一定会回来的。"信陵君不解，问他是怎么知道的。侯嬴说："公子此行，犹如将肉投向饿虎。你平日待我甚厚，我却无一言相赠，你心中一定会不服气。"信陵君问："先生可有何妙计？"

侯嬴说："我听说魏王的行宫里面藏有晋鄙的兵符，如果去魏王行宫把兵符偷出来，公子就能率晋鄙之军去为赵国解围了。"信陵君急问："怎么偷兵符呢？"侯嬴说："魏王最宠幸的妃子是如姬，当年如姬的父亲为他人所杀，是公子派人帮她报的仇。如果公子去请她帮忙，她一定会万死不辞的。"信陵君听了侯嬴的话，前去求如姬帮忙，果然顺利地拿到了兵符。

在信陵君即将出发时，侯嬴又对信陵君说："将在外，君令有所不受，只要不损害国家的利益。兵符虽然在公子手里，但如果晋鄙仍不把军队给你，事情还是不好办。我那位杀猪卖肉的朋友朱亥正好可以跟随你一起去，如果晋鄙给你军队，那是再好不过了；如果不行，恐怕只有把他杀掉了。"信陵君的脸上露出了极为悲戚的神色。侯嬴问："公子为何事伤心呢？"信陵君说："晋鄙性情刚烈，想来不会听从，我是不忍见到他就这样身死啊！"

侯嬴叫来朱亥。见到信陵君，朱亥说："过去公子曾几次屈尊枉顾，我都拒绝了公子，那是因为没有用得着我的地方，现在公子有如此重任，我就算拼死，也要尽微薄之力。"

侯嬴说："本来我也应该跟着公子去，只是我已经老了，没有什么用处，所以就不能一同前往了。但是我会推算公子的行程，等你们到了晋鄙军中时，我将自刎以谢。"

信陵君到达邺地晋鄙军中，晋鄙接过信陵君送来的兵符，对信陵君前来取代自己一事表示怀疑，而不肯将军队交给信陵君。此时，朱亥袖内藏有一个四十斤重的铁锥，便一锥打死了晋鄙。

信陵君接掌兵权后，号令部众说："军中有父子同在的，父亲回去；有兄弟同在的，兄长回去；有家中仅一独子的，也可回去。"这样，信陵君带领着剩下的八万人马前去救赵。都城中的侯嬴果然也在那时候自尽了。

【事例二】

战国时，秦兵攻打赵国，赵孝成王命令平原君赵胜到楚国去求救，平原君的门客毛遂主动自荐随同前去。平原君与楚王商谈无果，毛遂手持宝剑上殿陈述其中利害关系，最终说服楚王。

毛遂自荐

秦国围攻赵国邯郸，赵王派平原君赵胜到楚国去求救，赵胜准备挑选二十个有能力的门客一块儿去，但是挑来挑去只挑了十九个，剩下一个却挑不出来了。这时有个叫毛遂的人向赵胜自我推荐。赵胜说："贤良的人才为人处世，好比锥子放在口袋中，锥尖立即就会露出来。如今先生来到我赵胜门下已经三年，我左右的人没有谁称赞过你，我也未听说过你的作为，这说明先生并没有什么长处。先生不能去，还是留下吧！"

毛遂说道："我不过是今天才请你把我放到口袋里而已！如果你早把我放进去，我早就脱颖而出了，岂止只露出个锥尖呢！"

平原君赵胜于是让毛遂跟着他去楚国，另外十九个人都笑话毛遂。赵胜到了楚国，劝说楚王出兵相救，并向楚王说明联合的必要性，从日出开始谈，直到中午楚王仍是犹豫不决。毛遂于是手按宝剑顺着台阶走上去，对平原君说："联合抗秦的重要性，两句话就可以说清楚，进而做出决定。现在，你们从日出开始谈起，谈到中午了还没有什么结果，这是怎么回事？"楚王怒斥毛遂道："还不赶快滚下去，我和你的主人说话，你算什么东西？"

毛遂按着剑又上前几步说："大王敢斥责我，是因为楚国人多势众。现在咱们相距不过几步的距离，楚国人多的优势已经不在了！您的性命在我的手中。在我的主人面前，您为什么呵斥我？我毛遂听说商朝开国的汤王以七十里的地方为开端，终于称王天下；周朝创业的周文王仅凭着一百里土地，就使诸侯臣服。他们难道是仗着兵多将广、人多势众吗？只不过是顺应历史大势振势扬威而已。现在楚国有五千里土地，持戟战士一百万，这是称王称霸的资本呀！以楚国的强大，各国都难以抵挡。白起不过是个小人物，带着几万兵力，兴师动众地与楚国作战，一战就夺去鄢、郢两城，再战便火烧夷陵，三战就把楚国的宗庙毁了，侮辱您的祖先。此仇不共戴天，连赵国都为您感到羞愧，但是大王却没有因此感到难堪。现在提倡联合抗秦，实在是为了楚国，不是为赵国啊！我的主人在您面前，您还呵斥我干什么？”

楚王只好说：“是的，是的，正像先生指教的那样，我愿意以全国的力量与你们合作。”

毛遂便说：“联合之事确定了吗？”

楚王说：“确定了。”

毛遂便对楚王左右随从说：“取鸡、狗、马的血来！”

毛遂举着铜盘，跪着来到楚王面前说：“请大王歃血为盟，然后是我的主人，最后是我毛遂。”

于是三人在大殿上订立了抗秦同盟，这时毛遂又左手持铜盘，右手对随行的十九人招呼说：“你们也在堂下一起歃血宣誓吧！你们跟来跟去，还是得靠别人才能办成事！”平原君赵胜与楚国订立盟约后回到赵国，叹息说道：“从今以后，我再不敢夸口能识别天下人才了！”于是奉毛遂为上等宾客。

议兵

原文

临武君[1]与孙卿子[2]议兵于赵孝成王[3]前。王曰："请问兵要。"临武君对曰："上得天时，下得地利，观敌之变动，后之发，先之至，此用兵之要术也。"

注解

①临武君：楚国将领，姓名不详，当时在赵国。

②孙卿子：荀况。

③赵孝成王：名丹，公元前265—前245年在位。

译文

临武君和荀卿在赵孝成王面前议论用兵之道。赵孝成王说："请问用兵的要领是什么。"

临武君回答说："上取得有利于攻战的自然气候条件，下取得地理上的有利形势，观察好敌人的变动情况，比敌人后行动但比敌人先到达，这就是用兵的要领。"

原文

孙卿子曰："不然。臣所闻古之道，凡用兵攻战之本在乎壹民。弓矢不调，则羿不能以中微；六马[1]不和，则造父不能以致远；士

民不亲附，则汤、武不能以必胜也。故善附民者，是乃善用兵者也。故兵要在乎善附民而已。”

注解

①六马：古代帝王的车用六匹马拉，“六马”指同拉一辆车的六匹马。

译文

荀卿说：“不对。我所听说的古代的方法，大凡用兵打仗的根本在于使民众和自己团结一致。如果弓箭不协调，那么后羿也不能用它来射中微小的目标；如果六匹马不协调，那么造父也不能靠它们到达远方；如果民众不亲近归附君主，那么商汤、周武王也不能一定打胜仗。所以善于使民众归附的人，就是善于用兵的人。所以用兵的要领在于善于使民众归附自己罢了。”

原文

临武君曰：“不然。兵之所贵者势利也，所行者变诈也。善用兵者，感忽[①]悠暗[②]，莫知其所从出，孙[③]、吴[④]用之，无敌于天下，岂必待附民哉！”

注解

①感忽：模糊不清，指难以捉摸。

②悠暗：悠远昏暗，指神秘莫测。

③孙：指孙武，春秋时齐国人，著名的军事家。他曾以兵法十三篇见吴王阖闾，被任为将，率吴军西破强楚，北威齐、晋。

④吴：指吴起，战国初期军事家，卫国左氏（今山东曹县北）人，初任鲁将，继任魏将，屡建战功，曾被魏文侯任为西河郡守。

译文

临武君说："不对。用兵所看重的是形势有利，所施行的是机变诡诈。善于用兵的人，神出鬼没，没有人知道他们是从什么地方出来的，孙武、吴起用了这种办法，因而在天下寻不到对手，哪里一定要依靠使民众归附的办法呢？"

原文

孙卿子曰："不然。臣之所道，仁人之兵，王者之志也。君之所贵，权谋势利也；所行，攻夺变诈也，诸侯之事也。仁人之兵，不可诈也。彼可诈者，怠慢者也，路亶[①]者也，君臣上下之间滑然[②]有离德者也。故以桀诈桀，犹巧拙有幸焉。以桀诈尧，譬之若以卵投石，以指挠沸；若赴水火，入焉焦没耳。故仁人上下，百将一心，三军同力；臣之于君也，下之于上也，若子之事父，弟之事兄，若手臂之捍头目而覆胸腹也，诈而袭之，与先惊而后击之，一也。且仁人之用十里之国，则将有百里之听；用百里之国，则将有千里之听；用千里之国，则将有四海之听。必将聪明警戒，和传[③]而一。故仁人之兵聚则成卒[④]，散则成列，延[⑤]则若莫邪[⑥]之长刃，婴[⑦]之者断；兑[⑧]则若莫邪之利锋，当之者溃；圜[⑨]居而方止，则若盘石然，触之者角[⑩]摧，案角鹿埵、陇种、东笼而退耳。且夫暴国之君，将谁与至哉？彼其所与至者，必其民也。而其民之亲我欢若父母，其好我芬若椒兰；彼反顾其上则若灼黥，若仇雠。人之情，虽桀、跖，岂又肯为其所恶贼其所好者哉！是犹使人之子孙自贼其父母也，彼必将来告之，夫又何可诈也？故仁人用，国日明，诸侯先顺者安，后顺者危，虑敌之者削，反之者亡。《诗》曰：'武王[⑪]载发，有虔秉钺；如火烈烈，则莫我敢遏。'此之谓也。"

注解

①路亶（dàn）：通“露殚”，羸弱疲惫。

②滑然：离散的样子。

③传：通“抟”，聚结。

④卒：周代的军队组织，一百人为卒。

⑤延：延伸，伸展。

⑥莫邪（yé）：传说中的利剑。

⑦婴：通“撄（yīng）”，碰，触犯。

⑧兑：通“锐”，尖锐，引申为冲锋。

⑨圜：通“圆”。

⑩角：额角。

⑪武王：指商汤。

译文

荀卿说：“不对。我所说的，是仁德之人的军队，是称王天下者的意志。您所看重的，是权变谋略和形势有利；所施行的，是攻取掠夺和机变诡诈。这些都是诸侯干的事。仁德之人的军队，是不可能被欺诈的。那些可以被欺诈的，只是一些懈怠大意、羸弱疲惫的军队，君臣上下之间涣散而离心离德的军队。所以让桀欺骗像桀一样的人，还由于巧拙不同而有侥幸获胜的。让桀欺骗尧，打个比方说，就好像用鸡蛋掷石头，用手指搅开水；就好像投身水火，一进去就会被烧焦淹没的啊。仁德之人上下之间，各位将领齐心一致，三军共同努力；臣子对君主，下级对上级，就像儿子侍奉父亲、弟弟侍奉兄长一样，就像手臂捍卫脑袋眼睛、庇护胸部腹部一样。所以用欺诈的办法袭击他，与先惊动他之后再攻击他，结果是一样的。况且仁德之人治理方圆十里的国家，就会了解到方圆百里的情况；治理方圆百里的国家，就会了解到方圆千里的情况；治理方圆千里的国家，就会了解到天下的情况。他一定是耳聪目明，警惕戒备，全国协调团结而齐心一致。所以仁德之人的军队集合起来就成为有组织的队伍，分散开来便成为整齐的行列，伸展开来就像莫邪宝剑那长长的刃口，碰到它的就会被截断；向前冲刺就像莫邪宝剑那锐利的锋芒，阻挡它的就会被击溃；摆成圆形的阵势停留或排成方形的队列站住，就像磐石一样岿然不动，触犯它的就会头破血流，稀里哗啦地败退下来。再说那些强暴之国的君主，将和谁一起来攻打我们呢？那些跟随他一起来的，一定是他统治下的民众。而他的民众亲爱我们就像喜欢父母一样，他们热爱我们就像酷爱芳香的椒、兰一样；而他们回头看到他们的国君，却像看到了烧烤皮肤、刺脸涂墨一样害怕，就像看到了仇人一样愤怒。他们这些人的性情，即使像夏桀、盗跖那样残暴贪婪，但哪有肯为他所憎恶的君主去残害他所喜爱的君主的人呢？这就好像让别人的子孙亲自去杀害他们的父母一样，他们一定会来告诉我们，那么我们又怎么可能被欺诈呢？所以仁德之人当政，国家日益昌盛，诸侯先去归顺的就会安宁，迟去归顺的就会危险，想和他作对的就会被削弱，背叛他的就会灭亡。《诗经》上说：‘商汤头上旗飘舞，威严恭敬握大斧；就像熊熊的大火，没有人敢阻挡我。’说的就是这种情况。”

原文

孝成王、临武君曰：“善！请问王者之兵设何道、何行而可？”

孙卿子曰：“凡在大王，将率[①]末事也。臣请遂道王者诸侯强弱存亡之效、安危之势。君贤者其国治，君不能者其国乱；隆礼贵义者其国治，简礼贱义者其国乱。治者强，乱者弱，是强弱之本也。上足卬[②]，则下可用也；上不卬，则下不可用也。下可用则强，下不可用则弱，是强弱之常也。隆礼、效功[③]，上也；重禄、贵节，次也；上功、贱节，下也：是强弱之凡也。好士者强，不好士者弱；爱民者强，不爱民者弱；政令信者强，政令不信者弱；民齐者强，民不齐者弱；赏重者强，赏轻者弱；刑威者强，刑侮者弱；械用兵革攻[④]完[⑤]便利者强，械用兵革窳[⑥]楛[⑦]不便利者弱；重用兵者强，轻用兵者弱；权出一者强，权出二者弱，是强弱之常也。齐人隆技击，其技也，得一首者则赐赎锱[⑧]金，无本赏[⑨]矣。是事小敌

毳[10]则偷[11]可用也，事大敌坚则焉涣离耳，若飞鸟然，倾侧反复无日，是亡国之兵也，兵莫弱是矣。是其去赁市佣而战之几矣。魏氏之武卒，以度取之，衣三属之甲[12]，操十二石[13]之弩[14]，负服[15]矢五十个，置戈其上，冠軸带剑，嬴三日之粮，日中而趋百里，中试则复[16]其户，利其田宅，是数年而衰而未可夺也，改造[17]则不易周[18]也。是故地虽大，其税必寡，是危国之兵也。秦人，其生民也陿[19]阸[20]，其使民也酷烈，劫之以势，隐[21]之以阸，忸之以庆赏，鰌[22]之以刑罚，使天下之民所以要利于上者，非斗无由也。阸而用之，得而后功之，功赏相长也，五甲首而隶五家，是最为众强长久，多地以正。故四世有胜，非幸也，数也。故齐之技击不可以遇魏氏之武卒，魏氏之武卒不可以遇秦之锐士，秦之锐士不可以当桓、文之节制，桓、文之节制不可以敌汤、武之仁义，有遇之者，若以焦熬投石焉。兼是数国者，皆干赏蹈利之兵也，佣徒鬻卖之道也，未有贵上、安制、綦节之理也；诸侯有能微妙之以节，则作而兼殆之耳。故招近募选，隆势诈，尚功利，是渐之也；礼义教化，是齐之也。故以诈遇诈，犹有巧拙焉；以诈遇齐，辟之犹以锥刀堕太山也，非天下之愚人莫敢试。故王者之兵不试。汤、武之诛桀、纣也，拱挹[23]指麾而强暴之国莫不趋使，诛桀、纣若诛独夫。故《泰誓》[24]曰：'独夫纣。'此之谓也。故兵大齐则制天下，小齐则治邻敌。若夫招近募选，隆势诈，尚功利之兵，则胜不胜无常，代翕代张，代存代亡，相为雌雄耳矣。夫是之谓盗兵，君子不由也。故齐之田单[25]、楚之庄蹻、秦之卫鞅、燕之缪虮，是皆世俗之所谓善用兵者也，是其巧拙强弱则未有以相君也，若其道一也，未及和齐也，掎契司[26]诈，权谋倾覆，未免盗兵也。齐桓、晋文、楚庄、吴阖闾、越勾践，是皆和齐之兵也，可谓入其域矣，然而未有本统也，故可以霸而不可以王。是强弱之效也。"

注解

①率：同"帅"。

②卬（yǎng）：同“仰”，仰赖。

③效功：考核战功。效，验。

④攻：通“工”。

⑤完：坚固。

⑥窳（yǔ）：不坚固。

⑦楛（kǔ）：粗劣。

⑧锱（zī）：古代重量单位。各书有异说，此文指八两。

⑨本赏：基本的奖赏，即根据战争的全局性胜利而制定的奖赏。

⑩毳：通“脆”，脆弱，不坚韧。

⑪偷：苟且。

⑫三属（zhǔ）之甲：三种依次相连的铠甲。一种穿在上身如上衣，一种穿在胯骨上似围裙，一种穿在小腿上似绑腿。

⑬石：古代用来计算弓弩拉力的单位，一石为120斤。但周代一斤大约为228.86克，所以“十二石”大约相当于现在的330公斤。

⑭弩：一种有机械装置、力量较强的弓。

⑮服：通“箙”，装箭的器具。

⑯复：免除徭役。

⑰改造：重新选择。

⑱周：通“赒”，周济。

⑲陿（xiá）：同“狭”，狭窄。此指使人民生路狭窄，即下文所说的“使天下之民所以要利于上者，非斗无由也”。

⑳阸（è）：同“阨”，穷困。此指使人民穷困，与下文所说的“隐之以阸”相应。

㉑隐：忧伤，痛苦。

㉒䲡（qiū）：逼近。

㉓挹：通“揖”，拜揖。

㉔《泰誓》：《尚书》篇名。

㉕田单：战国时齐国将领。

㉖司：通“伺”，伺机。

译文

赵孝成王、临武君说："好！请问称王天下者的军队采用什么办法、采取什么行动才行？"

荀卿说："一切都在于大王，将帅是次要的事。请让我说说帝王诸侯强弱存亡的效验、安定危险的形势。君主贤能的，他的国家就安定；君主无能的，他的国家就混乱；君主崇尚礼法、看重道义的，他的国家就安定；君主怠慢礼法、卑视道义的，他的国家就混乱。安定的国家强盛，混乱的国家衰弱，这是强盛与衰弱的根本原因。君主值得仰赖，那么臣民就能为他所用；君主不值得仰赖，那么臣民就不能为他所用。臣民能被他使用的就强盛，臣民不能被他使用的就衰弱，这是强盛与衰弱的常规。推崇礼法、考核战功，是上等的办法；看重利禄、推崇气节，是次一等的办法；崇尚战功、卑视气节，是下等的办法：这些是导致强盛与衰弱的一般情况。君主喜欢贤士的就强盛，不喜欢贤士的就衰弱；君主爱护人民的就强盛，不爱护人民的就衰弱；政策法令有信用的就强盛，政策法令没有信用的就衰弱；民众齐心合力的就强盛，民众不齐心的就衰弱；奖赏慎重给人的就强盛，奖赏轻易给人的就衰弱；刑罚威严的就强盛，刑罚轻慢的就衰弱；器械、用具、兵器、盔甲精善坚固便于使用的就强盛，器械、用具、兵器、盔甲粗劣而不便于使用的就衰弱；谨慎用兵的就强盛，轻率用兵的就衰弱；指挥权出自一个人的就强盛，指挥权出自两个人的就衰弱，这些是强盛与衰弱的常规。齐国人注重技击，这种办法是，取得一个敌人首级的就赏赐赎买金八两，没有战胜后所应颁发的奖赏。如果战役小、敌人弱，那还勉强可以使用；如果战役大、敌人强，那么士兵就会涣散而逃离，像那乱飞的鸟一样，倒下覆灭也就没有多久了。这是使国家灭亡的军队，没有比这更弱的军队了。这和雇请佣工让他们去作战差不多。魏国的武卒，根据一定的标准来录取他们，让他们穿上三种依次相连的铠甲，拿着拉力为十二石的弩弓，背着装有五十支箭的箭袋，把戈放在那上面，戴着头盔，佩带宝剑，带上三天的粮食，半天要奔走一百里，考试合格就免除他家的徭役，使他的田地住宅都处于便利的地方，即使几年以后他体力衰弱了，这些待遇也不可以剥夺，重新选取了武士也不取消对他们的周济。所以国土虽然广大，但税收必定很少，这是使国家陷于危困的军队。秦国的君主，他使民众谋生的道路很狭窄、生活很穷窘，他使用民众残酷严厉，用权势威逼他们作战，用穷困使他们生计艰难而只能去作战，用奖赏使他们习惯于作战，用刑罚强迫他们去作战，使国内的民众向君主求取利禄的办法，除了作战就没有别的途径。使民众穷困后再使用他们，得胜后再给他们记功，对功劳的奖赏随着功劳增大而增长，得到五个敌人的首级就可以役使本乡的五户人家，因此，秦国兵力最多、战斗力最强、时间最长久，有很多土地可以征税。所以秦国四代都有胜利的战果，这并不是因为侥幸，而是有其必然性的。所以齐国的技击不可以用来对付魏国的武卒，魏国的武卒不可以用来对付秦国的锐士，秦国的锐士不可以用来对付齐桓公、晋文公那有纪律约束的军队，齐桓公、晋文公那有纪律约束的军队不可以用来抵抗商汤、周武王的仁义之师，如果有抵抗他们的，就会像用枯焦、烤干的东西扔在石头上一样。综合齐、魏、秦这几个国家来看，都是些追求奖赏、投身于获取利禄的士兵，这是受雇佣的人出卖气力的办法，并不讲尊重君主、遵守制度、极尽气节的道理；诸侯如果有谁能用仁义节操精细巧妙地来训导士兵，那么一举兵就能吞并危及它们了。所以，招收、募选，注重权谋诡诈，崇尚功利，这是在欺骗士兵；讲求礼制道义、教育感化，这才能使士兵齐心合力。所以用受骗的军队去对付受骗的军队，他们之间还有巧妙与拙劣之别；用受骗的军队去对付齐心合力的军队，打个比方说，就好像用小刀去毁坏泰山一样，如果不是天底下的傻子，是没有人敢尝试的。所以称王天下者的军队是没有人敢尝试与之为敌的。商汤、周武王讨伐夏桀、商纣的时候，从容指挥，而那些强横暴虐的诸侯国也没有不奔走前来供驱使的，除掉夏桀、商纣就好像除掉一个孤独的人一样。所以《泰誓》说：‘独夫纣。’说的就是这种情况。所以军队能大规模地齐心合力，就能制服天下；小规模地齐心合力，就能打败邻近的敌国。至于那种招收、募选，注重权谋诡诈，崇尚功利的军队，那胜负就没有个定准了，有时衰，有时盛，有时存活，有时灭亡，互为高下、互有胜负罢了。这叫作盗贼式的军队，君子是不用这种军队的。所以齐国的田单、楚国的庄蹻、秦国的卫鞅、燕国的缪虮，这些都是一般人所说的善于用兵的人，这些人的巧妙、拙劣、强大、弱小没有什么相似的，至于他们遵行的原则，却是一样的，他们都还没有达到使士兵和衷共济、齐心合力的地步，而只是抓住对方弱点伺机进行欺诈，玩弄权术阴谋进行颠覆，所以仍免不了是些盗贼式的军队。齐桓公、晋文公、楚庄王、吴王阖闾、越王勾践，这些人的军队都是和衷共济、齐心合力的军队，可说是进入礼义教化的境地了，但还没有抓住根本的纲领，所以可以称霸诸侯而不可以称王天下。这就是或强或弱的效验。”

原文

孝成王、临武君曰：“善！请问为将。”

孙卿子曰：“知[1]莫大乎弃疑[2]，行莫大乎无过，事莫大乎无悔。事至无悔而止矣，成不可必也。故制号政令，欲严以威；庆赏刑罚，欲必以信；处舍收臧，欲周以固；徙举进退，欲安以重，欲疾以速；窥敌观变，欲潜以深，欲伍以参[3]；遇敌决战，必道[4]吾所明，无道吾所疑，夫是之谓六术。无欲将而恶废，无急胜而忘败，无威内而轻外，无见其利而不顾其害，凡虑事欲孰[5]而用财欲泰[6]，夫是之谓五权。所以不受命于主有三：可杀而不可使处不完，可杀而不可使击不胜，可杀而不可使欺百姓，夫是之谓三至。凡受命于主而行三军，三军既定，百官得序，群物皆正，则主不能喜，敌不能怒，夫是之谓至臣。虑必先事而申之以敬，慎终如始，终始如一，夫是之谓大吉。凡百事之成也必在敬之，其败也必在慢之。故敬胜怠则吉，怠胜敬则灭；计胜欲则从，欲胜计则凶。战如守，行如战，有功如幸。敬谋无圹[7]，敬事无圹，敬吏无圹，敬众无圹，敬敌无圹。夫是之谓五无圹。谨行此六术、五权、三至而处之以恭敬无圹，夫是之谓天下之将，则通于神明矣。”

注解

①知：通“智”，智慧。

②疑：犹豫不定。

③伍、参（sān）：同“叁伍”，“三”与“五”指多而错杂，引申指将多方面的情况放在一起，加以比照检验。

④道：行动。

⑤孰：同“熟”，精审。

⑥泰：宽裕，不吝啬。

⑦圹：通“旷”，荒废，松懈。

译文

孝成王、临武君说：“好！请问做将领的原则。”

荀卿说：“智慧没有比抛弃犹豫不决更高的了，行动没有比不犯错误更好的了，事情没有比毫无悔恨更重要的了。做事到了没有后悔的地步就到顶了，不能要求它一定成功。所以制度、号召、政策、命令，要严肃而有威势；奖赏刑罚，要坚决实行而有信用；军队驻扎的营垒和收藏物资的军库，要周密而坚固；转移、发动、进攻、撤退，既要安全而稳重，又要敏捷而迅速；侦探敌情、观察其变动，既要隐蔽而深入，又要多方比较而反复检验；对付敌人进行决战，一定要根据自己已了解清楚的情况去行动，不要根据自己怀疑的情况去行动。以上这些叫作六种策略。不要只想保住将位而怕罢免，不要急于求胜而忘记了有可能失败，不要只以为自己有威力而轻视外敌，不要看见了有利的一面而不顾有害的一面，凡是考虑事情一定要仔细周详而使用财物进行奖赏时要大方。这些叫作五种要权衡的事。不从君主那里接受命令的原因有三种：宁可被杀而不可使自己的军队驻扎在守备不完善的地方，宁可被杀而不可使自己的军队打不能取胜的仗，宁可被杀而不可使自己的军队去欺负老百姓。这叫作三条最高的原则。大凡从君主那里接受了命令就巡视三军，三军已经稳定，各级军官得到了合适的安排，各种事情都治理好了，那么君主不能使他高兴，敌人不能使他愤怒，这叫作最合格的将领。一定在战事之前深思熟虑，并且反复告诫自己要慎重，慎重地对待结束就像开始时一样，始终如一，这叫作最大的吉利。大凡各种事情成功一定在于慎重，失败一定在于怠慢。所以慎重胜过怠慢就吉利，怠慢胜过慎重就灭亡；冷静的谋划胜过冲动的欲望就顺利，冲动的欲望胜过冷静的谋划就凶险。攻战要像防守一样不轻率追击，行军要像作战一样毫不松懈，有了战功要像侥幸取得的一样不骄傲自满。慎重对待谋划而不懈怠，慎重对待战事而不懈怠，慎重对待军吏而不懈怠，慎重对待士兵而不懈怠，慎重对待敌人而不懈怠。这叫作五种不懈怠。谨慎地根据这六种策略、五种权衡、三条最高原则办事，并且用恭敬而不懈怠的态度来处理一切，这叫作举世无双的将领，他就能与神明相通了。”

原文

临武君曰："善！请问王者之军制。"

孙卿子曰："将死鼓，御死辔，百吏死职，士大夫死行列。闻鼓声而进，闻金[①]声而退，顺命为上，有功次之。令不进而进，犹令不退而退也，其罪惟均。不杀老弱，不猎[②]禾稼，服者不禽，格者不舍，奔命者不获。凡诛，非诛其百姓也，诛其乱百姓者也；百姓有捍其贼，则是亦贼也。以故顺刃者生，苏[③]刃者死，奔命者贡[④]。微子[⑤]开封于宋，曹触龙[⑥]断于军，殷之服民，所以养生之者也，无异周人。故近者歌讴而乐之，远者竭蹷而趋之，无幽闲辟[⑦]陋之国莫不趋使而安乐之，四海之内若一家，通达之属莫不从服，夫是之谓人师。《诗》曰：'自西自东，自南自北，无思不服。'此之谓也。王者有诛而无战，城守不攻，兵格不击，上下相喜则庆之。不屠城，不潜军，不留众，师不越时。故乱者乐其政，不安其上，欲其至也。"

临武君曰："善！"

注解

①金：金属之器，指钲、铙之类，似铃而无舌，用槌敲击作响以作为停止进军的号令。

②猎：通"躐（liè）"，踩，践踏。

③苏：通"傃（sù）"，向。

④贡：当为"贳"字之误。贳（shì），赦免。

⑤微子：名启，商纣的庶兄，归周后周公旦让他统率殷族而封于宋，是宋国的始祖。此文称"开"，可能是刘向避汉景帝（刘启）讳而改。

⑥曹触龙：商纣王之将，荀子说他是奸臣。

⑦辟：通"僻"，偏僻。

译文

临武君说："好！请问称王天下者的军队制度。"

荀卿说："将军为战鼓而牺牲，驾驭战车的死在缰绳旁，各级官吏以身殉职，战士死在队伍中。听见战鼓的声音就前进，听见钲、铙的声音就后退，服从命令是最重要的，取得战功在其次。命令不准前进却前进，就像命令不准后退却后退一样，它们的罪过是相同的。不杀害年老体弱的，不践踏庄稼，对不战而退的敌人不追擒，对抵抗的敌人不放过，对前来投顺的敌人不抓起来当俘虏。凡是讨伐杀戮，不是去讨伐杀戮百姓，而是去讨伐杀戮扰乱百姓的人；百姓如果有保护乱贼的，那么他也就是乱贼了。所以顺着我们的刀锋转身逃跑的就让他活命，对着我们的刀锋进行抵抗的就把他杀死，前来投顺的就赦免其罪。微子启归顺周朝而被封在宋国，曹触龙负隅顽抗而被斩首于军中，商王朝那些降服周朝的民众用来养身的生活资料，和周朝的人没有什么两样。所以近处的人歌颂周朝而且热爱周朝，远处的人竭尽全力地来投奔周朝，即使是幽隐、闭塞、偏僻、边远的国家，也无不前来归附而听从役使，四海之内就像一个家庭似的，凡是交通能到达的地方，没有谁不服从，这可以称作是人民的师表了。《诗经》上说：'从西到东，从南到北，没有哪个不服从。'说的就是这种情况。称王天下的君主只有讨伐而没有攻战，敌人坚守城池就不去攻打，敌人抵抗就不出击，敌人上下一心就庆贺他们。不摧毁城郭而屠杀居民，不秘密出兵搞偷袭，不留兵防守占领的地方，军队出征不超过预先约定的时限。所以政治混乱的国家中的人民都喜欢他的这些政策，而不爱自己的君主，都希望他的到来。"

临武君说："好！"

原文

陈嚣[①]问孙卿子曰："先生议兵，常以仁义为本。仁者爱人，义者循理，然则又何以兵为？凡所为有[②]兵者，为争夺也。"

孙卿子曰："非女所知也。彼仁者爱人，爱人，故恶人之害之

也；义者循理，循理，故恶人之乱之也。彼兵者，所以禁暴除害也，非争夺也。故仁人之兵，所存者神[3]，所过者化，若时雨之降，莫不说[4]喜。是以尧伐驩兜[5]，舜伐有苗[6]，禹伐共工[7]，汤伐有夏[8]，文王伐崇[9]，武王伐纣，此四帝两王，皆以仁义之兵行于天下也。故近者亲其善，远方慕其德，兵不血刃[10]，远迩来服，德盛于此，施[11]及四极。《诗》曰：'淑人君子，其仪不忒。'此之谓也。"

注解

①陈嚣：荀子的学生。

②有：用。

③神：指"尽善浃治"，即尽善尽美，通体皆治。

④说：通"悦"。

⑤驩（huān）兜：尧时的部落首领，传说被尧流放于崇山。

⑥有苗：也称"三苗"，尧、舜时代的一个部落。

⑦共工：舜、禹时部落的首领，相传他被流放于幽州。

⑧有夏：指夏后氏。此指夏朝的末代君主桀。

⑨崇：商代诸侯国名。

⑩兵不血刃：兵器不待血染刀口，指未经交战就取得了胜利。

⑪施：蔓延，延续。

译文

陈嚣问荀卿说："先生议论用兵，经常把仁义作为根本。仁者爱人，义者遵循道理，然而又为什么要用兵呢？大凡用兵的原因，是为了争夺。"

荀卿说："这道理不是你所知道的。仁者爱人，正因为爱人，所以就憎恶别人危害他人；义者遵循道理，正因为遵循道理，所以就憎恶别人扰乱他人。用兵，是为了禁止暴虐、消除危害，并不是为了争夺啊。所以仁人的军队，他们停留的地方会得到全面治理，他们经过的地方会受到教育感化，就像及时雨的降落，没有人不欢喜。因此尧讨伐驩兜，舜讨伐三苗，禹讨伐共工，汤讨伐夏桀，周文王讨伐崇国，周武王讨伐商纣，这四帝、两王都是使用仁义的军队驰骋于天下的。所以近处的人喜爱他们的善良，远方的人仰慕他们的道义，兵器的刀口上还没有沾上鲜血，远近的人就来归附了，德行伟大到这种地步，就会影响到四方极远的地方。《诗经》上说：‘善人君子忠于仁，坚持道义不变更。’说的就是这种情况。”

原文

李斯①问孙卿子曰：“秦四世有胜，兵强海内，威行诸侯，非以仁义为之也，以便从事而已。”

孙卿子曰：“非女所知也。女所谓便者，不便之便也；吾所谓仁义者，大便之便也。彼仁义者，所以修政者也，政修则民亲其上，乐其君，而轻为之死。故曰：‘凡在于军，将率末事也。’秦四世有胜，諰諰然②常恐天下之一合而轧③己也，此所谓末世之兵，未有本统也。故汤之放桀也，非其逐之鸣条④之时也；武王之诛纣也，非以甲子⑤之朝而后胜之也。皆前行素修也，此所谓仁义之兵也。今女不求之于本⑥而索之于末⑦，此世之所以乱也。

注解

①李斯：秦代政治家。曾从学于荀子，后辅助秦始皇统一六国，曾先后任秦朝的廷尉和丞相。

②諰諰（xǐ）然：恐惧的样子。

③轧：倾轧。

④鸣条：古地名，又名高侯原，是成汤打败夏桀的地方。其地所在，异说甚多，现已难以确指，通行的说法认为在今山西运城安邑镇北。

⑤甲子：甲子日，即周武王在牧野（今河南淇县西南）打败商纣王的日子。

⑥本：指实行仁义的政治措施。

⑦末：指机变诡诈的战略战术，即李斯所说的“以便从事”。

译文

李斯问荀卿说：“秦国四代都有胜利的战果，在四海之内兵力最强，威力扩展到诸侯各国，但他们并不是依靠仁义去从事战争，而只是根据便利的原则去做罢了。”

荀卿说：“这道理不是你所知道的。你所说的便利，是一种并不便利的便利；我所说的仁义，才是极其便利的便利。仁义，是用来搞好政治的工具，政治搞好了，那么民众就会亲近他们的君主，喜爱他们的君主，而不在乎为君主去牺牲。所以说：‘一切都在于君主，将帅是次要的。’秦国四代都有胜利，却还是提心吊胆，经常怕天下各国团结一致来讨伐自己，这就是人们所说的衰落时代的军队，还没有抓住仁义的纲领。所以商汤流放夏桀，并不只是在鸣条追击的时候；武王诛杀商纣，并不是甲子日早晨之后才战胜他的。这都是靠以前的措施与平时的治理，这就是我所说的仁义的军队。现在你不从根本上去寻找原因，而只是从枝节上去探索缘由，这就是社会混乱的原因。

原文

“礼者，治辨[①]之极也，强国之本也，威行之道也，功名之总也。王公由之，所以得天下也；不由，所以陨社稷也。故坚甲利兵不足以为胜，高城深池不足以为固，严令繁刑不足以为威，由其道则行，不由其道则废。

注解

①辨：同“办”，治理。

译文

"礼，是治理社会的最高准则，是使国家强大的根本措施，是威力得以扩展的有效办法，是功业名声得以成就的要领。天子诸侯遵行了它，就能取得天下；不遵行它，就会丢掉国家政权。所以，坚固的铠甲、锋利的兵器不足以用来取胜，高耸的城墙和深深的护城河不足以用来固守，严格的命令和繁多的刑罚不足以用来造成威势，遵行礼义之道才能成功，不遵行礼义之道就会失败。

原文

"楚人鲛①革犀兕②以为甲，鞈如金石，宛③钜④铁釶，惨⑤如蜂虿⑥，轻利僄遬⑦，卒⑧如飘风⑨，然而兵殆⑩于垂沙⑪，唐蔑死，庄蹻起，楚分而为三四。是岂无坚甲利兵也哉？其所以统之者非其道故也。汝、颍以为险，江、汉以为池，限之以邓林，缘之以方城，然而秦师至而鄢、郢举，若振槁然。是岂无固塞隘阻也哉？其所以统之者非其道故也。纣刳比干，囚箕子，为炮烙刑，杀戮无时，臣下懔然莫必其命，然而周师至而令不行乎下，不能用其民。是岂令不严、刑不繁也哉？其所以统之者非其道故也。

注解

①鲛（jiāo）：海鲨。

②兕（sì）：雌性的犀牛。

③宛：楚国地名，在今河南南阳。

④钜：钢。

⑤惨：狠毒，厉害。

⑥虿（chài）：蝎子一类的有毒动物。

⑦僄（piào）遬（sù）：轻捷。遬，同"速"，迅速。

⑧卒（cù）：同“猝”，急速。

⑨飘风：旋风。

⑩殆：危亡，失败。

⑪垂沙：古地名，在今河南唐河县境。

译文

“楚国人用鲨鱼皮、犀兕皮做成铠甲，坚硬得就像金石一样，宛地出产的钢铁长矛，狠毒得就像蜂、蝎的毒刺一样，士兵行动轻快敏捷，迅速得就像旋风一样，但是兵败垂沙，唐蔑阵亡，庄蹻起兵造反，楚国被分裂成了三四块。这难道是因为没有坚甲利兵吗？这是因为他们用来统治国家的办法并不是礼义之道的缘故。楚国以汝水、颍水作为天险，以长江、汉水作为护城河，把邓地一带的山林作为它的边界屏障，拿方城来围绕保护自己，但是秦军一到鄢、郢就被攻取了，像摧枯拉朽一样。这难道是因为没有要塞险阻吗？这是因为他们用来统治国家的办法并不是礼义之道的缘故。商纣王将比干剖腹挖心，囚禁了箕子，设置了炮烙的酷刑，随时杀人，臣下心惊胆战，没有谁能肯定自己会寿终正寝，但是周军一到，命令就不能在下面贯彻执行了，也不能役使他的民众了。这难道是因为命令不严格、刑罚不繁多吗？这是因为他用来统治国家的办法并不是礼义之道的缘故。

原文

“古之兵，戈矛弓矢而已矣，然而敌国不待试而诎；城郭不辨[①]，沟池不抇[②]，固塞不树，机变不张，然而国晏然不畏外而明内者，无它故焉，明道[③]而分钧[④]之，时使而诚爱之，下之和[⑤]上也如影响，有不由令者然后诛之以刑。故刑一人而天下服，罪人不邮[⑥]其上，知罪之在己也。是故刑罚省而威流，无它故焉，由其道故也。古者帝尧之治天下也，盖杀一人、刑二人而天下治。传曰：‘威厉而不试，刑错[⑦]而不用。’此之谓也。

注解

①辨：通“办”，治理。

②抇：当为“扣（hú）”，同“掘”，挖掘。

③道：指礼义之道。

④钧：通“均”，调节，平衡。

⑤和（hè）：附和，响应。

⑥邮：通“尤”，怨恨。

⑦错：通“措”。

译文

“古代圣王的兵器，不过是戈、矛、弓、箭罢了，但是不等使用就使敌国屈服了；城墙不整修，护城河不挖掘，要塞不建立，机智巧诈不施展，但是国家却平安无事，不怕外敌而又能昌盛，这没有其他的缘故，是由于彰明了礼义之道而用名分来协调臣民，适时使用人民而真诚地爱护他们，因而臣民附和君主就像影子和回响一样，有不遵从命令的，然后再用刑罚来惩处他。所以惩罚了一个人而天下都臣服了，罪犯也不怨恨自己的君主，知道罪责在自己身上。所以刑罚用得少而威力却行于四方，这没有其他的缘故，是因为遵行了礼义之道的缘故。古代帝尧治理天下，只杀了一个人、惩罚了两个人而天下就治理好了。古书说：‘威势勇猛却不使用，刑罚设置而不施行。’说的就是这个道理。

原文

“凡人之动也，为赏庆为之，则见害伤焉[①]止矣。故赏庆、刑罚、势诈不足以尽人之力，致人之死。为人主上者也，其所以接下之百姓者无礼义忠信，焉[②]虑[③]率用赏庆、刑罚、势诈除阸[④]其下，获其功用而已矣。大寇则至，使之持危城则必畔，遇敌处战则必

北，劳苦烦辱[5]则必奔，霍焉[6]离耳，下反制其上。故赏庆、刑罚、势诈之为道者，佣徒鬻卖之道也，不足以合大众，美国家[7]，故古之人羞而不道也。故厚德音以先之，明礼义以道之，致忠信以爱之，尚贤使能以次之，爵服庆赏以申之，时其事、轻其任以调齐之，长养之，如保赤子。政令以定，风俗以一，有离俗不顺其上，则百姓莫不敦[8]恶，莫不毒[9]孽[10]，若祓[11]不祥，然后刑于是起矣。是大刑之所加也，辱孰大焉？将以为利邪？则大刑加焉，身苟不狂惑戆陋，谁睹是而不改也哉？然后百姓晓然皆知修上之法，像上之志而安乐之。于是有能化善、修身、正行、积礼义、尊道德，百姓莫不贵敬，莫不亲誉，然后赏于是起矣。是高爵丰禄之所加也，荣孰大焉？将以为害邪？则高爵丰禄以持养之，生民之属，孰不愿也？雕雕焉[12]县贵爵重赏于其前，县明刑大辱于其后，虽欲无化，能乎哉？故民归之如流水，所存者神，所为者化而顺。暴悍勇力之属为之化而愿，旁辟曲私之属为之化而公，矜纠收缭之属为之化而调，夫是之谓大化至一。《诗》曰：'王犹允塞，徐方既来。'此之谓也。

注解

①焉：于之，对自己。

②焉：语助词。

③虑：大致，大凡。后"率"字与"虑"同义连用。

④除阸（è）：使穷困而走投无路，引申为控制。

⑤烦辱：两字同义，同"繁缛"。

⑥霍焉：离散的样子。

⑦美国家：使国家的风俗淳美。

⑧敦：通"憝（duì）"，怨恨。

⑨毒：祸害。这里用作意动词，把……当作祸害。

⑩孽：妖孽，灾害，这里用作意动词，把……当作妖孽。

⑪祓（fú）：古代一种除灾驱邪的仪式。此泛指驱除。

⑫雎雎焉：明白的样子。

译文

“大凡人们的行动，如果是为了赏赐和表扬才去做的，那么看见对自己有损害就会罢手不干了。所以赏赐表扬、行刑处罚、权谋诡诈不足以竭尽人们的力量，使人们献出生命。现在做人民君主的，对待老百姓没有礼义忠信，大抵只是使用赏赐表扬、行刑处罚、权谋诡诈控制臣民，来获得他们的功用罢了。强大的敌寇到来，让他们去把守危险的城邑就一定会叛变，让他们去抵抗敌人进行战斗就一定会败北，让他们干费力且艰苦繁杂的事就一定会逃跑，他们涣散地背离了，臣民反过来制裁了他们的君主。所以赏赐表扬、行刑处罚、权谋诡诈作为一种办法，实际上是一种受雇佣的人出卖气力的办法，它不足以团结广大民众，使国家的风俗淳美，所以古代的圣王认为可耻而不遵行它。因此，古代的圣王提高道德声誉来引导人民，彰明礼制道义来指导他们，尽力做到忠诚守信来爱护他们，根据尊崇贤人、任用能人的原则来安排他们职位，用爵位、服饰、表扬、赏赐一再激励他们，根据时节安排他们的劳动、减轻他们的负担来调剂他们，抚养他们，就像保护初生的婴儿一样。政策法令已经确定，风气习俗已经一致，如果还有人违背习俗而不顺从自己的君主，那么百姓就没有谁不怨恨厌恶他，就没有谁不把他当作祸害妖孽，就像要驱除不祥一样要除掉他，这种情况发生以后，刑罚就从此产生了。这种人便是重刑所施加的对象，耻辱还有哪一种比这个更大的呢？要把它看作有利的事吗？但是重刑加到了他身上，本身如果不是发疯、糊涂、愚蠢、浅陋的人，谁能看到了这种处罚而不改过自新呢？然后百姓就明明白白地都知道要遵从君主的法令、依顺君主的意志而爱戴君主。如果有人能改恶从善、修养身心、端正品行、奉行礼义、崇尚道德，百姓就没有谁不重视尊敬他，就没有谁不亲近赞誉他，然后奖赏就从此产生了。这种人便是高官厚禄的授予对象，光荣还有哪一种比这个更大的呢？要把它看作有害的事吗？可是用高官厚禄来供养他，凡是人，哪一个不愿意这样呢？明明白白地把高贵的官爵和优厚的奖赏摆在他们的面前，把彰明罪行的刑罚与最大的耻辱放在他们的后面，即使要他们不变好，可能吗？所以民众归顺投奔君主就像流水奔向大海一样，君主所在的地方就得到全面的治理，君主采取措施的地方人们都受到教育感化而顺服。残暴、凶狠、胆大、强壮的一类人都会被他感化而变得忠厚老实，偏颇、邪僻、搞歪门邪道、偏私的一类人都会被他感化而变得大公无私，急躁、暴戾的一类人都会被他感化而变得和气温顺，这叫作教化的极点。《诗经》上说：‘王道遍行四海，徐国已经来朝拜。’说的就是这种情形。

原文

“凡兼人者有三术：有以德兼人者，有以力兼人者，有以富兼人者。彼贵我名声，美我德行，欲为我民，故辟门除涂以迎吾人，因其民，袭其处，而百姓皆安，立法施令莫不顺比，是故得地而权弥重，兼人而兵俞①强，是以德兼人者也；非贵我名声也，非美我德行也，彼畏我威，劫我势，故民虽有离心，不敢有畔虑，若是，则戎甲俞众，奉养必费，是故得地而权弥轻，兼人而兵俞弱，是以力兼人者也；非贵我名声也，非美我德行也，用②贫求富，用饥求饱，虚腹张口来归我食③，若是，则必发夫掌④窌⑤之粟以食之，委之财货以富之，立良有司以接之，已期三年，然后民可信也，是故得地而权弥轻，兼人而国俞贫，是以富兼人者也。故曰：以德兼人者王，以力兼人者弱，以富兼人者贫。古今一也。

注解

①俞：通“愈”，更，越。

②用：因为。

③食：通“饲”，养。

④掌：当作“禀”，“禀”同“廪”，米仓。

⑤窌（jiào）：地窖。

译文

“大凡兼并别国的君主有三种方法：有依靠德行去兼并别国的，有依靠强力去兼并别国的，有依赖财富去兼并别国的。那些国家的人民景仰我的名声，赞赏我的德行，想做我的下民，所以打开国门清理道路来迎接我进城，我依靠这国家的民众，不改变他们的住处，而百姓都安宁，对我制定的法律与颁布的命令没有人不顺从，所以得到了土地而权势更大，兼并了别国而兵力越来越强，这是依靠德行去兼并别国的君主；那些国家的人民并不是景仰我的名声，也不是赞赏我的德行，他们只是害怕我的威武，被我的势力胁迫，所以他们虽然有离开我的心思，却不敢有背叛我的打算，像这样，那么战士就要越来越多，给养一定花费很大，所以得到了土地而权势更轻，兼并了别国而兵力越来越弱，这是依靠强力去兼并别国的君主；那些国家的人民并不是景仰我的名声，也不是赞赏我的德行，而是因为贫穷追求富裕，因为饥饿想吃饱，所以空着肚子张着嘴来投奔我求食，像这样，就必须发放米仓地窖中的粮食来供养他们，给他们财物来使他们富足，委任善良的官吏来接待他们，已经满三年了，然后这些归附的老百姓才可以信任，所以得到了土地而权势更轻，兼并了别国而国家越来越贫穷，这是依靠财富去兼并别国的君主。所以说：依靠德行兼并别国的君主称王，依靠强力兼并别国的君主衰弱，依靠财富兼并别国的君主贫穷。这种情况古今是一样的。

原文

“兼并易能也，唯坚凝之难焉。齐能并宋[①]而不能凝也，故魏夺之[②]；燕能并齐[③]而不能凝也，故田单夺之；韩之上地[④]，方数百里，完全富足而趋赵[⑤]，赵不能凝也，故秦夺之[⑥]。故能并之而不能凝，则必夺；不能并之又不能凝其有，则必亡。能凝之，则必能并之矣。得之则凝，兼并无强。古者汤以薄[⑦]，武王以滈[⑧]，皆百里之地也，天下为一，诸侯为臣，无它故焉，能凝之也。故凝士以礼，凝民以政，礼修而士服，政平而民安。士服民安，夫是之谓大凝，

以守则固，以征则强，令行禁止，王者之事毕矣。”

注解

①齐能并宋：公元前286年，齐伐宋，宋偃王（康王）出逃，死于温（今河南温县），齐兼并了宋国。

②魏夺之：公元前284年，魏与秦、赵、韩、燕一起伐齐而攻破临淄，齐湣王出逃而死于淖齿之手。于是齐国被瓜分，魏国得到了原属宋国的大部分土地。

③燕能并齐：公元前284年，燕昭王以乐毅为上将军攻齐，秦与三晋协同作战，乐毅破齐临淄，随后又攻占齐城七十余座，齐仅剩莒、即墨二城。

④上地：指上党地区，在今山西省东南部长治市一带。

⑤趋赵：公元前262年，秦将白起攻韩，取野王（今河南沁阳），完全封闭了韩与上党郡的交通。上党郡守冯亭不愿降秦，附赵。

⑥秦夺之：上党归附赵国后，赵派廉颇屯长平（今山西高平西北）拒秦，赵、秦相持，不分胜负。公元前260年，秦攻上党，赵王中了秦国范雎的反间计，命赵括代替廉颇为将，结果被白起大败于长平。公元前259年，秦将司马梗北定太原，完全占领了上党郡。

⑦薄：通“亳”。

⑧滈（hào）：通“鄗”。

译文

“兼并别国容易做到，只是坚守和巩固它很难。齐国能够兼并宋国但不能巩固，所以魏国夺走了宋国；燕国能兼并齐国但不能巩固，所以田单夺走了它；韩国的上党地区，方圆几百里，城池完备、府库充足而投奔赵国，赵国不能巩固，所以秦国夺取了它。因此，能兼并别国的土地而不能巩固，就一定会被夺走；不能兼并别国又不能巩固自己本来拥有的国家，就一定会灭亡。能巩固自己的国家，就一定能兼并别国。得到别国的土地而能巩固，那么再去兼并就不会有强大的对手了。古代商汤凭借亳地，周武王凭借鄗地，都不过是方圆百里的领土，而天下被他们统一了，诸侯做了他们的臣属，这没有其他的缘故，是因为他们能巩固取得的土地。所以团结士人要依靠礼义，团结民众要依靠政策，礼义搞好了士人就会归服，政治清明民众就安定。士人归服、民众安定，这叫作最大的凝聚，靠这种政治局面来守卫就牢不可破，靠它来出征就强大无比，有令必行、有禁必止，称王天下的事业就完成了。”

读解

这篇文章主要论述了军事问题，反映了荀子的军事思想。

荀子的军事思想的核心为“仁义”，他主张“禁暴除害”“以德兼人”，反对“争夺”，不依仗“权谋”“势诈”。他认为用兵作战的关键在于“民”，所以，本篇很多地方都提到了人民和军队的关系，如“用兵攻战之本在乎壹民”“在乎善附民”，要“附民”就必须“隆礼”“贵义”“好士”“爱民”“政令信”“赏重”“刑威”“权出一”，只有这样，才能“壹民”，才能使“三军同力”，从而取得战争的胜利。

说到如何当好一个将领，荀子认为“知莫大乎弃疑，行莫大乎无过，事莫大乎无悔”，所以带兵打仗的时候，要做到“制号政令，欲严以威；庆赏刑罚，欲必以信；处舍收臧，欲周以固；徙举进退，欲安以重，欲疾以速；窥敌观变，欲潜以深，欲伍以参；遇敌决战，必道吾所明，无道吾所疑”的“六术”，要做到“无欲将而恶废，无急胜而忘败，无威内而轻外，无见其利而不顾其害，凡虑事欲孰而用财欲泰”的“五权”，要做到“可杀而不可使处不完，可杀而不可使击不胜，可杀而不可使欺百姓”的“三至”，还要做到“敬谋无圹，敬事无圹，敬吏无圹，敬众无圹，敬敌无圹”的“五无圹”。将领只有做到这“六术”“五权”“三至”“五无圹”，才能达到出神入化的境界。

【事例一】

韩信是有名的将领，曾经对汉高祖刘邦说自己带兵“多多益善”。井陉一战正面表现了韩信卓绝而奇特的军事才能。

背水一战

韩信和张耳率领几十万人马，想要攻破井陉口，攻打赵国。赵王和成安君陈余听说汉军要来攻打赵国，在井陉口布置军队防御，号称二十万大军。

韩信派人暗中打探消息，得知陈余不采纳广武君的计策，非常高兴，于是率军径自前进，在距离井陉口三十里的地方停下来宿营。到半夜时分，韩信传令部队出发，挑选两千名轻骑兵，每人手拿一面红旗，沿小道上山隐蔽起来，观察赵军的动向。他告诫将士："交战时赵军看到我军退逃，一定会出动全部兵力来追我们，你们趁机冲进赵军的营寨，遍插汉军旗帜。"韩信又让将士们随便吃些东西，说道："等今天我们打败了赵军以后犒赏三军！"将士们都不相信，只是假意应承道："好吧。"韩信说："赵军已经抢先占据了有利地形安营扎寨，他们没有看见我军大将的旗鼓，是不肯出兵攻打我们的先头部队的，这是因为他们认为我军遇到险阻就会撤回去。"韩信随即派遣一万人打先锋开出营寨，背靠河水摆开阵势。赵军望见后哗然大笑。

天刚亮的时候，韩信率军大张旗鼓地出了井陉口。赵军开门迎敌，两军激战。打了一段时间，韩信和张耳诈败，丢弃旗鼓，逃回河边的阵营。河边的部队大开营门放他们进去，然后又和赵军鏖战。赵军果然倾巢而出，争抢汉军抛下的旗鼓，追逐韩信和张耳。韩信、张耳进入河边的阵地后，全军立即拼死奋战，赵军无法打败他们。韩信接着派出二千名骑兵突击队，等到赵军将士全体出动去追逐争夺战利品时，立刻奔驰进入赵军营地，拔掉所有赵军旗帜，插上两千面汉军红旗。赵军知道无法擒获韩信等人后，便想退回营地，却见自己的营垒中遍是汉军的红旗，不禁惊慌失措，以为赵国将领都被汉军擒了，于是军中大乱，士兵纷纷逃跑，尽管赵将不断斩杀逃跑的士兵，可是大局已败。汉军随即又前后夹击，大败赵军，在泜水边杀了陈余，并活捉赵王歇。

将领们献上敌人的首级和俘虏的士兵，齐向韩信祝贺，并趁势问韩信："兵法上提出：'布军列阵要右边和背面靠山，前面和左边临水。'但这次您却让我们背水布阵，还说什么'待打败赵军后再犒赏三军'。我们当时都颇不信服，但是竟然取胜了，这是什么战术呀？"

韩信说："这个战术在兵法上也是有的，只是你们没有注意！兵法上有句话说'陷之死地而后生，置之亡地而后存'，我率领的不是平时训练有素的士兵，这正是‘驱赶着街市上的平民百姓去作战’，势必将其置于死地，使人人为各自的生存奋战；倘若为他们留下活路，他们便会逃走。这样一来，难道还能够指望他们去冲锋陷阵吗！”将领们莫不心悦诚服地说：“对啊！您的谋略的确非我们所能比呀！”

【事例二】

“将在外，君命有所不受”，孙武的第一次成功竟然是演练几个宫女！即使只是一场小小的演练，他也毫不含糊，依据军令杀了吴王心爱的两名宫女。

孙武练兵

孙武，原本是齐国人，曾以所著兵法十三篇拜谒吴王阖庐（亦作“阖闾”）。

阖庐看了他献的兵法，问他是否可以当面演示他的兵法。孙武答应了阖庐的要求。吴王又问：“可以由妇人来演示吗？”“可以。”孙武再次爽快地答应。

阖庐也是一时兴起才有此想法，但既然孙武有此承诺，他就想成全孙武，于是在宫中挑选了一百八十名美人，交由孙武指挥操练。

孙武将宫女分成两队，分别挑选吴王最宠爱的两位宫女担任两队的队长。在发给她们每人一把戟之后，孙武说：“你们都知道自己的前心、左右手和后背吗？”

“知道。”宫女们说。

孙武又指着面前的战鼓说：“待会儿我会击鼓，如果我向前击，你们就看前心所对的方向；如果我向左击，你们就看自己的左手；如果我向右击，你们就看自己的右手；如果我向后击，你们就向后背看。如果有谁违背命令，立斩不饶。都听清楚了吗？”

“听清楚了。”宫女们齐声答道。

于是，孙武命令宫女们排列整齐的队伍，随时听候指挥。孙武击鼓向右，宫女们却没有行动，反倒在队中嬉笑。

孙武脸色大变，厉声说道：“纪律不严明、法令不熟悉，就当是我没有解释清楚。”接着便把行动计划和处罚方式向宫女们三令五申。交代完毕，孙武击鼓向左，宫女们仍嬉笑不止，还是没有行动。

孙武说："纪律不严明、不熟悉法令，是因为我没有交代清楚。现在你们都清楚了，却还是犯错，这就是队长的错了。"于是下令处斩两名队长。

在台上观看孙武指挥操练的吴王阖庐见两位美人即将香消玉殒，吓得慌了神，急忙派人向孙武求情。

孙武却对来人说："我既然答应吴王演示兵法，也就是所说的'将在外，君命有所不受'。"所以，还是立即斩了两名队长示众。孙武从宫女中另外挑选出两人来担任队长，再进行操练时，果真是令出必行，再没有人敢稍做违抗。

操练完毕，孙武报告吴王说："队伍现在已经操练好了，请您检阅。您要是用她们打仗，就是赴汤蹈火，她们也在所不辞。"阖庐虽然痛失两位宠姬，但却知道孙武是个难得的领兵将才，心里仍感觉十分欣慰。

之后，吴王任孙武为将军，西破强楚、北击齐晋，天下诸侯都来向吴王朝拜。阖庐终成一代霸主，孙武功不可没。

正论

原文

世俗之为说者曰："主道利周[①]。"是不然。主者，民之唱也；上者，下之仪[②]也。彼将听唱而应，视仪而动。唱默则民无应也，仪隐则下无动也。不应不动，则上下无以相有也。若是，则与无上同也，不祥莫大焉。故上者，下之本也，上宣明则下治辨[③]矣，上端诚则下愿悫矣，上公正则下易[④]直矣。治辨则易一，愿悫则易使，易直则易知。易一则强，易使则功，易知则明，是治之所由生也。上周密则下疑玄[⑤]矣，上幽险则下渐诈矣，上偏曲则下比周矣。疑玄则难一，渐诈则难使，比周则难知。难一则不强，难使则不功，难知则不明，是乱之所由作也。故主道利明不利幽，利宣不利周。故主道明则下安，主道幽则下危。故下安则贵上，下危则贱上。故上易知则下亲上矣，上难知则下畏上矣。下亲上则上安，下畏上则上危。故主道莫恶乎难知，莫危乎使下畏己。传曰："恶之者众则危。"《书》曰："克[⑥]明明德[⑦]。"《诗》曰："明明[⑧]在下。"故先王明之，岂特玄之耳哉！

注解

①周：周密，指隐蔽不露。

②仪：立木以示人叫作仪，也叫表。

③辨：同"办"，治理。

④易：平坦，不险恶。

⑤玄：通"眩"，迷惑。

⑥克：能。

⑦明德：完美的德行。

⑧明明：原为皎洁明亮的意思，指周文王、周武王的德行贤明完美。

译文

社会上那些庸俗的创立学说的人说："君主的统治措施以周密隐蔽为有利。"这种说法不对。君主，好比是民众的领唱；帝王，好比是臣下的标杆。臣民们将听着领唱来应和，看着标杆来行动。领唱沉默，那么民众就无从应和；标杆隐蔽，那么臣下就无从行动。不应和、不行动，那么君主和臣民就无法相亲善了。像这样，那就和没有君主一样，不吉利的事没有比这更大的了。所以君主是臣民的根基，君主公开明朗，那么臣民就能治理好了；君主端正诚实，那么臣民就老实忠厚了；君主公正无私，那么臣民就坦荡正直了。臣民治理得好就容易统一，老实忠厚就容易役使，坦荡正直就容易了解。臣民容易统一，国家就会强盛；臣民容易役使，君主就能建立功业；臣民容易了解，君主就会明白清楚。这是安定得以产生的缘由。君主隐蔽不露，那么臣民就疑惑迷乱了；君主阴暗险恶，那么臣民就虚伪欺诈了；君主偏私不公正，那么臣民就紧密勾结了。臣民疑惑迷乱就难以统一，虚伪欺诈就难以役使，紧密勾结就难以了解。臣民难以统一，那么国家就不会强盛；臣民难以役使，那么君主就不能建立功业；臣民难以了解，那么君主就不清楚。这是祸乱产生的根源。所以君主的统治措施以明朗为有利而以阴暗为不利，以公开为有利而以隐蔽为不利。因此君主的统治措施公开明朗，那么臣民就安逸；君主的统治措施阴暗不明，那么臣民就危险。所以臣民安逸，就会尊重君主；臣民危险，就会鄙视君主。所以君主的措施容易被了解，那么臣民就亲近君主了；君主的措施难以被了解，那么臣民就害怕君主了。臣民亲近君主，那么君主就安逸；臣民害怕君主，那么君主就危险。所以君主的统治措施没有比难以被了解更坏的了，没有比使臣民害怕自己更危险的了。古书上说："憎恨他的人众多，他就危险了。"《尚书》上说："要能够彰明贤明的德行。"《诗经》上说："彰明美德在天下。"所以圣王使百姓们明白，哪能让他们迷惑呢！

原文

世俗之为说者曰："桀、纣有天下，汤、武篡而夺之。"是不然。以桀、纣为常[①]有天下之籍则然，亲有天下之籍则不然，天下谓在桀、纣则不然。古者天子千官，诸侯百官。以是千官也，令行于诸夏之国，谓之王；以是百官也，令行于境内，国虽不安，不至于废易遂[②]亡，谓之君。圣王之子也，有天下之后也，势籍之所在也，天下之宗室也，然而不材不中，内则百姓疾之，外则诸侯叛之，近者境内不一，遥者诸侯不听，令不行于境内，甚者诸侯侵削之，攻伐之，若是，则虽未亡，吾谓之无天下矣。圣王没，有势籍者罢[③]不足以县天下，天下无君，诸侯有能德明威积，海内之民莫不愿得以为君师。然而暴国独侈，安能诛之，必不伤害无罪之民，诛暴国之君若诛独夫。若是，则可谓能用天下矣。能用天下之谓王。汤、武非取天下也，修其道，行其义，兴天下之同利，除天下之同害，而天下归之也。桀、纣非去天下也，反禹、汤之德，乱礼义之分，禽兽之行，积其凶，全其恶，而天下去之也。天下归之之谓王，天下去之之谓亡。故桀、纣无天下而汤、武不弑君，由此效之也。汤、武者，民之父母也；桀、纣者，民之怨贼也。今世俗之为说者，以桀、纣为君而以汤、武为弑，然则是诛民之父母，而师民之怨贼也，不祥莫大焉。以天下之合为君，则天下未尝合于桀、纣也。然则以汤、武为弑，则天下未尝有说也，直[④]堕之耳。故天子唯其人。天下者，至重也，非至强莫之能任；至大也，非至辨莫之能分；至众也，非至明莫之能和。此三至者，非圣人莫之能尽，故非圣人莫之能王。圣人备道全美者也，是县天下之权称[⑤]也。桀、纣者，其知虑至险也，其至意至暗也，其行之为至乱也；亲者疏之，贤者贱之，生民怨之，禹、汤之后也，而不得一人之与；刳比干，囚箕子，身死国亡，为天下之大僇，后世之言恶者必稽焉，是不容[⑥]妻子之数[⑦]也。故至贤畴四海[⑧]，汤、武是也；至罢不容妻子，桀、纣是也。今世俗之为说者，以桀、纣为有天下而臣汤、武，岂不过甚矣哉！譬之，是犹伛[⑨]巫、跛匡[⑩]大自以为有知也。故

可以有夺人国，不可以有夺人天下；可以有窃国，不可以有窃天下也。可以夺之者可以有国，而不可以有天下；窃可以得国，而不可以得天下。是何也？曰：国，小具也，可以小人有也，可以小道得也，可以小力持也；天下者，大具也，不可以小人有也，不可以小道得也，不可以小力持也。国者，小人可以有之，然而未必不亡也；天下者，至大也，非圣人莫之能有也。

注解

①常：通“尝”，曾经。

②遂：通“坠”，坠落，垮掉。

③罢（pí）：软弱，无能。

④直：只。

⑤权称：秤，这里指标准。

⑥容：包容，指庇护、保住。

⑦数：道理。

⑧畴四海：以四海为疆域，即拥有天下。畴，保。

⑨伛：驼背。

⑩跛匡：瘸了腿的残疾人。

译文

社会上那些庸俗的创立学说的人说：“夏桀、商纣拥有天下，商汤、周武王把它篡夺了。”这种说法不对。认为夏桀、商纣曾经有过统治天下的势力是对的，认为他们亲自占有过统治天下的势位就不对了，以为天下都掌握在夏桀、商纣手中也是不对的。古代天子有上千个官吏，诸侯有上百个官吏。依靠这上千个官吏，政令能推行到中原各诸侯国，就可称为统治天下的帝王；依靠这上百个官吏，政令能推行到国境之内，国家即使不安定，还不至于被废黜而灭亡，就可称为诸侯国的国君。圣明帝王的子孙，是拥有天下的后代，是权势的占有者，是天下人所尊崇的帝王之家，但是如果没有才能又不公正，内则百姓怨恨他，外则诸侯背叛他，近处是境内不统一，远处是诸侯不听从，政令不能在境内实行，甚而至于诸侯侵略分割他，攻打讨伐他，像这样，那么他即使还没有灭亡，我也要说他已经失去天下了。圣明的帝王死了，那些拥有权势的后代没有德才不足以掌握天下，天下等于没有了君主。诸侯中如果有人能够德行贤明、威信崇高，那么天下的人民就无不愿意得到他让他做自己的君长。然而暴君统治的国家偏偏奢侈放纵，于是只有他能杀掉暴君，又一定不会伤害没有罪过的民众，那么杀掉暴虐之国的君主就像杀掉一个孤独无依的人一样。像这样，就可以说是能够使用天下人民了。能够使用天下人民的就叫作帝王。商汤、周武王并不是夺取天下，而是遵行正确的政治原则，奉行合宜的道义，兴办天下人的共同福利，除去天下人的共同祸害，因而天下人归顺他们。夏桀、商纣并不是丢了天下，而是违背了夏禹、商汤的德行，扰乱了礼义的名分，干出了禽兽般的行为，不断行凶，无恶不作，因而天下人抛弃了他们。天下人归顺他就叫作称王，天下人抛弃他就叫作灭亡。所以夏桀、商纣王并没有拥有天下，而商汤、周武王并没有杀掉君主，从这个角度就能证明它。商汤、周武王，是人民的父母；夏桀、商纣王，是人民的仇敌。现在社会上那些庸俗的创立学说的人，把夏桀、商纣王当作君主，而认为商汤、周武王是杀君，那就是在谴责人民的父母，而把人民的仇敌当作君长，不吉利的事没有比这个更大的了。如果认为天下人归附的人才是君主，那么天下人从来没有归附过夏桀、商纣王。然而认为商汤、周武王是杀君，就是天下从来没有过的说法了，这只不过是在毁谤他们罢了。所以天子一定要由理想的人选来担任。治理天下的任务是极其繁重的，不是最强劲有力的人是不能够担负它的；范围是极其广大的，不是最明辨的人是不能够分辨它的；人民是极其众多的，不是最英明的人是不能够协调他们的。这三个最，不是圣人没有谁能具备，所以不是圣人就没有谁能称王天下。圣人是道德完备、十全十美的人，他就像挂在天下的一杆秤。夏桀、商纣王，他们的谋虑极其险恶，他们的思想极其愚昧，他们的行为极其昏乱；亲近的人疏远他们，贤能的人鄙视他们，人民怨恨他们，他们虽然是夏禹、商汤的后代，却得不到一个人的帮助；商纣王将比干剖腹挖心，囚禁箕子，结果自己被杀、国家灭亡，成为天下最可耻的人，后世说到坏人就一定要拿他做例证，这就是他们不能保住妻子儿女的道理。所以极有德才的人能囊括天下，商汤、周武王就是这样的人；极无德才的人不能庇护妻子儿女，夏桀、商纣就是这样的人。现在社会上那些庸俗的创立学说的人，认为夏桀、商纣王拥有了天下而把商汤、周武王作为他们的臣子，难道不是错得很厉害了吗？打个比方说，这就好像是驼背的巫婆、瘸了腿的残疾人狂妄地自以为有见解一样。所以可以有夺取别人国家的事，却不可能有夺取别人天下的事；可以有窃取国家政权的事，却不可能有窃取天下统治权的事。夺取政权的人可能拥有一个国家，却不可能拥有整个天下；窃取政权可以得到一个国家，却不可能得到整个天下。这是为什么呢？回答说：国家是个小器具，可以让德才低劣的小人占有，可以依靠歪门邪道来取得，可以凭借较小的力量来维持；天下是个大器具，不可能让德才低劣的小人占有，不可能依靠歪门邪道来取得，不可能凭借较小的力量来维护。国家，小人可以拥有它，但是不一定就不灭亡；天下，是极其庞大的，不是圣人，没有谁能占有它。

原文

世俗之为说者曰："治古无肉刑而有象刑：墨黥①；慅②婴③；共④，艾⑤毕⑥；菲⑦，对屦⑧；杀，赭衣而不纯⑨。治古如是。"是不然。以为治邪？则人固莫触罪，非独不用肉刑，亦不用象刑矣。以为人或触罪矣，而直轻其刑，然则是杀人者不死伤人者不刑也。罪至重而刑至轻，庸人不知恶矣，乱莫大焉。凡刑人之本，禁暴恶恶，且征⑩其未也。杀人者不死，而伤人者不刑，是谓惠暴而宽贼也，非恶恶也。故象刑殆非生于治古，并起于乱今也。治古不然。凡爵列、官职、赏庆、刑罚，皆报也，以类相从者也。一物失称⑪，乱之端也。夫德不称位，能不称官，赏不当功，罚不当罪，不祥莫大焉。昔者武王伐有商，诛纣，断其首，县之赤旆。夫征暴诛悍，治之盛也。杀人者死，伤人者刑，是百王之所同也，未有知其所由来者也。刑称罪则治，不称罪则乱。故治则刑重，乱则刑轻，犯治之罪固重，犯乱之罪固轻也。《书》曰："刑罚世轻世重。"此之谓也。

注解

①黥（qíng）：古代一种刑罚，在犯人脸上刺字，再涂上墨，也叫墨刑。

②慅（cǎo）：同"草"。

③婴：同"缨"，帽带。

④共：通“宫”，破坏生殖器的刑罚，所谓男子割势，女子幽闭。

⑤艾：通“刈”，割。

⑥毕：蔽膝，缝于长衣之前，是古代官服上的一种装饰。

⑦菲：通“剕（fèi）”，砍掉脚的刑罚。

⑧屦（jù）：麻鞋。

⑨纯（zhǔn）：衣服的镶边，此指衣领。

⑩征：通“惩”，惩戒，通过惩罚而引起警诫使以后不再干。

⑪失称：失当，指爵位、官职、奖赏、刑罚的颁发实施没有做到以类相从。称，相当。

译文

社会上那些庸俗的创立学说的人说：“治理得很好的古代社会没有肉刑而只有象征性的刑罚：用黑墨画脸来代替脸上刺字的黥刑；割鼻子的劓刑，用系上草制的帽带来代替；阉割生殖器的宫刑，用割去衣服前的蔽膝来代替；砍掉脚的剕刑，用穿麻鞋来代替；杀头的死刑，用穿上红褐色的衣服而不做衣领来代替。治理得很好的古代社会就像这样。”这种说法不对。以为当时已经治理好了吗？那么当时的人根本就没有谁再会犯罪了，那就不但用不着肉刑，而且也用不着象征性的刑罚了。以为当时有的人犯罪了，而只是减轻他们的刑罚，那就会是杀人的不会被处死，伤人的不会被惩罚。罪行极重而刑罚极轻，平常人就不知道憎恨犯罪了，祸乱没有比这更大的了。大凡惩罚人的根本目的，是禁止暴行、反对作恶，而且防患于未然。杀人的不被处死，而伤害人的不受刑罚，这叫作优惠暴徒而宽恕强盗，不是反对作恶。所以象征性的刑罚恐怕并非产生于治理得很好的古代，而都是产生于混乱的现代。治理得好的古代并不是这样的。凡是爵位、官职、奖赏、刑罚都是善恶的回报，与自己行为的好坏相对应。一件事情赏罚失当，那就是祸乱的开端。德行和地位不相称，能力和官职不相称，奖赏和功劳不相当，刑罚和罪过不相当，不吉利的事没有比这更大的了。从前周武王讨伐商王朝，惩罚商纣王，砍下了他的头，把它挂在大红旗的飘带上。征伐暴君、惩治元凶，是政治上的丰功伟绩。杀人的被处死，伤人的被惩罚，这是历代帝王所相同的，没有人知道它是从什么时代传下来的。刑罚和罪行相当，社会才能治理好；刑罚和罪行不相当，社会就会混乱。所以社会治理得好刑罚就重，社会混乱刑罚才轻，因为在治理得好的时代犯的罪本来就重，在混乱的时代犯的罪本来就轻。《尚书》上说："刑罚有的时代轻，有的时代重。"说的就是这种情况。

原文

世俗之为说者曰："汤、武不能禁令。是何也？曰：楚、越不受制。"是不然。汤、武者，至天下之善禁令者也。汤居亳，武王居鄗，皆百里之地也，天下为一，诸侯为臣，通达之属莫不振[①]动从服以化顺之，曷为楚、越独不受制也？彼王者之制也，视形势而制械用，称远迩而等贡献，岂必齐哉！故鲁人以榶，卫人用柯，齐人用一革，土地刑[②]制[③]不同者，械用备饰不可不异也。故诸夏之国同服[④]同仪[⑤]，蛮、夷、戎、狄之国同服不同制。封内甸服[⑥]，封外侯[⑦]服，侯卫宾服[⑧]，蛮夷要服，戎狄荒服。甸服者祭[⑨]，侯服者祀，宾服者享，要服者贡，荒服者终王。日祭、月祀、时享、岁贡，夫是之谓视形势而制械用，称远近而等贡献，是王者之制也。彼楚、越者，且时享、岁贡、终王之属也，必齐之日祭、月祀之属然后曰受制邪？是规磨[⑩]之说也，沟中之瘠也，则未足与及王者之制也。语曰："浅不足与测深，愚不足与谋知，坎井之蛙不可与语东海之乐。"此之谓也。

注解

①振：通"震"，恐惧。

②刑：情形，环境。

③制：法度，此指长期形成而人们普遍遵行的习俗。

④服：服侍天子，指古代诸侯根据规定为天子提供服务。

⑤仪：仪式，礼节规范。

⑥甸服：种田而交纳农作物来供养帝王。甸，通"田"，种田。

⑦侯：通"候"，守望，守候放哨。

⑧宾服：以宾客的身份按时朝见进贡以服侍天子。

⑨祭：此特指祭祀死去的祖父、父亲。

⑩规磨：揣测。

译文

社会上那些庸俗的创立学说的人说："商汤、周武王不能实施禁令。这种说法的根据是什么呢？回答说：因为楚国、越国不受他们的制约。"这种说法不对。商汤、周武王，是普天下最善于实施禁令的人。商汤居住在亳邑，周武王居住在鄗京，都不过是方圆百里的地方，但天下被他们统一了，诸侯做了他们的臣子，凡交通能到达的地方，人们无不惊恐听从归服以至于被感化而依顺他们，为什么楚国、越国偏偏不受他们的制约呢？那些王者的制度，根据各地的情形来制造器械用具，衡量远近来规定进贡的等级差别，哪里一定要整齐划一呢！所以鲁国人用碗，卫国人用盂，齐国人用整块皮革制作的器皿，地区风俗习惯不同的地方，器械用具和设备服饰不能没有差别。所以中原各国同样服侍天子而礼节规范相同，南蛮、东夷、西戎、北狄等国家同样服侍天子而习俗不同。天子直接管辖的领地内以交纳农作物来服侍天子，天子直接管辖的地区外围以守候放哨来服侍天子，再向外负责守望保卫的地区则以宾客的身份按时进贡来服侍天子，南蛮、东夷等少数民族地区以接受约束来服侍天子，西戎、北狄等少数民族地区以不固定的进贡来服侍天子。以交纳农作物来服侍天子的地区负责供给每天的祭品，以守候放哨来服侍天子的地区负责供给每月的祭品，以宾客身份按时进贡来服侍天子的地区负责供给每季的祭品，以接受约束来服侍天子的地区每年进贡，以不固定的进贡来服侍天子的地区新王继位时来进贡。每天的祭祀、每月的祭祀、每季的祭祀、每年的进贡、新王继位时的进贡，这就是所谓的根据各地的情形来制造器械用具，衡量远近来规定进贡的等级差别，这就是王者的制度。那楚国、越国，不过是进贡每季祭祀、每年祭祀的祭品以及一代天子死了以后要来承认新天子一类的国家，难道一定要使他们与那些供给每天祭祀、每月祭祀的祭品一类的国家一样，然后才说他们"受制约"了吗？这是揣测的说法。这种人见识短浅，不值得和他谈及圣王的制度。俗话说："浅陋的人不值得和他谈论深刻的事，愚蠢的人不值得和他商量智巧的事，废井中的青蛙不能和它谈论东海中的乐趣。"说的就是这种情况。

原 文

世俗之为说者曰：“尧、舜擅[1]让。”是不然。天子者，势位至尊，无敌于天下，夫有谁与让矣？道德纯备，智惠甚明，南面而听天下，生民之属莫不振动从服以化顺之，天下无隐士，无遗善，同焉者是也，异焉者非也，夫有恶擅天下矣？曰：“死而擅之。”是又不然。圣王在上，图德而定次，量能而授官，皆使民载其事而各得其宜，不能以义制利，不能以伪[2]饰[3]性，则兼以为民。圣王已没，天下无圣，则固莫足以擅天下矣。天下有圣而在后者，则天下不离，朝不易位，国不更制，天下厌然与乡[4]无以异也，以尧继尧，夫又何变之有矣？圣不在后子而在三公，则天下如归，犹复而振之矣，天下厌然与乡无以异也，以尧继尧，夫又何变之有矣？唯其徙朝改制为难。故天子生则天下一隆，致顺而治，论德而定次，死则能任天下者必有之矣。夫礼义之分尽矣，擅让恶用矣哉？曰：“老衰而擅。”是又不然。血气筋力则有衰，若夫智虑取舍则无衰。曰：“老者不堪其劳而休也。”是又畏事者之议也。天子者，势至重而形至佚，心至愉而志无所诎[5]，而形不为劳，尊无上矣。衣[6]被[7]则服五采[8]，杂[9]间色[10]，重文绣，加饰之以珠玉；食饮则重大牢[11]而备珍怪，期[12]臭[13]味[14]，曼[15]而馈，代[16]睪[17]而食，《雍》而彻[18]乎五祀，执荐[19]者百人侍西房；居则设张[20]容[21]，负依[22]而坐，诸侯趋走乎堂下；出户而巫觋有事，出门而宗[23]祀[24]有事，乘大路[25]、趋[26]越席[27]以养安，侧载睪芷[28]以养鼻，前有错[29]衡[30]以养目，和鸾之声，步中《武》《象》，驺中《韶》《護》以养耳，三公奉轭持纳，诸侯持轮挟舆先马，大侯编后，大夫次之，小侯、元士次之，庶士介而夹道，庶人隐窜，莫敢视望；居如大神，动如天帝，持老养衰，犹有善于是者与不？老者，休也，休犹有安乐恬愉如是者乎？故曰：诸侯有老，天子无老，有擅国，无擅天下，古今一也。夫曰“尧、舜擅让”，是虚言也，是浅者之传，陋者之说也，不知逆顺之理，小大、至不至之变者也，未可与及天下之大理者也。

注解

①擅：通“禅”，传。

②伪：人为，指后天的努力。

③饰：通“饬”，整治。

④乡：通“向”，从前。

⑤诎：同“屈”，指受挫折、不能实现。

⑥衣：穿。

⑦被：同“披”。

⑧五采：青、黄、赤、白、黑五种颜色，古代称之为正色。

⑨杂：错杂，配合。

⑩间色：青、黄、赤、白、黑五种正色以外的杂色，如粉红、绿、碧、紫等，它们是由正色相间调配而成，所以叫间色。

⑪大牢：同“太牢”，祭祀用的牺牲叫牢，太牢用牛、羊、猪三种牲畜，这里用来指代牛、羊、猪齐全的宴会。

⑫期：通“綦（qí）”，极，尽。

⑬臭（xiù）：鼻子闻到的气味。

⑭味：口舌尝到的滋味。

⑮曼：通“万”，由十几个人合奏的一种音乐。

⑯代：当为“伐”，敲击。

⑰皋（gāo）：通“鼛”，大鼓。

⑱彻：通“撤”，指撤去宴席。

⑲荐：尚未食用而准备进献的食物。

⑳张：通“帐”，帷帐。

㉑容：小而曲折的屏风。

㉒依：通“扆（yǐ）”，古代宫殿内设在门和窗之间的大屏风。

㉓宗：大宗伯，主管祭祀的官。

㉔祀：当作“祝”，太祝，主管祈求福祥的官。

㉕路：通“辂（lù）”，天子乘坐的大车。

㉖趋：通“蹴”，踩。

㉗越席：编结蒲草而制成的席子，这种席子既清洁又柔软，此指用在车上的垫席。越，通“括”，结。

㉘泽（zé）芷：香草名。

㉙错：交错的花纹。

㉚衡：车辕前端的横木。

译文

社会上那些庸俗的创立学说的人说："尧、舜把王位禅让给别人。"这种说法不对。天子权势地位至高无上，天下没有人和他相匹配，他又和谁推让呢？尧、舜道德美好完备，智慧非常发达，朝南坐着治理天下，所有的民众都惊恐听从归服以至于被感化而依顺他们，天下没有被埋没的人才，没有被遗忘的好人好事，和尧、舜相同的言行才是正确的，和他们不同的言行就是错误的，他们又为什么要把天下禅让呢？有人说："是等他们死了以后再把王位禅让给别人。"这又不对。圣明的帝王处在君位上，考虑德行来确定等级，衡量才能来授予官职，使人们全部能担负起自己的职事而各人又都能得到适宜的安排；如果不能用道义来制约私利，不能通过人为的努力来改造本性，那就让他们通通当老百姓。圣明的帝王已经死了，天下如果没有圣人，那么根本就没有人能够接受禅让了。天下如果有圣人而又出在圣明帝王的后代之中，那么天下人就不会离心离德，朝廷上就不会改变各人的官位，国家也不会改变制度，天下就安安稳稳地和过去没有什么不同。这是用尧一样的圣王来继承尧，那又会有什么改变呢？如果圣人不出在圣明帝王的后代子孙之中而出在辅佐大臣之中，那么天下人随从归附他，就像恢复国家而振兴它一样了，天下也会安安稳稳地和过去没有什么不同。这是用尧一样的圣王来继承尧，那又会有什么改变呢？只有改朝换代、变更制度才是困难的。所以圣明的天子活着，那么天下人就专一地尊崇他，极其顺从而有秩序，根据德行来确定各自的等级位次；圣明的天子死了，那么能够担负起治理天下重任的继承人一定会有的。礼义的名分全部落实了，哪里还用得着禅让呢？有人说："是他们年老体衰才把王位禅让给别人。"这又不对。人的血脉、气色、筋骨、体力倒是有衰退的，至于智慧、思考能力和判断抉择能力却是不会衰退的。有人说："年老的人不能忍受劳累才退下来休息。"这是害怕做事的人的议论。天子权势极大而身体极安逸，心情极愉快而志向没有不能实现的，所以身体不会因为当了天子而劳累，而他的尊贵则是至高无上的了。穿着五色的上衣，再配上杂色的下衣，加上有花纹的刺绣，再用珠玉加以装饰；吃的是牛、羊、猪等肉食和珍贵奇异的佳肴，各种香气美味应有尽有，在音乐声中送上食物，在击鼓声中进餐，奏起《雍》曲而把宴席撤回到灶上祭祀灶神，端菜的人有上百个侍候在西厢房；待在天子的位置上听政，就设置了帷帐和小屏风，背靠大屏风而坐，诸侯在堂下有礼貌地奔走前来朝见；要出宫门而巫觋就有事情了，要出王城大门而大宗伯、太祝就有事情了，坐上宽阔的大车、踩着柔软的蒲席来保持身体的安稳，旁边放着香草来调养鼻子，车前有画着交错花纹的横木来调养眼睛，车铃的声音在车子慢行时合乎《武》《象》的节奏，在车子奔驰时合乎《韶》《頀》的节奏来调养耳朵，三公扶着车轭、握着缰绳，诸侯有的扶着车轮、有的护在车厢两侧、有的在马前引路，大国诸侯排列在车后，大夫跟在他们的后面，小国诸侯与天子的高级文官再跟在大夫的后面，士兵们穿着铠甲而在道路两旁警卫，百姓们隐藏躲避而没有人敢观望；天子坐着像大神一样威严，行动像天帝一样自如，安度老年的生活、保养衰退的身体，还有比这更好的吗？老年人要休息，那休息还有比这样更安定快乐、宁静愉悦的吗？所以说：诸侯有告老退休的，天子没有告老退休的。诸侯有禅让国家的，没有天子禅让天下的，这是古今都一样的。有人说“尧、舜把王位禅让给别人”，这是不符合事实的假话，是知识浅薄者的传闻，是孤陋寡闻者的胡说，不懂得是否违背世道人情的道理，不懂得国家与天下、至高无上与不至高无上之间的不同的人，是一些还不能和他们谈论天下的大道理的人。

原文

世俗之为说者曰：“尧、舜不能教化，是何也？曰：朱[①]、象[②]不化。”是不然也。尧、舜，至天下之善教化者也，南面而听天下，生民之属莫不振动从服以化顺之；然而朱、象独不化，是非尧、舜之过，朱、象之罪也。尧、舜者，天下之英也；朱、象者，天下之嵬，一时之琐也。今世俗之为说者不怪朱、象，而非尧、舜，岂不过甚矣哉！夫是之谓嵬说。羿、蠭门者，天下之善射者也，不能以拨[③]弓、曲矢中；王梁、造父者，天下之善驭者也，不能以辟[④]马、毁舆致远；尧、舜者，天下之善教化者也，不能使嵬琐化。何世而无嵬，何时而无琐，自太皞[⑤]、燧人[⑥]莫不有也。故作者不祥，学者受其殃，非者有庆。《诗》曰：“下民之孽，匪降自天；噂[⑦]沓[⑧]背憎，职[⑨]竞[⑩]由人。”此之谓也。

注解

①朱：尧的儿子，封于丹，故又称“丹朱”。传说他德才不好，所以尧不传位给他而让给舜。

②象：舜的异母弟弟，传说他曾多次谋杀舜。

③拨：不正。

④辟：通“躄（bì）”，瘸腿。

⑤太皞（hào）：古帝名，传说是远古东夷族首领，风姓，居于陈。一说即伏羲氏（传说中人类的始祖）。

⑥燧人：古帝名，传说他发明了钻燧取火，使人民能够吃熟食，于是人民推举他为王，号燧人氏。

⑦噂（zǔn）：聚在一起谈论。

⑧沓：形容话多。

⑨职：主要。

⑩竞：争逐。

译文

社会上那些庸俗的创立学说的人说：“尧、舜不能教化人，这种说法的根据是什么呢？他们说：因为丹朱、象都没有被感化。”这种说法不对。尧、舜，是普天下最善于进行教育感化的人，他们朝南坐着治理天下，所有的民众无不惊恐听从归服以至于被感化而依顺他们；然而唯独丹朱、象不能被感化，这不是尧、舜的过错，而是丹朱、象的罪过。尧、舜是天下的英杰；丹朱、象，是天下的怪物，一代的庸人。现在社会上那些庸俗的创立学说的人不责怪丹朱、象，而非议尧、舜，岂不是错得很厉害了吗？这叫作奇谈怪论。羿、蓬蒙，是天下善于射箭的人，但不能用歪斜的弓、弯曲的箭去射中目标；王良、造父，是天下善于驾驭马车的人，但不能依靠瘸腿的马和坏车子到达远方的目的地；尧、舜，是天下善于进行教育感化的人，但不能使怪僻鄙陋的人感化。哪个社会没有怪僻的人，哪个时代没有鄙陋的人，从太皞氏、燧人氏以来没有哪个时代没有过。所以那些创立学说的人不善，学习的人就受到了他们的毒害，非难他们的人才有幸福。《诗经》上说：“民众受灾又遭殃，灾殃并非从天降；当面唠叨背后恨，作祟主要在于人。”说的就是这种情况。

原文

世俗之为说者曰：“太古薄葬，棺厚三寸，衣衾三领，葬田不妨田，故不掘也。乱今厚葬饰棺，故扫也。”是不及知治道，而不察于扫不扫者之所言也。凡人之盗也，必以[①]有为[②]，不以备不足，足则以重有余也。而圣王之生民也，皆使当厚[③]优犹[④]不知足，而不得以有余过度。故盗不窃，贼不刺[⑤]，狗豕吐菽粟，而农贾皆能以货财让；风俗之美，男女自不取[⑥]于涂[⑦]而百姓羞拾遗。故孔子曰：“天下有道，盗其先变乎！”虽珠玉满体，文绣充棺，黄金充椁，加之以丹矸，重之以曾青，犀象以为树，琅玕[⑧]、龙兹、华觐[⑨]以为实，人犹且莫之扫也。是何也？则求利之诡缓，而犯分之羞大也。

注解

①以：为。

②有为：有所为，有缘故。

③厚：富有，富足。

④优犹：同“优游”，形容宽舒的样子。

⑤盗、贼：搞偷窃的叫“盗”，搞劫杀的叫“贼”。

⑥取：通“聚”，会。

⑦涂：通“途”。

⑧琅玕：形似珠子而质次于玉的美石，一名火齐珠。

⑨龙兹、华觐：珠玉名。

译文

社会上那些庸俗的创立学说的人说："远古时代葬礼节俭，棺材板只有三寸厚，衣服只有三套，被子只有三条，埋在田地底下而不妨碍种田，所以不会被挖掘。混乱的今天葬礼奢侈，用珍宝来装饰棺材，所以会被盗挖。"这是对治国的道理还没有达到通晓的程度，而对盗墓不盗墓的原因又不清楚的人所说的话。大凡人们的盗窃，一定是有原因的，不是为了使自己不足的东西能齐备，就是为了使自己绰绰有余的东西进一步富余。而圣明的帝王养育民众，使他们都富足宽裕而懂得满足，而不能有过多的财物。所以窃贼不会来偷窃，强盗不会杀人抢劫，狗、猪会不吃粮食，而农夫、商人都能把财物让给别人；风俗是那样的美好，男女自然不在路上相会，而百姓都以拾取别人遗失的东西为羞耻。所以孔子说："社会政治清明，盗贼大概会首先转变吧！"即使珍珠、宝玉挂满了全身，绣有彩色花纹的丝织品塞满了内棺，黄金塞满了外棺，用朱砂涂刷它，用曾青粉饰它，在墓穴中用犀牛角和象牙雕刻成树，用琅玕、龙兹、华觐做成树上的果实，人们仍没有去盗挖它的。这是为什么呢？是因为人们求取私利的诡诈之心松懈了，而违犯道义的羞耻感增强了。

原文

夫乱今然后反是：上以无法使，下以无度行，知者不得虑，能者不得治，贤者不得使。若是，则上失天性[①]，下失地利，中失人和。故百事废，财物诎[②]而祸乱起。王公则病不足于上，庶人则冻馁羸瘠于下，于是焉桀、纣群居，而盗贼击夺以危上矣。安禽兽行，虎狼贪，故脯巨人而炙婴儿矣。若是，则有何尤扣人之墓、抉人之口而求利矣哉？虽此倮[③]而薶之，犹且必扣也，安得葬薶哉？彼乃将食其肉而龁其骨也。夫曰："太古薄葬，故不扣也；乱今厚葬，故扣也。"是特奸人之误于乱说，以欺愚者而潮陷[④]之以偷[⑤]取利焉，夫是之谓大奸。传曰："危人而自安，害人而自利。"此之谓也。

注解

①天性：指天时。

②诎：同“屈”，竭，尽。

③倮：同“裸”，赤身裸体。

④潮陷：使……陷于泥淖中，坑害。

⑤偷：苟且。

译文

混乱的当今与此相反：君主不根据法度役使人民，臣民不根据法度去办事，有才智的人不能去谋划国家大事，有能力的人不能去治理国家，有德行的人不能在位役使人。像这样就会上失天时，下失地利，中失人和。因此各种事情被废弃，财物紧缺而祸乱也就产生了。天子诸侯在上面忧虑财物不足，老百姓则在下面受冻挨饿而疲弱消瘦，于是桀、纣似的暴君成群地占据在各国的君位上，而盗贼也就打家劫舍以至于危害到他们的君主了。行为像禽兽一样横行，像虎狼一样贪婪，所以就把大人做成肉干来吃而把婴儿做成烤肉来吃了。像这样，那么又为什么要指责盗掘死人的坟墓、挖死人的嘴巴来求取利益的行为呢？即使是赤身裸体来埋葬死人，也一定会被挖掘的，哪能得到埋葬呢？因为他们将会吃死人的肉而啃死人的骨头。有人说：“远古时代葬礼节俭，所以不会被挖掘；混乱的今天葬礼奢侈，所以会被盗挖。”这只是奸邪的人被谬论迷惑了，却又用它来欺骗愚蠢的人而坑害他们，以便从中捞取好处，这叫作最大的奸邪。古书上说：“使别人危险以便使自己安全，使别人受害以便使自己得利。”说的就是这种人。

原文

子宋子曰：“明[1]见侮之不辱，使人不斗。人皆以见侮为辱，故斗也；知见侮之为不辱，则不斗矣。”应之曰：“然则亦以人之情为不恶侮乎？”曰：“恶而不辱也。”曰：“若是，则必不得所求焉。凡

人之斗也，必以其恶之为说，非以其辱之为故也。今俳优[2]、侏儒[3]、狎[4]徒[5]詈[6]侮而不斗者，是岂钜[7]知见侮之为不辱哉？然而不斗者，不恶故也。今人或入其央渎[8]，窃其猪彘，则援剑戟而逐之，不避死伤，是岂以丧猪为辱也哉？然而不惮斗者，恶之故也。虽以见侮为辱也，不恶则不斗；虽知见侮为不辱，恶之则必斗。然则斗与不斗邪，亡于辱之与不辱也，乃在于恶之与不恶也。夫今子宋子不能解人之恶侮，而务说人以勿辱也，岂不过甚矣哉！金舌弊口，犹将无益也。不知其无益则不知；知其无益也，直[9]以欺人则不仁。不仁不知，辱莫大焉。将以为有益于人，则与[10]无益于人也，则得大辱而退耳。说莫病是矣。"

注解

①明：明白。

②俳优：古时的滑稽演员。

③侏儒：发育不正常而身材矮小的人，古代常充当供人取乐的活宝。

④狎：戏弄。

⑤徒：服劳役的人。

⑥詈（lì）：骂。

⑦钜：通"讵"，与"岂"同义连用，难道，哪里。

⑧央渎：沟中。央，中。

⑨直：犹"特"，特地，故意。

⑩与：通"举"，都。

译文

宋钘先生说："明白了被人侮辱并不是耻辱，就能使人们不争斗。人们都把被侮辱当作耻辱，所以会争斗；如果懂得了被侮辱算不上是一种耻辱，就不会争斗了。"回答："这样的话，那么先生也以为人之常情是不憎恶被人侮辱的吗？"他说："虽然憎恶被人侮辱，但并不把被侮辱当作耻辱。"回答："像这样，那就一定达不到先生所追求的目标了。大凡人们的争斗，一定是把自己憎恶受侮辱当作辩解，而不是把自己感到耻辱作为理由。现在那些滑稽演员和唱戏的优伶、供人取乐的矮子、被人戏弄的奴仆，受到辱骂欺侮却不争斗，这哪里是因为他们懂得了被人侮辱算不上是一种耻辱的道理呢？然而他们不争斗，是因为他们不憎恶被人侮辱的缘故啊！现在如果有人进入人家的排水沟中，偷了人家的猪，那么失主就会拿起剑戟去追赶窃贼，甚至不避死伤，这哪里是因为他把丢失猪看作耻辱呢？然而他不怕争斗，是因为憎恶窃贼。即使把被侮辱看作一种耻辱，但如果不憎恶它，就不会争斗；即使懂得了被侮辱算不上是一种耻辱的道理，但如果憎恶它，就一定会争斗。这样看来，争斗不争斗，不在于感到耻辱还是不感到耻辱，而在于憎恶还是不憎恶。现在宋先生不能消除人们对被人侮辱的憎恶，而致力于劝说人们别把受侮辱看作耻辱，岂不是错得很厉害了吗？即使是能言善辩的铁嘴巴把嘴皮都磨破了，仍将毫无裨益。不懂得这种劝说毫无裨益那就是不明智；知道它毫无裨益，却故意要用它来骗人那就是不仁慈。不仁慈不明智，耻辱没有比这更大的了。自以为对人有好处，但全都无益于人，只落得个极大的耻辱而退场罢了。学说没有比这更有害的了。”

原文

子宋子曰：“见侮不辱。”应之曰：凡议，必将立隆正然后可也。无隆正，则是非不分而辨讼不决。故所闻曰：“天下之大隆，是非之封界，分职[①]名象[②]之所起，王制是也。”故凡言议期命[③]是非，以圣王为师，而圣王之分，荣辱是也。是有两端矣：有义荣者，有势荣者；有义辱者，有势辱者。志意修，德行厚，知虑明，是荣之由中出者也，夫是之谓义荣。爵列尊，贡禄厚，形势胜，上为天子诸侯，下为卿相士大夫，是荣之从外至者也，夫是之谓势荣。流淫污僈，犯分乱理，骄暴贪利，是辱之由中出者也，夫是之谓义辱。詈侮捽[④]搏，捶笞[⑤]膑脚[⑥]，斩断枯磔[⑦]，藉[⑧]靡[⑨]舌绁，是辱之由外至者也，夫是之谓势辱。是荣辱之两端也。故君子可以有势辱，而不可以有义辱；小人可以有势荣，而不可以有义荣。有势辱无害为尧，有势荣无害为桀。义荣、势荣，唯君子然后兼有之；义辱、势辱，唯小人然后兼有之。是荣辱之分也。

圣王以为法，士大夫以为道，官人以为守，百姓以为成俗，万世不能易也。今子宋子案不然，独诎容为己，虑一朝而改之，说必不行矣。譬之，是犹以抟[10]涂[11]塞江海也，以焦侥而戴[12]太山也，蹎[13]跌碎折不待顷矣。二三子之善于子宋子者，殆不若止之，将恐得伤其体也。

注解

①分职：分掌职务。

②名象：名物制度。

③命：命名，确定事物的名称。

④捽（zuó）：揪住。

⑤捶笞（chī）：用杖、鞭抽打。

⑥膑脚：剔掉膝盖骨的酷刑。膑，膝盖骨。

⑦枯磔：通“辜磔”，古代一种酷刑，即车裂后弃市，俗名五马分尸，将人头和四肢分别拴在五辆车上，用马拉车以撕裂肢体，并暴尸示众。

⑧藉：绳，缚，系。

⑨靡：通“縻”，绳，缚。

⑩抟：“抟”之俗字，揉捏成团。

⑪涂：泥。

⑫戴：用头顶。

⑬蹎：“颠”的本字，跌倒。

译文

宋钘先生说：“被侮辱并不是耻辱。”回答：凡是议论，一定要树立一个最高的准则才行。没有一个最高准则，那么是非就不能区分而争辩也无法解决。我过去听到的话说：“天下最大最高的准则，判断是非的界线，确定名分、职位和名物制度的依据，就是古代圣王的制度。”所以凡是发言立论或约定事物的名称，它们的是非标准都要以圣王作为榜样，而圣王的道德原则，是看重光荣耻辱的。它们各有两个方面：有道义方面的光荣，有势位方面的光荣；有道义方面的耻辱，有势位方面的耻辱。志向美好，德行淳厚，智虑精明，这是从内心产生出来的光荣，这叫作道义方面的光荣。爵位尊贵，贡品俸禄优厚，权势地位优越，高一点儿的做了天子诸侯，低一点儿的做了卿相士大夫，这是从外部得到的光荣，这叫作势位方面的光荣。行为放荡丑恶，违犯道义、扰乱伦理，骄横凶暴、唯利是图，这是从内心产生出来的耻辱，这叫作道义方面的耻辱。受人责骂侮辱、被揪住头发挨打，受杖刑被鞭打、受膑刑被剔去膝盖骨，被砍头断手、五马分尸并弃市，被五花大绑，这是从外部得到的耻辱，这叫作势位方面的耻辱。这些就是光荣耻辱的两个方面。所以君子可能有势位方面的耻辱，而不可能有道义方面的耻辱；小人可能有势位方面的光荣，却不可能有道义方面的光荣。有势位方面的耻辱不妨碍他成为尧，有势位方面的光荣不妨碍他成为桀。道义方面的光荣、势位方面的光荣，只有君子才能同时拥有它们；道义方面的耻辱、势位方面的耻辱，只有小人才会同时占有它们。这就是光荣和耻辱方面的道理。圣王把它当作法度，士大夫把它当作原则，一般官吏把它当作守则，老百姓根据它形成习俗，这是千秋万代也不会改变的。现在宋先生却不是这样，他独自用委曲容忍来整饬自己，想一个早晨改变历来的道德原则，他的学说一定行不通。打个比方说，这就好像是用捏成团的泥巴去填塞江海，让三尺长的矮人去驮泰山，顷刻就会跌倒在地粉身碎骨。诸位中与宋先生相好的，还不如去制止他，否则将来恐怕会伤害他自己身体的。”

原文

子宋子曰：“人之情，欲寡，而皆以己之情为欲多，是过也。”故率其群徒，辨[①]其谈说，明其譬称，将使人知情欲之寡也。应之曰：“然则亦以人之情为欲，目不欲綦色，耳不欲綦声，口不欲綦味，鼻不欲綦臭，形不欲綦佚。此五綦者，亦以人之情为不欲乎？”曰：“人之情欲是已。”曰：“若是，则说必不行矣。以人之情为欲此五綦者而不欲多，譬之是犹以人之情为欲富贵而不欲货也，好美而恶西施也。”

注解

①辨：通“辩”，动听有理，此用作使动词。

译文

宋钘先生说：“人的本性，要得很少，但现在的人却都认为自己的本性是想要很多，这是错误的。”所以他率领他的弟子们，把他的言论学说说得动听有理，把他的比喻称谓说得明白清楚，想要使人们懂得人的本性是要求很少。回答：“这样的话，那么先生也认为人的本性是眼睛不想看最美丽的颜色，耳朵不想听最悦耳的音乐，嘴巴不想吃最好的美味佳肴，鼻子不想闻最好的气味，身体不想追求最大的安逸。这五种极好的享受，先生也认为人们的本性是不想要的吗？”他说：“人的本性是想要这些享受的。”回答：“如果这样，那么先生的说法就一定行不通了。认为人的本性是想要这五种极好的享受而又并不想要很多，打个比方说，这就好像认为人的本性是想富贵的但又不要钱财，是喜爱美色的但又讨厌西施一样。”

原文

“古之人为之不然。以人之情为欲多而不欲寡，故赏以富厚①而罚以杀②损也，是百王之所同也。故上贤禄天下，次贤禄一国，下贤禄田邑，愿悫之民完衣食。今子宋子以是之情为欲寡而不欲多也，然则先王以人之所不欲者赏，而以人之所欲者罚邪？乱莫大焉。今子宋子严然③而好说，聚人徒，立师学，成文曲④，然而说不免于以至治为至乱也，岂不过甚矣哉！”

注解

①厚：财富。

②杀：减少。

③严然：同“俨然”，庄重的样子。

④文曲：泛指文章。曲，乐章，指韵文。

译文

“古代的人做事就不是这样。他们认为人的本性是想要多而不希望少，所以用财富来奖赏，用减少财富来处罚，这是各代帝王所相同的。所以上等的贤才以天下的税收作为俸禄，次一等的贤才以一国的税收作为俸禄，下等的贤才以封地内的税收作为俸禄，忠厚老实的百姓能保全穿的、吃的。如果宋先生认为古代这些人的本性也是想要少而不想要多，那么古代的圣王是用人们所不想要的东西来奖赏，而用人们想要的东西来处罚吗？混乱没有比这更大的了。现在宋先生一本正经地珍爱自己的学说，聚集门徒，建立了师生教学关系，写成了文章，但是他的学说不免把治理得最好的情况看成是最混乱的情况，岂不是错得很厉害了吗？”

读解

荀子认为有一些谬论在社会上流传，所以在本篇中把它们逐条列出，然后以公正的议论来批驳它们。这种驳论式的文章体现了当时百家争鸣的学术气氛，对韩非写作《说难》篇显然具有直接的影响。子曰：“吾尝终日不食，终夜不寝，以思，无益，不如学也。”荀子也结合自己的经验说：“吾尝终日而思矣，不如须臾之所学也。”他们都讨厌那些没有才德，却玩弄辞藻来自夸的人。所以荀子专门写下了《正论》来一一驳斥他们的学说。

在战国百家争鸣的氛围中，各个学派的士人纷纷著书立说，游走于七国之间，推行自己的治国理论。荀子主要列举了其中的几家加以批判，包括“主道利周”“桀、纣有天下，汤、武篡而夺之”“治古无肉刑而有象刑”“汤、武不能禁令”“尧、舜擅让”“尧、舜不能教化”“太古薄葬”，特别是对宋钘先生的“见侮不辱”“人之情，欲寡”等论点，荀子对此进行逐条反驳，清晰地阐明了自己的观点，充分地表明了荀子的治国主张和政治理想。

【事例一】

庄子和老子是道家学派的代表人物，庄子的思想主要集中在《庄子》一书中，特别是《秋水》《逍遥游》等篇体现了他的观点。他的文章善于行文措辞，描摹事物的情状，用来攻击和驳斥儒家和墨家，就算是博学多才的有识之士，也可能会受到他的攻击。他的语言汪洋浩漫、纵横恣肆，以适合自己的性情，所以从王公大臣起，都无法利用他。

鼓盆而歌

庄子名周，蒙人。他年轻时曾做过漆园小吏，但很快便放弃仕途，隐居而专心于学问著作。

楚威王时，他听别人说庄周贤明有才德，就让使者带着重金去请他，并说让庄周做楚国的相国。

面对楚威王厚礼丰爵的对待，庄子并没有欣喜若狂的表现，反倒心境平和地以戏谑的口气向使者说道："对世人而言，千金之金，确实是贵重无比的利益，卿相之位，更是尊崇至极的高位。但是，人们难道就不曾见过用以祭祀的牺牲吗？一头牛被精心饲养了几年时间，最后还是被精心装饰起来送入太庙之中。真要到了那个时候，哪怕是为了自保，也力不能逮了。你还是赶紧离去吧，免得破坏了我的清静。"

使者怕就这么回去没办法跟楚王交差，又多次劝庄子随他们入朝，庄子不胜其烦，不得不再次坦言相告："我宁可在僻陋的市井乡村中怡然自得，也绝不会为虚无污浊的世俗之事所羁绊。你再白费口舌，只会增加彼此的不快。终身不仕是我矢志不渝的人生目标，你还是赶快离开吧。"使者无奈，只好识趣地离去了。

庄子的妻子去世了，庄子在地上蹲着，敲着瓦盆唱歌。庄子的一个邻居觉得庄子过于无情，于是把他告到惠子那里。惠子批评庄周说："结发妻子与你形影相伴这么多年，你对她的死非但不悲伤反而鼓盆而歌，这是很不对的。"

庄子回答："宇宙间本来就没有生，也无所谓形和气，以后从芒芴之间变而有气，气变而有形，形变而有生，生又变而到死，就像春、夏、秋、冬四个季节互相交替。现在我的妻子又回到了宇宙中，我为什么要悲伤？"

惠子哑口无言。

庄子一生著述颇丰，尤其善于为文，从而流芳后世。在当时，庄子崇尚自适自乐的人生态度，不肯与王公大臣同流合污，自是合于情理。

【事例二】

子产是孔子比较欣赏的郑国的宰相，他不相信鬼神，把郑国治理得非常好，是历史上难得的洁身自好的大臣。

子产不毁乡校

郑国人到乡校休闲聚会，议论执政者施政措施的好坏。郑国大夫然明对子产说："把乡校毁了，怎么样？"子产说："为什么毁掉？人们早晚干完活儿回来到这里聚一下，议论一下施政措施的好坏。他们喜欢的，我们就推行；他们讨厌的，我们就改正。这是我们的老师，为什么要毁掉它呢？我听说为人忠善来减少怨恨，没听说过靠摆威风来防止怨恨。用摆威风来防止怨恨难道不能立刻制止众人的议论？但是这就像防止河水溃决一样危险。河水大决口造成的损害，伤害的人必然很多，我是挽救不了的，不如开个小口疏通河道，不如我们听取这些议论后把它当作治病的良药。"然明说："我从现在起才知道您确实可以成大事。小人确实没有才能。如果真的这样做，恐怕郑国真的就有了依靠，岂止是有利于我们这些臣子！"

孔子听到了这番话后说："照这些话看来，人们说子产不行仁政，我是不相信的。"

礼论

原文

礼起于何也？曰：人生而有欲，欲而不得，则不能无求；求而无度量分[①]界，则不能不争；争则乱，乱则穷。先王恶其乱也，故制礼义以分之，以养人之欲，给人之求，使欲必不穷于物，物必不屈[②]于欲，两者相持而长，是礼之所起也。

注解

①分：名分，这里作动词，表示确定名分，即划定各人的等级、地位、职分等。

②屈：竭尽。

译文

礼是在什么情况下产生的呢？回答说：人生来就有欲望，如果想要什么而不能得到，就不能没有追求；如果一味追求而没有标准限度，就肯定发生争夺；一发生争夺就会有祸乱，一有祸乱就会陷入困境。古代的圣王厌恶祸乱，所以制定了礼义来确定人们的名分，以此来调养人们的欲望，满足人们的要求，使人们的欲望绝不会由于物资的原因而得不到满足，物资绝不会因为人们的欲望而枯竭，使物资和欲望两者在互相制约中增长，这就是礼的起源。

原文

故礼者，养也。刍豢稻粱，五味调香[①]，所以养口也；椒[②]兰[③]芬苾[④]，所以养鼻也；雕琢、刻镂，黼黻、文章，所以养目也；钟鼓、管磬，琴瑟、竽笙，所以养耳也；疏[⑤]房、檖[⑥]貌、越席、床笫、几筵[⑦]，所以养体也。故礼者，养也。

注解

①调香：调味。

②椒：香木名，其叶芳香，古人做茶茗时常煮其叶以为香。

③兰：香草名。

④苾（bì）：芳香。

⑤疏：窗户。

⑥檖（suì）：通“邃”，深远。

⑦几筵：古人席地而坐，放在座位边上供倚靠的小桌子叫几，竹制的垫席叫“筵”。

译文

所以礼这种东西，是调养人们欲望的。牛、羊、猪、狗等肉食和稻米、谷子等细粮，是五味调和的佳肴，是用来调养嘴巴的；椒树、兰草香气芬芳，是用来调养鼻子的；在器具上雕图案，在礼服上绘彩色花纹，是用来调养眼睛的；钟鼓、管磬、琴瑟、竽笙等乐器，是用来调养耳朵的；窗户通明的房间、深邃的宫室、柔软的蒲席、舒适的床铺、矮桌与垫席，是用来调养躯体的。所以礼这种东西，是调养人们欲望的。

原文

君子既得其养，又好其别。曷谓别？曰：贵贱有等，长幼有差，贫富轻重皆有称者也。故天子大路越席，所以养体也；侧载睪芷，所以养鼻也；前有错衡，所以养目也；和鸾之声，步中《武》《象》，趋中《韶》《頀》，所以养耳也；龙旗九斿[①]，所以养信[②]也；寝兕、持虎[③]、蛟韅[④]、丝末[⑤]、弥[⑥]龙，所以养威也；故大路之马必倍[⑦]至教顺，然后乘之，所以养安也。孰知夫出死要节[⑧]之所以养生也？孰知夫出费用之所以养财也？孰知夫恭敬辞让之所以养安也？孰知夫礼义文理之所以养情也？故人苟生之为见，若者必死；苟利之为见，若者必害；苟怠惰偷懦之为安，若者必危；苟情说之为乐，若者必灭。故人一之于礼义，则两得之矣；一之于情性，则两丧之矣。故儒者将使人两得之者也，墨者将使人两丧之者也，是儒、墨之分也。

注解

①斿：通“旒”，古代旌旗下边悬垂的饰物。

②信：符信，凭据。

③寝兕、持虎：都是画在天子车子上的图案。兕，雌性的犀牛。持，通“跱”，蹲。

④蛟韅（xiǎn）：系在马肚子下的皮带。

⑤末：车前遮挡风尘的帷帘。

⑥弥：车耳，车厢两旁之上的横木前端的曲钩，形似人耳。

⑦倍：当为“信”字，的确。

⑧要节：用节操道义来约束自己，即坚守节操。如果不尽忠守节，就会受到制裁。要，约束。

译文

君子已经得到了礼的调养，又喜爱礼的区别。什么叫作区别？回答说：就是高贵的和卑贱的有不同的等级，年长的和年幼的有一定的差别，贫穷的和富裕的、权轻势微的和权重势大的都各有相应的规定。因此天子乘坐那宽阔的大车、铺垫那柔软的蒲席，是用来保养身体的；旁边放置湖岸上生长的香草，是用来调养鼻子的；车前有画着交错花纹的横木，是用来调养眼睛的；车铃的声音，在车子慢行时合乎《武》《象》的节奏，在车子奔驰时合乎《韶》《頀》的节奏，这是用来调养耳朵的；画着龙的旗帜下边有九条飘带，是用来保养身份信号的；车子上画着横卧的犀牛、蹲着的老虎、马系着用鲨鱼皮制成的腹带，车前挂着丝织的车帘，车耳刻成龙形，这是用来保养威严的；天子的大车上所用的马，一定要真正训练得十分驯服，然后才用它拉车，这是用来保证安全的。谁知道献出生命坚守节操是用来保养生命的呢？谁知道花费钱财是用来保养钱财的呢？谁知道恭敬谦让是用来保住安逸的呢？谁知道礼义仪式是用来调养情操的呢？所以人如果只看见生，这样的人就一定会死；如果只看见利，这样的人就一定会受到损害；如果只是喜欢懈怠懒惰、苟且偷安，这样的人就一定会遇到危难；如果只是喜欢纵情作乐，这样的人就一定会灭亡。所以人如果专门把心思放在讲究礼义上，那么礼义情性两方面就都能保全了；如果专门把心思放在满足情性上，那么礼义性情两方面就都保不住了。所以儒家要使人们双双保全它们，墨家要使人们双双丧失它们，这就是儒家、墨家的区别。

原文

礼有三本[①]：天地者，生之本也；先祖者，类之本也；君师者，治之本也。无天地恶生？无先祖恶出？无君师恶治？三者偏亡焉[②]，无安人。故礼上事天，下事地，尊先祖而隆君师，是礼之三本也。

注解

①本：根本，基础。

②焉：则。

译文

礼有三个根本：天地，是生存的根本；祖先，是种族的根本；君长，是政治的根本。没有天地怎么生存？没有祖先种族从哪里产生？没有君长怎么能使天下太平？这三样即使部分地缺失了，也不会有安宁的人民。所以礼上事奉天，下事奉地，尊重祖先而推崇君长，这是礼的三个根本。

原文

故王者天[①]太祖[②]，诸侯不敢坏，大夫士[③]有常宗[④]，所以别贵始。贵始，得[⑤]之本也。郊[⑥]止乎天子，而社止于诸侯，道[⑦]及士大夫，所以别尊者事尊，卑者事卑，宜大者巨，宜小者小也。故有天下者事十[⑧]世，有一国者事五世，有五乘之地[⑨]者事三世，有三乘之地者事二世，持手而食者不得立宗庙，所以别积厚，积厚者流泽广，积薄者流泽狭也。

注解

①天：意动用法，把……当作天。

②太祖：创建国家的始祖。

③士：官名，地位仅次于大夫。

④常宗：永恒的大宗。嫡长子所传之宗，祖庙永不迁，故称。

⑤得：通“德”。

⑥郊：古代天子每年冬至在南郊祭天的活动。

⑦道：祭路神。

⑧十：当作“七”字（杨倞说）。

⑨五乘之地：古代兵赋之法规定，六里见方的土地出兵车一乘（包括一辆车、四匹马、二十八个甲士、二十个盾手、三十个民夫），所以以六里见方的土地为一乘之地。五乘之地即五个六里见方的土地。

译文

所以称王天下的天子可以把创建国家的始祖当作天来祭祀，诸侯不敢破坏始祖的庙，大夫和士有百世不迁的大宗，这种宗法祭祀制度是用来区别各自所尊奉的始祖的。尊重始祖，是道德的根本。到郊外祭天神仅限于天子，而祭土地神则从天子开始到诸侯为止，祭路神则向下延及到士和大夫，这是用来区别尊贵的人才能侍奉尊贵的，卑贱的人只能侍奉卑贱的，适宜做大事的就做大事，适宜做小事的就做小事。所以拥有天下的天子祭祀七代祖先，拥有一个国家的诸侯祭祀五代祖先，拥有五个六里见方的土地的大夫祭祀三代祖先，拥有三个六里见方的土地的士可以祭祀两代祖先，依靠双手来糊口的百姓不准建立祖庙，这是用来区别功绩大小的，功绩大的人传播的恩德应该广远，功绩小的人传播的恩德应该狭窄。

原文

大飨[①]，尚[②]玄[③]尊[④]，俎[⑤]生鱼，先大羹[⑥]，贵食饮之本也。飨，尚玄尊而用酒醴，先黍[⑦]稷[⑧]而饭稻[⑨]粱[⑩]。祭，齐[⑪]大羹而饱庶[⑫]羞[⑬]，贵本而亲用也。贵本之谓文，亲用之谓理，两者合而成文，以归大一，夫是之谓大隆。故尊之尚玄酒也，俎之尚生鱼也，俎之先大羹也，一也。利爵之不醮也，成事之不俎不尝也，三臭之不食也，一也。大昏之未发齐也，大庙之未入尸也，始卒之未小敛也，一也。大路之素未集也，郊之麻绕也，丧服之先散麻也，一也。三年之丧，哭之不文也，《清庙》之歌，一倡而三叹也，县一钟，尚拊之膈，朱弦而通越也，一也。

注解

①大飨：即大祫，古代天子或诸侯把远近祖先的神主牌位集合在太祖庙而举行的大合祭，一般三年举行一次。

②尚：通“上”，以……为上等。

③玄：指玄酒，祭祀时用来替代酒的清水。

④尊：同“樽”，酒器。

⑤俎：一种四脚长方形器皿，是祭祀时陈置鱼肉的礼器。

⑥大（tài）羹：祭祀时所用的不加调味品的肉汁。

⑦黍：黍子，性黏，去皮后俗称黄米子。

⑧稷：古人最早种植的一种谷物，像黍但没有黏性。

⑨稻：古指糯稻，宋以后才兼指粳稻。

⑩粱：粟，谷子，去壳后称小米。

⑪齐：读作“跻”，进献。

⑫庶：众。

⑬羞：美味的食物。

译文

在太庙合祭历代祖先时，以盛着清水的酒器以及俎里盛着的生鱼为上等祭品，首先献上不加调味品的肉汁，这是为了尊重饮食的本源。四季祭祀远祖时，以盛着清水的酒器为上等祭品而酌献甜酒，首先献上黍、稷，再陈供稻、粱。每月祭祖时，先进献未加调味品的肉汁，再陈供各种美味的食物，这些都是为了尊重饮食的本源而又接近实际的食用。尊重饮食的本源叫作形式上的修饰，接近实际的食用叫作内容上的合理，这两者结合起来就形成了礼仪制度，然而又使它趋于远古的质朴状态，这才叫作对礼的最大尊崇。所以酒杯中以替代酒的清水为上等祭品，俎中以生鱼为上等祭品，俎中先盛不加调味品的肉汁，这三种做法与远古时代是一样的。代替死者受祭的人不把佐食的人所献的酒喝光，祭礼完毕时俎中的祭品留下不吃，劝受祭者饮食的人三次劝食而自己不食，这三种做法与远古时代是一样的。婚礼中还没有进行到喝交杯酒的时候，祭祀太庙而尚未使代表死者受祭的人进庙的时候，人刚死还没有换上寿衣的时候，这三种情况与远古时代是一样的。天子祭天的大车用未染色的丝绸做车帘，在郊外祭天时头戴麻布制的礼帽，居丧时先散乱地系上麻带，这三种车服与远古时代是一样的。三年期的服丧，痛哭时放声直号而没有曲折的声调，《清庙》的颂歌，一人领唱而三个人随声咏叹，乐器只挂一口钟，而崇尚使用拊搏与膈，把琴弦染成红色而打通瑟底的孔，这三种做法是和远古时代一样的。

原文

凡礼，始乎梲[①]，成乎文[②]，终乎悦校[③]。故至备，情[④]文俱尽；其次，情文代[⑤]胜；其下，复情以归大一也。天地以合，日月以明，四时以序，星辰以行，江河以流，万物以昌，好恶以节，喜怒以当，以为下则顺，以为上则明，万物变而不乱，贰[⑥]之则丧也。礼岂不至矣哉！立隆以为极，而天下莫之能损益也。本末相顺，终始相应，至文以有别，至察以有说。天下从之者治，不从者乱；从之者安，不从者危；从之者存，不从者亡。小人不能测也。

注解

①梲（tuō）：通“脱”，疏略。

②文：文饰，指礼节仪式。

③校：通“恔”，快意，满意。

④情：感情，指礼仪所要表达的感情，如丧礼所要表达的哀，祭礼所要表达的敬等。

⑤代：交替，轮流。

⑥贰：不专一，背叛。

译文

大凡礼，总是从疏略开始，到有了礼节仪式就形成了，最后又达到使人称心如意的程度。所以最完备的礼，所要表达的感情和礼节仪式都发挥得淋漓尽致；比它次一等的，是所要表达的感情和礼节仪式互有参差；那最下等的，就是使感情回到远古的质朴。天地因为礼的作用而风调雨顺，日月因为礼的作用而光辉明亮，四季因为礼的作用而井然有序，星辰因为礼的作用而正常运行，江河因为礼的作用而奔流入海，万物因为礼的作用而繁荣昌盛，爱憎因为礼的作用而有所节制，喜怒因为礼的作用而恰如其分，用它来治理臣民就可使臣民服从依顺，用它来约束君主就可使君主通达英明，万事万物千变万化而不混乱，但如果背离了礼就会丧失一切。礼难道不是登峰造极了吗？圣人确立了发展到高度成熟的礼制而把它作为最高的准则，因而天下没有谁能再增减改变它。这种礼制的根本原则和具体细节之间互不抵触，人生终结的仪式与人生开始的仪式互相应合，极其完美而有明确的等级区别，极其明察而有详尽的理论说明。天下遵循礼的国家治理得好，不遵循礼的国家混乱；遵循礼的国家安定，不遵循礼的国家危险；遵循礼的国家存在，不遵循礼的国家灭亡。礼的这些作用小人是不能理解的。

原文

礼之理诚深矣，“坚白”、“同异”之察人焉而溺；其理诚大矣，擅作典制辟[①]陋之说入焉而丧；其理诚高矣，暴慢、恣睢、轻俗以为高之属人焉而队[②]。故绳墨诚陈[③]矣，则不可欺以曲直；衡诚县矣，则不可欺以轻重；规矩诚设矣，则不可欺以方圆；君子审于礼，则不可欺以诈伪。故绳者，直之至；衡者，平之至；规矩者，方圆之至；礼者，人道之极也。然而不法礼，不足[④]礼，谓之无方[⑤]之民；法礼足礼，谓之有方之士。礼之中焉能思索，谓之能虑；礼之中焉能勿易，谓之能固。能虑能固，加好者焉，斯圣人矣。故天者，高之极也；地者，下之极也；无穷者，广之极也；圣人者，道之极也。故学者固学为圣人也，非特学为无方之民也。

注解

①辟：通“僻”，邪僻。

②队：同“坠”，坠落。

③陈：陈列，指拉出来弹画。

④足：指充分地掌握。

⑤无方：无道，没有原则，没有固定的法度。方，道。

译文

礼的道理真深啊，那些“坚白”“同异”等所谓明察的辨析一进入礼的道理之中就被淹没了；礼的道理真大啊，那些擅自编造典章制度、邪僻浅陋的学说一进入礼的道理之中就消亡了；礼的道理真高啊，那些把粗暴傲慢、恣肆放荡、轻视习俗作为高尚的人一进入礼的道理之中就垮台了。所以木工的墨线真正拉出来了，就不可能再用曲直来搞欺骗；秤真正挂起来了，就不可能再用轻重来搞欺骗；圆规角尺真正设置了，就不可能再用方圆来搞欺骗；君子对礼了解得明白清楚，就不可能再用诡诈来欺骗他。所以墨线这种东西，是直的极点；秤这种东西，是平的极点；圆规角尺这种东西，是方与圆的极点；礼这种东西，是社会道德规范的极点。既然不遵循礼，不充分地掌握礼，就叫作没有原则的人；遵循礼，充分地掌握礼，就叫作有原则的贤士。在遵循礼、掌握礼的过程中能够思考探索，叫作善于谋虑；在遵循礼、掌握礼的过程中能不变，叫作能够坚定。善于谋虑，能够坚定，再加上爱好礼，就是圣人了。天，是高的极点；地，是低的极点；没有尽头，是广阔的极点；圣人，是道德的极点。所以学习的人本来就该学做个圣人，不是只学做个没有原则的人。

原文

礼者，以财物为用①，以贵贱为文，以多少为异，以隆②杀③为要。文理繁，情用省，是礼之隆也；文理省，情用繁，是礼之杀也；文理、情用相为内外表里，并④行而杂⑤，是礼之中流也。故君

子上致[6]其隆，下尽其杀，而中处其中。步骤、驰骋、厉骛不外是矣，是君子之坛宇、宫廷也。人有[7]是，士君子也；外是，民也；于是其中焉，方皇周挟[8]，曲得其次序，是圣人也。故厚者，礼之积也；大者，礼之广也；高者，礼之隆也；明者，礼之尽也。《诗》曰："礼仪卒度，笑语卒获。"此之谓也。

注解

①用：用具，工具。
②隆：隆重，丰厚。
③杀：减少，简省。
④并：并列。
⑤杂：通"集"，聚集。
⑥致：极，尽，尽量做到。
⑦有：通"域"，居住。
⑧挟：通"浃"。

译文

礼，把钱财物品作为工具，把尊贵与卑贱的区别作为礼仪制度，把享受的多少作为尊卑贵贱的差别，把隆重和简省作为要领。礼节仪式繁多，但所要表达的感情作用却简约，这是隆重的礼；礼节仪式简约，但所要表达的感情作用却繁多，这是简省的礼；礼节仪式和它所要表达的感情作用之间相互构成内外表里的关系，两者并驾齐驱而交错配合，这是适中的礼。所以知礼的君子对隆重的礼仪就极尽它的隆重，对简省的礼仪就极尽它的简省，而对适中的礼仪就做适中的处置。慢走快跑、驱马驰骋、剧烈奔跑都不越出这个规矩，这就是君子的活动范围。人如果把活动限定在这个范围之中，就是士君子；如果越出了这个规矩，就是普通的人；如果在这个规矩中间，来回周旋，处处符合它的次序，这就是圣人了。所以圣人的厚道，是靠礼的积蓄；圣人的大度，是靠礼的深广；圣人的崇高，是靠礼的高大；圣人的明察，是靠礼的透彻。《诗经》上说："礼仪全都合法度，说笑就都合时务。"说的就是这种情况。

原文

礼者，谨于治生死者也。生，人之始也；死，人之终也。终始俱善，人道毕矣。故君子敬始而慎终。终始如一，是君子之道，礼义之文也。夫厚其生而薄其死，是敬其有知而慢其无知也，是奸人之道而倍[①]叛之心也。君子以倍叛之心接臧谷，犹且羞之，而况以事其所隆亲乎！故死之为道也，一而不可得再复也，臣之所以致重其君，子之所以致重其亲，于是尽矣。故事生不忠厚、不敬文谓之野，送死不忠厚、不敬文谓之瘠。君子贱野而羞瘠，故天子棺椁[②]十重，诸侯五重，大夫三重，士再重，然后皆有衣衾多少厚薄之数，皆有翣菨[③]文章之等以敬饰之，使生死终始若一，一足以为人愿，是先王之道，忠臣孝子之极也。天子之丧动四海，属[④]诸侯；诸侯之丧动通国，属大夫；大夫之丧动一国，属修士；修士之丧动一乡，属朋友；庶人之丧合族党，动州里[⑤]。刑余罪人之丧不得合族党，独属妻子，棺椁三寸，衣衾三领，不得饰棺，不得昼行，以昏殣[⑥]，凡缘[⑦]而往埋之，反无哭泣之节，无衰[⑧]麻之服，无亲疏月数之等，各反其平，各复其始，已葬埋，若无丧者而止，夫是之谓至辱。

注解

①倍：通“背”。

②棺椁（guǒ）：古代的棺材有多层，最里面的一口叫“棺”，套在“棺”外的大棺材都叫“椁”。

③翣（shà）菨（shà）：古代棺饰。

④属：聚集，会合。

⑤州里：周代的行政单位，一万二千五百户为一乡，二千五百户为一州，二十五户为一里。

⑥殣（jìn）：掩埋。

⑦凡缘：指平常的服装。缘，衣服的边饰。

⑧衰（cuī）：通“缞”，古代的丧服之一，是一种披在胸前的麻布条，宽四寸，长六寸。

译文

礼，是严谨地处理生与死的。生，是人生的开始；死，是人生的终结。这终结和开始都处理得好，那么为人之道也就完备了。所以君子严肃地对待人生的开始而慎重地对待人生的终结。对待这终结与开始就像对待同一件事一样，这是君子的原则，是礼义的体现。看重人活着的时候而看轻人的死亡，这是敬重活人的有知觉而怠慢死人的没有知觉，这是邪恶之人的原则，是一种背叛别人的思想。君子拿背叛别人的思想去对待奴仆、儿童，尚且感到羞耻，更何况是用这种心肠来侍奉自己所尊重的君主和亲爱的父母呢！再说死亡有一条规律，就是每人只死一次而不可能再重复一次，所以臣子要表达对君主的敬重，子女要表达对父母的敬重，在这个时候也就到头了。所以侍奉生者不忠诚笃厚、不恭敬有礼，就称之为粗野；葬送死者不忠诚笃厚、不恭敬有礼，就称之为轻薄。君子鄙视粗野而把薄待看作羞耻，所以天子的棺材有十层，诸侯五层，大夫三层，士两层，其次他们又都有衣服和被子方面或多或少、或厚或薄的数目规定，都有棺材遮蔽物及其花纹图案的等级差别并用这些来恭敬地装饰死者，使他们在生前与死后、结束一生时与开始一生时都像一个样子，使这始终如一的完全满足成为人们的愿望，这是古代圣王的原则，也是忠臣孝子的最高准则。天子的丧事牵动整个天下，聚集诸侯来送葬；诸侯的丧事牵动有友好交往的国家，聚集大夫来送葬；大夫的丧事牵动一国，聚集上士来送葬；上士的丧事牵动一乡，聚集朋友来送葬；百姓的丧事，集合同族亲属来送葬，牵动州里。受过刑罚的罪犯的丧事，不准聚集同族亲属来送葬，只能会合妻子儿女来送葬，棺材三寸厚，衣服和被子三套，不准装饰棺材，不准白日送葬，只能在黄昏埋葬，而且妻子儿女只能穿着平常的服装去埋掉他，回来后没有哭泣的礼节，没有披麻戴孝的丧服，没有因为亲戚的亲疏关系而形成的服丧日期的等级差别，各人都回到自己平常的情况，各人都恢复到自己当初的样子，已经把他埋葬之后，就像没有死过人一样而什么也不做，这叫作最大的耻辱。

原文

礼者，谨于吉凶不相厌[1]者也。纩纩[2]听息之时，则夫忠臣孝子亦知其闵[3]已，然而殡[4]殓之具未有求也；垂涕恐惧，然而幸生之心未已，持生之事未辍也；卒矣，然后作具之。故虽备家，必逾日然后能殡，三日而成[5]服，然后告远者出矣，备物者作矣。故殡，久不过七十日，速不损[6]五十日。是何也？曰：远者可以至矣，百求可以得矣，百事可以成矣，其忠至矣，其节大矣，其文备矣。然后月朝[7]卜日，月夕[8]卜宅，然后葬也。当是时也，其义止，谁得行之？其义行，谁得止之？故三月之葬，其貇[9]以生设饰死者也，殆非直留死者以安生也，是致隆思慕之义也。

注解

①厌（yā）：同“压”，掩，侵袭。

②纩（zhù）纩（kuàng）：把新棉絮放在临死者的鼻前，看其是否断气。纩，安放。纩，新棉絮。

③闵：忧患，这里指垂危。

④殡：停放灵柩，也就是入棺后到埋葬前的仪式。

⑤成：穿。

⑥损：减少。

⑦月朝：月初。

⑧月夕：月底。

⑨貇：同“貌”。

译文

礼，是严谨地使吉利的事与凶险的事互不侵犯的。把新的棉絮放在临终者鼻前而倾听其气息的时候，就是那些忠臣孝子也知道他垂危了，但是停柩入殓的用具却还不去考虑；虽然这时他们挂着眼泪惊恐害怕，但是希望他能侥幸活下来的心思还没有止息，维持他生命的事情也没有中止；直到他死了，才开始准备治丧的物品。所以，即使是治丧物品齐备的人家，也必须过了一天才能入棺停柩，到第三天才穿上丧服守丧，然后去远方报丧的人才出发，准备治丧物品的人才开始操办了。所以停放灵柩的时间，长不超过七十天，快也不少于五十天。这是为什么呢？回答说：远方奔丧的亲友可以赶到了，各种需求可以获得了，各种事情可以办成了，人们的忠诚尽到了，对长辈的礼节盛大了，仪式也齐备了。然后才在月初占卜确定埋葬的地点，在月末占卜确定埋葬的日期，然后才去埋葬。在这个时候，道义上禁止的事，谁能去做它？道义上推行的事，谁能禁止它？所以停柩三个月的葬礼，它表面上是用生者的设施来装饰死者，但实际上恐怕不是只保留一下死者来安慰生者，这是在表达尊重怀念的意思。

原文

丧礼之凡①：变②而饰，动③而远，久而平。故死之为道也，不饰则恶，恶则不哀，尔则玩④，玩则厌，厌则忘，忘则不敬。一朝而丧其严亲，而所以送葬之者不哀不敬，则嫌⑤于禽兽矣，君子耻之。故变而饰，所以灭恶也；动而远，所以遂敬也；久而平，所以优⑥生也。

注解

①凡：平常，指通常的原则。

②变：指死。

③动：指举行丧礼中的各种仪式。

④玩：轻忽，习惯而不经心。

⑤嫌：近。

⑥优：调节，协调。

译文

丧礼的一般原则是：人死后要装饰，举行丧礼仪式要使死者逐步远去，时间长了便恢复到平常的状态。所以料理死亡的做法是，对死者不装饰就丑恶难看，丑恶难看人们就不会哀痛了，离死者近了，人们就会漫不经心，漫不经心就会厌弃，厌弃了就会怠慢，怠慢了就会不恭敬。有朝一日自己尊敬的父母亲死了，但用来为他们送葬的却是不哀痛、不恭敬，那就近于禽兽了，君子以此为耻辱。因此人死后进行装饰，是用来消除丑恶难看的；举行丧礼仪式时使死者远去，是用来成全恭敬的；时间长了就恢复到平常状态，是用来协调生者的。

原文

礼者，断长续短，损有余、益不足，达爱敬之文，而滋成行义之美者也。故文饰、粗恶，声乐、哭泣，恬愉、忧戚，是反也，然而礼兼而用之，时举而代御。故文饰、声乐、恬愉，所以持平奉吉也；粗衰、哭泣、忧戚，所以持险奉凶也。故其立文饰也，不至于窕[①]冶；其立粗衰也，不至于瘠弃；其立声乐恬愉也，不至于流淫惰慢；其立哭泣哀戚也，不至于隘慑[②]伤生，是礼之中流也。故情貌之变足以别吉凶，明贵贱亲疏之节，期[③]止矣；外是，奸也，虽难，君子贱之。故量食而食之，量要[④]而带之。相高以毁瘠，是奸人之道也，非礼义之文也，非孝子之情也，将以有为者也。故说豫[⑤]娩[⑥]泽[⑦]，忧戚萃[⑧]恶[⑨]，是吉凶忧愉之情发于颜色者也。歌谣[⑩]謸笑，哭泣谛[⑪]号，是吉凶忧愉之情发于声音者也。刍豢、稻粱、酒醴、餰[⑫]鬻[⑬]、鱼肉、菽藿、酒浆，是吉凶忧愉之情发于食饮者也。卑絻、黼黻、文织，资粗、衰绖、菲繐、菅屦，是吉凶忧愉之情发于衣服者也。疏房、檖貌[⑭]、越席、床笫、几筵，属茨、倚庐、席薪、枕块，是吉凶忧愉之情发于居处者也。两情者，人生固

有端焉。若夫断之继之，博之浅之，益之损之，类之尽之，盛之美之，使本末终始莫不顺比，足以为万世则，则是礼也。非顺孰修为之君子，莫之能知也。

注解

①窕：通“姚”，妖艳。

②慑：悲戚。

③期：当为“斯”，就。

④要：同“腰”。

⑤豫：通“娱”，欢乐。

⑥娩：温和，美好，形容脸色的喜悦。

⑦泽：光泽，形容高兴时容光焕发。

⑧萃：通“悴”，面色黄瘦。

⑨恶：丑恶难看，形容愁眉苦脸的样子。

⑩歌谣：有音乐伴奏的歌唱叫“歌”，无音乐伴奏的歌唱叫“谣”。

⑪谛：通“啼”，出声地哭。

⑫飦（zhān）：同“饘”，稠粥。

⑬鬻：同“粥”，稀粥。

⑭須：同“貌”。

译文

礼，是截长补短，减损有余、增加不足，使爱怜恭敬的仪式能完全实施，从而养成美好的德行道义。所以仪文修饰和粗略简陋，音乐和哭泣，安适愉快和忧愁悲伤，这些都是相反的，但是礼对它们一并加以应用，按时拿出来交替使用。所以仪文修饰、音乐、安适愉快，是用来对待平安和吉祥的；粗略简陋、哭泣、忧愁悲伤，是用来对待凶恶和不幸的。所以礼在确立仪文修饰的规范时，不会弄到妖艳的地步；它在确立粗略简陋的规范时，不会弄到毁伤形体的地步；它在确立安适愉快的规范时，不会弄到放荡懈怠的地步；它在确立哭泣、哀痛的规范时，不会弄到过度悲戚、伤害身体的地步，这就是礼的中和之道。所以神情容貌的变化，能够用来区别吉利与不幸，表明贵贱亲疏之间的礼节等级，就可以了；超出了这个程度，就是奸邪的行为，即使是难以做到的，君子也鄙视它。所以要根据食量吃东西，根据腰身扎带子。拿哀伤来使自己消瘦不堪进而向别人标榜自己的高尚，这是奸邪之人的行径，不是礼义的规定，也不是孝子的真情，而是要用它来有所作为的。所以说，高兴欢乐时和颜悦色容光焕发，忧愁悲伤时面色憔悴愁眉苦脸，这是碰到吉利与不幸时愉快忧愁的心情在脸色上的表现。歌唱嬉笑、哭泣哀号，这是碰到吉利与不幸时愉快忧愁的心情在声音上的表现。牛羊猪狗等肉食、稻米谷子等细粮、甜酒、稠粥、鱼肉、稀饭、豆叶、汤水，这是碰到吉利与不幸时愉快忧愁的心情在饮食上的表现。祭服、礼服礼帽、有彩色花纹的丝织品、丧服粗布衣、麻条麻带、薄麻衣、用茅草编成的鞋，这是碰到吉利与不幸时忧愁愉快的心情在衣服上的表现。窗户通明的房间、深邃的朝堂、柔软的蒲席、床上的床铺、短桌与竹席、编结茅草而成的屋顶、靠在墙边上的简陋房屋、把柴草当作垫席、把土块当作枕头，这是碰到吉利与不幸时愉快忧愁的心情在居住上的表现。忧愁愉快这两种心情，在人的本性中本来就存在着根源。至于使这两种心情断绝或持续，使它们较多地被人了解或较少地被人了解，使它们增强或减损，使它们既合乎法度又能充分地表达出来，使它们既旺盛又美好，使根本原则和具体细节、人生终结的仪式和人生开始的仪式没有不和顺的，完全可以用来作为千秋万代的法则，这就是礼。如果不是顺从礼、精通礼、学习礼、实行礼的君子，是不能够懂得这些道理的。

原文

故曰：性者，本始材朴①也；伪者，文理隆盛也。无性则伪之无所加，无伪则性不能自美。性伪合，然后圣人之名一，天下之功于是就也。故曰：天地合而万物生，阴阳接而变化起，性伪合而天下治。天能生物，不能辨物也；地能载人，不能治人也；宇中万物、生人之属，待圣人然后分②也。《诗》曰："怀柔百神，及河乔岳。"此之谓也。

注解

①朴：未加工过的木材。

②分：次，安排。

译文

所以说：先天的本性，就像是原始的未加工过的木材；后天的人为加工，则表现在礼节仪式的隆重盛大。没有本性，那么人为加工就没有地方施加；没有人为加工，那么本性也不能自行完美。本性和人为的加工相结合，然后才能成就圣人的名声，统一天下的功业也因此而能完成了。所以说：上天和大地相配合而万物就产生了，阴气和阳气相接触而变化就出现了，本性和人为的加工改造相结合而天下就治理好了。上天能产生万物，但不能治理万物；大地能负载人民，但不能治理人民；宇宙间的各种东西和各类人，都得依靠圣人才能安排好。《诗经》上说："招徕安抚众神仙，祭祀黄河和高山。"说的就是这种情况。

原文

丧礼者，以生者饰死者也，大象其生以送其死也。故如死如生，如亡如存，终始一也。始卒，沐浴、鬠①体、饭唅②，象生执也。不沐则濡栉三律而止，不浴则濡巾三式③而止。充耳而设瑱，饭以生稻，唅以槁骨，反生术矣。说④亵衣⑤，袭⑥三称⑦，缙绅⑧而无钩带矣。设掩面⑨儇目⑩，鬠而不冠笄⑪矣。书其名，置于其重⑫，则名不见而柩独明矣。荐器⑬则冠有鍪而毋縰，瓮、庑虚而不实，有簟席而无床笫，木器不成斫，陶器不成物，薄器不成内，笙竽具而不和，琴瑟张而不均，舆藏而马反，告不用也。具生器以适墓，象徙道也。略而不尽，貌⑭而不功，趋舆而藏之，金革辔靷而不入，

明不用也。象徙道，又明不用也，是皆所以重哀也。故生器文而不功，明器貌而不用。凡礼，事生，饰欢也；送死，饰哀也；祭祀，饰敬也；师旅，饰威也。是百王之所同，古今之所一也，未有知其所由来者也。故圹垄，其貌象室屋也；棺椁，其貌象版盖斯象拂也；无帾丝歶缕翣，其貌以象菲帷帱尉也。抗折，其貌以象槾茨番阏也。故丧礼者，无它焉，明死生之义，送以哀敬而终周藏也。故葬埋，敬藏其形也；祭祀，敬事其神也；其铭、诔、系世，敬传其名也。事生，饰始也；送死，饰终也。终始具而孝子之事毕，圣人之道备矣。刻死而附生谓之墨，刻生而附死谓之惑，杀生而送死谓之贼。大象其生以送其死，使死生终始莫不称宜而好善，是礼义之法式也，儒者是矣。

注解

①鬠（kuò）：同“髻”，束发。

②饭唅：把唅放在死者口中。唅，古代给贵族办丧事时，塞在死人口中的珠、玉、贝、米等物统称“唅”，死者所含之物视其贵贱等级而定。

③式：通“拭”。

④说：当为“设”，铺陈，此指穿上。

⑤亵（xiè）衣：贴身上衣。

⑥袭：加穿（衣服）。

⑦称：计算衣服的量词，套。

⑧缙绅：搢笏，指把笏（官吏上朝时拿的手板）插在腰带上。缙，同“搢”，插。绅，古代贵族束在腰间的大带。

⑨掩面：盖在尸体面部的白色的布或绢。

⑩儇（xuān）目：覆盖死者面部的黑色方巾。

⑪笄：古代固定发髻或别住帽子用的簪子。

⑫重：死者刚死未葬时暂时代替神主牌的木牌。

⑬器：指明器，古代用竹、木、陶土等制作的随葬器物。

⑭貌：同“貌”。下同。

译文

丧葬的礼仪，就是按照活人的情形来装饰死人，大致地模拟他的生前来送他的终。所以侍奉逝世如同侍奉出生，侍奉死人如同侍奉活人，对待人生的终结与对待人生的开始一样。刚死的时候，给他洗头洗澡、束头发、剪指甲，把含物放入口中，这是模拟他生前的行为。如果不洗头，用沾湿的梳篦梳理三下就可以了；如果不洗澡，用沾湿的毛巾擦三遍就可以了。用新棉填塞耳朵，把生米喂入口中，把贝塞在嘴里，这就和出生时的办法相反了。给死者穿好内衣，再穿上三套外衣，把朝板插在腰带上但没有钩紧腰带的钩子。裹上遮脸的白绢和遮眼的黑色丝巾，束起头发而不戴帽子、不插簪子。把死者的名字写在狭长的铭旌上，然后把它覆在死者的临时神主牌上，那么他的名字就看不见而只能在灵柩前看清楚。送给死者的随葬器物，有戴在头上的头盔似的帽子而没有包发的丝巾，瓮、瓨空着不放东西，有竹席而没有床上的床垫，木器不做加工，陶器不制成成品，竹子、芦苇做成的器物不中用，笙、竽具备而不调和，琴、瑟绷上弦而不加调节，装运棺材的车子随同埋葬而马却牵回去，这些都表示随葬的东西是不使用的。准备好了生前的用具而送到墓中，这是模拟搬家的办法。随葬的器物简略而不完备，只具外貌而不精制，赶着丧车去把它埋葬掉，但拉车的马及其设备却不埋进去，这些都是为了表明随葬的东西是不使用的。模拟搬家的办法，也是表明那些随葬的东西是不使用的，这些都是为了加重哀悼之情的。所以生前的用具只起礼仪的作用而不再用它，随葬的器物只具外貌而不用它。凡是礼仪，侍奉出生，是为了润饰欢乐之情；葬送死者，是为了更好地表现哀悼之情；祭祀，是为了修饰恭敬之情；军队，是为了装饰威武之势。这是各代帝王都相同、古今都一致的，但是没有人知道它是从什么时代传下来的。所以墓穴和坟冢，它们的形状像房屋；内棺外棺，它们的形状像车旁板、车顶盖、车前皮盖、车后革帘构成的车厢，尸体与棺材上的被子、丝织麻织的遮蔽品、棺材的遮蔽物，它们的形状是模仿门帘和各种帷帐的。承负坟冢、覆盖墓穴的葬具抗折，它们的形状是模仿墙壁、屋顶、篱笆和门户的。所以，丧葬的礼仪，并没有其他的含义，而是为了彰明生死的意义，以悲哀恭敬的心情去葬送死者而最终把他周到地掩藏好。所以埋葬，是为了恭敬地掩藏死者的躯体；祭祀，是为了恭敬地侍奉死者的灵魂；那些铭文、诔辞、传记家谱，是为了恭敬地传颂死者的名声。侍奉出生的礼仪，是装饰人生的开始；葬送死者的礼仪，是装饰人生的终结。这终结与开始的礼仪全部做到了，那么孝子的事情也就完成了，圣人的道德也就具备了。削减死者的用度来增加生者的用度叫作刻薄，削减生者的用度来增加死者的用度叫作迷惑，杀掉生者来殉葬叫作残害。大致地模拟他的生前来送他的终，使逝世和在世、人生终结和人生开始时的仪式无不得当合宜而尽善尽美，这就是礼义的法度标准了，儒者就是这样的。

原文

三年之丧何也？曰：称情而立文，因以饰[①]群[②]，别亲疏、贵贱之节，而不可益损也。故曰：无适不易之术也。创巨者其日久，痛甚者其愈迟，三年之丧，称情而立文，所以为至痛极[③]也。齐衰、苴杖[④]、居庐、食粥、席薪、枕块，所以为至痛饰也。三年之丧，二十五月而毕，哀痛未尽，思慕未忘，然而礼以是断之者，岂不以送死有已，复生有节也哉？凡生乎天地之间者，有血气之属必有知，有知之属莫不爱其类。今夫大鸟兽则失亡其群匹，越月逾时则必反[⑤]铅[⑥]；过故乡，则必徘徊焉，鸣号焉，踯躅焉，踟蹰焉，然后能去之也。小者是燕爵[⑦]，犹有啁噍[⑧]之顷焉，然后能去之。故有血气之属莫知于人，故人之于其亲也，至死无穷。将由夫愚陋淫邪之人与？则彼朝死而夕忘之，然而纵之，则是曾鸟兽之不若也，彼安能相与群居而无乱乎？将由夫修饰之君子与？则三年之丧，二十五月而毕，若驷之过隙，然而遂之，则是无穷也。故先王圣人安为之立中制节，一使足以成文理，则舍之矣。

注解

①饰：通“饬”，整治。

②群：指有亲属关系的群体。

③极：极限，最高限度。

④苴（jū）杖：用粗劣的竹子做成的手杖，供哭丧时用。苴，通“粗”。
⑤反：通“返”。
⑥铅（yán）：通“沿”。顺流而下叫“沿”，此指随大流、合群。
⑦爵：同“雀”。
⑧啁（zhōu）噍（jiū）：同“啁啾”，象声词，形容细碎杂乱的鸟鸣声。

译文

三年的服丧是为了什么呢？回答说：这是根据人的感情来确立礼仪制度，借以整治亲族，区别亲近的人与疏远的人之间、高贵者与卑贱者之间的不同礼节，而不能再增减的了。所以说：这是无论到什么地方也不可改变的措施。创伤大的愈合时间就长，悲痛厉害的痊愈就慢，三年的服丧，是根据人的感情来确立的礼仪制度，是用来给极其悲痛的感情所确立的最高期限。穿着丧服、撑着孝棍、住在简陋的房屋中、吃稀粥、把柴草当作垫席、把土块当作枕头，是用来给极其悲痛的心情所做的外表装饰。三年的服丧，二十五个月就完毕了，但哀痛之情并没有了结，思念之心并没有忘怀，然而礼制却规定在这个时候终止服丧，这难道不是因为送别死者要有个终结，恢复正常的生活要有所节制吗？凡是生长在天地之间的，有血气的种属一定有智能，而有智能的种属没有不爱自己同类的。现在那些大的飞禽走兽如果失去了它的群体或配偶，那么过了一个月或超过了一定的时间就一定会返回；经过原来住过的地方，就一定会在那里徘徊周旋，在那里啼鸣吼叫，在那里驻足踏步，在那里来回走动，然后才能离开那里。小的燕子和麻雀之类，也还要在那里叽叽喳喳叫一会儿，然后才离开那里。有血气的种属没有比人更聪明的了，所以人对于自己父母的感情，到死也没有穷尽。要依从那些愚蠢浅陋、放荡邪恶的人吗？那么他们的父母亲早晨死了到晚上就忘了，像这种情况如果还放任他们，那么他们就连鸟兽也不如了，他们又怎么能互相在一起合群居住而没有动乱呢？要依从那些注重道德修养的君子吗？那么三年的服丧，二十五个月就完毕了，他们会觉得那时间快得就像驾车的四匹马经过一个缝隙一样，像这种情况如果还是成全他们，那么他们就会无限期地服丧。所以先王圣人就给人们确立了适中的标准加以限制，使他们只要做到了礼仪的要求，就要结束丧期。

原文

然则何以分[1]之？曰：至亲以期[2]断。是何也？曰：天地则已易矣，四时则已遍矣，其在宇中者莫不更始矣，故先王案以此象之也。然则三年何也？曰：加隆焉，案使倍之，故再期也。由九月以下何也？曰：案使不及也。故三年以为隆，缌[3]、小功[4]以为杀，期、九月以为间。上取象于天，下取象于地，中取则于人，人所以群居和一之理尽矣。故三年之丧，人道之至文者也，夫是之谓至隆，是百王之所同，古今之所一也。

注解

①分：区分。

②期（jī）：周年。

③缌（sī）：细麻布，此指细麻布制成的丧服，服期三个月，是古代五种丧服（斩衰、齐衰、大功、小功、缌麻）中最轻的一种。

④小功：丧服名，用较细的熟麻布制成，服期五个月。

译文

那么为什么还要区分亲疏呢？回答说：对于最亲近的父母本来就是在一周年时终止服丧的。这是为什么呢？回答说：因为经过一周年后天地都已经变换了，四季也已经循环了一遍，那些在宇宙中的动植物没有不重新开始其生长的了，所以古代的圣王就用这一周年的丧礼来象征它。那么三年的丧期又是为了什么呢？回答说：那是为了使丧礼更加隆重，于是使它在一年的基础上加倍，所以又服丧两年。服九个月以下的丧期又是为什么呢？回答说：那是为了使丧礼不如父母的丧礼隆重。把服丧三年作为隆重的礼，把服丧三个月、五个月的缌麻、小功作为简省的礼，把服丧一周年、九个月作为它们中间的礼。这礼的制定上取法于天，下取法于地，中取法于人，人们之所以能合群居住而和谐一致的道理也就被全盘体现出来了。所以三年的服丧，是为人之道最高的礼仪，这叫作最隆重的礼仪，这是各代帝王都相同的，古今都一致的。

原文

君之丧所以取三年，何也？曰：君者，治辨[1]之主也，文理之原也，情[2]貌[3]之尽也，相率而致隆之，不亦可乎？《诗》曰："恺悌君子，民之父母。"彼君子者，固有为民父母之说焉。父能生之，不能养之；母能食[4]之，不能教诲之；君者，已能食之矣，又善教诲之者也，三年毕矣哉？乳母，饮食之者也，而三月；慈母，衣被之者也，而九月；君，曲备之者也，三年毕乎哉！得之则治，失之则乱，文之至也；得之则安，失之则危，情之至也。两至者俱积焉，以三年事之犹未足也，直无由进之耳。故社，祭社也；稷，祭稷也；郊者，并百王于上天而祭祀之也。

注解

①辨：通"办"，治理。

②情：指臣民忠诚之情。

③貌：指臣民恭敬之貌。

④食（sì）：通"饲"，供养。

译文

君主的丧礼期限之所以选取三年，为什么呢？回答说：君主，是治理社会的主宰，是礼仪制度的本源，是忠诚的内情和恭敬的外貌所要侍奉的尽头，人们互相争着而极其尊崇他，不也是可以的吗？《诗经》上说："和乐平易的君子，就是人民的父母。"那些君子，本来就有是民众父母的说法。父亲能生下自己，但不能喂养自己；母亲能喂养自己，又不能教诲自己；君主，是既能养育自己，又善于教诲自己的人，为君主服丧三年就完毕了吗？奶妈，是喂养自己的人，因而为她服丧三个月；抚育自己的庶母，是为自己料理衣着被服的人，因而为她服丧九个月；君主，是各方面都照顾自己的人，为他服丧三年就完毕！做到了这一点，国家就能治理好，做不到这一点，国家就会混乱，它是礼仪制度中最重要的礼节；做到了这一点，国家就安定，做不到这一点，国家就危险，它是忠诚之情的最高体现。这最重要的礼节与最高的情感体现都积聚在君主的丧礼上了，所以用三年时间来侍奉君主的神灵仍然是不够的，只是无法再将这丧期增加罢了。所以社祭，只祭土地神；稷祭，只祭谷神；郊祭，就把各代帝王和上天合并在一起祭祀。

原文

三月之殡何也？曰：大之也，重之也。所致隆也，所致亲也，将举措之，迁徙之，离宫室而归丘陵[1]也，先王恐其不文也，是以繇[2]其期，足之日也。故天子七月，诸侯五月，大夫三月，皆使其须[3]足以容事，事足以容成，成足以容文，文足以容备，曲容备物之谓道矣。

注解

①丘陵：小土山叫丘，大土山叫陵，此指坟墓。古代帝王诸侯之墓，或称丘，如今苏州的虎丘（吴王阖闾之墓）；或称陵，如今绍兴的大禹陵。

②繇：通“遥”。

③须：等待，停留。

译文

三个月的停柩是为什么呢？回答说：这是要扩大丧礼的规模，加重丧礼的分量。对自己极尊重的人，极亲近的人，将要安排他，迁移他，使他离开宫室而埋葬到陵墓中去，古代的圣王怕这些事情不合乎礼仪，因此延长停柩的日期，使办丧事的时间充足。所以天子停柩七个月，诸侯五个月，大夫三个月，这都是为了使时间足够用来操办各种事情，这些事情足够用来保证丧事的成功，这成功足够用来保证礼仪的实施，这实施足够用来保证丧葬物品的完备，各个方面都能确保丧葬物品的完备就可以叫正确的丧礼原则了。

原文

祭者，志意思慕之情也。愅诡[①]、唈僾[②]而不能无时至焉。故人之欢欣和合之时，则夫忠臣孝子亦愅诡而有所至矣。彼其所至者甚大动也，案屈然[③]已，则其于志意之情者惆然[④]不嗛[⑤]，其于礼节者阙然不具。故先王案为之立文，尊尊亲亲之义至矣。故曰：祭者，志意思慕之情也，忠信爱敬之至矣，礼节文貌之盛矣，苟非圣人，莫之能知也。圣人明知之，士君子安行之，官人以为守，百姓以成俗。其在君子，以为人道也；其在百姓，以为鬼事也。故钟鼓、管磬、琴瑟、竽笙，《韶》、《夏》[⑥]、《護》、《武》、《汋》[⑦]、《桓》[⑧]、《箾》[⑨]、简、《象》，是君子之所以为愅诡其所喜乐之文也。齐衰、苴杖、居庐、食粥、席薪、枕块，是君子之所以为愅诡其所哀痛之文也。师旅有制，刑法有等，莫不称罪，是君子之所以为愅诡其所敦[⑩]恶之文也。卜筮视日，斋戒修涂，几筵、馈荐、告祝，如或飨之；物取而皆祭之，如或尝之；毋利举爵，主人有尊，如或觞之；宾出，主人拜送，反易服，即位而哭，如或去之。哀夫！敬夫！事死如事生，事亡如事存，状乎无形影，然而成文。

注解

①愅（gé）诡：双声联绵词，变异感动的意思。

②唈僾：双声联绵词，心里郁悒而呼吸不畅的意思。

③屈然：空缺的样子。屈，竭。

④惆然：惆怅，伤感。

⑤嗛（qiè）：满足。

⑥《夏》：又称《大夏》，相传是夏禹时的舞曲名。

⑦《汋》（zhuó）：通“酌”，是歌颂周武王能酌取先祖之道以养天下之民的乐章，见《诗经·周颂》。

⑧《桓》：祭祀周武王的乐章，见《诗经·周颂》。

⑨《箾》（shuò）：周初制作的歌颂周文王的舞曲名。

⑩敦：通“憝”，憎恶，怨恨。

译文

祭祀，是为了表达心意和思慕之情。人们感动、郁闷了就不能没有时机来表达。所以人们欢欣鼓舞和睦相处的时候，那些忠臣孝子也会感动，而思念君主、双亲不得同享欢乐的心情也要有所表达。他们所要表达的这种心情非常强烈，如果没有祭祀的礼仪，那么他们在感情方面就会感到惆怅而不满足，他们在礼节方面就会感到欠缺而不完备。所以古代的圣王为他们制定了礼仪制度，尊崇君主、亲爱父母的道义就能表达了。所以说：祭祀，是为了表达心意和思慕之情的，它是忠信敬爱的最高表现，是礼节仪式的极点，如果不是圣人，是不能懂得这一点的。圣人明白地理解祭祀的意义，有道德的士君子安心地进行祭祀，官吏把它当作自己的职守，百姓使它成为自己的习俗。它在君子那里，被当作治理社会的一种道德规范；它在百姓那里，被当作侍奉鬼神的事。所以钟鼓、管磬、琴瑟、竽笙等乐器，《韶》《夏》《頀》《武》《汋》《桓》《箾》《象》等乐曲，这些是君子被他所喜悦的事情感动了从而用来表达这种感动的礼仪形式。穿丧服、撑孝棍、住陋屋、吃稀粥、以柴草为垫席、把土块当枕头，这些是君子被他所哀痛的事情感动了，从而用来表达这种感动的礼仪制度。军队有一定的制度，刑法有轻重的等级，没有什么刑罚不与罪行相当，这些是君子被他所憎恶的事情感动了从而用来表达这种感动的礼法制度。占卜算卦要观察日期时辰是否吉利，整洁身心、修饰清理祠庙，摆好祭祀的席位、献上牺牲黍稷等祭品、受祭的人吩咐辅祭的人，好像真的有神来享用过祭品；事先积聚的祭品都献给代表死者受祭的人，受祭者一一尝用，好像真的有神尝过它们；不让劝食的人举杯向受祭者敬酒，主人亲自劝受祭者饮酒，受祭者便饮用，好像真的有神拿酒杯喝了酒；祭祀结束后宾客退出，主人拜揖送行，返回换掉祭服而穿上丧服，来到座位上痛哭，好像真的有神离开了他。悲哀啊！恭敬啊！侍奉死者如同侍奉生者一样，侍奉已不存在的人如同侍奉还活着的人一样，所祭祀者虽无形无影，但是它可以成为人类社会中的一种礼仪制度。

读解

本篇对礼制的起源、内容、作用等方面进行了论述。荀子认为，“人生而有欲”，人们为了满足欲望就会互相争夺，从而发生混乱，统治者为了避免这种局面，于是制定了礼来加以约束。制定礼不但是为了调节与满足人们的物质欲望，更是为了确立社会等级制度。礼制规定的各种道德规范和礼节仪式等都有利于等级制度的确立与巩固，所以它是治国的根本，是“人道之极”，关系到国家的安危存亡，因此统治者必须重视实行礼。此篇中关于具体礼制的论述十分丰富，对我们了解古代的礼制具有重要的认识价值。

在儒家学派的理论中，礼是用来维持世间万物等级秩序的。人应该心思端正，从不产生邪念，时刻想到自己的使命，富有献身精神；仪表举止端正，从不会衣冠不整、邋里邋遢，举手投足时表情动作都有规范；言必行、行必果，从不搞阴谋诡计。《镜花缘》中的“君子国”便是一个礼仪之邦，其中的人都是正人君子，都风度翩翩、礼让谦和，从不争吵。

荀子指出，礼产生于治国问题，根源在于“人性恶”。荀子在《礼论》中说：“礼起于何也？曰：人生而有欲，欲而不得，则不能无求；求而无度量分界，则不能不争；争则乱，乱则穷。先王恶其乱也，故制礼义以分之，以养人之欲，给人之求，使欲必不穷于物，物必不屈于欲，两者相持而长，是礼之所起也。”荀子主张效法先王和后王。荀子认为，先王治国之道的成功体现在礼上，所以要以礼治国。他在《儒效》中说：“先王之道，仁之隆也，比中而行之。曷谓中？曰：礼义是也。”

【事例一】

我国的封建制度和礼仪基本上都是在汉朝产生的。汉高祖刘邦夺得天下之后，制定了一系列的规章制度，在后来的各个朝代几乎都得到了延续。

庄严的朝仪

汉高祖刘邦当上皇帝以后，废除了秦朝所有严苛的法令。然而，让他想不到的是，他的大臣们大多是平民出身，无视礼节，不懂规矩，饮酒争功；酒足饭饱后，还往往拔剑乱舞，在大殿的柱子上留下了一道道印痕，弄得刘邦心烦意乱。

博士叔孙通便劝刘邦说："儒生无法建立战功，但可以治理天下。臣愿意去鲁地征召儒生，与臣的弟子共同制定朝规礼仪。"

刘邦没有信心，他迟疑地说："很难做吗？"

"礼仪的制定要根据时事和人情的变化，所以夏、商、周都有各自不同的礼仪，但都是在前朝礼仪的基础上增减而成。臣打算结合古礼和秦礼制定一套新的礼仪。"

"那就试试看吧，要简单易学。"

叔孙通马上前往鲁地征召儒生，不久他就召集了三十多位，只有两位儒生拒绝了，他们挖苦说："叔孙公侍奉的君主不下十位，赢得荣华富贵靠的是曲意奉承。如今天下初定，死者尚未安葬，伤者还没有痊愈，又要制定什么朝仪。要知道，礼乐需要积百年德行才能兴盛，叔孙公的行为不合古道，我们是不会干的。叔孙公走吧，不要玷污我们。"

叔孙通并没有生气，他笑了笑说："都是些粗陋的儒生，不懂得时事的变化。"

他领着儒生们返回长安后，加上刘邦身边的学者和他自己的一百多位弟子，找到一块野外空地，拉起长绳，扎结茅草表示尊卑位次，起劲地排练。

叔孙通当年追随刘邦时，脱掉长衫改穿短衣，他的一百多位弟子也追随他投奔汉军。可是令他们不解的是，叔孙通从来不向刘邦引荐弟子，却专替那些壮士甚至干过盗贼的人说好话。弟子们都抱怨说："我们跟了先生这么多年，先生从不引荐我们，却专门引荐那些狡猾奸诈之人，这是为何？"

叔孙通好言解释："汉王正箭石齐飞地争天下，诸生能出力动武吗？所以先推荐有能力斩将夺旗的壮士，诸生暂且耐心等待，我不会忘了你们的。"

现在，弟子们总算有了用武之地，他们跟随叔孙通卖力地演练礼仪。一个月后，叔孙通拜见刘邦说："请主上亲往观看。"刘邦目睹整个礼仪后，满意地说："我能做到。"同时，他命令群臣也马上学习。

西汉高帝七年，长乐宫建成，各地诸侯前来朝拜。天刚蒙蒙亮，宫殿四周旌旗迎风飘扬，谒者引领着各位诸侯鱼贯进殿。威武庄重的卫兵围绕在宫殿内外，排列在宫中的台阶两侧，功臣、诸侯和将领们面东而立，文官丞相面西恭候，刘邦乘辇由寝宫上殿，百官持旗传呼清道，文武官员惶恐肃静，依次趋前恭贺。

行礼完毕，宫中酒宴开场，御史巡视执法，发现谁不依礼节行事，立即请出宫门。陪侍的群臣一改往日的喧闹，敬畏地低着头，按照尊卑次序，挨个向刘邦敬酒祝寿。酒过九巡，谒者高声宣布："酒宴结束。"

朝拜仪式进行得非常圆满，刘邦高兴地感叹道："今天我才知道当皇帝是多么尊贵！"

他立即任命叔孙通为太常，赏赐五百金。

叔孙通乘机说："微臣的各位弟子跟了臣很长时间了，跟臣一起制定朝仪，希望陛下也能封赏他们。"

刘邦十分痛快地把他们都任命为郎。叔孙通还把五百金全部分给儒生们。儒生们都得到了官职和奖赏，高兴地说："叔孙通先生真是圣人，明白什么才是当今要务啊！"

【事例二】

董狐是春秋时晋国的史官，也是孔子比较赞赏的太史，以直笔著称。在下面的这件事情中，赵盾没有亲手杀掉晋灵君，而董狐却以他的记事原则很耿直地写下了"赵盾弑其君"这样的话。因董狐的耿直赵盾蒙受了弑君的恶名，董狐也因此被后人当作是秉笔直书的典范。所以，孔子只能说：要是赵盾能够跑出国界就好了。

赵盾弑君

赵盾在首阳山打猎的时候，住在翳桑。有一天，有一个叫灵辄的人饿倒在路边，被赵盾看到，赵盾问他为什么倒在路上，灵辄说："我已经饿了三天了。"赵盾给了他一些吃的东西，他留了一半没有吃。赵盾问为什么，灵辄说："我给别人当奴仆三年了，不知道家中老母是否活着。现在离家近了，请让我把留下的食物送给她。"赵盾让他把食物吃完，另外给他准备了一篮饭和肉，放在行囊里给他。后来灵辄做了晋灵公的武士，他在搏杀中把武器倒过来抵挡晋灵公手下的人，使赵盾得以脱险。赵盾问他为什么救自己，他回答说："在翳桑饿倒在路边的那个人就是我。"赵盾又问他的姓名和住处，他没有回答就走了。赵盾自己也逃亡了。

后来，赵穿在桃园杀掉了晋灵公。赵盾还没有走出国境的山界，听到灵公被杀便回来了。晋国太史董狐记载道："赵盾杀了他的国君。"他还把这个说法拿到朝廷上公布。赵盾说："不是这样。"董狐说："您身为正卿，逃亡而不出国境，回来后又不讨伐叛贼，不是您杀了国君又是谁呢？"赵盾说："啊！《诗》中说：'我心里怀念祖国，反而给自己留下忧伤。'这话大概说的是我吧。"

孔子说："董狐是一位好史官，记事从来都是直说而没有隐讳。赵盾也是一位好大夫，因为史官的记事原则而蒙受了弑君的恶名。可惜啊，如果他出了国境，就不会担上这个弑君的罪名了。"

乐论

原文

夫乐者，乐也，人情之所必不免也，故人不能无乐。乐则必发于声音，形于动静，而人之道[①]，声音、动静、性术之变尽是矣。故人不能不乐，乐则不能无形，形而不为道[②]，则不能无乱。先王恶其乱也，故制《雅》《颂》[③]之声以道之，使其声足以乐而不流，使其文足以辨[④]而不諰[⑤]，使其曲直、繁省、廉肉、节奏足以感动人之善心，使夫邪污之气无由得接焉。是先王立乐之方也，而墨子非之，奈何！

注解

①人之道：人之所以为人。

②道：同"导"，引导。

③《雅》《颂》：《诗经》中的两类乐曲。

④辨：通"辩"。

⑤諰：边想边说的意思，引申为暗藏心机的花言巧语。

译文

音乐，就是欢乐的意思，它是人的情感中绝对不能缺少的东西，所以人不可能没有欢乐。欢乐了就一定会在歌唱吟咏的声音中表现出来，在手舞足蹈的举止中体现出来，可见人之所以为人，声音、举止、性情及其表现方式的变化，就全都体现在这音乐之中了。所以，人不可能不快乐，快乐了就不可能不表现出来，但这种表现如果不进行引导，就不可能没有祸乱。古代的圣王憎恶那种祸乱，所以创作了《雅》《颂》的音乐来引导他们，使歌声足够用来表达快乐而不淫荡，使歌词足够用来阐明正确的道理而不流于花巧，使音律的婉转或舒扬、繁复或简单、清脆利落或圆润丰满、节制停顿或推进加快，都足够用来感动人的行善之心，使那些邪恶肮脏的风气没有途径能和民众接触。这就是古代圣王设置音乐的原则，但是墨子却反对音乐，可这又能怎么样呢！

原文

故乐在宗庙之中，君臣上下同听之，则莫不和敬；闺门之内，父子兄弟同听之，则莫不和亲；乡里族长①之中，长少同听之，则莫不和顺。故乐者，审一以定和②者也，比③物以饰④节者也，合奏以成文者也，足以率一道，足以治万变。是先王立乐之术也，而墨子非之，奈何！

注解

①乡里族长：都是古代的行政区域单位。

②审一以定和：古代的宫、商、角、徵、羽虽然没有绝对音高，但有相对音高，只要其中一个音的音高确定了，那么其他各级的音高也就确定了。和，指五音中除主音以外用来应和主音的其他音。

③比：并列，配合。

④饰：通“饬”，整治。

译文

所以音乐在祖庙之中，君臣上下一起听了它，就再也没有人不和谐恭敬的了；在家门之内，父子兄弟一起听了它，就再也没有人不和睦相亲的了；在乡村里弄之中，年长的和年少的一起听了它，就再也没有人不和谐顺从的了。音乐，是审定一个主音来确定其他和音的，是配上各种乐器来调整节奏的，是一起演奏来组成众音和谐的乐曲的，完全能够用来统率大道，完全能够用来整治各种变化。这就是古代圣王设置音乐的方法啊，可是墨子却反对音乐，可这又能怎么样呢！

原文

故听其《雅》《颂》之声，而志意得广焉；执其干戚，习其俯仰屈伸，而容貌得庄焉；行其缀兆①，要②其节奏，而行列得正焉，进退得齐焉。故乐者，出所以征诛也，入所以揖让也。征诛揖让，其义③一也。出所以征诛，则莫不听从；入所以揖让，则莫不从服。故乐者，天下之大齐也，中和之纪也，人情之所必不免也。是先王立乐之术也，而墨子非之，奈何！

注解

①缀兆：指舞蹈时舞者的行列位置。

②要：迎合。

③义：意义，指作用。

译文

所以，人们听《雅》《颂》的音乐，志向心胸就能宽广了；拿起盾牌、斧头等舞具，练习低头抬头、弯曲伸展等舞蹈动作，容貌就能庄重了；行动在舞蹈的行列位置上，迎合舞曲的节奏，队列就能不偏不斜了，进退就能整齐一致了。所以音乐，对外可用来征伐，对内可用来谦恭礼让。对于征伐与礼让，音乐的作用是一样的。对外用音乐作为征伐的工具，就没有人不听从；对内用音乐作为礼让的手段，就没有人不服从。所以音乐是统一天下的工具，是中正和平的要领，是人的情感绝对不能脱离的东西。这就是古代圣王设置音乐的策略，可是墨子却反对音乐，可这又能怎么样呢！

原文

且乐者，先王之所以饰喜也；军旅鈇钺[①]者，先王之所以饰怒也。先王喜怒皆得其齐[②]焉。是故喜而天下和之，怒而暴乱畏之。先王之道，礼乐正其盛者也，而墨子非之。故曰：墨子之于道也，犹瞽之于白黑也，犹聋之于清浊也，犹欲之楚而北求之也。

注解

①鈇（fū）钺（yuè）：都是古代斩杀的刑具，此处泛指刑具。鈇，通"斧"。钺，大斧。

②齐：中，适当。

译文

况且音乐，是古代的圣王用来表现喜悦的；军队和刑具，是古代的圣王用来表现愤怒的。古代圣王的喜悦和愤怒都能通过音乐与军队刑具而表达得恰如其分。所以，圣王喜悦了，天下人就附和他；圣王愤怒了，凶暴作乱的人就害怕他。古代圣王的政治原则中，礼制和音乐正是其中的大事，但墨子却反对它们。所以说：墨子对于正确的政治原则，就好像是盲人对于白色和黑色不能分辨一样，就好像是聋人对于音质的清浊不能区别一样，就好像是想要到楚国去却向北方去一样。

原文

夫声乐之入人也深，其化人也速，故先王谨为之文。乐中平则民和而不流，乐肃庄则民齐而不乱。民和齐则兵劲城固，敌国不敢婴[①]也。如是，则百姓莫不安其处，乐其乡，以至足其上矣。然后名声于是白，光辉于是大，四海之民莫不愿得以为师。是王者之始

也。乐姚冶以险，则民流僈鄙贱矣。流僈则乱，鄙贱则争。乱争则兵弱城犯，敌国危之。如是，则百姓不安其处，不乐其乡，不足其上矣。故礼乐废而邪音起者，危削侮辱之本也。故先王贵礼乐而贱邪音。其在序官也，曰："修宪命，审诛赏，禁淫声，以时顺修，使夷俗邪音不敢乱雅，太师之事也。"

注解

①婴：碰，触犯。

译文

音乐渗入人心是很深的，它感化人心是很快的，所以古代的圣王谨慎地给它加以修饰。音乐中正平和那么民众就和睦协调而不淫荡，音乐严肃庄重那么民众就同心同德而不混乱。民众和睦协调、同心同德，那么兵力就强劲、城防就牢固，敌国就不敢来侵犯了。像这样，老百姓就无不满足于自己的住处，热爱自己的家乡，以使自己的君主获得满足。然后君主的名声就会因此而显著，光辉因此而增强，天下的民众就没有不愿意把他作为君长的。这是称王天下的开端。音乐妖冶轻浮而邪恶，那么民众就淫荡轻慢、卑鄙下贱了。民众淫荡轻慢就会混乱，卑鄙下贱就会争夺。混乱又争夺就会兵力衰弱、城池被侵犯，敌国就会来危害了。像这样，老百姓就不会安居在自己的住处，就不会热爱自己的家乡，也不会使自己的君主满足了。所以，礼制雅乐被废弃而靡靡之音兴盛起来，这是国家危险削弱、遭受侮辱的根源。所以古代的圣王看重礼制雅乐而鄙视靡靡之音。他在论列官职时，说："修改法令，审查诗歌乐章，禁止淫荡的音乐，根据时势去整治，使蛮夷的落后风俗和邪恶的音乐不敢扰乱正声雅乐，这是太师的职事。"

原文

墨子曰："乐者，圣人之所非也，而儒者为之，过也。"君子以为不然。乐者，圣王之所乐也，而可以善民心，其感人深，其移风易俗，故先王导之以礼乐而民和睦。夫民有好恶之情而无喜怒之应则乱。先王恶其乱也，故修其行，正其乐，而天下顺焉。故齐衰之服，哭泣之声，使人之心悲；带甲婴[1]軸，歌于行伍[2]，使人之心伤；姚冶之容，郑、卫之音，使人之心淫；绅[3]、端[4]、章甫[5]，舞《韶》、歌《武》，使人之心庄。故君子耳不听淫声，目不视女色，口不出恶言。此三者，君子慎之。

注解

①婴：系，指把帽带系在颈上。

②行（háng）伍：古代军队的编制，五人为伍，二十五人为行，所以用"行伍"指称军队。

③绅：古代士大夫束在腰间、一头垂下的大带子。

④端：古代诸侯、大夫、士在祭祀时穿的式样端正的礼服。

⑤章甫：商代的一种礼帽，即缁布冠，它是男子行冠礼以后才戴的，象征着成年的身份。

译文

墨子说："音乐，是圣明的帝王所反对的，而儒者却讲求它，那是错误的。"君子认为并不是这样。音乐，是圣人所喜欢的，而且可以用来改善民众的思想，它感人至深，能改变风俗，所以古代的圣王用礼制音乐来引导人民而人民就和睦了。民众有了爱憎的感情而没有表达喜悦愤怒的方式来和它对应就会产生混乱。古代的圣王憎恶这种混乱，所以修养自己的德行，端正国内的音乐，因而天下人就顺从他了。所以披麻戴孝的丧服，哭泣的声音，会使人的内心悲痛；穿上铠甲，系上头盔，在部队中歌唱，会使人的内心忧伤；妖艳的容貌，郑国、卫国的靡靡之音，会使人的内心淫荡；系着宽大的腰带、穿着礼服、戴着礼帽，随着《韶》《武》的乐曲载歌载舞，会使人的内心严肃。所以君子耳朵不聆听淫荡的音乐，眼睛不注视女子的美貌，嘴巴不说出邪恶的语言。这三件事，是君子应慎重对待的。

原文

凡奸声感人而逆气应之，逆气成象而乱生焉，正声感人而顺气应之，顺气成象而治生焉。唱和有应，善恶相象，故君子慎其所去就[①]也。

注解

①就：接近，趋近，接受。

译文

大凡淫邪的音乐感动人以后就有歪风邪气来应和它，歪风邪气形成了风气，那么混乱的局面就产生了，正派的音乐感动人以后就有和顺的风气来应和它，和顺的风气成了社会现象，那么秩序井然的局面就产生了。有唱必有和，善良的或邪恶的风气也随之而形成，所以君子对自己抛弃什么音乐、接受什么音乐是很慎重的。

原文

君子以钟鼓道[①]志，以琴瑟乐心，动以干戚，饰以羽旄，从以磬管。故其清明象天，其广大象地，其俯仰周旋有似于四时。故乐行而志清，礼修而行成，耳目聪明，血气和平，移风易俗，天下皆

宁，美善相乐。故曰：乐者，乐也。君子乐得其道，小人乐得其欲。以道制欲，则乐而不乱；以欲忘道，则惑而不乐。故乐者，所以道乐也。金石丝竹，所以道德也。乐行而民乡方[2]矣。故乐者，治人之盛者也，而墨子非之。

注解

①道：同“导”。

②方：道。

译文

君子用钟鼓来引导人们的志向，用琴瑟来使人们心情愉快，拿着盾牌、斧头等舞具来跳舞，用野鸡毛和牦牛尾等舞具做装饰，用石磬、箫管来伴奏。所以乐声的清朗像天空，广阔像大地，那舞姿的俯仰旋转又和四季的变化相似。所以音乐推行后人们的志向就会高洁，礼制遵循后人们的德行就能养成，要使人们耳聪目明，感情温和平静，改变风俗，天下都安宁，没有什么比音乐更好的了。所以说：音乐，就是欢乐的意思。君子把从音乐中获得道义作为欢乐，小人把从音乐中满足欲望当作欢乐。用道义来控制欲望，那就能欢乐而不淫乱；为满足欲望而忘记了道义，那就会迷惑而不快乐。所以音乐是用来引导人们娱乐的。金钟石磬、琴瑟管箫等乐器，是用来引导人们修养道德的。音乐推行后民众就向往道义了。所以音乐是治理人民的重要工具，但墨子却反对它。

原文

且乐也者，和之不可变者也；礼也者，理之不可易者也。乐合同，礼别异，礼乐之统，管乎人心矣。穷[1]本极变[2]，乐之情也；著诚去伪，礼之经也。墨子非之，几遇刑也。明王已没，莫之正[3]也。愚者学之，危其身也。君子明乐，乃其德也。乱世恶善，不此听

也。於乎哀哉！不得成也。弟子勉学，无所营[4]也。

注解

①穷：穷究，深入到极点。

②变：指感化人心，改变风俗。

③正：纠正。

④营：通“瞢”，惑乱。

译文

况且音乐，是协调人的心情时不可变更的原则；礼制，是治理社会时不可更换的原则。音乐使人们同心同德，礼制使人们区别出等级的差异，礼制音乐的纲领，可以总管人们的思想。深入地触动、极大地改变人的心性，是音乐的实际情形；彰明真诚、去掉虚伪，是礼制的永恒原则。墨子反对它们，近乎犯罪。圣明的帝王已经死去，没有人来加以纠正。愚蠢的人学习他，会危害自己的生命。君子彰明音乐，这才是仁德。混乱的社会厌恶善行，不听这提倡音乐的话。可悲啊！音乐因此而不能见成效。学生们努力学习，不要因为墨子的反对而有所迷惑。

原文

声乐之象：鼓大丽[1]，钟统[2]实，磬廉[3]制[4]，竽笙箫和，筦[5]籥[6]发猛，埙[7]篪[8]翁博[9]，瑟易[10]良[11]，琴妇好[12]，歌清尽，舞意天道兼。鼓，其乐之君邪！故鼓似天，钟似地，磬似水，竽笙、箫和、筦籥似星辰日月，鞉[13]、柷[14]、拊、鞷、椌[15]、楬[16]似万物。曷以知舞之意？曰：目不自见，耳不自闻也，然而治俯仰、诎信、进退、迟速莫不廉制，尽筋骨之力以要钟鼓俯会之节，而靡有悖逆者，众积意谔谔乎！

注解

①丽：通“厉”，声音激越高亢。

②统：通“充”，指声音洪亮。

③廉：此指声音清脆不浑厚。

④制：通“晢”，明白。

⑤筦：同“管”，一种管乐器。

⑥籥（yuè）：古管乐器，似排箫。

⑦埙（xūn）：一种陶土烧制的吹奏乐器，大如鹅蛋，形如秤锤，上尖、下平、中空。

⑧篪（chí）：一种单管横吹乐器。

⑨翁（wèng）博：通“滃渤”，形容气势如大水涌流一样浩瀚磅礴。

⑩易：平和。

⑪良：温良。

⑫妇好：同“女好”，柔婉。

⑬鞉（táo）：有柄的小鼓，像现在的拨浪鼓。

⑭柷（zhù）：是一种漆筒似的打击乐器。

⑮椌（qiāng）：是一种类似柷的打击乐器。

⑯楬（qià）：又名“敔”，一种虎状木制打击乐器，在雅乐结束时击奏。

译文

音乐的象征：鼓声激越高亢，钟声洪亮浑厚，磬声清越明朗，竽、笙的声音肃静和缓，筦、籥等管乐器的声音昂扬激越，埙、篪的声音浩瀚磅礴，瑟的声音平易温良，琴的声音柔婉优美，歌声清朗而曲尽其情，舞蹈的意象则包容了自然界的一切现象。鼓，大概是音乐的主宰吧！所以鼓声像天，钟声像地，磬声像水，竽、笙、筦、籥等管乐器的声音像日月星辰，鼗、柷、拊、鞷、椌、楬的声音像万物。凭什么来了解舞蹈的意象呢？回答说：跳舞的人眼睛不能看见自己的形体，耳朵不能听到自己的声音，但是处理低头抬头、弯曲伸直、前进后退、缓慢快速的动作时无不干净利落而明白清楚，尽身体的力量去迎合钟鼓的节奏，而无所违背，众人集中注意力要认真啊！

原文

吾观于乡，而知王道之易易也。主人①亲速②宾及介③，而众宾皆从之，至于门外，主人拜宾及介而众宾皆入，贵贱之义别矣。三揖至于阶，三让以宾升，拜至，献酬④，辞让之节繁。及介省矣。至于众宾，升受，坐祭，立饮，不酢而降。隆杀之义辨矣。工入，升歌三终⑤，主人献之；笙入三终⑥，主人献之；间歌三终⑦，合乐三终⑧，工告乐备，遂出。二人扬觯⑨，乃立司正⑩，焉知其能和乐而不流也。宾酬主人，主人酬介，介酬众宾，少长以齿，终于沃洗者焉。知其能弟长而无遗也。降，说⑪屦，升坐，修爵无数。饮酒之节，朝不废朝，莫不废夕。宾出，主人拜送，节文终遂。焉知其能安燕⑫而不乱也。贵贱明，隆杀辨，和乐而不流，弟长而无遗，安燕而不乱。此五行者，是足以正身安国矣。彼国安而天下安。故曰：吾观于乡，而知王道之易易也。

注解

①主人：指乡大夫，即主管乡中政教禁令的官。

②速：召请的意思。

③宾、介：都是宾客。

④献酬：古代主客互相敬酒，主人先向客人敬酒叫“献”，客人用酒回敬主人叫“酢”，主人再次向客人敬酒以表答谢叫“酬”，客人向主人致答谢酒叫“酬”。

⑤终：将一首歌曲或乐曲从头到尾歌唱或演奏一遍叫“一终”。

⑥笙入三终：指吹笙的人把《诗经·小雅》中的乐曲《南陔》《白华》《华黍》各奏一遍。

⑦间歌三终：指乐工先唱《诗·小雅》中的《鱼丽》，接着吹笙的吹奏《诗经·小雅》中的《由庚》；乐工再唱《南有嘉鱼》，吹笙的再吹《崇丘》；乐工再唱《南山有台》，吹笙的再吹《由仪》。间，间隔，轮流。

⑧合乐三终：指乐工在唱《诗经·周南》中的《关雎》《葛覃》《卷耳》时，吹笙的同时吹奏《诗经·召南》中的《鹊巢》《采蘩》《采蘋》。

⑨觯（zhì）：古代饮酒的圆形器皿。

⑩司正：专门监督正确地行使礼仪的人。

⑪说：通“脱”，脱下。

⑫燕：安闲。

译文

我看到了乡中请人喝酒的礼仪，而知道先王的政治原则实施起来是非常容易的了。主人亲自去邀请贤德的贵宾和德行稍次的陪客，而一般客人就都跟着他们来了，来到门外，主人向贵宾和陪客拱手鞠躬，而一般客人就都进门了，对高贵者和卑贱者的不同礼仪就这样分别开来了。主人拱手作揖三次才与贵宾来到厅堂的台阶下，再谦让三次而使贵宾登上厅堂，再拜谢贵宾的到来，主人献酒酬宾，推辞谦让的礼节十分繁多。到了陪客礼节就减少了。至于一般客人，登堂受酒，坐着祭神，站着饮酒，不用酒回敬主人就退下堂去了。隆重与简省的礼仪就这样分别开来了。乐工登上厅堂，把《鹿鸣》《四牡》《皇皇者华》三首歌各唱一遍，主人敬酒；吹笙的人进来，把《南陔》《白华》《华黍》三支乐曲各吹奏一遍，主人敬酒；乐工与吹笙的轮流歌唱演奏各三曲，再合着歌唱演奏各三曲，乐工报告乐曲已经演奏完毕，就出去了。主人的两个侍从举起酒杯帮助敬酒，于是又设置了监督行礼的专职人员，从这些礼仪之中可以知道他们能够和睦安乐而不淫荡。贵宾向主人敬酒表示答谢，主人向陪客敬酒表示答谢，陪客向一般客人敬酒表示答谢，根据年龄对年轻的年长的都依次酬谢，最后轮到向主人手下盥洗酒杯的人酬谢。从这些礼仪之中可以知道他们能够尊重年轻的尊敬年长的而不遗漏一个人。退下堂去，脱去鞋子，再登堂就座，依次不断地敬酒。请人喝酒的礼节是，在早晨饮酒不耽误早上的工作，在傍晚喝酒不耽误晚上的事情。贵宾出门，主人拱手鞠躬送行，礼节仪式就完成了。从这些礼仪中可以知道他们能够安闲而不乖乱。高贵者和卑贱者被区别清楚，隆重的礼仪和简省的礼仪被分别开来，和睦安乐而不淫荡，尊重年轻的尊敬年长的而不遗漏一个人，安闲而不乖乱。这五种行为，足够用来端正身心安定国家了。如果国家安定了，那么整个天下也就安定了。所以说：我看到了乡中请人喝酒的礼仪，就知道先王的政治原则实施起来是极其容易的。

原文

乱世之征：其服组①，其容妇，其俗淫，其志利，其行杂，其声乐险，其文章匿②而采，其养生无度，其送死瘠③墨，贱礼义而贵勇力，贫则为盗，富则为贼。治世反是也。

注解

①组：五彩缤纷，华丽。

②匿（tè）：同“慝”，邪恶。

③瘠：薄，少，指葬送死者不笃厚恭敬。

译文

混乱的社会迹象：那里的服装华丽，男人的容貌打扮得像妇女一样妖媚，那里的风俗淫荡，人们的志向是唯利是图，人们的行为杂乱不纯，那里的音乐邪恶怪僻，那里的文章内容邪恶而辞藻华美，那里的人生活花费没有限度，葬送死人俭省刻薄，轻视礼制与道义而崇尚勇敢与武力，贫穷的就盗窃，富裕的就残害他人。治理得好的社会则与此相反。

读解

本篇论述了音乐的起源及其社会作用，批判了墨子反对音乐的主张。

什么是乐？《礼记·乐记》中认为“夫乐者乐也，人情之所不能免也”，乐是欢乐的意思，人的性情中不可缺少欢乐。我国对音乐的教化作用一直都很重视，从六乐到《诗经》，中间经历了如此长的时间，音乐的创作却从未停止。儒家更是十分推崇音乐的教化作用，孔子在齐国听到《韶》乐，沉湎其中，以致三个月吃肉都食不知味。孔子说："没想到音乐之美居然到了这样的地步！"

荀子发展了孔子关于音乐的观点，认为人需要音乐，音乐是必不可少的。它不仅能够表达人的情感，让人得到娱乐，而且具有"入人也深""化人也速"的强大感染力，因而可以移风易俗。如果对音乐放任自流，那么邪音就会扰乱社会，所以统治者必须制定正声雅乐来加以引导，使它能"感动人之善心"，使它为巩固统治而服务。

墨子的思想中含有"非乐"的成分，他认为凡事都要对国民有利，而国家里的百姓都在为自己的生活奔波，制作乐器就要聚敛百姓的钱财，百姓就会荒废产业，而且音乐还能使人耽于荒淫，因此，必须要禁止音乐。这是墨子从实用的角度，建议统治者放弃音乐，而去关心一下百姓的疾苦，这是合理的，但是在那个"劳心者治人，劳力者治于人"的社会中，是不可能实现的。所以，荀子站在贵族的立场上，对墨子的这个观点进行了批判。

【事例一】

我国古人认为，音乐是神圣的，与天地相通，可以教化人心，修养性情，使人的道德境界和道德行为更加高尚。所以，演奏的音乐一定会含有天地灵气，与人事有莫大的联系。

晋平公听琴

卫灵公在位的时候，有一次他将要去晋国，走到濮水流域，在一个上等馆舍中歇息。半夜听到有人抚琴，问左右的人，左右回答："没有听到。"于是把乐师涓叫来，对他说道："我听到有人在抚琴，问身边的从人，都说没有听到。这样子好像有了鬼神，你为我仔细听一听，把琴曲记下来。"师涓说："好吧。"于是端坐下来，取出琴，一边听卫灵公叙述一边拨弄，随手记录下来。第二天，师涓说道："臣已每句都记下了，但还没有练习，难以成曲，请允许再住一宿，熟悉几遍。"灵公说："可以。"于是又住一宿。第二天，师涓说："练习好了。"然后他们才动身去晋国，见过了晋平公。平公在施惠之台摆下筵席招待卫灵公。酒至正酣，卫灵公道："此次我前来时，带来了一首新曲子，您要不要听一听啊。"平公道："好极了。"即命师涓在晋国乐师旷的身边坐下来，取琴弹奏。一曲没完，师旷甩袖制止说："这是亡国之音，不要再奏了。"平公说："为什么说出这种话来？"师旷道："这是师延作的曲子，他为纣王作了这种靡靡之音，武王伐纣后，师延向东逃走，投濮水自杀，所以这首曲子必是得于濮水之上，先听到此曲的国家就要削弱了。"平公说："寡人所喜好的，就是听曲子这件事，但愿能够听完它。"这样师涓才把它演奏完毕。

平公道："我从来没有听过这么动听的曲子，还有比这更好听的曲子吗？"师旷说："有。"平公说："您能弹上一曲吗？"师旷说："只有德行深厚的人才能听这首曲子，您还不能听。"平公说："寡人就喜欢听曲子，但愿能听到它。"师旷不得已，取琴弹奏起来，奏第一遍，有十数只玄鹤飞集堂下廊门之前；第二遍，这些玄鹤伸长脖子，呦呦鸣叫起来，还舒展翅膀，随琴声飞舞起来。

平公大喜，起身为师旷祝酒。回身落座，问道："再没有比这更动人的曲子了吗？"师旷道："有。过去黄帝合祭鬼神时奏的曲子比这更动人，只是您德义太薄，不配听罢了，听了将有败亡之祸。"平公说："寡人这一大把年纪了，还在乎败亡吗？我就喜欢听曲子，但愿能够听到它。"师旷只有取琴弹奏起来。奏第一遍的时候，西北天际出现了白云；又奏一遍，大风夹着暴雨，铺天盖地而至，直刮得廊瓦横飞，左右人都惊慌奔走。平公害怕起来，伏身躲在廊屋之间。晋国于是大旱三年，寸草不生。

【事例二】

一种音乐表达一种心情，从音乐中往往可以感觉到作曲人的喜怒哀乐。吴国公子季札对《诗经》的这段配乐和舞蹈的评价真是恰如其分，所以流传至今。

季札观乐

吴国公子季札前来鲁国访问，请求观赏周朝的音乐和舞蹈。

鲁国人为他歌唱《周南》和《召南》。季札说："美好啊！开始实行教化了，只是尚未完成，百姓虽然辛劳但是没有怨恨了。"乐工为他歌唱《邶风》《鄘风》和《卫风》。季札说："美好啊，多深厚啊！虽然有忧思，却不至于困窘。我听说卫国的康叔、武公的德行就像这个样子，这大概是《卫风》吧！”乐工为他歌唱《王风》。季札说：“美好啊！有忧思却没有恐惧，这大概是周室东迁之后的乐歌吧！”乐工为他歌唱《郑风》。季札说：“美好啊！但是太过烦琐了，百姓不能忍受。这大概会最先亡国吧。”乐工为他歌唱《齐风》。季札说：“美好啊，宏大而深远，这是大国应该唱的乐歌啊！太公的国家大概能成为东海诸国的表率。国运真是不可限量啊！”乐工为他歌唱《南风》。季札说：“美好啊！博大坦荡，欢乐却不放纵，大概是周公东征时的乐歌吧！”乐工为他歌唱《秦风》。季札说：“这乐歌就叫作夏声，产生夏声就说明气势宏大，宏大到了极点，大概是周室故地的乐歌吧！”乐工为他歌唱《魏风》。季札说：“美好啊！清远悠扬，粗犷而又婉转，变化曲折却又易于流转，加上德行的辅助，就可以成为贤明的君主了。”乐工为他歌唱《唐风》。季札说：“思虑深远啊！可能是有陶唐氏的裔民在吧！假如没有，为什么会忧思深远呢？除了有美德的人的后代，谁会像这样呢？”乐工为他歌唱《陈风》。季札说：“国家没有主人，难道能够长久吗？”再歌唱《郐风》以下的乐歌，季札就不做评论了。

解蔽

原文

凡人之患，蔽于一曲而暗于大理。治则复经，两疑则惑矣。天下无二道，圣人无两心。今诸侯异政，百家异说，则必或是或非，或治或乱。乱国之君，乱家之人，此其诚心莫不求正而以自为也，妒缪①于道而人诱其所迨②也。私其所积，唯恐闻其恶也；倚其所私，以观异术，唯恐闻其美也。是以与治虽走而是己不辍也，岂不蔽于一曲而失正求也哉！心不使焉，则白黑在前而目不见，雷鼓在侧而耳不闻，况于使者乎！德③道之人，乱国之君非之上，乱家之人非之下，岂不哀哉！

注解

①缪：通“谬”，谬误。
②迨：通“怡”，喜爱。
③德：通“得”。

译文

人们的毛病，是被片面的看法蒙蔽而不明白全面的道理。专心于一方面就能使认识恢复到正道上来，对正道采取模棱两可的态度就会使自己迷惑。天下没有两条并行的道理，圣人也没有对道三心二意。诸侯实施不同的政治，百家之言更是五花八门，那么其中必定有对的也有错的，有能治理国家的也有能祸害国家的。使国家陷入混乱的国君，使思想混乱的学者，他们的真心没有不想走上正道而亲身去实践的，但是他们偏离了正道，其他人就会投其所好地引诱他们。偏好于自己的经验，唯恐听到不利于自己做法的言论；依靠自己的偏见，来观察他人的学说，唯恐听到有关他人的好话。所以就背离正道越来越远而还在不停地走下去，这难道不是被片面的看法蒙蔽而造成的吗？不用心，即使黑色和白色放在眼前也是看不出它们的差别的，响雷近在耳畔也是听不见的，更何况心被蒙蔽了呢！得道的人，国家混乱的君主在他的上面非难他，思想混乱的学者在下面反对他，这难道不可悲吗？

原文

故①为蔽：欲为蔽，恶为蔽；始为蔽，终为蔽；远为蔽，近为蔽；博为蔽，浅为蔽；古为蔽，今为蔽。凡万物异则莫不相为蔽，此心术之公患也。

注解

①故：通“胡”，什么。

译文

什么造成了蒙蔽：有的人是被自己的欲望蒙蔽，有的人是被憎恶蒙蔽；有的人是只看到事情的开头而被蒙蔽，有的人只看到事情的结局而被蒙蔽；有的人只看到远方的事物而被蒙蔽，有的人只看到近在眼前的事物而被蒙蔽；有的人由于知识繁杂而被蒙蔽，有的人见识浅陋而被蒙蔽；有的人只看到古代的情况而被蒙蔽，有的人只看到现在的情况而被蒙蔽。凡是万事万物没有不是相互蒙蔽的，这就是人们思想方法上的通病。

原文

昔人君之蔽者，夏桀、殷纣是也。桀蔽于末喜、斯观，而不知关龙逢，以惑其心而乱其行；纣蔽于妲己、飞廉，而不知微子启，以惑其心而乱其行。故群臣去忠而事私，百姓怨非[①]而不用，贤良退处而隐逃，此其所以丧九牧[②]之地而虚[③]宗庙之国也。桀死于亭山，纣县于赤斾。身不先知，人又莫之谏，此蔽塞之祸也。成汤监[④]于夏桀，故主其心而慎治之，是以能长用伊尹而身不失道，此其所以代夏王而受九有也。文王监于殷纣，故主其心而慎治之，是以能长用吕望而身不失道，此其所以代殷王而受九牧也。远方莫不致其珍，故目视备色，耳听备声，口食备味，形居备宫，名受备号，生则天下歌，死则四海哭，夫是之谓至盛。《诗》曰："凤凰秋秋[⑤]，其翼若干，其声若箫。有凤有凰，乐帝之心。"此不蔽之福也。

注解

①非：通"诽"，毁谤，说别人的坏话。
②九牧：九州，古代传说全国共有九州。
③虚：同"墟"，废墟，这里用作动词。
④监：通"鉴"，借鉴。
⑤秋秋：同"跄跄"，舞姿优美。

译文

从前国君有被蒙蔽的，夏桀、殷纣就是代表。夏桀被末喜、斯观蒙蔽，竟然不知道任用关龙逢，结果导致思想迷茫和行为混乱；殷纣被妲己、飞廉蒙蔽，竟然不任用微子启，结果导致思想迷茫和行为混乱。因此群臣都放弃了忠心而谋私利，百姓埋怨咒骂而不愿意为其卖力，贤良的人离开朝廷而隐居逃避祸患，正因为这样才丧失了九州的大好河山使自己的宗庙断了香火。夏桀死于鬲山，殷纣被杀后头颅悬挂在赤旗上示众。自己并没有什么预见性，而又不采纳他人的谏言，这就是被蒙蔽的祸患。成汤借鉴夏桀的教训，所以自己保持清醒的头脑，谨慎地治理国家，于是能够长久地任用伊尹而自己又不迷失，这就是他代替夏王赢得天下的原因。文王借鉴殷纣的教训，所以自己保持清醒的头脑，谨慎地治理国家，于是能够长久地任用吕望而自己又不迷失，这是他能够代替殷王赢得天下的原因。远方各国诸侯没有不献出自己的珍宝，所以不受蒙蔽的君主眼睛能够看到美色，耳朵能够听到音乐，嘴里能够吃到珍馐美食，身体居住在宫殿里，名字受到人们的称赞，活着的时候天下所有的人都为其大唱颂歌，死后四海之内都为其痛哭，这就是所说的达到了极盛。《诗经》上说："凤凰翩翩飞翔，翅膀像盾牌一样，它的声音像箫声。有凤又有凰，使帝王心情舒畅。"这就是没有被蒙蔽的福气。

原文

昔人臣之蔽者，唐鞅[1]、奚齐[2]是也。唐鞅蔽于欲权而逐载子[3]，奚齐蔽于欲国而罪申生[4]，唐鞅戮于宋，奚齐戮于晋。逐贤相而罪孝兄，身为刑戮，然而不知，此蔽塞之祸也。故以贪鄙、背叛、争权而不危辱灭亡者，自古及今，未尝有之也。鲍叔[5]、宁戚、隰朋仁知[6]且不蔽，故能持管仲而名利福禄与管仲齐；召公[7]、吕望仁知且不蔽，故能持周公而名利福禄与周公齐。传曰："知贤之谓明，辅贤之谓能。勉之强之，其福必长。"此之谓也。此不蔽之福也。

注解

①唐鞅：战国时宋康王的臣子，后被宋康王所杀。

②奚齐：晋献公宠妃骊姬的儿子。

③载子：当作"戴子"，指戴驩，他曾任宋国太宰，后来被唐鞅驱逐而逃往齐国。

④申生：晋献公的太子，奚齐的异母兄。

⑤鲍叔：名牙，曾奉公子小白出奔莒。后来小白成为齐桓公，任命他为宰相，他辞谢而推荐管仲，所以以知人著称。

⑥知：通“智”，智慧。

⑦召（shào）公：又作“邵公”，姓姬，名奭，因其采邑在召（今陕西岐山西南），所以称召公。

译文

从前大臣中有被蒙蔽的，唐鞅、奚齐就是代表。唐鞅被自己对权力的欲望蒙蔽而驱逐了戴驩，奚齐被自己图谋篡国的欲望蒙蔽而陷害申生，唐鞅被杀死在宋国，奚齐被杀于晋国。唐鞅驱逐了贤相而奚齐加罪于有孝名的哥哥申生，他们自己被杀了，还不知道自己哪里做错了，这就是被蒙蔽造成的祸患。由于贪婪、背叛、争权而不遭受危险、耻辱和灭亡的人，从古至今，还没有这样的。鲍叔、宁戚、隰朋仁德智慧而且没有被自己的私欲蒙蔽，所以能支持管仲治理齐国从而得到与管仲相同的名利福禄；召公、吕望仁德智慧而且没有被自己的私欲所蒙蔽，所以能支持周公治理国家，从而得到与周公相等的名利福禄。古书上说：“了解贤能的人叫作明智，辅助贤能的人叫作才能。勤勉自强，一定福气长久。”说的就是这个道理。这就是没有被蒙蔽的福气啊！

原文

昔宾孟[①]之蔽者，乱家[②]是也。墨子蔽于用而不知文[③]，宋子蔽于欲[④]而不知得[⑤]，慎子蔽于法而不知贤，申子[⑥]蔽于势而不知知，惠子蔽于辞[⑦]而不知实，庄子[⑧]蔽于天而不知人。故由用谓之道，尽利矣；由俗谓之道，尽嗛[⑨]矣；由法谓之道，尽数矣；由势谓之道，尽便矣；由辞谓之道，尽论矣；由天谓之道，尽因矣。此数具者，皆道之一隅也。夫道者，体常而尽变，一隅不足以举之。曲知之人，观于道之一隅而未之能识也，故以为足而饰[⑩]之，内以自乱，

外以惑人，上以蔽下，下以蔽上，此蔽塞之祸也。孔子仁知且不蔽，故学乱⑪术，足以为先王者也。一家得周道，举而用之，不蔽于成积也。故德与周公齐，名与三王并，此不蔽之福也。

注解

①宾孟：外来之民，指往来于各诸侯国之间的游士。宾，客。孟，通“萌”，民。

②家：“百家争鸣”之“家”，指学派。

③文：文饰，指文辞的修饰。

④欲：指少欲。

⑤得：贪得。

⑥申子：指申不害，战国中期郑国京邑（今河南荥阳东南）人，法家代表人物之一，曾任韩昭侯的宰相。

⑦辞：说辞，指不切实用的事理分析与逻辑推理。

⑧庄子：指庄周，战国中期宋国人，道家的主要代表之一。

⑨嗛：通“慊”，满足，指欲望少而知足。

⑩饰：通“饬”，整治，指研究。

⑪乱：治。

译文

从前游说之人被蒙蔽的，那些思想混乱的各派学者就是代表。墨子过分强调实用性而轻视礼乐的重要性，宋子过分强调人类的情欲而不懂得如何正确地得到欲，慎子过分强调法的作用而不懂得贤能的人的作用，申子过分强调权势的重要而忽视了智慧的重要性，惠子过分强调言辞而不知道事物的实际情况，庄子过分强调天理而忘记了人的作用。所以只从功用的角度来谈论道，全都是利益了；从欲望的角度来谈论道，全都去追求满足了；从法的角度来谈论道，全都是权术了；从权势的角度来谈论道，众人都去追求方便行事了；从言辞的角度谈论道，只剩下争论了；从天的角度来谈论道，人们都要消极地听天由命了。这些学说，都是道德的一个方面。道，它的本身是不会变化的，然而能把天下的事物的变化都汇集在一起，仅从某一方面是不能说明道的。被蒙蔽的人，看见道的一个方面而不能全面把握，所以自认为得到全部加以夸耀，对内自己都不明白，对外也迷惑了别人，在上面君主蒙蔽了臣下，在下面臣民蒙蔽了君主，这就是蒙蔽造成的祸患。孔子仁德智慧而且没有受到蒙蔽，所以他的学说成为治国之道，足以能够像先王那样。孔子成为一家之言，能够得到全面的道，这就是由于没有受到蒙蔽的缘故。所以孔子的品德和周公相齐，名字与三王并列，这就是没有受到蒙蔽的福气。

原文

圣人知心术之患，见蔽塞之祸，故无欲无恶[1]，无始无终，无近无远，无博无浅，无古无今，兼陈万物而中县[2]衡焉。是故众异不得相蔽以乱其伦也。

注解

①恶：讨厌，不喜欢。

②县："悬"的古字，挂。

译文

圣人了解人们思想上的毛病，能看到被蒙蔽的祸患，所以没有什么欲望，没有什么憎恶的事物，不是只看事物的开始也不是只看事物的结局，不只是从近处着眼也不只是从远处着眼，不只看到博大的一面也不只看到浅近的一面，不只看到古代的情况也不只是看到现代的情况，而是把各种不同的事物全面地进行考察，然后衡量找出中间之道。所以各个不同方面就不会相互蒙蔽而扰乱了各自的秩序。

原文

何谓衡①？曰：道。故心不可以不知道。心不知道，则不可道而可非道。人孰欲得恣而守其所不可，以禁其所可？以其不可道之心取人，则必合于不道人，而不知合于道人。以其不可道之心，与不道人论道人，乱之本也。夫何以知？曰：心知道，然后可道；可道，然后能守道以禁非道。以其可道之心取人，则合于道人，而不合于不道之人矣。以其可道之心，与道人论非道，治之要也。何患不知？故治之要在于知道。

注解

①衡：秤杆，标准。

译文

什么是“标准”？回答：就是道。所以，思想上不可以没有道。若是思想上没有道，就不会肯定正道而去肯定邪道了。人谁会在放纵不羁的时候而守着自己否定的事情，禁止自己做自己认可的事情呢？用自己否定正道的思想方法来选择人，就一定会和那些邪道上的人合得来，而和那些正道上的人合不来。用自己否定正道的思想方法与那些邪道上的人谈论正道上的人，这就是混乱的根本原因。怎么知道正道的呢？回答：思想上了解正道，然后才能肯定正道；肯定正道，然后才能守护着正道而防止邪道。用自己正道的思想方法来选择人，就会与正道上的人合得来，从而和邪道上的人合不来。用自己正道的思想方法来与正道上的人谈论邪道，这才是治理国家的关键。怎么会担心不能了解道呢？所以说治国的关键在于了解道。

原文

人何以知道？曰：心。心何以知？曰：虚壹而静。心未尝不臧也，然而有所谓虚；心未尝不满也，然而有所谓一；心未尝不动也，然而有所谓静。人生而有知，知而有志。志也者，臧也，然而有所谓虚，不以所已臧害所将受谓之虚。心生而有知，知而有异，异也者，同时兼知之。同时兼知之，两也，然而有所谓一，不以夫一害此一谓之壹。心，卧则梦，偷[①]则自行，使之则谋。故心未尝不动也，然而有所谓静，不以梦剧乱知谓之静。未得道而求道者，谓之虚壹而静。作之，则将须道者之虚则人，将事道者之壹则尽，尽将思道者静则察。知道察，知道行，体道者也。虚壹而静，谓之大清明。万物莫形而不见，莫见而不论，莫论而失位。坐于室而见四海，处于今而论久远，疏观万物而知其情，参稽[②]治乱而通其度，经纬天地而材官万物，制割大理，而宇宙里矣。恢恢广广，孰知其极！睪睪广广，孰知其德！涫涫纷纷，孰知其形！明参日月，大满八极[③]，夫是之谓大人！夫恶有蔽矣哉！

注解

①偷：松懈，不集中。

②稽：考证，考核。

③八极：东、西、南、北、东南、东北、西南、西北八个方向，形容极其广大。

译文

人怎么才能了解道呢？回答：用心。心怎么会了解道呢？回答：虚心、专一而且宁静。心里不是没有东西，但是只有虚心才能接受新事物；心不是没有三心二意的时候，但是只有专一才能一件件事情地去做。心不是没有活动，但是只有宁静才能有所节制。人生来是有认识能力的，有认识能力才能有记忆。记忆，就是把事物的印象储藏起来，但是这里所说的虚空，是不因自己的记忆而妨害自己将要接受的新事物。人生来是有认识能力的，有了认识能力就能同时接受许多事物，同时接受许多事物就是同时接受许多知识。同时接受许多知识，就叫作两用，但是这里所说的专一，是不因为对那一事物的认识妨碍对这一事物的认识，这就叫作专一。心在睡觉的时候就会做梦，思想不集中的时候就会胡思乱想，运用的时候才会有所谋划。所以心不是不活动的，但是这里所说的宁静，是不因为做梦和胡思乱想扰乱认识。对没有了解道而正在追求道的人，就要告诉他要虚心、专一而宁静。作为认识道的准则，想要了解道的人，虚心就能得道，将要学习道的人，专心就能够得道了，想要研究道的人，宁静了就能明察道的真义。明察道的真义，认识道而又能够身体力行，这就是体会了道的人。虚心、宁静而且专一，就叫作认识上的透彻明白。万物没有有形而看不见的，没有看见而不能论说的，没有论说而不恰当的。坐在一间屋子里就能看到四海的万物，处在现在而能分析古代的情况，粗略地了解万物就能知道它们的本质，考察社会的治乱就能通晓它们的界限，治理天地又能从整体上把握万物的规律，利用万物，宇宙间的整个规律就全了解了。广大无垠啊，有谁能知道圣人的胸怀的博大！浩瀚无边啊，有谁知道圣人的道德的高深！纷纷繁繁啊，有谁知道圣人的伟大形象！他的光明和日月相媲美，他的胸怀和八极一样大小，这就是所谓的大人！这样的人怎么会被蒙蔽呢！

原文

心者，形之君也，而神明之主也，出令而无所受令。自禁也，自使也，自夺也，自取也，自行也，自止也。故口可劫而使墨[①]云，形可劫而使诎申，心不可劫而使易意，是之则受，非之则辞。故曰：心容其择也，无禁必自见[②]，其物也杂博，其情之至也不贰。《诗》云："采采卷耳，不盈顷筐。嗟我怀人，置彼周行。"顷筐易满也，卷耳易得也，然而不可以贰周行。故曰：心枝则无知，倾则不精，贰则疑惑。以赞稽之，万物可兼知也。身尽其故则美，类不可两也，故知者择一而壹焉。

注解

①墨：通“默”，沉默。

②见：同“现”。

译文

心，是身体的君主，是精神的君主，只发出命令而不接受别的命令。自己限制，自己役使，自己争取，自己获得，自己行动，自己停止。所以嘴巴可以被迫讲话或沉默，身体可以被迫舒张或弯曲，心就不能被迫改变自己的意思，对的就接受，不对的就拒绝。所以说：心的选择是没有界限的，必定要自主地表现，它认识的事物虽然广博繁杂，它的精神是专一不二的。《诗经》上说：“采呀采呀卷耳菜，还不满一小筐。怀念我那心爱的人儿，索性把那竹筐放在大路上。”竹筐虽说容易装满，卷耳菜也是容易得到的，但是不能三心二意地站在大路旁。所以说：心思分散了就不能得到知识了，思想动摇了就不能精深，三心二意了就会产生疑惑。一个人竭尽全力地做到一心一意，万物都是可以被认识的。身体力行了就能达到完美。任何一个事物都不能三心二意，所以应该一心一意地去研究它。

原文

农精于田而不可以为田师，贾精于市而不可以为贾师，工精于器而不可以为器师。有人也，不能此三技而可使治三官，曰：精于道者也，精于物者也。精于物者以物物，精于道者兼物物。故君子壹于道而以赞稽①物。壹于道则正，以赞稽物则察，以正志行察论，则万物官矣。

注解

①赞稽：使用某种方法帮助考察事物。

译文

农民善于种田但是不能做管理农业的官员，商人善于做买卖但是不能做管理商业的官员，工匠善于制作器件但是不能做管理工业的官员。有这样的人，他不精通这三种技术但是可以做管理这三种行业的官员，所以说：要精于大道，而不能只是精于具体事物。善于使用物的人能利用物，善于运用道的人能运用各种物。所以君子专心于大道并用它来考察万物。专一于道就能思想正确，用道来考察万物就能明察，用正确的思想来推行明察万物的道理，那么万物都会得到治理。

原文

昔者舜之治天下也，不以事诏而万物成。处一危之，其荣满侧；养一之微，荣矣而未知。故《道经》曰："人心之危，道心之微。"危微之几，惟明君子而后能知之。故人心譬如槃水，正错[1]而勿动，则湛[2]浊在下而清明在上，则足以见鬒眉而察理矣。微风过之，湛浊动乎下，清明乱于上，则不可以得大形之正也。心亦如是矣。故导之以理，养之以清，物莫之倾，则足以定是非，决嫌疑矣。小物引之则其正外易，其心内倾，则不足以决庶理矣。故好书者众矣，而仓颉[3]独传者，壹也；好稼者众矣，而后稷[4]独传者，壹也；好乐者众矣，而夔[5]独传者，壹也；好义者众矣，而舜独传者，壹也。倕[6]作弓，浮游[7]作矢，而羿精于射；奚仲[8]作车，乘杜[9]作乘马，而造父精于御。自古及今，未尝有两而能精者也。曾子曰："是其庭[10]可以搏鼠，恶能与我歌矣！"

注解

①错：通“措”。

②湛：同“沉”。

③仓颉（jié）：相传是黄帝时的史官，据说他创造了汉字。

④后稷：尧时的农官，周族的始祖，名弃，“后稷”是他受封后的号，“后”是君长的意思，“稷”是一种谷物，他被任命为农师，所以称“后稷”。

⑤夔（kuí）：尧、舜时的乐官。相传他奏乐能使鸟兽起舞。

⑥倕：古代传说中心灵手巧的工匠的名字。

⑦浮游：或作“夷牟”“牟夷”，黄帝时人，传说他创造了箭。

⑧奚仲：夏禹时的车正（掌管车服的官），相传他善于造车。

⑨乘杜：亦称相土，是商朝祖先契的孙子，因为他发明了四马驾车法，所以称为“乘杜”。

⑩庭：同“莛”，小竹棍，既可用来击节唱歌，也可用来捕鼠。

译文

从前舜治理天下的时候，不依靠事事都给予指示而所有的事情都办成了。专一于道而又居安思危，荣耀就会来到他的身边；培养专一于道的能力而又关注细节，荣耀就会在不知不觉中到来。所以《道经》上说：“人的思想在于居安思危，道的精要在于养心知微。”思危和知微之间的关系，只有君子才能够知道。所以人的心好比盘子中的水，端正地放着不动摇，就会混浊的在下面而清澈的在上面，就能够从中观察到胡须眉毛并能看清人的肌肤纹理了。微风吹过，混浊的就在下面活动，清澈的就在上面活动，就是大概的形状也是看不出来的。心也是这样的。所以用理性来引导它，使它保持清醒的状态，外物不能使它倾倒，这样就可以判断是非解决疑难了。如果外界的小事物引诱它，那么外面不能保持端正，内心又倾倒，就连粗浅的道理都不懂了。所以喜欢写字的人很多，但是只有仓颉的名声流传下来了，这就是由于他专一；喜欢种庄稼的人很多，但是只有后稷的名声流传下来了，是由于他专一；喜欢音乐的人很多，但是只有夔的名声流传下来了，这是由于他专一；喜欢道义的人很多，但是只有舜的名声流传了下来，这是由于他专一；倕制造了弓，浮游创造了箭，而只有后羿精于射箭；奚仲创造了车，乘杜首先用马驾车，而只有造父精于驾车。从古至今，没有三心二意而能精通一件事情的人。曾子说："唱歌的时候看着那打节拍的棍棒而心想可以用它来打老鼠，又怎么能和我一起唱歌呢？"

原文

空石之中有人焉，其名曰觙。其为人也，善射以好思。耳目之欲接则败其思，蚊虻之声闻则挫其精，是以辟[①]耳目之欲，而远蚊虻之声，闲居静思则通。思仁若是，可谓微乎？孟子恶败而出[②]妻，可谓能自强矣；有子恶卧而焠[③]掌，可谓能自忍矣，未及好也。辟耳目之欲，可谓能自强矣，未及思也。蚊虻之声闻则挫其精，可谓危矣，未可谓微也。夫微者，至人也。至人也，何强！何忍！何危！故浊明外景，清明内景。圣人纵其欲，兼其情，而制焉者理矣。夫何强！何忍！何危！故仁者之行道也，无为也；圣人之行道也，无强也。仁者之思也恭，圣者之思也乐。此治心之道也。

注解

①辟：同"避"。

②出：遗弃，使……出去，离开。

③焠（cuì）：烧灼。

译文

空石城里有一个人，他的名字叫作觙。他这个人，善于猜谜语而又喜欢思考。如果耳朵和眼睛受到外物影响就会破坏他的思考，听到蚊虫的声音就会妨碍到他聚精会神，所以避开影响耳朵眼睛的外物，远离蚊虫的骚扰，独居一处静坐思考才会思想明白。如果思考"仁"也像这样，是否就能达到精微的地步呢？孟子怕败坏了自己的名声而休了妻子，可以算得上自强了；有人在看书的时候害怕睡着就用火来烤手掌，可以说达到自我控制了，但还不能算很好。避开影响眼睛和耳朵的欲望，算得上自强了，但是还没有思考得够多。听到蚊虫的声音就不能聚精会神，可以说达到自我警惕的程度了，但是还不够精微。能够达到精微的地步的人，就是最完美的人了。最完美的人，多么自制，多么自强，多么自我警惕！所以朦朦胧胧的微光在外，清清楚楚的光亮在内。圣人能够随心所欲，尽到自己的性情，可是处理事情还是非常理性。这是多么自强，多么自制，多么自我警惕啊！所以仁德的人从事仁道，不用有意去做；圣人从事圣道，不用勉强去做。仁德的人的思索小心谨慎，圣人的思考快快乐乐。这是修养身心的方法。

原文

凡观物有疑，中心不定，则外物不清。吾虑不清，则未可定然否也。冥冥而行者，见寝石以为伏虎也，见植林以为后人也，冥冥蔽其明也。醉者越百步之沟，以为跬步之浍[①]也；俯而出城门，以为小之闺[②]也，酒乱其神也。厌[③]目而视者，视一以为两；掩耳而听者，听漠漠而以为哅哅，势乱其官也。故从山上望牛者若羊，而求羊者不下牵也，远蔽其大也；从山下望木者，十仞之木若箸，而求箸者不上折也，高蔽其长也。水动而景[④]摇，人不以定美恶，水势玄[⑤]也。瞽者仰视而不见星，人不以定有无，用精惑也。有人焉，以此时定物，则世之愚者也。彼愚者之定物，以疑决疑，决必不当。夫苟不当，安能无过乎？

注解

①浍（kuài）：田间小沟。

②闺：上圆下方的小门。

③厌：通“压”，按压。

④景：通“影”。

⑤玄：通“眩”。

译文

大凡在观察事物的时候有疑惑，心中捉摸不定，就不可能看清楚外物。自己考虑不清楚，就不可能判断是非。在昏暗的地方行走的人，看见横卧的石头认为是卧着的老虎，看见直立的树木认为是站着的人，这是由于昏暗蒙蔽了他的眼睛。喝醉的人横跨百步的沟，认为是小半步的小沟；低下头过城门，认为是一个小圆门洞，这是由于酒精迷惑了他的神志。掩住眼睛看东西的人，把一个东西看作两个；掩上耳朵听声音的人，听到很小的声音其实是很大的声音，这是由于外力扰乱了他的感官。从山上看牛就像羊，但是牧人不会下山去牵它，这是距离远蒙蔽了牛的大小；从山下望树木，几丈高的树木就像筷子那样，但是找筷子的人不会上山去折它，这是由于山势高遮挡了树木的高度。河水摇动而水中的倒影就跟着摇动，人们不根据这些来判定事物的美丑，这是由于水晃动使人眼花缭乱。眼睛瞎的人抬头看不见星星，但他不会因此而确定天上没有星星，这是由于盲人的眼睛看不清东西。有这样的人，凭这时的情况来断定外界事物，这就是世界上愚蠢的人。这种愚蠢的人判定事物，是用疑惑的眼光来判定疑惑，肯定不会正确。既然不会正确，怎么可能不会出错？

原文

夏首之南有人焉，曰涓蜀梁。其为人也，愚而善畏。明月而宵行，俯见其影，以为伏鬼也，卬[①]视其发，以为立魅也，背而走，比至其家，失气而死，岂不哀哉！凡人之有鬼也，必以其感忽之间、疑玄之时正[②]之。此人之所以无有而有无之时也，而己以正事。故伤于湿而击鼓鼓痹，则必有敝鼓丧豚之费矣，而未有俞[③]疾之福也。故虽不在夏首之南，则无以异矣。

注解

①卬：同“仰”，抬头。

②正：通“证”，证实。

③俞：通“愈”。

译文

夏首的南边有一个人，叫作涓蜀梁。他为人比较愚蠢而且害怕鬼神。有月亮的晚上走路，低头看见自己的影子，认为是卧着的鬼，抬头看见自己的头发，认为是魅，转身就跑，等到回到家里，断气而亡，这难道不悲哀吗！大凡有发现鬼的时候，一定是在恍惚之间、疑惑不定的时候。这正是人们把无当作有而把有当作无的时候，自己却在这个时候判定事物。所以人们得了风湿病就打鼓驱鬼、杀猪祭神，结果必定有打破鼓而白白送掉猪的花费，却没有治好病的福气。所以即使不在夏首的南边居住，但与那个涓蜀梁没有什么区别。

原文

凡以知，人之性也；可以知，物之理也。以可以知人之性，求可以知物之理，而无所疑[①]止之，则没世穷年不能遍也。其所以贯理焉虽亿万，已不足以浃万物之变，与愚者若一。老身长子而与愚者若一，犹不知错[②]，夫是之谓妄人。故学也者，固学止之也。恶乎止之？曰：止诸至足。曷谓至足？曰：圣也。圣也者，尽伦者也；王也者，尽制者也。两尽者，足以为天下极矣。故学者，以圣王为师，案以圣王之制为法，法其法，以求其统类，以务象效其人。向是而务，士也；类是而几，君子也；知之，圣人也。故有知非以虑是，则谓之惧；有勇非以持是，则谓之贼；察孰[③]非以分是，则谓之篡；多能非以修荡是，则谓之知；辩利非以言是，则谓之

詍[4]。传曰："天下有二：非察是，是察非。"谓合王制与不合王制也。天下有不以是为隆正也，然而犹有能分是非、治曲直者邪？若夫非分是非，非治曲直，非辨治乱，非治人道，虽能之无益于人，不能无损于人。案直将治怪说，玩奇辞，以相挠滑[5]也；案强钳而利口，厚颜而忍诟，无正而恣睢，妄辨而几[6]利；不好辞让，不敬礼节，而好相推挤。此乱世奸人之说也，则天下之治说者方多然矣。传曰："析辞而为察，言物而为辨，君子贱之；博闻强志，不合王制，君子贱之。"此之谓也。

注解

①疑：通"凝"，固定。

②错：通"措"，搁置，放弃。

③孰：同"熟"，仔细，周详。

④詍（yì）：多言。

⑤挠滑（gǔ）：搅乱。

⑥几：通"冀"，希望得到。

译文

大凡对事物的认识能力，人生来就具备；可以被人认识，这是事物本身具备的道理。用可以感知的认识能力，来感知可以被认识的事物的道理，就没有什么可以怀疑的，即使一辈子都不能全部感知。事物内部蕴含的道理虽然很多，但还是不能应付万事万物的变化，这也和愚蠢的人的想法一致。一直等到自己老了、儿子长大了，还是和愚蠢的人的想法相同，还是不知道自己错了，这就叫作无知的人。所以学习本来就是要有一定限度和目的的。什么是限度？回答：最圆满的地方就是止境。什么是最圆满的？回答：这就是圣王。圣人，就是完全精通自然和社会关系的人；王者，就是掌握了社会法制的人。把这两个方面都掌握的人，就算是最高标准了。所以，学习的人都把圣王作为榜样，把圣王制定的社会法制当作自己的法度，效法圣王的法制，从而寻求他的大纲，以便努力地效仿他的为人。照这样做的人，就是士；与这个标准接近的人，就是君子；完全掌握这个标准的人，就是圣人。所以，有智慧却不去理解圣王之道，就叫作攫取；有力气却不用来维护圣王之道，叫作贼害；能够明察却不用来分辨圣王的法制，就叫作篡夺；有很多技能却不用来发扬圣王的法制，就叫作巧诈；能言善辩却不用来宣传圣王的法制，这就叫作废话。古书上说："天下的事都有两个方面：通过'非'可以明察'是'，通过'是'可以明察'非'。"这说的就是符合王制和不符合王制两种情况。天下有人把王制作为判断是非的标准，这样一来怎么来分清是非、曲直呢？假如不能分出是非，不能断定曲直，不能辨别治乱，不能研究做人的道理，即使能掌握它却对人没有什么好处，没有掌握它也对人没有什么坏处。这只不过是研究一些奇言怪语，玩弄辞藻，来相互饶舌罢了；强迫压制别人而又能言善辩，厚颜无耻而又忍受辱骂，不走正路而又胡作非为，狂妄诡辩而又图谋私利；不会谦虚礼让，不顾礼节礼仪，却好相互倾轧。这就是扰乱社会的奸邪学说，那么现在这个社会上的学说多半都是这样的。古书上说："玩弄辞藻而自认为明察秋毫，谈论事物而自认为能言善辩，君子看不起这种行为；见识广博，记忆力强，但是不按照圣王的法制去做，君子鄙视这种人。"说的就是这种情况。

原文

为之无益于成也，求之无益于得也，忧戚之无益于几①也，则广焉能弃之矣。不以自妨也，不少顷干之胸中。不慕往，不闵来，无邑②怜之心，当时则动，物至而应，事起而辨③，治乱可否，昭然明矣。

注解

①几：通"冀"，希望，指实现愿望。

②邑：通"悒"，愁闷不安。

③辨：通"办"，治理。

译文

做一件事对成功没有什么好处，追求一件事物对利益没有什么好处，忧戚对危机的解除没有什么好处，就应该把它远远地抛弃掉。不应该妨碍自己，不把它留在心里片刻。不羡慕过去，不担心未来，不要有忧虑、怜惜的心思，在适当的时机迅速行动，事情来了及时应付，事情一旦发生马上着手解决，是治还是乱，就昭然若揭了。

原文

周而成，泄而败，明君无之有也；宣而成，隐而败，暗君无之有也。故君人者周则谗言至矣，直言反①矣，小人迩而君子远矣。《诗》云："墨以为明，狐狸而苍。"此言上幽而下险也。君人者宣则直言至矣，而谗言反矣，君子迩而小人远矣。《诗》云："明明在下，赫赫在上。"此言上明而下化也。

注解

①反：通"返"，回去。

译文

隐蔽真情就会成功，公开真情就会失败，明君是不会做这样的事；公开真情就会成功，隐蔽真情就会失败，昏君是不会这么做的。所以统治者若是隐蔽真情那谗言就会随之而来，直言就会离开，小人围了上来，君子就会疏远了。《诗经》上说："黑暗说成光明，狐狸也能成为苍色。"这是说君主昏庸愚昧，那么臣民就会险恶。君主如果开诚布公，那么正直的话就来了，而毁谤的话就缩回去了，君子接近而小人远离了。《诗经》上说："下面光明，在上光辉。"说的就是上面开明了，下面就会开化了。

读解

本篇论述了有关“认识论”方面的问题。荀子认为：“凡以知，人之性也；可以知，物之理也。”人能够认识客观事物，客观事物也是能够被认识的。但是，人们容易片面地认识事物，“蔽于一曲而暗于大理”。所以，人们必须以“虚壹而静”的方法去正确地认识自然规律和治国之道，以达到“大清明”的境界。这样，就能“明参日月”而不会再被蒙蔽了。

荀子是个很懂得思维的智慧的人。他说人要学会辨别事物，因为世界上各种事物都是有差别的。他把他的结论归结到了“道”上，认为只要事事以道为准绳，并保持内心的“虚壹而静”，就能更全面地看问题。当然，荀子也知道人是不可能穷尽一切事物的，要懂得“止诸至足”，并转而以圣王为师，努力追求圣王之道，也能够做到不被蒙蔽。这个道理与道家经典《庄子·养生主》中“吾生也有涯，而知也无涯。以有涯随无涯，殆已”的思想有异曲同工之妙，告诉我们认识事物时不能仅凭自己的主观臆断，适当借鉴他人的意见是非常有必要的。

本篇中的言论，毋庸置疑是主要针对古代君主而言的。君主当然也是会犯错的，但是犯错以后能听取别人的劝谏，从而知错、认错、改错的，只有明君才能做到。所以汉代政治家王符在《潜夫论·明暗》篇中说：“君之所以明者，兼听也；其所以暗者，偏信也。”因此，“兼听则明，偏信则暗”就成为一句箴言流传了下来。这句箴言大可以治国安邦，小可以修身养性。而《潜夫论·明暗》中的思想，则是对《荀子·解蔽》的继承和发展。

【事例一】

古代帝王居于深宫之中，对社会的了解很多来自大臣的汇报。如果他能广泛听取众位大臣的意见，从中选择最有价值的来推广应用，国家的治理往往就能顺利进行；如果他出于个人爱憎只听从某个或某几个大臣的意见，那么国家的运转就可能会出问题。正因如此，唐代名臣魏徵才用“兼听则明，偏信则暗”来劝谏唐太宗。

唐太宗纳谏

唐太宗作为中国历史上出类拔萃的明君，以心胸宽广、善于纳谏著称。魏徵是古代最著名的谏臣，他一生无数次向唐太宗进谏，提出了无数利国利民的建议，并且进谏时并不看唐太宗的脸色行事，只要自己觉得对，就不惜和唐太宗顶撞。有一次，唐太宗甚至被气得想要杀了他，幸亏长孙皇后解劝才息怒。魏徵死后，唐太宗感慨自己失去了一面镜子。唐太宗和魏徵的君臣关系，成为后人无限赞叹的佳话。

说唐太宗善于纳谏，并不是说他只接受魏徵的谏言。实际上，在贞观时期，有非常多的人都对唐太宗进行了劝谏，只要说得对，唐太宗都会采纳。有一年秋收时节，唐太宗想去同州（今陕西省渭南市大荔县）打猎，当时仅仅是一个县丞的刘仁轨上书劝唐太宗爱惜庄稼，到冬闲的时候才去打猎。唐太宗并没有因刘仁轨越级言事而恼怒，反而嘉奖了刘仁轨，给他升了官，刘仁轨后来当上了宰相。还有一次，一个名叫段元冲的青年突然上书指责唐太宗没有把天下治理好，言辞很不恭敬，而且多有失实之处。朝廷上下震惊不已，大臣纷纷要求处死段元冲，唐太宗却说："如果他说得对，就是忠诚；如果说得不对，就是狂妄。对于狂妄的人，有什么可计较的呢？"于是对段元冲不予追究。这样的气度，在封建统治者中实在少见，也成全了唐太宗千古名君的美名。

【事例二】

晋文公重耳经过十九年的流亡，终于在一群忠心耿耿的大臣的帮助下夺得了江山。但是在论功行赏的时候，偏偏介子推被遗忘了，而且因鄙视那些贪天之功的小人介子推也拒绝接受俸禄，最后演变成了一出悲剧。我们从介子推身上看到了一个值得国人永远称颂的忠臣良将。

介子推不受禄

晋文公在外流亡十九年，终于回到自己的国家继承王位，对百姓布施恩惠，赏赐在流亡中跟随他的臣子，功大的封给城邑，功小的授予爵位。文公还未来得及赏赐完毕，周襄王因弟弟王子带发难逃到郑国居住，于是来向晋国告急。晋国刚刚安定，想派军队去，又担心国内发生动乱，因此，文公赏赐跟从他逃亡的人，介子推不要求俸禄，俸禄也没给他。

介子推说："献公的九个儿子，只有国君一人存活下来。惠公、怀公没有亲信，国内外都唾弃他们；老天没有灭亡晋国，晋国就一定要有国君，只有国君才能主持晋国的祭祀。上天确实在助国君兴起，可是有两三个人以为是自己的功劳，不是很荒谬吗？偷了别人的财物，都可以说是盗贼，何况贪天之功以为己功的人呢？臣下遮盖罪过，主上赏赐奸佞，上下互相欺骗，我难以与他们相处了！"介子推的母亲说："你为什么不也去请求赏赐呢，死了怨谁？"介子推说："我对那些人感到怨恨，却还要去像他们那样为自己邀功，那我的罪过不是更大了吗？更何况我已经说过了，绝不吃他的俸禄。"母亲说："也让文公知道一下你的情况，怎么样？"介子推回答说："言语是每人身上的装饰品，身体都想隐藏起来了，哪里还要用言语去装饰它？这样做，就是为了显露自己了。"介子推的母亲说："能像你说的这样做吗？那我和你一起隐藏起来吧。"母子俩至死没有再露面。

介子推的随从们很怜悯他，就挂了一张牌子在宫门口，上面写道："龙通过五条蛇的辅佐才能上天。龙上天之后，四条蛇有了自己的殿堂，唯独一条蛇独自哀伤，最终没有找到自己的去处。"文公出宫时，看见了这几句话，说："这是介子推。我正为王室之事担忧，还没能考虑他的功劳。"于是，文公派人去叫介子推，但介子推已逃走。

文公就打听介子推的住所，听说他进了绵上山。于是，文公把整座绵上山封给介子推，作为他的封地，称之为"介推田"，又起名叫"介山"。

正名

原文

后王之成名：刑名从商，爵名从周，文名从《礼》。散名[①]之加于万物者，则从诸夏之成俗曲期[②]，远方异俗之乡则因之而为通。散名之在人者：生之所以然者谓之性。性之和所生，精合[③]感应[④]，不事[⑤]而自然谓之性。性之好、恶、喜、怒、哀、乐谓之情。情然[⑥]而心为之择谓之虑。心虑而能为之动谓之伪[⑦]。虑积焉、能习焉而后成谓之伪。正利而为谓之事。正义而为谓之行。所以知之在人者谓之知。知有所合谓之智。智所以能之在人者谓之能。能有所合谓之能。性伤谓之病。节遇谓之命。是散名之在人者也，是后王之成名也。

注解

①散名：指各种零碎事物的名称。散，分散，零碎。

②曲期：共同约定。曲，周遍。期，会合，约定。

③合：会合，接触。

④感应：被感动而产生的反应。

⑤不事：无为，不做主观的人为努力。

⑥然：成。

⑦伪：人为。

译文

近代的君主给事物确定名称：刑法的名称依照商朝，爵位的名称依照周朝，礼节的名称依照《仪礼》。赋予万物的各种名称，是依照中原各国的约定俗成，远方偏僻地方有不相同的则按照这样的约定来沟通。人本身的各种名称：生来就有的叫作天性。天性由阴阳二气相互作用而产生，精神和外界事物接触产生的反应，不必经过后天人为加工便有的，叫作本性。本性的好、坏、喜、怒、哀、乐就叫作感情。感情由心对它加以选择就叫作思虑。内心考虑后再照着做叫作人为。思虑的反复积累和人的无数次行动形成了人的行为。符合功利的就去做叫作事业。符合道义的就去做叫作德行。因此人生来就有的认识能力就叫作认知。人的认识能力与客观世界相接触所产生的认识就叫作智慧。人本来具有的能力叫作本能。这种能力与处置的事物相适合就叫作才能。人的天性受到损伤就叫作疾病。偶然的遭遇叫作命运。这些都是人本身的各种名称，是近代君主所确定的名称。

原文

故王者之制名，名定而实辨，道行而志通，则慎率民而一焉。故析辞擅作名以乱正名，使民疑惑，人多辨①讼，则谓之大奸，其罪犹为符节、度量②之罪也。故其民莫敢托为奇辞以乱正名，故其民悫，悫则易使，易使则公③。其民莫敢托为奇辞以乱正名，故壹于道④法而谨于循令矣。如是，则其迹长矣。迹长功成，治之极也，是谨于守名约之功也。

注解

①辨：通“辩”，争论。

②度量：泛指度、量、衡等标准器械。度，量长短的标准器具。量，量多少的标准器具。

③公：通“功”，功效。

④道：由，遵行。

译文

所以王者制定事物的名称，名称制定而各种事物就有了分别，基本的原则实行了而思想就可以互相沟通了，就可率领人民来统一行动了。因此那些玩弄辞藻、擅自制造名称来扰乱正确的名称，使人民疑惑，增加争论是非的，就是大奸大恶的人，他们的罪行和伪造符节和度量衡的罪行一样。所以人民不敢凭借伪造的奇谈怪论来扰乱正确的名称，因此人民就端正，端正就容易役使，容易役使就有功效。人民不敢凭借伪造的奇谈怪论来扰乱正确的名称，所以都一心实行礼法而遵循法令。像这样，那么他的事业就长久了。事业长久功成名就，这是治理国家的极致，是遵守同一名称的功效。

原文

今圣王没，名守慢，奇辞起，名实乱，是非之形不明，则虽守法之吏，诵数[①]之儒，亦皆乱也。若有王者起，必将有循于旧名，有作于新名。然则所为有名，与所缘[②]以同异，与制名之枢要，不可不察也。

注解

①数：指礼制。

②缘：依照，根据。

译文

现在圣王已逝，遵守统一名称的事情懈怠了，奇谈怪论产生了，名称和实物的关系混乱了，是非之间的界限不明显，即使是那些守护法度的官员，讲述典章制度的大儒，也都混乱了。如果有新的王者出现，必定会沿用一些旧有的名称，并制定一些新的名称。既然这样，那么名称有同有异的根据以及制定名称的关键，这都是必须掌握的。

原文

异形离①心交喻，异物名实玄②纽③，贵贱不明，同异不别，如是则志必有不喻之患，而事必有困废之祸。故知者为之分别，制名以指实，上以明贵贱，下以辨同异。贵贱明，同异别，如是则志无不喻之患，事无困废之祸，此所为有名也。

注解

①离：背离。

②玄：通“眩”，迷乱。

③纽：结。

译文

不同的事物有不同的思想方式，只有相互交流才会明白，不同的事物的名称和实物混杂在一起，贵贱不分，相同的和不同的就没有分别，这样一来，思想上一定会有不明白的地方，事情也必定有困顿废弃的祸患。所以明智的人对这些加以分别，用名称来指代实物，对上可以分出贵贱，对下可以分出相同和不同。贵贱分清了，同异分开了，这样一来，在思想上就不会有什么不明白的地方，事物也就不会有什么困顿废弃的祸患，这就是事物为什么要有一定的名称。

原文

然则何缘而以同异？曰：缘天官①。凡同类、同情者，其天官之意物也同，故比方②之疑③似而通，是所以共其约名④以相期⑤也。形体、色、理以目异，声音⑥清浊、调竽⑦奇声以耳异；甘、苦、咸、淡、辛、酸、奇味以口异；香、臭、芬、郁⑧、腥⑨、臊⑩、洒⑪、酸⑫、奇臭以鼻异；疾、养、沧、热、滑、铍、轻、重以形体异；说、故、喜、怒、哀、乐、爱、恶、欲以心异。心有征知。征知则缘耳而知声可也，缘目而知形可也，然而征知必将待天官之当簿其类然后可也。五官簿之而不知，心征之而无说，则人莫不然谓之不知，此所缘而以同异也。

注解

①天官：指耳、目、鼻、口、身等器官。

②比方：比拟，指对事物进行描摹。

③疑：通“拟”，模拟。

④约名：概括的名称。

⑤期：会合，交际。

⑥声音：古代乐音分为宫、商、角、徵、羽五音，单发的某一音叫“声”，相配合而发出的几个音叫“音”。

⑦竽：古代的一种吹奏乐器，由排列的竹管制成，有些像后代的笙。竽是各种乐器中主要用来协调其他乐器的乐器，所以这里只说“竽”。

⑧郁：草木腐臭。

⑨腥：猪身上的臊臭气味。

⑩臊：狗身上的腥臭气味。

⑪洒：通“蝼”，马身上的臊臭气味。

⑫酸：牛身上的臊臭气味。

译文

既然这样，那么根据什么来区别名称的同异呢？回答是：根据人的感官。只要是同一民族、相同性情的人，他们的感官对事物的感觉都是一样的，因此通过对事物模仿的大体相似，人们就能相互沟通，这就是人们共同约定名称来交往的原因。事物的形状、颜色、纹理，用眼睛来区别，声音的清晰或混浊、和谐的乐曲与杂乱的声音，用耳朵来区别；甜、苦、咸、淡、辣、酸及怪味，用嘴巴来分别；香、臭、芬芳、腐臭、腥、臊、马膻气、牛膻气及奇怪的气味，用鼻子来区别；痛、痒、寒、热、滑、涩、轻、重，用身体来区别；高兴、烦闷、喜、怒、哀、乐、爱、恶、欲，用心来区别。心对事物有感知的能力。感知，依靠耳朵就可以听到声音，依靠眼睛就可以看见形状，但是这种感知必须等到感觉器官对事物进行接触以后才能发挥作用。五官能够靠近事物却不能对事物进行分析，心能够感知事物却不能说出道理，但是人们就没有不认为他无知的了，这就是区分名称同异的根据。

原文

然后随而命之：同则同之，异则异之，单[1]足以喻则单，单不足以喻则兼，单与兼无所相避则共[2]，虽共，不为害矣。知异实者之异名也，故使异实者莫不异名也，不可乱也，犹使异实者莫不同名也。故万物虽众，有时而欲遍[3]举之，故谓之物。物也者，大共名也。推而共之，共则有共，至于无共然后止。有时而欲遍举之，故谓之鸟兽。鸟兽也者，大别名也。推而别之，别则有别，至于无别然后止。名无固宜，约之以命。约定俗成谓之宜，异于约则谓之不宜。名无固实，约之以命实，约定俗成谓之实名。名有固善，径易而不拂，谓之善名。物有同状而异所[4]者，有异状而同所者，可别也。状同而为异所者，虽可合，谓之二实。状变而实无别而为异者，谓之化。有化而无别，谓之一实。此事之所以稽实定数也，此制名之枢要也。后王之成名，不可不察也。

注解

①单：单名，指单个字。

②共：指同一名称。

③遍：当作“偏”。

④所：实质。

译文

然后随之给事物命名：相同的事物取相同的名称，不同的事物取不同的名称，单个字能够使人明白的就取单名，单个字不能使人明白的就取复名，单名与复名没有什么相违背的就用同一名称，虽然用了同一名称，也不会有什么妨害。知道不同的事物应有不同的名称，所以就给不同的事物取不同的名称，这是不能混乱的，这就像相同的事物都有相同的名称一样。万物虽然千变万化，有时候要把它们全部概括起来，就统称为物。物这个名称，是一个大的共同名称。以此类推来确定共同名称，共有的有共同之处，直到再也没有共同的名称为止。有时候要把一部分事物概括起来，就叫鸟兽。鸟兽这个名称，也是一个大的别名。以此类推，不同的都有别名，直到再也没有别名为止。名称没有什么合适不合适，只是人们约定俗成而已。对一种事物约定用一种名称，习惯了也就适宜了，不符合习惯的就叫不适宜。名称没有一定的实际意义，人们约定来代表一种事物，习惯了也就是这种事物的名称了。名称有起得好的，简单而不自相矛盾，就叫好名称。事物有相同形状而实体不同的，有形状不同而实体相同的，那用名称就可以来分别了。形状相同而实体不同的，即使可以合用一个名称，仍然叫作两个实体。形状变化而实体没有变化的，这叫作“变化”。有了变化而实体没有变的，仍然叫一个实体。这就是为什么要考察事物的实质，来确定事物的缘故，这也是给事物取名的关键。近代君主在取名的时候，对此不能不明察。

原文

“见侮不辱[1]”，“圣人不爱己[2]”，“杀盗非杀人也[3]”，此惑于用名以乱名者也。验之所以为有名而观其孰行，则能禁之矣。“山渊平[4]”，“情欲寡[5]”，“刍豢不加甘，大钟不加乐”，此惑于用实以乱名者也。验之所缘无以同异而观其孰调，则能禁之矣。“非而谒楹有牛[6]，马非马也[7]”，此惑于用名以乱实者也。验之名约，以其所受悖[8]其所辞，则能禁之矣。凡邪说辟[9]言之离正道而擅作者，无不类于三惑者矣。故明君知其分而不与辨也。

注解

①见侮不辱：这是战国中期宋钘的说法。

②圣人不爱己：此说法出于何家不详。

③杀盗非杀人也：这是墨子的说法，见《墨子·小取》。

④山渊平：这是惠施的说法。

⑤情欲寡：这是宋钘的说法。

⑥非而谒楹有牛：不详其说。

⑦马非马也：疑为公孙龙的说法。

⑧悖：违反，反驳。

⑨辟：通“僻”，邪僻。

译文

“受到了污辱并不是耻辱”，“圣人不爱惜自己”，“杀死盗贼并不是杀人”，这些错误的说法是用名称来混淆名称。只要考察一下为什么要有名称，再看看哪一种行得通，就能制止这些错误的说法了。“高山和深渊一样平”，“人的情欲少”，“肉食并不比普通的食物美味，大钟的声音并不能使人更快乐”，这些错误的说法是用实体来混淆名称的。只要考察一下为什么有同有异，再看看这些说法哪种更适合实际情况，就能够禁止了。“互相排斥，又互相包含有牛，马不是马”，这些错误的说法是用名称来混淆实体的。只要考察一下约定俗成的名称，用他们所赞成的来反驳他们所反对的，就可以禁止了。大凡离开正道而擅自制造的种种邪说谬论，没有不类似这三种情况的。所以英明的君主知道这些区别而不与之争辩。

原文

夫民易一以道而不可与共故[①]，故明君临之以势，道之以道，申之以命，章[②]之以论，禁之以刑。故其民之化道也如神，辨势恶用矣哉！今圣王没，天下乱，奸言起，君子无势以临之，无刑以禁之，故辨说也。实不喻然后命，命不喻然后期，期不喻然后说，说不喻然后辨。故期、命、辨、说也者，用之大文也，而王业之始也。名闻而实喻，名之用也。累而成文，名之丽也。用、丽俱得，谓之知名。名也者，所以期累实也。辞也者，兼异实之名以论一意也。辩说也者，不异实名以喻动静之道也。期命也者，辨说之用也。辨说也者，心之象道也。心也者，道之工宰也。道也者，治之经理也。心合于道，说合于心，辞合于说，正名而期，质请而喻，辨异而不过，推类而不悖，听则合文，辨则尽故。以正道而辨奸，犹引绳以持曲直。是故邪说不能乱，百家无所窜。有兼听之明而无奋矜之容，有兼覆之厚而无伐德之色。说行则天下正，说不行则白道而冥穷，是圣人之辨说也。《诗》曰：“颙颙[③]卬卬[④]，如珪如璋[⑤]，令闻令望。岂弟[⑥]君子，四方为纲。”此之谓也。

注解

①故：原因，所以然。

②章：同“彰”，使……明白清楚。

③颙颙（yóng）：恭敬温和的样子。

④卬卬（ánɡ）：志气激昂的样子。

⑤珪、璋：都是帝王、诸侯在朝会时所拿的玉器，所以用来喻指美德。珪，一种玉器，上圆下方。璋，一种玉器，形状像半个珪。

⑥岂弟：同“恺悌”，温和快乐而平易近人。

译文

民众容易用正道来引导，但不能同他们讲明缘由，所以，英明的君主用权势来统治他们，用道义来引导他们，用命令来告诫他们，用正确的言论来开导他们，用刑法来禁止他们。所以人民遵从正道也就像有神帮助一样，哪里还用什么辩说！现在圣王已逝，天下大乱，奸邪的言论兴起，君子没有权势来统治他们，没有刑法来禁止他们，所以只好同他们辩说了。实物弄不明白就只好命名，命名不明白就描绘形容，描绘形容不明白就说服，说服不明白的就辩论。所以描绘、命名、辩论、说服，这都是实际运用中重要的方式，也是成就王业的起点。听到名称就知道实体，这就是名称的作用。积累了许多名称就形成文章，这就是名称的配合。名称的作用与名称的配合恰当，就叫懂得名称。名称，是用来表示各种实体的。文辞，是用不同的实体名称来表达一个意义的。辩论，是用不同的实体名称来说明是与非的道理。约定命名，这是辩论说服的运用。辩论说服，这是心对道的表达。心，是道的主宰。道，是治理天下的根本原则。心符合道义，辩说符合心，文辞符合辩说，运用正确的名称又符合约定，实际情况就明白了，辨别各种不同的事物名称而没有过错，推论各种事物的类别而没有违背正道，听起来又非常符合礼节，这样辩说就可以把事物的原因弄清楚。用正确的道理来辨别奸言，就像木匠拿着绳子来辨别曲直一样。这样一来，邪说就不会再混淆人们的视听了，百家的言论都没有藏身之处了。有了全面听取各家学说的明智，却没有骄傲自大的态度；有兼容并包的胸怀，却没有自夸美德的神色。这种学说得以实行，就能使天下纳入正道；这种学说如果不能被人接受，那么就倡明大道而隐退。这就是圣人的辩说。《诗经》上说：“体态谦恭、志气昂扬，像珪又像璋，名声美好而有威望。和乐平易的君主，四海之内的人都愿意以他为榜样。”说的就是这种情况。

原文

辞让之节得矣，长少之理顺矣，忌讳不称，祆辞不出，以仁心说，以学心听，以公心辨。不动乎众人之非誉，不治[①]观者之耳目，不赂贵者之权势，不利传辟[②]者之辞，故能处道而不贰，吐而不夺，利而不流，贵公正而贱鄙争，是士君子之辨说也。《诗》曰："长夜漫兮，永思骞兮。大古[③]之不慢兮，礼义之不愆兮，何恤人之言兮！"此之谓也。

注解

①治：当为"冶"字，通"蛊"。

②辟：通"僻"，邪僻不正。

③大（tài）古：远古。大，同"太"。

译文

谦让推辞的礼节有了，长少之间的辈分道理就理顺了，忌讳的话不说出来，奇谈怪论不说出口，用仁爱之心去说话，用学习的心去听，用公正的心去辨别。不为众人的非难或夸奖而动摇，不用动听的言辞去蛊惑别人的耳目，不赠送财物去买通权贵的势力，不传播邪说者的言辞，这样才能坚持正道而不背离，不受他人的胁迫而改变，口才流利而不流于世俗，重视公正的言论而鄙视争斗，这是君子的辩说。《诗经》上说："在那漫漫长夜里，常常记着自己的过错。对古人流传下来的道理不怠慢，对礼节毫不含糊，何必担心他人的言论呢！"说的就是这个意思。

原文

君子之言，涉然而精，俛[1]然而类，差差[2]然而齐。彼正其名，当其辞，以务白其志义者也。彼名辞也者，志义之使也，足以相通则舍之矣；苟之，奸也。故名足以指实，辞足以见极，则舍之矣。外是者谓之讱，是君子之所弃，而愚者拾以为己宝。故愚者之言，芴然[3]而粗，啧然而不类，誻誻然[4]而沸。彼诱其名，眩其辞，而无深于其志义者也。故穷藉而无极，甚劳而无功，贪而无名。故知者之言也，虑之易知也，行之易安也，持之易立也，成则必得其所好而不遇其所恶焉。而愚者反是。《诗》曰："为鬼为蜮，则不可得；有靦面目，视人罔极。作此好歌，以极反侧。"此之谓也。

注解

①俛：同"俯"，俯就，贴近。

②差差（cī）：参差不齐。

③芴（hū）然：同"忽然"，没有根据的样子。

④誻誻（tà）然：嘈杂的样子。

译文

君子的话，深刻而又精辟，中肯而又有条理，纷繁而又一致。他用的名称正确，词语恰当，努力表明他的思想。那些名称、词语，是表明思想的，能够沟通就可以了；如果乱用，就是奸言。所以，名称能够说明事实，词语能够表达思想，就可以了。离开这一标准而故意讲一些难以理解的话，这是君子要摒弃的行为，而愚蠢的人才会把这当作自己的宝贝。所以，愚蠢之人的话，没有根据而又粗浅，杂乱没有条理，七嘴八舌吵吵闹闹。他用诱人的名称，用使人缭乱的词语，却没有深刻的思想内容。所以他翻遍了书籍却无法表达思想，非常辛苦却没有功效，贪图名望却得不到。所以聪明人的言语，思考之后很容易就明白了，实行起来又非常容易做到，坚持起来又能站住脚，有所成就必定可以得到自己所喜欢的，而不会遇到自己所厌恶的。愚蠢的人正好与此相反。《诗经》上说："是鬼还是怪，还不能知道；丑陋的面目，终将被人看透。作了这首好歌，以此戳穿你这个反复无常的小人。"说的就是这种人。

原文

凡语治而待去欲者，无以道欲而困于有欲者也。凡语治而待寡欲者，无以节欲而困于多欲者也。有欲无欲，异类也，生死也，非治乱也。欲之多寡，异类也，情之数也，非治乱也。欲不待可得，而求者从[①]所可。欲不待可得，所受乎天也；求者从所可，受乎心也。所受乎天之一欲，制于所受乎心之多，固难类所受乎天也。人之所欲，生甚矣；人之所恶，死甚矣。然而人有从生成[②]死者，非不欲生而欲死也，不可以生而可以死也。故欲过之而动不及，心止之也。心之所可中理，则欲虽多，奚伤于治！欲不及而动过之，心使之也。心之所可失理，则欲虽寡，奚止于乱！故治乱在于心之所可，亡于情之所欲。不求之其所在，而求之其所亡，虽曰我得之，失之矣。

注解

①从（zòng）：通"纵"，放纵，此指放弃。

②成：趋向。

译文

但凡谈论治理国家而建议去掉欲望的，却没有办法引导人们的欲望，反倒被欲望所困。但凡谈论治理国家而建议减少欲望的，却没有办法节制欲望，反倒被欲望所困。有欲望和没有欲望，这是不一样的，这是生和死的区别，不是治乱的问题。欲望的多少，这是不一样的，是人性情的必然现象，不是治乱的问题。人的欲望不是在所欲之物可能得到的情况下才产生，追求欲望得到满足的人总是认为其可能得到而争取。欲望不是在所欲之物可能得到的时候才有，而是生来就有的；追求欲望的人从实际情况出发去追求，这是受了内心的支配。天生就有单纯的欲望，而受到内心种种顾虑的支配，所以难以同天生的单纯的欲望再相类比。人的欲望，莫过于生了；人所厌恶的，莫过于死了。纵然这样，还是有人放弃了生而去死的，不是他不愿意生而愿意死，而是在某种情况下不能够苟且偷生而应该杀身成仁。所以欲望非常强烈而行动却不想跟上，是受到了心的支配。心认为符合道理，即使欲望非常多，又对治理国家有什么伤害呢！欲望没有那么强烈而行为却过度了，这也是心支配的。心中的欲望不符合道理，即使欲望非常少，对于祸乱的制止又有什么好处呢！所以，治乱在于心的支配，与情欲的多少是没有任何关系的。不在关键的方面去寻求国家治乱的原因，却从无关的方面去寻求，即使说我找到了，其实还是丢失了。

原文

性者，天之就也；情者，性之质也；欲者，情之应也。以所欲为可得而求之，情之所必不免也；以为可而道之，知[1]所必出也。故虽为守门，欲不可去，性之具也。虽为天子，欲不可尽。欲虽不可尽，可以近尽也；欲虽不可去，求可节也。所欲虽不可尽，求者犹近尽；欲虽不可去，所求不得，虑者欲节求也。道者，进则近尽，退则节求，天下莫之若也。

注解

①知：通“智”。

译文

本性，是上天成就的；感情，是本性的实质；欲望，是感情的反应。认为自己的欲望可以达到就去追求，这是感情上不可避免的；认为欲望可以达到就去实行，这是人的智慧必然做出的。所以即使一个守门的小卒，欲望也是不可能去掉的，这是本性所具有的。即使是天子，欲望也是没有尽头的。欲望虽然没有尽头，但是可以接近满足；欲望虽然不能去掉，但是可以节制它。因此欲望虽然不能得到满足，但是对欲望的追求还是可以接近满足的；欲望虽然不可以去掉，追求的虽然达不到，但是善于思虑的人可以抑制自己的追求。按照正确的原则行事，在条件允许的情况下尽量满足，在条件不允许的时候节制自己的欲望，天下没有比这更好的了。

原文

凡人莫不从其所可，而去其所不可。知道之莫之若也，而不从道者，无之有也。假之有人而欲南无多，而恶北无寡，岂为夫南者之不可尽也，离南行而北走也哉？今人所欲无多①，所恶无寡②，岂为夫所欲之不可尽也，离得欲之道而取所恶也哉？故可道而从之，奚以损之而乱！不可道而离之，奚以益之而治！故知者论道而已矣，小家珍说之所愿皆衰矣。

注解

①无多：无所谓多，指再多也不嫌多。

②无寡：无所谓少，指再少也不嫌少。

译文

大凡人都是顺从自认为正确的原则来做事，而抛弃自认为不正确的原则。了解了为人处世原则的，都会这样做的，不按照为人处事原则来做事的人，是没有的。假如有个人想去南方，不管路程有多远都会去，如果不想去北方，不管多近都不会去的，难道说由于南方的路程比较远，就离开南方去北方吗？现在人想获得的不嫌多，厌恶的不嫌少，难道说由于欲望多，就背离欲望而取自己所厌恶的吗？因此，符合道义的欲望就顺从它，为什么要损害它而使国家混乱呢！不符合道义的就要抛弃它，为什么要增加它而使国家安定呢！所以聪明的人只是根据道义来行事，百家邪学的愿望就都衰亡了。

原文

凡人之取也，所欲未尝粹①而来也；其去也，所恶未尝粹而往也。故人无动而不可以不与权②俱。衡③不正，则重县④于仰而人以为轻，轻县于俛而人以为重，此人所以惑于轻重也。权不正，则祸托于欲而人以为福，福托于恶而人以为祸，此亦人所以惑于祸福也。道者，古今之正权也，离道而内自择，则不知祸福之所托。

注解

①粹：纯粹，引申为完全、彻底。

②权：秤锤。这里引申为衡量行为的准则，即“道”。

③衡：秤杆，秤。

④县：同“悬”，挂。

译文

凡是人想得到东西时，他不一定能够完全得到；想去掉东西时，他所厌恶的不一定都能去掉。所以，人的行动没有不加以衡量的。衡器不准确，那么挂上重物仰起来而人们会认为是轻的，挂上轻物低下去而人们会认为是重物，这是人被轻重迷惑的缘故。衡量的标准不正确，祸患就会包含在欲望之中，人却认为它是福气，福气包含在厌恶的事情中，人认为那是祸患，这是人被祸福迷惑的缘故。道义，这是古今都正确的衡量标准，背离了道义却遵从自己内心的选择，就不会知道祸福在什么地方了。

原文

易者以一易一，人曰无得亦无丧也；以一易两，人曰无丧而有得也；以两易一，人曰无得而有丧也。计者取所多，谋者从所可。以两易一，人莫之为，明其数也。从道而出，犹以一易两也，奚丧？离道而内自择，是犹以两易一也，奚得？其累百年之欲，易一时之嫌①，然且为之，不明其数也。

注解

①嫌：嫌恶。

译文

交换是指拿一件东西来换取另一件东西，人们说这是没有得到也没有损失；拿一件东西换取两件东西，人们说这是没有什么损失而是有收获；拿两件东西换取一件东西，人们说这是没有得到什么而是损失。善于计算的人希望换取很多，善于谋划的人遵从自己认为合适的办法。拿两件东西换取一件东西，没有人会这么做的，因为明白数量关系。依从道义行动，就好像拿一件东西来换取两件东西，这又有什么损失？背离道义而遵从自己内心来选择，就好像拿两件东西换取一件东西，这又收获了什么？积累了百年的欲望，换取一时的嫌恶，就是这样也还去做，这是不知道数量关系。

原文

有尝试深观其隐而难其察者，志轻理而不重物者，无之有也；外重物而不内忧者，无之有也。行离理而不外危者，无之有也；外危而不内恐者，无之有也。心忧恐则口衔刍豢而不知其味，耳听钟鼓而不知其声，目视黼黻①而不知其状，轻暖平簟②而体不知其安。故向万物之美而不能嗛③也，假而得问而嗛之，则不能离也。故向万物之美而盛忧，兼万物之利而盛害。如此者，其求物也，养生也？粥寿也？故欲养其欲而纵其情，欲养其性而危其形，欲养其乐而攻其心，欲养其名而乱其行。如此者，虽封侯称君，其与夫盗无以异；乘轩④戴絻⑤，其与无足无以异。夫是之谓以己为物役矣。

注解

①黼（fǔ）黻（fú）：绣有华美花纹的礼服。

②簟（diàn）：竹席。

③嗛（qiè）：满足。

④轩：一种有篷遮蔽的车，为卿大夫及诸侯夫人等达官贵人所乘。

⑤絻（miǎn）：同“冕”，大夫以上的贵族所戴的礼帽。

译文

我又试着寻找隐蔽而又难以觉察的事情，内心轻视道义而又不重视物质的人，是根本没有的；重视外物而又内心不忧虑的人，是根本没有的。行为背离道义而又不遭受危险的人，是根本没有的；遭受外来危险而内心不忧虑的人，是根本没有的。内心恐惧，就是嘴里吃着美味佳肴也不知道味道，耳朵里听着美妙的音乐也不知道旋律，眼睛里看着华丽的衣服也不知道模样，穿着轻柔暖和的衣服睡在平整的竹席上，身体也不会觉得舒适。所以，享受着世间的美妙却不能得到满足，假如得到一会儿满足，忧虑的心情还是不能离他而去。所以，享受着世间万物的美妙而怀有忧虑的心情，得到万物的利益却危害着自身。像这样的人，他追求物质，是为了养生？还是出卖自己的寿命？所以，想要满足自己的欲望却放纵自己的感情，想要放纵自己的本性却危害自己的身体，想要得到享乐却伤害自己的心志，想要得到好名声却败坏了自己的行为。像这样的人，即使封侯了或者成为君主了，也与盗贼没有什么区别；乘着豪华的车、戴着礼帽，也与衣食不足的人没有什么区别。这就是被物欲所役使的人。

原文

心平愉，则色不及佣[①]而可以养目，声不及佣而可以养耳，蔬食[②]菜羹而可以养口，粗布之衣、粗纠之履而可以养体，屋室、庐庾、葭稾[③]蓐、尚几筵[④]而可以养形。故无万物之美而可以养乐，无势列之位而可以养名。如是而加天下焉，其为天下多，其和乐少矣，夫是之谓重己役物。无稽之言，不见之行，不闻之谋，君子慎之。

注解

①佣：通“庸”，一般，平常。

②蔬食：同“疏食”，粗食。

③稾（gǎo）：谷类植物的茎秆。

④筵：竹制的垫席。

译文

心情平静愉快，即使颜色不漂亮也可养眼，音乐不悦耳也可满足耳朵，粗食菜羹也可满足口欲，粗布衣服、粗麻鞋子也可满足身体，小屋子、芦苇做的窗帘、草褥子、低矮的桌子和竹制的垫席也可满足身体要求。所以即使没有世间万物美妙的东西也可享受乐趣，没有高官厚禄也可得到好名声。像这样的人若是得到天下，就会为天下人想得多，为自己的安和快乐想得少，这就是看重自己而役使外物的人。没有根据的话语，没有见过的行为，没有听说过的谋略，君子要慎重地对待。

读解

子路曰："卫君待子而为政，子将奚先?"子曰："必也正名乎!"子路曰："有是哉，子之迂也！奚其正?"子曰："野哉，由也！君子于其所不知，盖阙如也。名不正则言不顺，言不顺则事不成，事不成则礼乐不兴，礼乐不兴则刑罚不中，刑罚不中，则民无所措手足。故君子名之必可言也，言之必可行也。君子于其言，无所苟而已矣。"

上段话出自《论语·子路第十三》，讲的是正名的重要性。名分是国家兴衰的关键，关系着礼乐、刑罚，所以荀子也写了《正名》来进一步阐述孔子的正名思想。

本篇主要论述了名称与它所反映的实际内容的关系，以及如何制定名称的问题，它是中国古代逻辑学中的重要篇章之一。

荀子认为，事物叫什么名字是"约定俗成"的，但是这种"约定俗成"建立在客观事物的实际基础之上，所以给事物定名称的时候要"稽实"。在这里，荀子发扬了他尊重客观事实的现实主义精神，与其他一些空谈的学说有很大的不同，值得我们赞赏、学习。

另一方面，名称虽然受制于实际内容，但它一经确定又能对实际内容产生影响，即"名定而实辨"。随着时间和客观实际的变化，事物的名称也是会变化的。

在社会政治领域内，"正名"能"明贵贱""辨同异""率民而一"，这也就是荀子强调"正名"的政治内涵。此外，荀子还为欲望进行"正名"，强调欲望是客观存在的，只可节制，而无法根除，这种观点是很客观的。

【事例一】

刘邦统一天下之后，第一件要做的事情就是按功劳的大小来分封天下。但是当时刘邦队伍里的成分很复杂，既有功勋元老，也有各方势力的降将，更有以前和自己作对的人。刘邦分封了与自己亲近的有功之臣却并没有稳定军心，其他未受到封赏的部分军官开始聚众图谋造反。怎么分封才能让众人满意，刘邦忧心忡忡。后来刘邦采取了张良的建议，封赏自己平生最恨的雍齿为侯，才使群臣的人心安定下来，因封一人而安天下。

封侯风波

西汉高帝六年正月，刘邦开始对有功之臣进行封赏，凡是在战斗中立功的臣子，都受到了大小不一的赏赐。一些还没有被封的人焦躁不安，算计着自己功劳的大小，互不服气，日夜争吵不休，封赏难以顺利进行。

这天，刘邦坐在洛阳南宫，放眼望去，远处不少将领三五成群地聚集在沙地上，神情诡异地低声交谈。他很纳闷儿，不解地问陪在身边的留侯张良："他们这么神神秘秘的，在说些什么？"

张良说："陛下不知道吗？他们在谋反。"

刘邦吃了一惊："什么？天下好不容易才平定下来，为什么他们还要造反？"

张良解释道："陛下由布衣起兵，夺得天下都是靠了他们。如今陛下当了天子，只封赏那些与陛下关系密切、受陛下喜爱的人，而杀掉那些陛下痛恨的人。现在军吏正在统计战功，但天下再大也分封不了所有的有功之士。他们害怕不能全部封赏，又害怕陛下记恨他们平日的过失而杀了他们，所以聚在这儿准备造反呢！"

刘邦忧心忡忡地问："怎么办才好？"

张良说："陛下平生最憎恨的人是谁？"

刘邦说："那就是雍齿了，我还没和他算旧账呢！他害我几次陷入了困境，让我受到极大的侮辱。我真想杀了他，只是念他功劳太大，下不了手。"

张良说："那就先封雍齿，让群臣放心。群臣见陛下最痛恨的人都能得到封赏，人心自然也就安定了。"

刘邦很欣赏张良的妙计，马上大开宴席，召集群臣开怀痛饮。酒席间宣布雍齿为什邡侯，并命令丞相和御史们加快定功封赏的步伐。

酒宴结束后，群臣都高兴地说："连雍齿都被封侯了，我们还担心什么呢？"

【事例二】

孔子说："名不正则言不顺，言不顺则事不成。"（《论语·子路第十三》）荀子在本篇中强调了"正名"的重要性，认为一些奇异的名称会让百姓无所适从，这一点，王莽是个反面典型。

王莽改制

王莽是西汉末年外戚，他靠着简朴、好学、谦逊的态度赢得了天下人的好感，官位一路高升，最后当了大司马，掌握了朝政大权。此后他废立皇帝，成为朝廷实际上的统治者，并最终在公元9年篡汉称帝，建立新朝。

王莽熟读儒家经典，一心想创造一个儒家学说中赞扬的"大同社会"。于是，他进行了一系列改革，史称"王莽改制"，企图恢复西周时代的周礼制度。王莽改革的重要举措包括实行土地国有制，推行井田制。但是，这一根本性的措施遭到了土地所有者的强烈反对，王莽无法坚持，只得放弃。此外，王莽还实行了"六筦"等增加税收的财政经济政策，也没有起到预期的效果。他推行的币制改革，则让货币体制变得更加混乱，百姓们苦不堪言。

如果说以上政策初心还是好的，那他根据个人喜好更改官名、地名等，则纯属画蛇添足。例如，他将大司农改名为羲和，少府改名为共工，中尉改名为军正，太守改名为大尹、连率等，都是一些毫无意义的改动，且新更改的官制盲目与古籍相合，已经不适合时代的要求了。王莽还热衷于改地名，当时全国一半以上的郡名和县名都改了，据说有的地方一年之内改了五次名，连印都来不及刻。老百姓对他的朝令夕改感到厌倦不已。

总的来说，王莽改制往往在名字上做文章，多数都是名目上的复古，不仅设置不合理，一些核心的改革也不敢或不能贯彻下去，于是彻底沦为一场闹剧。很多违背客观规律的改革是注定要失败的，王莽推行政策时又操之过急，以致损害了大多数人的利益，引发了广泛的不满。于是，席卷全国的起义爆发了，王莽也丧身于起义军之手。

赋

原文

爰[①]有大物，非丝非帛，文理[②]成章[③]。非日非月，为天下明。生者以寿，死者以葬。城郭以固，三军以强。粹而王，驳而伯，无一焉而亡。臣愚不识，敢请之王。王曰：此夫文而不采者与？简然易知而致有理者与？君子所敬而小人所不者与？性不得则若禽兽，性得之则甚雅似[④]者与？匹夫隆之则为圣人，诸侯隆之则一四海者与？致明而约，甚顺而体，请归之礼。礼

注解

①爰（yuán）：于，在这里。

②文理：这里语带双关，表面指丝织品的花纹，实指礼节仪式。

③章：语带双关，表面指有花纹的纺织品，实指规章制度。

④似：语气助词。

译文

这里有一个庞然大物，不是丝绸，不是帛，条理清晰，蔚然成章。不是太阳，不是月亮，却能使天下都光明。活着的人得以长寿，死了的人得以安葬。城郭得以稳固，三军得以强大。完全运用就能称王，不完全按照它来做，也能称霸诸侯，完全不按照它来做就会灭亡。我很愚昧不认得此物，向大王请教。大王说：这个物体有条理而不够华丽吧？简单明了而又有条理吧？是君子所敬重的，也是小人所没有的吧？若是本性中没有就如同禽兽，本性中

若是有了就非常端正吧？普通人若是敬重它就会成为圣人，诸侯若是敬重它就会统一天下？最简单也最明了，非常顺畅得体，就把它归结为礼吧。以上是礼赋。

原文

皇天隆①物，以示下民，或厚或薄，帝不齐均。桀、纣以乱，汤、武以贤。涽涽②淑淑③，皇皇④穆穆⑤，周流四海，曾不崇日。君子以修，跖以穿室。大参乎天，精微而无形。行义以正，事业以成。可以禁暴足穷，百姓待之而后宁泰。臣愚不识，愿问其名。曰：此夫安宽平而危险隘者邪？修洁之为亲而杂污之为狄者邪？甚深藏而外胜敌者邪？法禹、舜而能弇⑥迹者邪？行为动静，待之而后适者邪？血气之精也，志意之荣也，百姓待之而后宁也，天下待之而后平也，明达纯粹而无疵也，夫是之谓君子之知⑦。知

注解

①隆：通“降”，降下。
②涽涽：水混浊的样子，喻指神志不清。
③淑淑：水清澈的样子，喻指头脑清醒。
④皇皇：盛大的样子，形容智慧的浩瀚。
⑤穆穆：细微的样子，形容智慧的无声无息。
⑥弇（yǎn）：覆盖，承袭。
⑦知：通“智”。

译文

上天降下一种东西，赐给了人民，有的多有的少，经常不均匀。桀、纣因此而祸乱，汤、武因此而贤能。混混沌沌，清清明明，大而又大，小而又小，流行于四海，走遍天下，还不到一天的时间。君子用它来修身养性，盗距用它来穿堂越室。大的可以直达天上，精细微小的根本没有形状。举止容貌因为它而端正，事业因为它而成功。可以用来禁止暴力，使穷人变得富有，百姓有了它之后，才能生活富足安康。我因为愚蠢不认得，愿意知道它的名字。回答：它使宽厚平和的安全而使阴险狭隘的危险吧？对修身养性的人亲近而对污浊的人疏远吧？藏得非常深而又能在外战胜敌人吧？效法大禹、舜而能沿袭他们的道路吧？行为举止依靠它才会恰当吧？这是血气凝聚的精华，是思想的花朵，百姓依靠它才得到安宁，天下依靠它才得到和平，明白纯粹而且没有任何瑕疵，这就是君子的智慧。以上是智赋。

原文

有物于此，居则周静致下，动则綦高以钜。圆者中规，方者中矩。大参天地，德厚尧、禹。精[1]微乎毫毛，而大盈乎大寓。忽兮其极之远也，攭[2]兮其相逐而反也，卬卬[3]兮天下之咸蹇也。德厚而不捐，五采备而成文。往来惽惫，通于大神，出入甚极，莫知其门。天下失之则灭，得之则存。弟子不敏，此之愿陈，君子设辞，请测意之。曰：此夫大而不塞者与？充盈大宇而不窕[4]，入郄[5]穴而不逼者与？行远疾速而不可托讯者与？往来惽惫而不可为固塞者与？暴至杀伤而不亿忌者与？功被天下而不私置者与？托地而游宇，友风而子雨。冬日作寒，夏日作暑。广大精神，请归之云。云

注解

①精：小。

②攭（lì）：旋转的样子。

③卬卬：同“昂昂”，高高的样子。

④窕：有间隙。

⑤郄：同“隙”，空隙。

译文

这里有一种东西，静止的时候就会安安静静，活动的时候就会非常高大和庞大。圆形的可以符合圆规，方形的可以符合曲尺。广大的可以和天地相比，品德比尧禹还高尚。精细微小的时候比毫毛还小，大的时候能充满整个宇宙。忽然之间达到非常遥远的地方，回旋时互相追逐往返，聚集化成雨之后，天下万物都能得到它的滋润。德行敦厚而不遗弃人，有了许多颜色就能成为美丽的花纹。来去昏暗隐蔽，变幻莫测，出入很快，没有人知道它从什么地方来的。天下若是没有它就会灭亡，得到它才能生存。弟子不聪明，只能将这种现象加以描述，君子设立这一隐辞，请猜测它是什么。回答说：这东西庞大而又不会堵塞吧？充满整个宇宙而又不留空隙，进入隙穴而不会感到狭窄吧？能飞快地行走很远却不能托付口信吧？来来往往非常隐蔽，不会停留在一地吧？突然猛烈地到来，杀伤万物而毫无顾忌吧？它的功德可以与天相比，却不偏私吧？生于地上而悠游于天空之中，和风做朋友，雨是它的儿子。冬天兴起寒流，夏天兴起热浪。它非常广大，至精至神，这就可以归结为云。以上是云赋。

原文

有物于此，儳儳[1]兮其状，屡化如神。功被天下，为万世文。礼乐以成，贵贱以分。养老长幼，待之而后存。名号不美，与暴为邻。功立而身废，事成而家败。弃其耆老[2]，收其后世。人属所利，飞鸟所害。臣愚而不识，请占之五泰。五泰占之曰：此夫身女好而头马首者与？屡化而不寿者与？善壮而拙老者与？有父母而无牝牡者与？冬伏[3]而夏游，食桑而吐丝，前乱而后治，夏生而恶暑，喜湿而恶雨。蛹以为母，蛾以为父。三俯三起，事乃大已。夫是之谓蚕理。蚕

注解

①儽儽（luǒ）：没有羽毛的样子。

②耆老：老年人。指蚕蛾。

③伏：蛰伏，指蚕眠。即蚕每次蜕皮前不食不动的现象。蚕在生长过程中要蜕皮四次。

译文

这里有一种东西，它的样子赤身裸体，多次变化奇妙如神。功德覆盖天下，成为万世的文饰。礼仪和音乐依靠它才成功，贵贱依靠它才得以分明。养活老人，扶持幼小，这都要依靠它才能办到。它的名字并不美好，和残暴相近。功业建立之后就全身而退，事情办完了家庭就败落了。人们丢弃它的老人，而收养它的后代。被人类利用，也被飞鸟伤害。我由于愚蠢不认得，请五泰占卜。五泰占卜后说：这东西柔软美好，然而头部像马头吧？它经常变化却不长寿吧？它健壮的时候受到优待，老的时候就被抛弃了吧？它有父母却没有雌雄之分吧？它冬天蛰伏而夏天游动，吃的是桑叶而吐出来的是细丝，开始非常乱，后来就非常有条理了，夏天出生而厌恶酷暑，喜欢潮湿的地方而讨厌雨水。蛹是母亲，蛾是父亲。三次睡眠而又三次苏醒，事情才算成功。这就是蚕理。以上是蚕赋。

原文

有物于此，生于山阜，处于室堂。无知无巧，善治衣裳。不盗不窃，穿窬[①]而行。日夜合离，以成文章。以能合从[②]，又善连衡[③]。下覆百姓，上饰帝王。功业甚博，不见贤良。时用则存，不用则亡。臣愚不识，敢请之王。王曰：此夫始生钜，其成功小者邪？长其尾而锐其剽[④]者邪？头銛[⑤]达[⑥]而尾赵缭者邪？一往一来，结尾以为事。无羽无翼，反复甚极。尾生而事起，尾邅[⑦]而事已。簪以为父，管以为母。既以缝表，又以连里。夫是之谓箴理。箴

注解

①穿窬（yú）：打通洞。这里语意双关，表面指打通墙洞入室偷窃的行为，实指针钻洞缝纫的动作。窬，洞。

②合从：同“合纵”。战国时，苏秦游说山东六国诸侯联合抗秦，六国的位置呈南北向，故称合纵。此文字面上借用这“合纵”一词，实际上喻指针能将竖向的东西缝合在一起。从，通“纵”，竖向，南北方向。

③连衡：战国时，秦国为了对付合纵，采纳张仪的主张，与六国分别结成联盟，以便各个击破。秦在六国之西，东西联合，故称连横。此文字面上借用这“连衡”一词，实际上喻指针缝合横向的东西。衡，通“横”，横向，东西方向。

④剽（biǎo）：末梢，指针尖。

⑤铦（xiān）：锐利。

⑥达：畅通无阻、来去自由的样子。

⑦邅（zhān）：转，回旋，指打结。

译文

这里有一种东西，生于山丘，居住在屋子。没有知觉也不灵巧，善于编制衣服。不偷盗也不行窃，却穿洞而行。不分日夜地把分离的东西合并在一起，从而变成各种花纹。既能合纵，又能连横。下至百姓，上至帝王。功劳非常大，却不显示自己的贤良。用的时候就存在，不用的时候就消失。为臣我愚钝不认得此物，冒昧请教大王。大王说：这东西开始制作时很大，制成时很小吧？它的尾巴长长的而头部尖尖的吧？头部很尖锐而末尾很细长吧？它一来一往，结线打结才开始做事。没有羽毛也没有翅膀，往返来回很迅速。把线穿在尾巴上面就开始干活儿，把线回旋打结后就大功告成了。簪子被看作是它的父亲，管子被看作是它的母亲。既能够缝衣服的表面，又能缝衣服的里面。这就是针的道理。以上是针赋。

原文

天下不治，请陈佹[①]诗：天地易位，四时易乡[②]。列星殒坠，旦暮晦盲。幽晦登昭，日月下藏。公正无私，反见纵横；志爱公利，重楼[③]疏堂；无私罪人，憼[④]革[⑤]贰兵。道德纯备，谗口将将。仁人绌[⑥]约[⑦]，敖暴擅强。天下幽险，恐失世英。螭龙为蝘蜓，鸱枭为凤皇。比干见刳，孔子拘匡。昭昭乎其知之明也，郁郁乎其遇时之不祥也，拂乎其欲礼义之大行也，暗乎天下之晦盲也。皓天不复，忧无疆也。千岁必反，古之常也。弟子勉学，天不忘也。圣人共[⑧]手，时几将矣。与[⑨]愚以疑，愿闻反辞。

注解

①佹（guǐ）：同“诡”，奇异激切。因为诗中揭露了天下各种奇异反常的现象，所以称“佹诗”。

②乡：通“向”，方向。

③重楼：重叠之楼，即楼房。

④憼（jǐng）：同“儆”，戒备，防备。

⑤革：铠甲，指代战争。

⑥绌：通“黜”，废，贬退。

⑦约：穷困。

⑧共：通“拱”，拱手，两手在胸前相合，表示恭敬。

⑨与：通“予”“余”，我。

译文

天下不安定，请听我陈述几首怪异的小诗：天地换了位置，四时转移了方向。各种星星都坠了下来，从早到晚都是灰蒙蒙的。幽暗的事物登上了明显的地位，日月却藏起来了。公正无私被诬蔑为反复无常的小人；立志为了公众的利益，却被说成是索要高楼大堂；不愿意因为私怨得罪人，却被作为敌人来严防。道德高尚却被谗言攻击。仁德的人被罢免穷困，傲慢骄横的人却得到重用。天下幽暗危险，恐怕一时的英杰已失去了。蛟龙被看成壁虎，猫头鹰却被看成凤凰。比干被挖心，孔子被拘留在匡地。他们的智慧是多么明晰，他们的遭遇却是那么不吉祥，他们想要实行的礼仪是多么美好，世上的人又是多么地昏暗不明。浩瀚的上天一去不复还，他们的忧虑没有完毕的时候。经过千年之后必定会达到安定，这是古代的常理。弟子们勤勉地学习，上天是不会忘记的。圣人拱手而立，等待上天赐予时机。我愚昧而又疑惑，愿意听到反复的陈述。

原文

其小歌曰：念彼远方[①]，何其塞[②]矣。仁人绌约，暴人衍矣。忠臣危殆，谗人服矣。琁[③]、玉、瑶[④]、珠，不知佩也。杂布与锦，不知异也。闾娵[⑤]、子奢，莫之媒也。嫫母、力父，是之喜也。以盲为明，以聋为聪；以危为安，以吉为凶。呜呼上天，曷维其同！

注解

①远方：这是一种委婉之辞，实指荀子所在的楚国。

②塞：阻塞，指仕途不畅，贤能不被任用。

③琁：似玉的美石。

④瑶：美玉。

⑤闾娵（jū）：战国时魏国的美女。

译文

小歌中唱道：想起那遥远的地方，是何等的闭塞。仁德的人被罢免遭贫困，残暴的人到处横行。忠臣快要危险了，奸人却得到重用。美石、美玉、珠宝，却不知道佩戴。把粗布和锦帛放在一起，不知道它们的区别。美女闾娵和美男子子奢，都没有人为他们说媒。嫫母、力父这样丑陋的人却受到欢迎。把盲人作为视力好，把聋人当作耳聪；把危险当作安全，把吉祥看作凶险。呜呼苍天，我怎么能同这样的人同道呢！

读解

“赋”的意思是铺叙朗诵，引申为一种着意铺陈事物、不歌唱而朗诵（又叫“不歌而诵”）的文体名称。它跟诗一样，也是全篇押韵，一直被认为是古诗的一个分类。但是赋的句式和散文更像，并无固定格式，所以它实际上是一种有韵的散文，介乎诗歌与散文之间。把赋作为一种文体的名称，即肇始于荀子这篇《赋》，所以本篇在中国文学史上具有特别重要的地位。

当然，赋作为一种文体，有其发展过程。荀子的《赋》，与后来的古赋、骈赋、律赋、文赋等相比，具有不同的特点。本篇中的五篇赋，每篇描写一件事物。其中前一半是一种句式较为整练而接近于诗的谜语，后一半则是一种句式较散而接近于《楚辞·卜居》的猜测之辞，末尾则点出谜底。至于本篇末尾的一首诗和一首歌，则和前五篇赋稍微有些不同。它不是猜谜的形式，而是以比较明白的语句来揭露社会上的不寻常现象，更具有政治诗的意味。

值得指出的是，前五篇赋具有假物寓意的特色。文中对“礼”“知”的铺叙固然在宣扬荀子的政治主张而毋庸赘述。即使对“云”“蚕”“针”的描画，也别具深意，如云“德厚而不捐”“功被天下而不私置”，蚕“养老长幼”“功立而身废”，针“下覆百姓，上饰帝王”，作者的主张和思想都寄寓其中。这种托物讽喻的特点对后代“劝百讽一”的赋颂传统的形成无疑具有极大的影响。

【事例一】

司马相如是西汉时期的词赋名家，他的代表作有《子虚赋》《上林赋》等名篇大赋。但是民间流传最久的还是他和卓文君的故事。

司马相如

司马相如是蜀郡成都人，字长卿。他小时候很喜欢念书，也好练剑，他父母给他取名犬子。司马相如完成学业后，对蔺相如很是仰慕，就为自己改名相如。开始的时候，他凭借家中富有的资财而被授予郎官之职，侍卫孝景帝，做了武骑常侍，但这并非他的爱好。正赶上汉景帝不喜欢辞赋，这时梁孝王前来京城朝见景帝，跟他来的都是善于游说的人，有齐郡人邹阳、淮阴人枚乘、吴县人庄忌先生等。他见到这些人，就喜欢上了，因此就借生病为由辞掉官职，旅居梁国。梁孝王让司马相如与这些读书人一同居住，司马相如才有机会与读书人、游说之士相处了好几年，于是写了《子虚赋》。

梁孝王去世以后，司马相如只得又回到了成都。然而这时他境况窘迫，自己又不会挣钱。司马相如一直和临邛县令王吉相交甚好，王吉说："长卿，你长期离乡在外求官任职，不太顺心，可以来我这里看看。"于是，司马相如前往临邛，暂住在城内的一座小亭中。

临邛县令佯装恭敬，天天都来拜访司马相如。最初，司马相如还是以礼相见。后来，他就谎称有病，让随从拒绝王吉的拜访。然而，王吉却更加谨慎恭敬。临邛县里富人多，像卓王孙家就有家奴八百人，程郑家也有数百人。二人相互商量说："县令有贵客，我们备办酒席，请请他，一并把县令也请来。"当县令到了卓家后，卓家的宾客已经上百人了。到了中午，去请司马相如，相如却推托有病，不肯前来。临邛县令见司马相如没来，不敢自己吃，还亲自去请司马相如。司马相如不得已，只好去了卓家，满座宾客都十分惊羡相如的风采。

酒兴正浓时，临邛县令走上前去，把琴放到司马相如面前，说："我听说长卿特别喜欢弹琴，希望聆听一曲，以助欢乐。"司马相如辞谢一番，便弹奏了一两支曲子。

卓王孙有个女儿叫文君，刚守寡不久，有才气，人长得漂亮，好音律，善鼓琴。司马相如尚未娶妻，又从王吉处得知文君是位多才多艺的贤淑女子，便生了求凰之心。所以司马相如佯装与县令相互敬重，而用琴声暗自诱发她的爱慕之情。司马相如来临邛时，车马跟随其后，仪表堂堂，文静典雅，甚为大方。待到相如来卓王孙家喝酒、弹奏琴曲时，卓文君偷偷地从门缝里看司马相如，心里很是高兴，特别喜欢他，又怕不太得当。宴会散了以后，司马相如托人给文君的侍者一些钱，托他向文君转达自己的倾慕之情。文君前思后想，感到如果错过如此关乎终身幸福的机会，自己恐怕将要饮恨终生，于是趁夜逃出家门，与司马相如私奔，司马相如便同文君急忙赶回成都。

进家所见，空无一物，只有四面墙壁立在那里。

卓王孙得知女儿私奔之事，大怒道："女儿极不成材，我不忍心伤害她，但也不分给她一个钱。"有的人劝说卓王孙，但他始终不肯听。

过了很长时间，文君觉得日子过不下去了，说："长卿，我们还是去临邛吧，就算向弟兄们借钱也能够活下去，不至于像现在这么穷啊！"司马相如就同文君来到临邛，把自己的车马全部卖掉，买下一家酒店，做卖酒生意，并且让文君亲自操持垆前酌酒应对顾客之事，而自己穿起犊鼻裤，与雇工们一起操作忙活，在闹市中洗涤酒器。卓王孙听到这件事后，感到很耻辱，因此闭门不出。

有人就开始劝说卓王孙，说："你有一儿两女，家中又有资财。现在，文君已经嫁给了司马相如，司马相如也不想再离家四处奔波了，他虽然穷困，但的确很有才华，值得依靠。况且他又是县令的贵客，为什么要这样轻视他呢！"卓王孙不得已，只好分给文君家奴一百人，钱一百万，以及她出嫁时的衣服、被褥和各种财物。文君就同司马相如回到成都，买了田地房屋，成为富有的人家。

【事例二】

"可怜夜半虚前席，不问苍生问鬼神"，说的就是贾谊和汉孝文帝之间的故事。贾谊是一位才华横溢的人，却不能施展抱负，到三十三岁就逝世了，的确是文坛的一大损失。

贾　谊

贾谊，祖籍河南洛阳，汉朝初期人。

贾谊小时候聪明好学，能写诗作文，才华卓越。还未成年，他的名声就传遍了家乡。当年，朝廷派吴廷尉做河南太守，此人也非常有才华，也因为惜才爱才而特别受人们的称誉。吴太守上任之后，很快就听说了贾谊的诸多事迹，于是将其召至门下，甚是爱惜。

孝文帝继承帝位之后，听说吴太守施政有方、官声颇佳，便召其入朝重用。

吴太守升迁之时，携贾谊同往京城，并将贾谊郑重推荐给了孝文帝。孝文帝见贾谊的确博学多才，是天下少有的才子，便封给贾谊博士的职位。

那时候，贾谊刚二十多岁，在同僚中他的年纪是最小的，但每次朝廷送来诏令的时候，别人都没有什么独到的见解，只有贾谊往往是语出惊人，不由得令众长者甘拜下风。

孝文帝见贾谊小小年纪，便有如此不凡的才学和胸襟，一年之内，便破格将其擢升为太中大夫。

孝文帝继位不久，汉室江山已日渐巩固，国家经济得以稳定发展，社会秩序日渐良好，开始呈现太平盛世的景象。于是，贾谊上书孝文帝，劝谏孝文帝趁天下太平之机，在全国境内修行历法、统一礼制、大兴礼乐，以显天子之威。孝文帝准允了贾谊的建议，并让他负责起草实施办法。贾谊奉命之后，更是勤奋努力，恪尽职守，颇得孝文帝的赞赏。

但是贾谊的年少得志让朝廷里面的很多老臣心怀不满，有的人向孝文帝说贾谊的坏话，认为贾谊年纪轻轻便有专欲擅权的倾向。孝文帝听这类话的次数多了，不由得动摇了过去对贾谊的看法。最后，贾谊被调离京城，出任长沙王太傅。

贾谊虽然年少，但经此宦海沉浮，对世事的认知也多了几分凝重，此次他被贬出京，心情非常抑郁，以致渡湘水时，瞻仰先贤遗迹，不由得感伤入怀，作了《吊屈原赋》。

在此赋之中，足见其悲世怜人的自伤情怀。

贾谊被贬到长沙，虽然是做长沙王太傅，但对一个志向高远、抱负远大的年轻人来说，就如同闲居一般。而文人学士，又多以情感细腻而著称，所以贾谊某日见一只鸟飞入自己房内，便不禁浮想联翩。又因长沙称此鸟为“服鸟”，于是他又作了《服鸟赋》。

一年之后，贾谊入朝叙职，孝文帝见到他之后，有恍如隔世之感。两人谈论治国之道，孝文帝又生垂爱之意，直至夜半方才允许贾谊返回。

随后，孝文帝任贾谊为梁怀王太傅。梁怀王乃孝文帝最疼爱的儿子，让贾谊来教导他，足见孝文帝对贾谊才学的认同和敬重。

其间，孝文帝加封淮南厉王等四人为诸侯，贾谊认为诸侯势力过于庞大，既不合礼制，又失控于朝廷，故而力谏孝文帝。但孝文帝不听。

几年以后，梁怀王坠马死亡。贾谊深深自责，从此以后一直郁郁不乐，第二年也去世了，年仅三十三岁。

宥坐①

原文

孔子观于鲁桓公之庙，有欹②器焉。孔子问于守庙者曰："此为何器？"守庙者曰："此盖为宥坐之器。"孔子曰："吾闻宥坐之器者，虚则欹，中则正，满则覆。"孔子顾谓弟子曰："注水焉。"弟子挹水而注之，中而正，满而覆，虚而欹，孔子喟然而叹曰："吁！恶有满而不覆者哉！"子路曰："敢问持满有道乎？"孔子曰："聪明圣知，守之以愚；功被天下，守之以让；勇力抚③世，守之以怯；富有四海，守之以谦。此所谓挹而损之之道也。"

注解

①宥（yòu）坐：宥，通"右"。宥坐，放在座位右边。

②欹（qī）：同"攲"，倾斜。

③抚：通"幠（hū）"，覆盖。

译文

孔子参观鲁桓公的寺庙，有一只倾斜的器具。孔子问守庙人："这是什么器具？"守庙人说："这大概是君主放在座位右边的一种器具。"孔子说："我听说这种放在座位右边的器具，空着不注水的时候就会倾斜，注了一半水的时候就会立正，注满水就会翻倒。"孔子回头对弟子说："注水吧。"弟子舀水注进去，注了一半的时候就立正了，注满了就翻倒了，空着没有水时就又恢复倾斜了，孔子感慨道："唉！哪里有满了还不翻倒的！"子路说："请问有保持盈满状态的办法吗？"孔子说："聪明有智慧，要用愚钝的样子来保持它；功盖天下，要用谦逊的姿态来保持它；勇敢有力而盖世，要用怯懦的样子来保持它；富甲天下，要用节俭来保持它。这就是所说的保持盈满状态的办法啊。"

原文

孔子为鲁摄[①]相，朝七日而诛少正卯[②]。门人进问曰："夫少正卯，鲁之闻人也，夫子为政而始诛之，得无失乎？"孔子曰："居！吾语女其故。人有恶者五，而盗窃不与焉：一曰心达而险，二曰行辟[③]而坚，三曰言伪而辩，四曰记丑而博，五曰顺非而泽。此五者有一于人，则不得免于君子之诛，而少正卯兼有之。故居处足以聚徒成群，言谈足以饰邪营众，强足以反是独立，此小人之桀雄也，不可不诛也。是以汤诛尹谐，文王诛潘止，周公诛管叔，太公诛华仕，管仲诛付里乙，子产诛邓析、史付。此七子者，皆异世同心，不可不诛也。《诗》曰：'忧心悄悄，愠[④]于群小。'小人成群，斯足忧矣。"

注解

①摄：扶助，帮助，代理。

②少正卯：相传为春秋时期的鲁国人，与孔子同时在鲁国讲学，两人针锋相对，孔子门下学生都去听讲。

③辟（pì）：通"僻"，偏僻，邪僻。

④愠（yùn）：含怒，生气。

译文

孔子担任鲁国的代理宰相，当政七天就诛杀了少正卯。弟子进来问他说：

"那少正卯，是鲁国的名人啊，先生刚当政就诛杀了他，没有什么错误吗？"孔子说："坐下！我告诉你其中的原因。人有五种罪恶，然而偷盗不包含在内：一是内心明达但行为险恶，二是行为怪僻而且固执不改，三是说话虚伪却又能言善辩，四是记诵怪异之事却又博学广识，五是顺从错误并且对其加以润色。人只要有这五种罪恶中的一种，就无法逃脱君子的诛杀，而少正卯这五种罪恶全部都有。所以他居住的地方足够聚众成群，他的言行举止足够粉饰邪恶迷惑大众，意志刚强得足够把错误的当成正确的从而来独树一帜，这是小人中的雄才，不能不诛杀他。之所以商汤诛杀尹谐，文王诛杀潘止，周公诛杀管叔，姜太公诛杀华仕，管仲诛杀付里乙，子产诛杀邓析、史付。这七个人，都是在不同的时代，有着相同的邪恶思想，不能不诛杀的。《诗经》上说：'忧心忡忡，对一群小人感到恼怒。'小人聚集成群，就足够让人担忧。"

原文

孔子为鲁司寇，有父子讼者，孔子拘之，三月不别。其父请止，孔子舍之。季孙闻之不说，曰："是老也欺予，语予曰：'为国家必以孝。'今杀一人以戮不孝，又舍之。"冉子以告。孔子慨然叹曰："呜呼！上失之，下杀之，其可乎？不教其民而听其狱，杀不辜也。三军大败，不可斩也；狱犴①不治，不可刑也，罪不在民故也。嫚②令谨诛，贼也；今生也有时，敛也无时，暴也；不教而责成功，虐也。已此三者，然后刑可即也。《书》曰：'义刑义杀，勿庸以即，予维③曰未有顺事。'言先教也。

注解

①犴（àn）：牢狱。

②嫚：同"慢"，怠慢，懈怠。

③维：表示判断，相当于"乃""是""为"。

译文

孔子担任鲁国的司法大臣，有父子俩去打官司，孔子拘留了儿子，三个月没有裁决。父亲请求结束官司，孔子就释放了他的儿子。季孙听说了这件事，很不愉快，说："这个老头子欺骗我，他告诉我说：'一定要用孝道来治理国家。'如今杀一个不孝的人，可以警示天下不孝的人，可是他又释放了这个人。"冉子把这些话转告给了孔子。孔子感慨地说："呜呼！君主有了过失，百姓把他杀了，这可以吗？不教育自己的民众却裁决他们，这是杀掉无辜的人。全军打了败仗，不能把他们全都杀了；法令不当，不能施加刑罚，因为罪责不在人民。制度法令怠慢，刑罚却非常严谨，这是残害；人的一生有限，然而敛收税赋是无限的，这是残暴；不进行教导却要求成功，这是虐待。制止这三种行为，之后刑罚才可以实施。《尚书》上说：'根据道义来刑罚，根据道义来杀人，也不要立即执行，是说没有把事情处理顺利妥当。'说的是要先进行教育。

原文

"故先王既陈之以道，上先服之；若不可，尚贤以綦①之；若不可，废不能以单②之；綦三年而百姓从往矣。邪民不从，然后俟之以刑，则民知罪矣。《诗》曰：'尹氏大师，维周之氐。秉国之均③，四方是维。天子是庳④，卑民不迷。'是以威厉而不试，刑错而不用，此之谓也。

注解

①綦（qí）：教导。

②单：通"殚"，畏惧，害怕。

③均：一种制造陶器所用的转轮，又称"陶旋轮"，后喻国政。

④庳（pí）：辅佐。

译文

“所以古代的圣王先向百姓讲述治国的道理，君主要首先实行；如果不能实行，就让贤能的人来教导百姓；如果还是不行，就罢免没有能力的人来威慑他们；那么三年之后百姓就会顺从教导了。奸邪的人如还是不顺从，就要对他们用刑罚，那么民众就知道自己的罪责了。《诗经》上说：‘尹太师是周朝的基石。掌握着国家的大权，天下靠他来维持。天子依靠他辅佐，使民众不迷失方向。’因此，严肃了权威，但可以不用，设置了刑罚措施，也可以不实施，说的就是这种道理啊。

原文

“今之世则不然：乱其教，繁其刑，其民迷惑而堕焉，则从而制之，是以刑弥繁而邪不胜。三尺之岸①而虚车不能登也，百仞之山任负车登焉，何则？陵迟故也。数仞之墙而民不逾也，百仞之山而竖子冯②而游焉，陵迟故也。今夫世之陵迟亦久矣，而能使民勿逾乎？《诗》曰：‘周道如砥，其直如矢。君子所履，小人所视。眷焉顾之，潸焉③出涕。’岂不哀哉！”

注解

①岸：崖。
②冯（píng）：登。
③潸焉：流泪的样子。

译文

“现在的社会却不是这样：教化混乱，刑罚繁多，人民迷惑而堕落，就用刑罚来制裁，这样一来，刑罚越来越繁重而奸邪的事情越来越多。三尺高的陡坡，空空的车子却不能上去，百丈高的山峰，重载的车子却可以上去，这是为什么？这是因为高山是一个从高到低的缓坡。几丈高的墙头，百姓不能越过，百丈高的山峰，小孩子却可以爬上去游玩，这也是由于山峰是一个由高到低的缓坡。现在世上的政令教化松弛，就像缓坡逐渐下滑一样，人民能不犯法吗？《诗经》上说：‘大道像磨刀石一样平坦，直直得像飞出去的箭头。君子所走的道路，百姓只能注视。流连回顾一下，泪珠潸潸。’难道不悲哀吗？”

原文

《诗》曰：“瞻彼日月，悠悠我思。道之云远，曷云能来。”子曰：“伊①稽首②，不其有来乎？”

注解

①伊（yī）：句首语气词。

②稽（qǐ）首：古时的一种礼节，跪下，拱手至地，头也至地。

译文

《诗经》上说：“远远看那太阳和月亮，我的思念绵绵不绝。道路是那样的遥远，他何时才能够回来。”孔子说：“和他志同道合，他难道不会来吗？”

原文

孔子观于东流之水，子贡问于孔子曰："君子之所以见大水必观焉者是何？"孔子曰："夫水，大遍与诸生而无为也，似德。其流也埤下，裾拘[①]必循其理，似义。其洸洸[②]乎不淈尽[③]，似道。若有决行之，其应佚若声响，其赴百仞之谷不惧，似勇。主量必平，似法。盈不求概，似正。淖约微达，似察。以出以入，以就鲜絜，似善化。其万折也必东，似志。是故君子见大水必观焉。"

注解

①裾拘（gōu）：曲折。

②洸洸（huàng）：通"滉滉"，汹涌的样子。

③淈（gǔ）尽：竭尽。

译文

孔子看向东流去的江水，子贡问孔子说："君子看见大水就要观看，这是为什么？"孔子说："水，孕育万物却没有什么目的，好像德。它向下流去，迂回曲折而遵循地势的规律，好像义。水流汹涌没有尽头，好像道。若是掘开堤岸，它奔腾像回应响声，奔赴万丈深渊而无所畏惧，好像勇。用水注入仪器一定是平平的，好像法。水盛满了不必刮平，好像正。水纤弱细小而无所不至，好像察。万物经过水的洗礼，就会新鲜洁净，好像善化。水即使经过了几万个弯曲还是朝向东方，好像志。所以，君子看见大水一定要观看。"

原文

孔子曰："吾有耻也，吾有鄙[①]也，吾有殆[②]也。幼不能强学，老无以教之，吾耻之。去其故乡，事君而达，卒[③]遇故人，曾[④]无旧言，吾鄙之。与小人处者，吾殆之也。"

注解

①鄙：看不起，轻视。

②殆：危险。

③卒（cù）：同"猝"，突然，仓促。

④曾（zēng）：副词，用来加强语气，常与否定词连用，翻译为"连……都"。

译文

孔子说："我认为有些事情是耻辱的，有些事情是卑鄙的，有些事情是危险的。幼年的时候不能勤奋地学习，老的时候没有什么可以教给别人，我认为这是一件耻辱的事情。离开故乡，侍奉君主从而显达，一旦遇到故人，竟然没有怀旧之言，我鄙视这样的人。和小人交朋友，我认为这是危险的事情。"

原文

孔子曰："如垤[①]而进，吾与之；如丘而止，吾已矣。"今学曾未如疣赘，则具然欲为人师。

注解

①垤（dié）：蚂蚁做窝时堆在穴口的小土堆，也叫蚁封、蚁冢。这里泛指小土堆。

译文

孔子说："成就就像堆土堆一样，我赞赏这样的人；如果像成形的丘陵却停止，我就不赞同这样的人。"现在人所学的还不如人身上长的肉瘤，就自我满足地想做别人的老师。

原文

孔子南适[①]楚，厄[②]于陈、蔡之间，七日不火食，藜羹不糂[③]，弟子皆有饥色。子路进问之曰："由闻之：为善者天报之以福，为不善者天报之以祸。今夫子累德、积义、怀美，行之日久矣，奚[④]居之隐也？"孔子曰："由不识，吾语女。女以知者为必用邪？王子比干不见剖心乎！女以忠者为必用邪？关龙逢不见刑乎！女以谏者为必用邪？吴子胥不磔姑苏东门外乎！夫遇不遇者，时也；贤不肖者，材也；君子博学深谋不遇时者多矣。由是观之，不遇世者众矣，何独丘也哉！且夫芷兰生于深林，非以无人而不芳。君子之学，非为通也；为穷而不困，忧而意不衰也，知祸福终始而心不惑也。夫贤不肖者，材也；为不为者，人也；遇不遇者，时也；死生者，命也。今有其人不遇其时，虽贤，其能行乎？苟遇其时，何难之有？故君子博学、深谋、修身、端行以俟其时。"孔子曰："由！居！吾语女。昔晋公子重耳[⑤]霸心生于曹，越王勾践[⑥]霸心生于会稽，齐桓公小白[⑦]霸心生于莒。故居不隐者思不远，身不佚者志不广。女庸[⑧]安知吾不得之桑落之下！"

注解

①适：到，去。

②厄：贫穷，困难。

③糂（sǎn）：同“糁”，表示米和羹。

④奚：疑问代词，为何。

⑤重耳：指晋文公，春秋五霸之一。他曾在外流亡时经过曹国，曹国国君对他很无礼，因此激怒了他，从此奋发向上，终于成就霸业。

⑥勾践：越王勾践被吴王夫差打败后，困于会稽山。后卧薪尝胆二十年，成就了霸业。

⑦小白：指齐桓公。继位前，曾逃亡到莒国，受到无礼待遇。

⑧庸：副词，难道。

译文

孔子往南方去楚国，被困在陈国和蔡国之间，足足有七天没有吃熟食，野菜粥里连米粒都没有了，他的学生们都有饥饿的神色。子路走来问孔子说：“我听说：行善的人，上天会将幸福赐给他，作恶的人，上天会降祸给他。现在老师您积累德行、奉行道义、心怀美德，而且这样已经很久了，为什么还是这样穷困呢？”孔子说：“你不知道，我来告诉你。你认为有智慧的人一定会受到重用吗？王子比干不是被挖心了吗！你认为忠心的人一定会受到重用吗？关龙逄没有受到虐杀吗！你认为进谏的人必定受到重用吗？吴子胥（即伍子胥）不是在姑苏城东门外身首异处了吗！能不能被重用，看是否遇到贤明的君主；贤能不贤能，看是否具备足够的才能；有太多知识渊博和深谋远虑的人没有得到重用。由此可见，没有受到重用的人世上多的是，不单单是我孔丘一个人啊！况且，芷兰这样的香草即使生长在深山老林里，也不会因为没有人就不芳香了。君子的学习，不是为了显示自己或是想要受到重用；为的是即使贫穷也不会困顿，即使忧虑也不会意志不坚定，知道祸福相依而不会心里迷惑。贤能不贤能，在于自身的才能；做还是不做，这是个人的问题；受到重用和没有受到重用，这是机遇的问题；生和死，则是命运的问题。

现在有人没有遇到恰当的机遇，即使贤能，难道会有所作为吗？假若遇到了恰当的机遇，又有什么阻碍呢？所以君子需要知识渊博、深谋远虑、修养身心、端正自己的行为来等待时机。”孔子说：“仲由！坐下！我来告诉你。从前晋国公子重耳称霸的野心是在曹国被困住后产生的，越王勾践称霸的野心是在会稽之地战败后产生的，齐桓公小白称霸的野心是在莒国被无礼对待后产生的。所以没有经历过困难的人就不会有高远的志向，没有经历过流放的人就没有广大的志向。你怎么知道如今在落叶桑树底下的我将来没有得志的可能性呢！”

原文

子贡观于鲁庙之北堂，出而问于孔子曰：“乡①者赐观于太庙之北堂，吾亦未辍，还复瞻被九盖②皆继，被有说邪？匠过绝邪？”孔子曰：“太庙之堂，亦尝有说。官致良工，因丽节文，非无良材也，盖曰贵文也。”

注解

①乡：以前。

②盖（hé）：通“阖”，门。

译文

子贡参观鲁国宗庙的北堂，出来问孔子说：“刚才，我参观宗庙的北堂，我没有停止脚步，等到转回来再看那九扇大门，发现那都是由一块块木头拼起来的，这其中有什么讲究吗？还是被工匠不小心弄断的？”孔子说：“宗庙的北堂，应该是有些讲究的。监造的官员把技术卓越的工匠都请来，根据木材的纹理来修饰大门的花纹，不是没有好的木材，而是因为他们比较看重上面的花纹。”

读解

本篇摘取“宥坐之器”中的前两字做篇名。“宥坐之器”，就是在座位右边放着的一种器皿。在这种器皿里装满水它就会倒，不装水时就会倾斜，水装得正好才能立正。把它放在座位右边，提醒人不要过分和不及。全篇的内容主要是记载孔子的一些言行事迹，表现了作者对孔子思想的向往与继承。

孔子在鲁桓公的宗庙中看到一个“虚则欹，中则正，满则覆”的欹器，发出了“恶有满而不覆者哉”的感慨。随从的子路于是问道：“敢问持满有道乎?”孔子持满的方法是“聪明圣知，守之以愚；功被天下，守之以让；勇力抚世，守之以怯；富有四海，守之以谦”，这个和老子的“持而盈之，不如其已”的“不争”思想非常相近。

孔子处世的态度是很积极的，这种“不争”的态度对于他来说，也就是偶尔发发感慨。孔子曾经和长沮、桀溺两个隐士相遇，他们规劝孔子“滔滔者天下皆是也，而谁以易之”，孔子听过之后，只是怅然若失地说：“鸟兽不可与同群，吾非斯人之徒与而谁与？天下有道，丘不与易也。”坚定地表明了自己的态度。所以，从本文来看，应该是荀子接收孔子的一部分观点，结合当时的实际情况而写的。

春秋战国时期，礼乐崩坏，君臣易位，父子相残，整个社会处于一片混乱的状态。孔子以天下为重，不肯放弃对各国君主的游说，到处奔波宣扬自己的仁政思想，和长沮、桀溺等隐士的冲突就由此而生。虽然荀子继承了孔子的儒家思想，但那时候社会战乱频繁，他凭借自己的敏感也察觉到了危机，所以还是以明哲保身的态度选择出世。

【事例一】

孔子是儒家学派的创始人，他的弟子多达几千人，比较有名的有子路、颜渊等。其中，子路的形象比较突出。

子路

仲由，字子路，卞地人。比孔子小九岁。

子路性格粗鲁，好勇斗力，志气刚强，性格直爽，戴着公鸡式的帽子，佩带的宝剑用公猪皮装饰，曾经欺凌孔子。孔子用礼乐慢慢地引导他，后来，子路穿着儒服，带着拜师的礼物，通过孔子学生的引荐，请求做孔子的学生。

子路问如何处理政事，孔子说："自己先给百姓做出榜样，然后才能使百姓辛勤地劳作。"子路请求进一步讲讲。孔子说："持久不懈。"

子路问："君子是否也崇尚勇敢？"孔子说："君子最崇尚义。如果君子好勇而不崇尚义，那他就会犯上作乱。小人好勇而不崇尚义，那他就会去抢劫。"

子路听了做人处世的道理，在还未能实践之前，就只怕又听到了新的道理。

孔子说："只听单方面言辞就可以决断案子的，恐怕只有仲由吧！仲由好勇的精神超过我，但不善于裁夺事理。像仲由这种性情，不会得到善终。穿着用乱麻絮做的破旧袍子和穿着裘皮大衣的人站在一起而不认为羞愧的，恐怕只有仲由吧！仲由的学问好像登上了正厅，可是还没能进入内室呢。"

季康子问道："仲由有没有仁德呢？"孔子答说："一个国家若拥有一千辆兵车，那么可以让他管理那个国家的军事，至于他是否有仁德，我就不清楚了。"

子路喜欢跟随孔子出游，曾遇到过长沮、桀溺和扛着农具的老人等隐士。

子路出任季氏的家臣，季孙问孔子说："子路可以说是人臣了吗？"孔子回答说："可以说是备位充数的臣子了。"

子路出任蒲邑的大夫，向孔子辞行。孔子说："蒲邑勇武之士很多，又难治理。可是，我告诉你：恭谨谦敬，就可以驾驭勇武的人；宽厚清正，就可以使大家亲近；恭谨清正而社会安静，就可以用来报效上司了。"

当初，卫灵公宠爱一个叫南子的妃子。太子蒉聩得罪了她，太子害怕被杀害就逃到了国外。到卫灵公死了以后，南子想让公子郢继位。公子郢不肯，说："虽然太子不在了，可是太子的儿子辄还在。"于是卫国立了辄为国君，这就是卫出公。出公继位十二年，他的父亲蒉聩一直留在国外，不能够回来。这时子路担任卫国大夫孔悝采邑的长官。蒉聩就和孔悝一同作乱，想办法带人潜入宫中，和他的党徒去袭击卫出公。出公逃往鲁国，蒉聩进宫继位，这就是卫庄公。当孔悝作乱时，子路因事在外，听到这个消息就立刻赶回来。子羔从卫国城门出来，正好相遇，对子路说："卫出公已经跑了，城门也关了，您还是走吧，没必要为了他而遭受灾祸。"子路说："我吃着人家的粮食，现在人家有了灾难，我就不能回避。”子羔就离去了。正赶上有使者要进城，城门开了，子路就跟了进去。找到蒉聩，蒉聩和孔悝都在台上。子路说：“大王为什么要任用孔悝呢？请让我把他杀了。”蒉聩不听从他的劝说。于是子路要放火烧台，蒉聩害怕了，于是叫石乞、壶黡到台下去攻打子路，斩断了子路的帽带。子路说：“君子可以死，帽子不能掉下来。”说完系好帽子就死了。

孔子听到卫国发生暴乱的消息，说：“哎呀，仲由死了！”不久，果真传来了他的死讯。所以孔子说：“自从我有学生仲由，恶言恶语再也听不到了。”

【事例二】

“孔融让梨”的故事流传了上千年，童年时的孔融谦恭，知书达理，尊敬长辈，受到人们的称赞，然而成年后的孔融却表现出另外一些特点。

儒生孔融

北海郡太守孔融，因为才华出众而非常自负，立志要将祸乱平定。但是一直没有做出什么成绩。他高谈阔论，盈溢官府，谈吐优雅，可使人玩味传诵，但把他的议论具体实施，却很难行得通。他只会口出狂言，而且漏洞很多。他一时可得人心，但久而久之，人们便不愿再依附他。他所任用的官员好标新立异，多数是耍小聪明的轻浮之人。孔融尊奉大儒郑玄，以子孙之礼对待郑玄，把郑玄所居住的乡改名为郑公乡，对其他有名望的才能之士如左承祖、刘义逊等，只是把他们当作宾客奉陪在座而已，国家政事从不和他们商量，他说：“人民尊敬他们，我也不能失去他们。”

黄巾军来进攻北海郡，孔融战败，退守都昌。当时袁绍、曹操、公孙瓒等人的势力范围相互连接，孔融兵力薄弱，粮草不足，孤立在一个角落，与他们不相来往。左承祖劝孔融，应选择一个较大的势力作为依靠。孔融没有听从，反而将他杀了。刘义逊因此背弃孔融，离开北海郡。

青州刺史袁谭攻打孔融，从春天打到夏天，孔融部下只剩数百名战士，敌人在外面攻城，孔融却还靠在案几上读书，谈笑自若。都昌城在夜里被攻破，孔融这才逃去东山，他的妻子儿女都被袁谭俘虏。

哀 公

原文

鲁哀公问于孔子曰："吾欲论吾国之士，与之治国，敢问何如取之邪？"孔子对曰："生今之世，志古之道，居今之俗，服古之服，舍此而为非者，不亦鲜乎！"哀公曰："然则夫章甫、絇屦①、绅而搢②笏者，此贤乎？"孔子对曰："不必然。夫端衣、玄裳、絻③而乘路④者，志不在于食荤；斩衰⑤、菅屦、杖而啜粥者，志不在于酒肉。生今之世，志古之道，居今之俗，服古之服，舍此而为非者，虽有，不亦鲜乎！"哀公曰："善！"

注解

①絇（qú）屦（jù）：带有絇饰的鞋子。絇，古时鞋头上的装饰。屦，用麻、革等制成的鞋子。

②搢：插。

③絻：同"冕"，帽子，大夫以上的贵族所戴。

④路：同"辂"，车子。

⑤斩衰：古时的一种丧服，用粗麻布制成，左右和下边不缝边，裁割而成，所以叫斩衰。

译文

鲁哀公询问孔子说："我想选择我国的一些人才，与他们一起来治理国家，冒昧地问一下，应该怎么去选择他们呢？"孔子回答说："生在当今的社会，需要牢记古代的治国之道，处在当今的习俗之中，穿着古代的衣服，在这样的情景下而去做坏事的人，不是很少吗？"哀公说："既然这样的话，那些头戴商代式样的帽子、穿着绚饰的鞋子、束着腰带且腰间插着朝板的人，这些就是贤德的人吗？"孔子说："不一定。那些穿着祭祀礼服、黑色礼袍、戴着古代贵族的帽子而坐着车子的人，他们的志向不在于吃荤；那些穿着粗麻衣丧服、草鞋、拄着孝杖吃粥的人，他们的心思不在于喝酒吃肉。生活在当今社会，牢记古时的道义，生活在当今的习俗之中，穿着古代的衣服，还要做坏事的人，即使有，不也是很少吗？"哀公说："好！"

原文

孔子曰："人有五仪：有庸人，有士，有君子，有贤人，有大圣。"哀公曰："敢问何如斯可谓庸人矣？"孔子对曰："所谓庸人者，口不能道善言，心不知色色①；不知选贤人善士托其身焉以为己忧，勤行不知所务，止交不知所定；日选择于物，不知所贵；从物如流，不知所归；五凿②为正，心从而坏。如此，则可谓庸人矣。"哀公曰："善！敢问何如斯可谓士矣？"孔子对曰："所谓士者，虽不能尽道术，必有率也；虽不能遍美善，必有处也。是故知不务多，务审其所知；言不务多，务审其所谓；行不务多，务审其所由。故知既已知之矣，言既已谓之矣，行既已由之矣，则若性命肌肤之不可易也。故富贵不足以益也，卑贱不足以损也。如此，则可谓士矣。"哀公曰："善！敢问何如斯可谓之君子矣？"孔子对曰："所谓君子者，言忠信而心不德，仁义在身而色不伐，思虑明通而辞不争，故犹然如将可及者，君子也。"哀公曰："善！敢问何如斯可谓贤人矣？"孔子对曰："所谓贤人者，行中规绳而不伤于本，言

足法于天下而不伤于身，富有天下而无怨财，布施天下而不病贫。如此，则可谓贤人矣。”哀公曰：“善！敢问何如斯可谓大圣矣？”孔子对曰：“所谓大圣者，知通乎大道，应变而不穷，辨乎万物之情性者也。大道者，所以变化遂成万物也；情性者，所以理然不、取舍也。是故其事大辨[3]乎天地，明察乎日月，总要万物于风雨，缪缪肫肫[4]。其事不可循，若天之嗣；其事不可识，百姓浅然不识其邻。若此，则可谓大圣矣。”哀公曰：“善！”

注解

①色色：忧郁不安的样子。

②五凿：五情。指喜、怒、哀、乐、怨。

③辨：通“遍”。

④缪缪肫肫：同“穆穆纯纯”，和美、精纯的样子。

译文

孔子说：“人分为五种等级：有平庸的人，有士人，有君子，有贤人，有伟大的圣人。”哀公说：“请问什么样的人才能称为平庸的人？”孔子回答说：“所谓平庸的人，嘴里说出的话不好听，心中也不知道忧愁；不知道任用贤能的人来为自己分忧，行动勤快却不知道目的，停止的时候都不知道自己立定在什么地方；每天在各种事物中选来选去，却不知道什么事物最贵重；只是一味地随波逐流，不知道归宿在哪里；为欲望所主宰，心思也会跟着变坏。那么这样的人就被称为平庸的人。”哀公说：“好！请问什么样的人才能称作士人？”孔子回答说：“所谓士人，虽然不能完全地掌握治理国家的道理和方法，但也一定有所遵循；虽然不能尽善尽美，但也一定有自己的原则。所以知识不在于了解得多，而是一定要审查自己具有的知识是否正确；说话不在于多，一定要明白自己所说的意思；做事不在于多，一定要清楚所做事情的前因后果。所以该知道的都已经知道了，该说的话都说了，该做的事都做了，就像自己的皮肤和生命一样不能改变了。所以富贵不能使他有所增加，卑贱也不能使他有所减少。那么这样的人，就可以称作士人。”哀公说：“好！请问什么样的人才能称为君子呢？”孔子回答说：“所谓君子，说话中肯守信而心中并不认为这是美德，身上充满仁义的品质而并不显露出炫耀的神色，思想通达而说话并不与人争辩，所以自然潇洒得就像别人快要赶上自己一样，这就是君子了。”哀公说：“好！请问什么样的人才能称为贤人呢？”孔子回答说：“所谓贤人，行为正直符合规矩礼法而不伤害自己的本性，说的话能被天下的人效法而不伤害自己，富裕得拥有整个天下而不私藏积蓄，把自己的财产都施舍给天下人而不担心自己会贫穷，那么这样的人就能称为贤人。”哀公说：“好！请问什么样的人才能称为伟大的圣人呢？”孔子回答说：“所谓伟大的圣人，智慧通晓大道义，面对各种事物的变化而不会没有方法应对，能够分辨出万物本性的人。所谓大道，是万物变化的根本；所谓情性，是处理是非、取舍的根据。所以圣人做的事情像天地那样宽阔普遍，对事物的了解像日月一样清楚明白，管理万物就像风雨滋润大地一样，和美、精纯。他所做的事情别人无法效仿，就像上天主宰万物一样；他所做的事情别人无法知晓，百姓浅薄得连自己相邻的事物都不认识，更不能识圣人深意。那么这样的人就能称为大圣人。”哀公说：“好！”

原文

鲁哀公问舜冠于孔子，孔子不对。三问，不对。哀公曰：“寡人问舜冠于子，何以不言也？”孔子对曰：“古之王者，有务①而拘领②者矣，其政好生而恶杀焉，是以凤在列树，麟在郊野，乌鹊之巢可俯而窥也。君不此问，而问舜冠，所以不对也。”

注解

①务：通“冒”，便帽。

②拘领：曲领。古人帽子下垂，用以绕颈。

译文

鲁哀公向孔子打听舜所戴的帽子，孔子不回答。鲁哀公问了三次，孔子都不回答。哀公说："我问你舜所戴的帽子，你怎么不回答呢？"孔子回答说："古代的君王，头戴便帽，围着脖颈，他们的治理之道是让百姓生存而厌恶杀人，所以凤凰栖息在成排的树上，麒麟活动在郊野之中，乌鸦和喜鹊的巢穴低头可以观察得到。您不问这个，却问舜戴的帽子，所以我不回答啊。"

原文

鲁哀公问于孔子曰："寡人生于深宫之中，长于妇人之手，寡人未尝知哀也，未尝知忧也，未尝知劳也，未尝知惧也，未尝知危也。"孔子曰："君之所问，圣君之问也。丘，小人也，何足以知之？"曰："非吾子无所闻之也。"孔子曰："君入庙门而右，登自胙阶①，仰视榱②栋，俛见几筵，其器存，其人亡，君以此思哀，则哀将焉而不至矣？君昧爽③而栉冠，平明而听朝，一物不应，乱之端也，君以此思忧，则忧将焉而不至矣？君平明而听朝，日昃而退，诸侯之子孙必有在君之末庭者，君以思劳，则劳将焉而不至矣？君出鲁之四门以望鲁四郊，亡国之虚则必有数盖焉，君以此思惧，则惧将焉而不至矣？且丘闻之：君者舟也，庶人者水也。水则载舟，水则覆舟，君以此思危，则危将焉而不至矣？"

注解

①胙阶：东阶，大堂东面的台阶。古代宾客相见时，客人走西面的台阶，主人走东面的台阶。古代的封建帝王常常登上胙阶来主持祭祀。胙，通"阼"，台阶。

②榱（cuī）：古代指椽子。

③昧爽：黎明。

译文

鲁哀公问孔子说："我在深宫之中出生，在妇女的怀抱之中成长，我不知道什么是悲哀，不知道什么是忧愁，不知道什么是劳累，不知道什么是害怕，不知道什么是危险。"孔子说："君主您所问的，是圣君提出来的。我孔丘，只是一个小人，又怎么会知道这些呢？"哀公说："如果你不知道，别人就更不知道了。"孔子说："君主，当您走进太庙之门的右边，登上大堂东边的台阶，抬头向上看的话就会看见椽子主梁，低头向下看的话就会看见摆供的小桌子，这些物品仍然存在，人却都已经去世了，君主您在这里想悲哀，怎么就会没有悲哀呢？君主您黎明起床梳洗戴帽，天亮的时候就上朝处理政事，只要有一件事情没有做好，就会引发混乱，君主您在这里想忧愁，怎么就会没有忧愁呢？君主您天亮上朝听政，傍晚退朝，别国诸侯的子孙一定有流浪到您这里来的，在朝廷的末座供奉您的，君主您在这里想劳苦，怎么就会没有劳苦呢？君主您走出鲁国的国门，到处看看鲁国的四郊，多少草屋散落在那亡国的废墟上，君主您在这里想惧怕，怎么就会没有惧怕呢？况且孔丘听说：君主就如同船，平民就如同是那水。水能载船，也能颠覆船，君主您在这里想危险，怎么会没有危险呢？"

原文

鲁哀公问于孔子曰："绅、委、章甫有益于仁乎？"孔子蹴然曰："君号①然也！资衰②、苴杖者不听乐，非耳不能闻也，服使然也。黼衣、黻裳者不茹③荤，非口不能味也，服使然也。且丘闻之：好肆不守折，长者不为市。窃其有益与其无益，君其知之矣。"

注解

①号：当为"胡"字。

②衰（cuī）：古代丧服的一种。

③茹：吃。

译文

鲁哀公向孔子询问："腰间系着腰带、穿着古时的服装、头上戴着礼帽，这对于仁有什么益处吗？"孔子惊恐地说："您为什么会这样问呢！身穿丧服、手拿竹杖的人不听音乐，不是由于耳朵听不见的原因，而是因为他们穿着丧服的缘故。穿着祭祀衣服的人不吃荤，不是由于嘴巴吃不出味道的原因，而是因为他们身穿丧服的缘故。况且孔丘听说：善于做生意的人不会使自己亏本，有德行的人不会去做生意。那么，它到底是有利还是无利，您应该知道了。"

原文

鲁哀公问于孔子曰："请问取人？"孔子对曰："无取健，无取詌，无取口啍[①]。健，贪也；詌，乱也；口啍，诞也。故弓调而后求劲焉，马服而后求良焉，士信悫而后求知能焉。士不信悫而有多知能，譬之其豺狼也，不可以身尔[②]也。语曰：'桓公用其贼，文公用其盗。'故明主任计不信怒，暗主信怒不任计。计胜怒则强，怒胜计则亡。"

注解

①啍（zhūn）：通"谆"，能说会道的样子。
②尔：通"迩"，近。

译文

鲁哀公询问孔子说："请问如何选取人才呢？"孔子回答："不要选择急于求成的人，不要选择崇尚武力的人，不要选择夸夸其谈的人。急于求成的人，追求贪婪；崇尚武力的人，会引发混乱；夸夸其谈的人，往往不切实际。所以只有将弓调整好后才能得心应手，才会有强劲的后力；马必须经过驯服，才能日行千里；士兵忠厚诚信，才能要求他聪明能干。士兵不忠厚诚信却聪明能干，就如同豺狼一样，不可以与他接近。谚语说：'齐桓公任用贼人，晋文公任用盗寇。'所以英明的君主注重谋略，不注重私人感情，昏庸的君主注重私人感情，而不注重谋略。谋略战胜了私人感情就会使国家富裕，私人感情胜过了谋略就会导致国家走向灭亡。"

原文

定公问于颜渊曰："东野子之善驭乎？"颜渊对曰："善则善矣。虽然，其马将失。"定公不悦，人谓左右曰："君子固①谗人乎！"三日而校来谒，曰："东野毕之马失。两骖列②，两服入厩。"定公越席而起曰："趋驾召颜渊！"颜渊至，定公曰："前日寡人问吾子，吾子曰：'东野毕之驭，善则善矣。虽然，其马将失。'不识吾子何以知之？"颜渊对曰："臣以政知之。昔舜巧于使民而造父巧于使马。舜不穷其民，造父不穷其马，是舜无失民，造父无失马也。今东野毕之驭，上车执辔，衔体正矣；步骤驰骋，朝礼毕矣；历险致远，马力尽矣。然犹求马不已，是以知之也。"定公曰："善！可得少进乎？"颜渊对曰："臣闻之：鸟穷则啄，兽穷则攫，人穷则诈。自古及今，未有穷其下而能无危者也。"

注解

①固：原本，原来。

②列：同“裂”。

译文

鲁定公询问颜渊说：“东野先生擅长驾车吗？”颜渊回答道：“好倒是很好。虽然这样，但他的马快要逃跑了。”定公不高兴，回到宫中对身边的人说：“难道君子也会诽谤别人吗？”三天后，养马的人跑来，说：“东野毕的马逃跑了。车两旁的两匹套马挣断缰绳跑了，中间驾辕的两匹马回到了马棚。”定公从席子上离开说：“立刻派车将颜渊招来！”颜渊来了，定公说：“前天我问您，您说：‘东野毕的驾驭技术好是好，但是他的马即将要逃跑了。’不知道您是怎么知道的？”颜渊说：“我是从政治上知道的。从前舜善于使唤人民，而造父善于驾驭马。可舜不会让他的人民贫困，造父不会让他的马疲劳，所以舜的人民没有逃跑，造父的马没有逃跑。然而东野毕驾车，一上车手就抓缰绳，马嚼子和马都端正了；马的步子也训练得非常端正，驯马的各项要求都达到了；经历了各种危险奔跑到了远方，马的力气使尽了。但是还要求马不停地奔跑，所以我才知道他的马一定会逃跑的。”定公说：“说得好！您能进一步说说吗？”颜渊回答道：“我听说：鸟儿急了就会乱啄，走兽急了就会乱抓，人急了就会欺诈。古往今来，从来没有使百姓穷困而君主能不遭受危险的。”

读解

本篇的篇名以一国君为题，篇中主要记载了孔子与鲁哀公的对话，最后也收录了颜渊与鲁定公的对话，从中可了解儒家的思想学说。

本篇通过鲁哀公的问话和孔子的回答，十分明白地阐述了儒家学派的治国思想。鲁哀公问的第一个问题是“吾欲论吾国之士，与之治国，敢问何如取之邪”，就是关于用人的问题，孔子赞赏那些“生今之世，志古之道，居今之俗，服古之服”的贤人，认为这种人很少有为非作歹的行为。

孔子对人的分类是：庸人、士人、君子、贤人、大圣人。然后又通过鲁哀公的提问，对这五种人进行了描述和分析。

鲁哀公的确不是孔子心里的圣明君主，竟然问大舜戴什么帽子这样愚蠢的问题。孔子也毫不客气，三次都不回答他。在孔子那么推崇礼节的人身上，很难看到如此傲气的一面，虽然比不上孟子的“望之不似人君”，但是也足够令鲁哀公开始反思自己了。鲁哀公形容自己“生于深宫之中，长于妇人之手”，是一个典型的不知稼穑艰难的贵族，所以从未体会过什么是悲哀、什么是忧愁、什么是劳累、什么是害怕、什么是危险。孔子就根据他平常的生活，让他从中体会悲哀、忧愁、劳累、害怕、危险。

【事例一】

孔子在古代被尊奉为“天纵之圣”，是当时社会上最博学者之一。他以君子的道理来辅佐君主，令人佩服。

孔　子

鲁定公十年（公元前500年）的春天，鲁国与齐国和解。到了夏天，齐国大夫对景公说：“鲁国让孔丘做了官，一定会给齐国带来威胁。于是齐景公就派使者去鲁国，约鲁定公在夹谷进行友好会晤。

鲁定公准备好车辆随从，毫无戒备地前去赴约。孔子以大司寇的身份，兼办会晤典礼事宜，他对定公说：“我听说两国外交必须要有武装准备，办理武事也必须有外交配合。从前王侯出了自己的疆界，一定要带齐必要的官员随从。请求您安排左、右司马一起去。”定公说：“好的。”就带了左、右司马一道去。

定公和景公在夹谷相会，在那里建了一座盟坛，准备好席位，设置了三级台阶，用国君相遇的简略礼节相见，拱手揖让登坛。彼此馈赠、应酬的仪式行过之后，齐国管事的官员快步上前请示说：“是否开始演奏四方各族的舞乐？”齐景公说：“开始。”于是齐国的乐队以旌旗为先导，有的头戴羽冠，身披皮衣，有的手执矛、戟、剑、盾等武器，喧闹着一拥而上。

孔子见状赶忙跑过来，一步一阶快步登台，还差一级台阶时，便扬起衣袖一挥，说道："我们两国国君为和好而来相会，为什么在这里演奏夷狄的舞乐，请命令管事官员叫他们下去！"管事的官员让乐队下去，他们却不动，用眼睛看了看齐景公。齐景公觉得惭愧，便叫乐队退下了。

过了一会儿，齐国的管事官员又跑来说道："是否演奏宫中的乐曲？"景公说："开始。"于是一些歌舞杂技艺人和身材矮小的侏儒都前来表演了。孔子看了又急忙跑过来，一步一阶往台上走，最后一阶还没有迈上就说："妖人敢来胡闹迷惑诸侯，论罪当杀！请管事官员去执行！"于是管事官员依法将他们处以腰斩。齐景公大为恐惧，深深触动，知道自己在道理上不如孔子，回国之后很是惶恐，告诉他的大臣们说："孔子用的是君子的道理来辅佐他的君主，而你们却叫我用夷狄的办法，让我得罪了鲁国君主，这该怎么办呢？"管事官员上前回答说："君子有了过错，就用实际行动来向人家道歉认错；小人有了过错，就用花言巧语来谢罪。您如果感到抱歉，就用具体行动来表示道歉吧。"于是齐景公就退还了从前侵夺鲁国郓、汶阳、龟阴的土地，以此来向鲁国道歉并悔过。

【事例二】

颜回就是颜渊，是孔子最得意的弟子，却偏偏天妒英才，英年早逝。孔子在颜回去世后很多年内还是对他念念不忘。

颜　回

颜回，鲁国人，字子渊。比孔子小三十岁。颜渊问什么是仁，孔子说："对自己进行约束，让自己的言行符合礼的要求，天下的人就会称许你是有仁德的人了。"

孔子说："颜回！多么有德的人啊！吃的是一小竹筐饭，喝的是一瓢水，住在简陋的胡同里，一般人忍受不了这种困苦，颜回却不改变自己的生活习性。听我授业时，颜回像个蠢笨的人，平时考察他的言行，他也能够发挥，确实不是愚笨的人。

"任用你的时候，就匡时救世，不被任用的时候，就藏道在身，只有我和你才有这样的处世态度吧!"

颜回才二十九岁，头发就全白了，去世得很早。颜回去世孔子哭得特别伤心，说："我自从有了颜回，越来越和学生们亲近了。"鲁哀公问："你的学生中最好学的人是谁?"孔子回答说："有个叫颜回的人最好学习，从不把怒火转移到别人身上，不再犯同样的过失。不幸的是寿命很短，去世了，现在就没有这样的人了。"